国家文化产业资金支持媒体融合重大项目

高等职业教育教学改革特色教材·财经通识课

公关礼仪

（第五版）

何伟祥 主 编

王启胜 副主编

Gongguan Liyi

GONGGUAN LIYI

东北财经大学出版社 大连
Dongbei University of Finance & Economics Press

图书在版编目（CIP）数据

公关礼仪 / 何伟祥主编. —5版. —大连：东北财经大学出版社，2023.1

（高等职业教育教学改革特色教材·财经通识课）

ISBN 978-7-5654-4694-8

Ⅰ.公… Ⅱ.何… Ⅲ.公共关系学-礼仪-高等职业教育-教材 Ⅳ.C912.32

中国版本图书馆CIP数据核字（2022）第217688号

东北财经大学出版社出版

（大连市黑石礁尖山街217号 邮政编码 116025）

网 址：http：//www.dufep.cn

读者信箱：dufep@dufe.edu.cn

大连图腾彩色印刷有限公司印刷 东北财经大学出版社发行

幅面尺寸：185mm×260mm 字数：416千字 印张：19

2023年1月第5版 2023年1月第1次印刷

责任编辑：张晓鹏 郭海雷 责任校对：周 晗 石建华

封面设计：冀贵收 版式设计：原 皓

定价：42.00元

教学支持 售后服务 联系电话：（0411）84710309

如有印装质量问题，请联系营销部：（0411）84710711

富媒体智能型教材出版说明

“财经高等职业教育富媒体智能型教材开发系统工程”入选国家新闻出版署新闻出版改革发展项目库，并获得文化产业专项资金支持，是“国家文化产业资金支持媒体融合重大项目”。项目以“融通”“融合”“共建”“共享”为特色，是东北财经大学出版社积极落实国家推动传统媒体与新媒体融合发展的重要举措之一。

“财济书院”智能教学互动平台是该工程项目建设成果之一。该平台通过系统、合理的架构设计，将教学资源与教学应用集成于一体，具有教学内容多元呈现、课堂教学实时交互、测试考评个性设置、用户学情高效分析等核心功能，是高校开展信息化教学的有力支撑和应用保障。

富媒体智能型教材是该工程项目建设成果之二。该类教材是我社供给侧改革探索性策划的创新型产品，是一种新形态立体化教材。富媒体智能型教材秉持严谨的教学设计思想和先进的教材设计理念，为财经职业教育教与学、课程与教材的融通奠定了基础，较好地避免了传统教学模式和单一纸质教材容易出现的“两张皮”现象，有助于教学质量的提高和教学效果的提升。

从教材资源的呈现形式来说，富媒体智能型教材实现了传统纸质教材与数字技术的融合，通过二维码建立链接，将VR、微课、视频、动画、音频、图文和试题库等富媒体资源丰富呈现给用户；从教材内容的选取整合来说，其实现了职业教育与产业发展的融合，不仅注重专业教学内容与职业能力培养的有效对接，而且很好地解决了部分专业课程学与训、训与评的难题；从教材的教学使用过程来说，其实现了线下自主与线上互动的融合，学生可以在有网络支持的任何地方自主完成预习、巩固、复习等，教师可以在教学中灵活使用随堂点名、作业布置及批改、自测及组卷考试、成绩统计分析等平台辅助教学工具。

富媒体智能型教材设计新颖，一书一码，使用便捷。使用富媒体智能型教材的师生首先下载“财济书院”App或者进入“财济书院”（www.idufep.com）平台完成注册，然后登录“财济书院”输入教材封四学习卡中的激活码建立或找到班级和课程对应教材，就可以开启个性化教与学之旅。

“重塑教学空间，回归教学本源！”“财济书院”平台不仅是出版社提供教学资源和服务的平台，更是出版社为作者和广大院校创设的一个自主选择和自主探究的教与学的空间，作者和广大院校师生既是这个空间的使用者和消费者，也是这个空间的创造者和建设者，在这里，出版社、作者、院校共建资源，共享回报，共创未来。

最后，感谢各位作者为支持项目建设所付出的辛劳和智慧，也欢迎广大院校在教学中积极使用富媒体智能型教材和“财济书院”平台，东北财经大学出版社愿意也必将陪伴广大职业教育工作者走向更加光明而美好的职教发展新阶段。

东北财经大学出版社

第五版前言

礼仪文化积淀中华民族深沉的精神追求，是推动中华民族生生不息、发展壮大的丰厚滋养。与其他国家和民族的礼仪文化相比，中华礼仪文化具有独特的内涵。作为“礼仪之邦”，中国传统文化的核心思想理念“修齐治平”就与礼仪息息相关：“修身”就是要造就彬彬有礼的君子；“齐家”就是要长幼有序，家庭和睦；“治国”就是要重视礼仪熏陶，实现以礼治国；“平天下”更要以礼服人，实现天下太平。这种独特的文化代代相传，深深镌刻在中国人的心灵里，将中国各民族凝聚起来，成为中华民族的代表与象征。

以礼仪文化推动铸牢中华民族共同体意识，必须将礼仪教育作为一项重要抓手。在全国高校思想政治工作会议上，习近平总书记强调：要用好课堂教学这个主渠道，各类课程都要与思想政治理论课同向同行，形成协同效应。我们发现，在公关礼仪课程教学中融入思想政治教育，传承中华礼仪文化，使每个学生学习和掌握做人的道理和做事的守则，能够更好地将知识目标、技能目标、能力目标和素质目标统一起来，进而实现“立德树人”的人才培养目标。

本次修订主要体现在以下三个方面：

1.本着高等职业教育以职业能力为本位、德技融合的教学思想，修改或删除书中业已陈旧过时的内容，增加本专业课程发展及国内外最新研究成果，并同步更换了相关案例。

2.通过嵌入二维码的形式新增了“分析提示”和“在线测试”项目，响应国家信息化教学的要求，创新了教材内容的展现形式，同时增强了互动性。

3.思政入课，落实立德树人的根本任务，在每章章末增设“思政园地”，发掘中华礼仪文化深厚的现实内涵，体现知识传授与价值引领有机融合。

为方便教学，我们制作了PPT电子教学课件，并编写了章后习题参考答案，使用本书的任课教师可登录东北财经大学出版社“财济书院”（www.idufep.com）查询或下载这些教学资源。

本书由何伟祥担任主编，王启胜担任副主编。本书在编写过程中参考了大量的文献资料，包括书籍和网络资料，借鉴和吸收了国内外众多学者的研究成果，在此，对各位专家和同仁表示深深的谢意。由于编者水平有限，书中难免存在不足或疏漏之处，恳请广大读者提出宝贵意见。

编　者

2022年10月

目 录

第1章

公关礼仪概述

学习目标

通过本章学习，你应该达到以下目标：

素质目标：树立正确的礼仪意识，能够反思与修正自身行为，同时能准确地理解公关礼仪对组织主体的影响和作用。

知识目标：了解礼仪、公关礼仪的基本概念、特征，把握礼仪的基本功能，认识当前公关礼仪存在的问题及解决对策。

技能目标：能按照礼仪的基本原则，善待自己，善待他人，为自己营造良好的“人和”环境。

能力目标：能够明确在与公众交往过程中运用基本礼仪，具备塑造个人形象的意识和敏锐的洞察力。

引例　北大校长就口误事件道歉：我并不是一个完美的人

2018年5月4日，北京大学迎来建校120周年校庆。北京大学校长林建华以“大学是通向未来的桥”为题发表演讲。在演讲中，林建华将“立鸿鹄志”中的“鸿鹄”念成“hóng hào”，引发广泛关注。5月5日，校长林建华在北京大学BBS上公开发表了一封致歉信，就念错“鸿鹄”道歉，坦言所有重要讲话稿都是自己写的，解释读音错误与其成长经历有关，并表示“我是会努力的，但我还是很难保证今后不会出现类似的错误，因为文字上的修炼并非一日之功。”上述道歉信经自媒体转载后，不少网友发表评论，有人为校长道歉的态度点赞，有人称校长的口误可以理解。

任何人都会犯错，不管是一时之气还是无心之举，正所谓“人非圣贤，孰能无过”，关键是能否及时认识到错误并能放下面子、自尊乃至地位、权势，由衷地向对方道歉，从某种角度说，道歉是一种尊重，一种自律，一种人格的升华，这也是礼仪的本质性含义。

《礼记·冠义》曰：“凡人之所以为人者，礼义也。”大千世界，芸芸众生，每个人在社会这样一个大环境中生存、发展，就必须按“游戏基本规则”与各类人进行交往，这种“游戏”的基本规则，我们不妨将其称为礼仪。

公共关系是“塑造社会组织主体的良好整体形象的艺术”，评价组织形象优劣与否的两个指标是知名度与美誉度。前者是指社会组织主体被公众知晓的程度，后者则是指社会公众对组织主体的称誉度，从中我们不难得出这样一个结论：要塑造组织主体的良好形象，除了主体自身的良好行为外，还必须有良好的社会关系为辅助，即能按照“游戏规则”的要求，“善待”公众，这实际上就点出了我们研究和发展公关礼仪的必要性。

1.1 礼仪的基本概念

1.1.1 礼仪的含义

微课 1-1

礼仪概述

“礼”，《辞海》中的解释为：①本谓敬神，引申为表示敬意的通称；②为表敬意或表隆重而举行的仪式；③泛指奴隶社会或封建社会贵族等级制度的社会规范和道德规范。从文字的象形角度分析，繁体“禮”字的左边是“示”，意为祭祀神灵，右边上方为祭物，右边下方“豆”是礼器。所以“禮”就是把盛满祭物的祭具摆放在祭台上，献给神灵。

我国素有“礼仪之邦”之称，自古至今最重礼仪，可以说，礼仪是中华传统文化的精髓之一。我国古代有三部著名的礼典，即《周礼》《礼记》《仪礼》，它们是有关各种礼制的百科全书。其中，《周礼》侧重于政治制度；《礼记》主要是对礼的各个细节做出符合统治阶级利益需要的解释；《仪礼》则记载行为规范。三部礼书涵盖了我国古代“礼”的基本内容。

在对“礼”的理解上，又存在多种不同见解：

“礼”即“敬”，《礼记 · 经解》中有“恭俭庄敬，礼教也”之说；《礼记 · 曲礼》开头就是“毋不敬”，把“敬”作为礼不容忽视的本质内涵。

“礼”即“序”，《礼记 · 乐记》中强调：“礼者，天地之序也”，这里的“序”就是秩序、次序、身份、地位。

“礼”即“理”，《礼记 · 乐记》中强调：“礼也者，理之不可易者也”，这里的“理”是指道理、原则和规范。

儒家学派创始人孔子说：“夫礼，必本于天，殽于地，列于鬼神，达于丧、祭、射、御、冠、昏、朝、聘。故圣人以礼示之，故天下国家可得而正也。”把礼仪视为天经地义，符合自然社会规律，涵盖人类社会生活的方方面面，维护社会秩序稳定、国家机器正常运转的准则，显然这是内涵极深、外延极广的礼的含义。

著名学者郭沫若也在《十批判书 · 孔墨的批判》一书中说：“大概礼之起于祀神，故其字后来从示、其后扩展而为对人，更其后扩展而为吉、凶、宾、军、嘉的各种仪制，这都是时代进展的成果。”应该说这是“礼”的较全面的概念。

梁实秋先生在其《秋实杂文·谈礼》中指出："礼是一套法则，可能有官方制定的成分在内，亦可能有世代沿袭的成分在内，在基本精神上还是约定俗成的性质，行之既久，便成为大家公认的一套规则。"

在西方，礼仪一词最早见于法语Etiquette，原意是一种长方形的纸板，上面书写着进入法庭所应遵守的规矩、秩序，因而这种纸板就被视为"法庭上的通行证"。礼仪一词进入英文后，便有了规矩、礼节、礼仪之意，成为"人际交往的通行证"。

综上所述，我们可以这样认为：礼仪是社会公认的（或约定俗成的）对他人表示尊重，且因社会地位、交往环境不同而有所区别的一种交往规范。其宗旨是使每个人都感到舒适、得体，其本质是通过各种规范的言行表示人与人之间的真诚、尊重、友好和体谅，它是人的社会关系的集中体现。

应该说"礼"属于人类社会范畴（也有学者提出礼的范畴更为广泛，如猴子等灵长类动物群中就存在着礼，在此我们不予讨论），而且随着社会的不断进步而更趋广泛，内容也更为丰富，但从一般概念上理解，"礼"不外乎礼貌、礼节、礼仪三方面。

礼貌：*在人际交往中通过动作、语言、表情向对方表示尊重、恭敬的一种行为规范*，如尊称、主动打招呼、道谢等。

礼节：*在交际场合人们相互问候、致意，表示尊重、友好的惯用形式*，如挥手致意、握手慰问、亲切拥抱等。

一般而言，礼貌是一个人内在素养和品质特性的外在表现，礼节是礼貌的具体表现方式，可以说"没有礼节，就无所谓礼貌；有了礼貌，就必然伴有具体的礼节"。

礼仪：*对礼节、仪式的统称，指人们在社会交往中遵守社会正常行为规范标准，按照约定俗成的程序，以建立和谐关系为目的的各种交往行为的完整过程。*

应该说，礼貌是礼仪的基础，礼节是礼仪的基本组成部分，礼仪在层次上要高于礼貌、礼节，其内涵更深、更广，它是由一系列具体的表现礼貌的礼节所构成的，是一个表示礼貌的系统的、完整的过程。

礼仪的完整含义应包括四方面内容：

其一，它是一种行为准则或规范，正所谓"入乡随俗、入境问禁、入门问讳"，是每个人都应该遵守和执行的，虽然它没有法律法规那种强制性，但一旦违背了这种约定俗成则会给人际交往带来直接影响，甚至让人感到"举步维艰"，无法与特定的社会环境相适应。

其二，受文化传统、风俗习惯、宗教信仰及时代潮流的直接影响，其内涵具有渐变性，像我国这样一个地域广阔的统一的多民族国家，风土人情各不相同，礼仪规范也各具特色。随着改革开放的深入，地域间乃至国际的时尚礼仪又相互影响、相互融合，形成了更多样化的礼仪规范。

其三，它是个人的学识、修养、品质的外在表现，换句话说，礼仪的关键不在于你学到了多少社交技能，而在于你自身的品质能否赢得他人的尊重。英国哲学家培根认为"行为举止是心灵的外衣"，我国古语中也有"诚于中而行于外"之说。阿谀奉承、溜须拍马、投机取巧不是礼仪的真正含义所在，一个人只有在真正尊重他人的前提下，自己才会被他人所尊重，一个人品低下、没有仁爱之心的人是不可能赢得别人尊重的。

其四，礼仪的目的是通过社交各方的相互尊重，达成人际关系的和谐状态，为主体（个人或社会组织）营造良好的“人和”环境，正如俗话所说的那样：“在家靠父母，出门靠朋友。”英国作家埃西尔·伯奇·唐纳德说：“（有关探讨礼仪的）这些文章全都归结到这个事实，即良好的礼貌意味着对他人表示关怀。”

观念应用 1-1　　尊重自己就是尊重他人

观念应用 1-1

分析提示

尊重他人是一种高尚的美德，是个人内在修养的外在表现。尊重，是人的一生修养以及自我内涵的表现，也是人所必须具有的品质。尊重，简单来说就是一种品德。它反映的是一个人的文化素养、道德修养，同时反映了一个民族的文化底蕴。尊重是一种品德，无论是在学习、工作中还是在生活中，无论是对同学、老师、领导、同事还是对邻居、朋友甚至家人，都应该自觉践行尊重，因为每一个人都希望得到他人的尊重。

当然，在我们的日常学习、工作和生活中难免会遇到对方有意或无意做了伤害你的事情，在这种情况下你是以其人之道还治其人之身，还是以宽容的态度原谅对方？如果你能换一个角度思考这个问题，以别人难以达到的大度和宽阔的胸怀来对待处理，那么你的形象就会高大起来，你的宽容和大度就会让你的人格折射出更加高尚的光芒。这样你就会获得更多的尊重，他们在今后的学习、工作和生活中也一定会加倍回报你的。

试问：你从中明白了什么？

1.1.2　礼仪的特征

礼仪作为人们在社会交往中必须遵守的行为规范，具有鲜明的时代特征和社会特征，了解礼仪的具体特征有助于我们准确把握礼仪的完整含义。

1）规范性

礼仪就是人们在交往场合所遵守的行为规范，这种规范性一方面约束自己要遵守规范，不能违背，另一方面以此为标准，作为一种“通用语言”，作为衡量他人，判断其行为是否“合乎礼仪”的一种尺度，因此，礼仪是约定俗成的一种自重、敬人的惯用形式。也就是说，礼仪是一定社会或一定阶级的共同生活对人们的行为所提出的要求，这种要求是人们在长期、反复的生活实践中形成，并通过某种风俗、习惯和传统的方式固定下来的；同时，它又是一定社会或一定阶级对这种社会要求和生活实践的认识，通过一定社会的思想家们把这种要求和认识概括出来，散播于人们的生活实践，便形成了人们普遍认同且遵循的行为准则，任何人要想在社交活动中表现得合乎礼仪，都必须对礼仪规范无条件地加以遵守。

2）继承性

礼仪是一个国家、民族传统文化的重要组成部分，属于传统文化中的精神文化部分，属于文化结构中最深层的文化层面，这种心理积淀在人们头脑中已形成了一定的理念定式、思维定式、价值标准定式，并通过实践活动表现出来，因此在对事物的判断上自然而然地带有传承的痕迹。

从另外的角度分析，礼仪是人类社会在发展历程中，将人际交往的一些惯用方式以准则的形式固定并沿袭下来，使其代代相传并随着社会的发展而不断充实与扬弃的一个过程。这就是一个明显的传承过程。当然，这里的传承不是食古不化，这里的扬弃也不是全盘放弃，它是一个随着时间变迁而渐变的过程。也正因为这是一个过程，使礼仪文化的丰富和发展成为可能，最明显的就是我国这样一个礼仪之邦，不也在传承优秀的中华民族礼仪传统基础上，摒弃了许多带有明显封建色彩的礼仪糟粕吗？

3）差异性

既然礼仪是各国、各民族人民在日常生活、工作交往中逐渐形成的一种交际行为规范，就必然带有明显的差异性。首先，不同国家、不同民族间的交往方式、生活习惯所形成的礼仪肯定不同，像汉族的男娶女嫁和摩梭人的走婚根本就是两回事儿。在一般人际交往中，我国男性间的握手和西方一些国家的拥抱都是表示欢迎、问候的意思。其次，不同的交往地点和交往时间，同一礼仪形式也会有不同的含义。与朋友在家中小聚，适当提高声音是一种热情的表示，但如果在公共场所聚会，声音大了则会被人理解为不文明、粗鲁、不拘小节。再次，同一礼仪形式对于不同对象也有着截然不同的含义，如面对较年长的长辈倾听时应主动侧身靠近，以示尊重，但如果面对同龄异性就容易造成误会了。

4）可操作性

礼仪既然是行为规范就必须具备可操作性，过于繁杂的程序（甚至需要许多辅助工具）往往与现代社会的快节奏不相适应，而被逐步扬弃或简化，这也是礼仪继承性特点的另一种表现形式。如我国封建社会对女子的种种约束，从足不出户（甚至缠足）到男女授受不亲等，都随着女子社会地位的上升而逐渐消失，但有些合理的可操作的部分还是保留了下来，如握手的礼节、言行举止的礼节。应该说，礼仪是人们的行为准则中最简单、最普及、最易于实行的标准，必须具备简单易行、便于操作、应用性强的特性，这样才会使礼仪具有更广泛性，才会得到更多人的认可，在社会交往中得到更广泛的推广和应用。

正如当前人们对于是“先有民族的才有世界的”还是“只有世界的才有民族的”一直争论不休一样，实际上就礼仪而言，首先是民族的，但必须简便易行，且能达成共识，否则民族的就只能是民族的，不可能会是世界的。清朝康熙年间，外国使臣觐见皇帝被要求行三跪九叩之礼，这就是民族的与世界的矛盾了。

1.1.3　礼仪的功能与原则

小资料 1-1

礼仪故事：程门立雪

1）礼仪的功能

西方哲人赫尔岑说：“生活里最重要的是有礼貌，它比最高的智慧，比一切学识都重要。”我国古代更是把是否有礼看成是能不能具备做人资格的标准，《礼记·曲礼》中有“今人而无礼，虽能言，不亦禽兽之心乎？是故圣人作，为礼以教人，使人以有礼，知自别于禽兽”，也因此有人将传统的礼制文化称为

"耻感文化"。

现代社会人际关系日趋复杂，礼仪已经渗透到人们工作、生活的方方面面，其所发挥的作用也越来越大。礼仪的主要功能有：

（1）提高自身修养。礼仪不仅反映着一个人的交际技巧与应变能力，而且体现着一个人的气质风度、阅历见识、道德情操，可以说礼仪即教养，即每个人的文明程度。就国家范围而言，它还是一个国家、一个民族的文明程度、国民素质、精神风貌的重要标志。正如我国著名的思想家颜元所说："国尚礼则国昌，家尚礼则家大，身尚礼则身修，心尚礼则心泰。"

在日常人际交往中，人们总是通过仪表、服饰、谈吐、举止来表现其各种行为或需求，这是影响人们第一印象的主要因素。整洁大方的个人仪表、得体的言谈、高雅的举止、不凡的气质风度，必定会给人留下深刻而美好的印象，赢得对方的尊重，进而有助于双方关系的和谐。学习礼仪、运用礼仪的首要作用就在于此。

（2）规范社交行为。在社会生活中，人们都必须按一定的规范行事，即每个人的行为都应遵守一定的社会生活准则和规范，而礼仪作为人们处世行为规范的约束标准，不仅约束着人们的态度和动机，规范着人们的行为方式，协调着人与人之间的关系，也维护了社会的正常秩序。人们在社交场合按礼仪规定的要求进行交往，有助于相互间的良好沟通并达成共识。礼仪作为一种共同遵守的"游戏规则"还发挥着对人际关系的整合和疏导功能，如尊老、爱幼、以诚待人，讲究仪容、仪表等，它潜移默化地熏陶着人们的心灵，使每个人更能注意自己的言行，养成良好的生活习惯、工作习惯，同时制约着人们按照规范的社会行为准则去工作、学习、生活，"非礼勿视，非礼勿听，非礼勿动"，营造和谐亲密的良好人际关系。

（3）推进社会文明。社会文明与秩序的维系需要法治，但更离不开礼仪建设。管仲曾提出："礼义廉耻，国之四维，四维不张，国乃灭亡。"荀子也曾提出："人无礼则不立，事无礼则不成，国无礼则不宁。"我国社会主义精神文明建设的根本任务之一就是要培育一代有理想、有道德、讲文明、懂礼貌、守纪律的新人，发展我国优秀文化传统，弘扬民族正气。但精神文明建设需要通过一定的形式来推动，礼仪建设就是其中一种较好的形式。学习礼仪、遵守礼仪，可以净化社会风气，提升个人和社会的精神品位，惩恶扬善，提高全民族的文明程度，进而在全世界提升中华民族的文明形象。

党的十八大以来，以习近平同志为核心的党中央积极开展形式多样的纪念庆典活动，不断建立和规范礼仪制度。比如，在2019年的中华人民共和国国家勋章和国家荣誉称号颁授中，前所未有的规格、格外隆重的仪式，既是崇高礼赞又是庄严宣示，号召人们敬仰英雄、学习英雄，用实际行动为实现"两个一百年"奋斗目标和实现中华民族伟大复兴的中国梦贡献力量。实践证明，建立和规范礼仪制度，对于规范人们的言行举止、激发人们干事创业的精气神具有重要意义。新时代，我们要传承发展中华优秀传统礼仪文化，建立和规范礼仪制度，不断增强人们的认同感和归属感。

2）礼仪的原则

尽管世界各国各地礼仪习俗不同，但基本原则是一致的。所谓礼仪原则，就是人们在社交中处理人际关系的基本准则。熟悉礼仪的基本原则，有助于在具体礼仪活动中做到自觉、主动，也更加自然得体。

（1）“尊重、真诚”原则。人际交往互相尊重最为重要，尊重是礼仪的情感基础，只有彼此间相互尊重才能保持和谐、愉快的人际关系。每个人在人际交往中都处于平等地位，不管种族、国籍、肤色、社会地位如何。也只有尊重别人才能赢得别人的尊重，“敬人者恒敬之，爱人者恒爱之”。20世纪60年代，毛泽东提出了“三个世界”理论，主动与广大第三世界国家交朋友，赢得了第三世界国家的广泛支持，使我国成功重返联合国并成为常任理事国之一。实际上“礼”的良性循环，也就是借助互敬、互尊这样的机制而得以生生不息。

联邦德国勃兰特政府执政后，竭力推出新东方政策，为了着力改善同苏联、东欧的关系和两个德国的关系，采取了先苏后华的策略；而反对党则从党派斗争出发，主张同时发展同中国的关系，并迫切希望到北京直接与中国领导人交换意见。以何种名义邀请合适呢？当时反对党基督教民主联盟主席施罗德的官方身份为议会外交委员会主席，精于外交事务的周恩来总理决定让中国外交学会邀请施罗德以德国议会外交委员会主席的身份访问中国，这样做既对执政党会产生不小压力，对推动两国关系有利，又不致得罪联邦德国政府太多。事后证明，这一举措非常聪明，也为日后两国关系紧密化奠定了坚实基础。

俗话说“精诚所至，金石为开”，一个人的思想、观点、愿望和要求能否为对方所接受，往往与他表现的真诚程度正相关，即越真诚，对方接受他的思想、观点、愿望和要求的可能性就越大，也就越容易建立良好的人际关系。真诚和圆滑是两个截然不同的概念，虽然有时待人真诚并非永远都是最好的策略（忠言逆耳），尤其是当对方迫切需要鼓励、安慰时，适当地讲究方式、方法也许要比直叙更合理，但绝不可陷入“八面玲珑”的圆滑误区。

20世纪70年代初，在《中美上海联合公报》发表的前夕，美国国务卿罗杰斯对已达成的协议草案不满，说要在上海大闹一番。消息传来，负责接待工作的中方人员甚为担忧，如果真让罗杰斯闹起来，将是一场很大的外交事件。由于深知此事的严重后果，周恩来决定亲自去拜访罗杰斯，使萌芽的突发事件得到圆满解决。

当周恩来来到罗杰斯下榻的上海饭店时，才发现这位国务卿被安排在第13层楼。他知道在西方人的传统文化和风俗习惯中，13是一个不吉利的数字，也是最令人忌讳的。弄清了罗杰斯的不满原因，周恩来想到了补救的办法。

见到满面怒容的罗杰斯后，周恩来仿佛什么也没有发生过，而是动情地说：“中美两国打开大门，是得到你所主持的国务院支持的。几十年来，你们为中美关系的友好，做了不少工作，我尤其记得，当我邀请贵国的乒乓球队访华时，贵国驻日使馆就英明地开了绿灯，你们的外交家很有见地……”

周恩来对罗杰斯等美国外交官的赞扬，是发自内心的真诚，使罗杰斯感到亲切和被理解的愉快，他转怒为笑："总理也很英明，我真佩服你们想出邀请乒乓球队的招儿，太漂亮了！"

"有件事很抱歉我们疏忽了，没想到西方对13有避讳，"周恩来风趣地说，"不过我们中国人有个笑话，一个人怕鬼的时候，越想越怕，等他不怕鬼了，到处上门去找鬼，鬼也就不可怕了，而西方的'13'正像中国的'鬼'。"众人哈哈大笑。周恩来走后，罗杰斯的助手问："怎么办，还找麻烦吗？"罗杰斯摇摇头："算了吧，周恩来这个人，真的令人倾倒。"一场可能爆发的外交冲突就这样在谈笑中化解了。

因此，我们说"真诚"和"尊重"密切相关，没有真诚，尊重便是虚伪，不尊重人，真诚也不复存在，这是应加以注意的。

（2）"自律、自爱"原则。礼仪规范由对待自身的要求和对待他人的做法两大部分组成，自律原则就是要求自身树立良好的道德信念和行为准则，自我要求、自我约束、自我控制、自我对照、自我反省，正所谓"己所不欲，勿施于人"，同时更提倡"严于律己，宽以待人"，提高自律、自觉性。

在管理上我们强调以身作则，身先士卒，这也是一种自律的要求，在交往中，我们要求对方做到的，自己首先要做好。如当你需要别人关怀的时候，你应该事先多关心别人，当你在困境中希望得到朋友帮助，那么你平时有没有多理解你的朋友呢？朋友面临困境，你会怎么办？朋友病了，你做了什么？朋友事业不顺，你又做了什么？俗话说"种豆得豆，种瓜得瓜"，虽然这就礼仪规范而言不是很合理，有些功利主义成分，但至少告诉我们，没有付出就不会有收获。

观念应用1-2

观念应用1-2

分析提示

白居易请教一位著名禅师"佛教最重要的道理是什么？"答曰："诸恶莫做，众善奉行。"白居易很不以为然地说："这两句话有什么稀奇？3岁的小孩也懂得呀！"禅师很郑重地答曰："尽管3岁小孩也懂得，可是80岁的老公公却不一定都做得到！要知道真理并未离我们很远，其实就在我们日常生活中。不要轻视这两句平凡的话，你如果能够好好地在日常生活中把这两句话的道理实行起来，那你的前途将是光明灿烂的！"

（3）"谦和、宽容"原则。谦和包括谦虚与和善，谦虚是人类的美德，和善更是处理人际关系的基石，正所谓"和气生财""凡事以和为贵""退一步海阔天空"，它告诉人们要与人和睦相处，这是社交成功的重要条件。荀子曾说："礼恭而后可与言道之方，辞顺而后可与言道之理，色从而后可与言道之致。"只有举止、言谈、神态都是谦恭有礼时，才能从别人那里得到教诲，这也符合谦谦君子之道。

当然，强调谦和不是指过分的谦虚、无原则的妥协，甚至妄自菲薄，社交中有这么一句话"过分的谦虚就是骄傲了"，有时我们更需要在谦和中保持良好的自信心和正常的心理状态。

古人云："有容德乃大。"宽容也是一个人良好品德的外显，昔日刘备三请诸葛亮如果没有那种雅量，就不会有三分天下之格局。宽容就是心胸坦荡、豁达大度，既要严于律己，更要宽以待人。会容人，体谅人，有较强的容纳意识和自控能力，不能求全责备、斤斤计较，甚至苛求别人，咄咄逼人。对于自己看不惯、听不惯的言行应以宽容态度给予理解，尤其在商务活动中，双方往往会出于各自立场和利益的不同，在交往中采取不同的方法和策略，难免出现一定的冲突和尴尬场面，这时就需要我们以宽广的胸襟、豁达的态度、大方的仪态善解人意、体谅别人，谅解对方因无意或无知造成的交往误会，体现良好的自身人格魅力。

（4）“适度、从俗”原则。适度原则要求应用礼仪时，必须注意技巧，合乎规范，掌握好社交中各种情况下的不同交往准则和彼此间的感情尺度，凡事当止即止，过犹不及，古语说“君子之交淡如水，小人之交甘如醴”，一旦交往尺度有误，很容易引致完全相反的结局。改革开放初期，一些地方不懂正常交往礼仪，盛情款待外国客商，反而招致对方疑虑：如此大吃大喝，怎么是贫困落后呢？甚至指出，一个地方官员都这般吃喝，我们投资不放心。

适度原则在日常交往中包括感情适度，不宜过于热烈，也不应太内敛；谈吐适度，应根据谈话对象不同选择不同的节奏、音量及谈话内容与方式；举止适度，肢体语言要得当，表情与交际场合气氛相适应，动作张扬应配合讲话内容，只有这样才能真正赢得对方的认同，达到沟通的目的。

从俗也就是所谓的入乡随俗。由于国情、民族、文化背景不同，客观上就存在着完全不同的具体礼仪表达方式与方法，以及对同一种礼仪行为的不同的评价标准，贸然采取自以为是的礼仪方式，很可能触及禁忌，引起对方反感，甚至厌恶。因此，在日常礼仪活动中，应事先做好调查了解，在行为上要与绝大多数人的习惯做法保持一致，切忌目中无人，指手画脚，任意否定别人在礼仪规范方面的“乡规民约”。

小资料1-2

2021年中国公关公司TOP10

我们来看一下公共关系网（21CNPR）发布的2021年中国公关公司排名前10榜单：

1.奥美公关——国际化本土公关先驱

奥美公共关系国际集团（简称：奥美公关）成立于1980年。奥美公关拥有丰富的国际经验，因此许多国外品牌在抢滩中国市场时，大多选择奥美公关作为自己的公关代理，BMW、IBM、诺基亚、辉瑞、亚信等世界著名企业都是奥美公关在中国的长期服务客户。

2.蓝色光标——中国本土规模最大的专业公关代理公司之一

蓝色光标公关顾问机构，业内称“蓝标”，1996年由几位志同道合的年轻人共同创立。蓝色光标总部设在北京，另外在上海、广州、成都、西安等地共设有23个分公司及办事处，员工将近500人。经过多年的发展，蓝色光标已经发展成为中国本土规模最大的专业公关代理公司之一。

3.索象传播——中国500强公关传播标准制定者

索象传播是国际知名的营销传播公司，代表着当今国际最前沿的整合营销传播思潮。索象传播总部位于杭州，在中国七大区域设有分支机构，并在香港、伦敦拥有国际业务网络，近年来为吉利领克、农夫山泉、劲酒、自然堂等知名品牌提供数字营销传播服务，客户中以中国500强企业为主。

4.爱德曼——最早落户中国且发展最迅猛的国际公关公司之一

爱德曼国际公关（中国）有限公司（简称：爱德曼）于1990年进入中国，是最早落户中国且发展最迅猛的国际公关公司之一，在北京、上海和广州设有办事处。结合全球网络与国际经验，爱德曼为各领域的跨国及本土客户提供了专业的服务，主要包括3M、Coach、HP、星巴克、塔塔集团等，涉及金融投资、IT、快速消费品、化工、能源、汽车等行业。

5.博雅公关——帮助中国企业走出去、跨国企业进入中国的桥梁

博雅公共关系公司于1985年在新华社的邀请下进入中国，总部位于北京，是最早进入中国的国际公共关系公司之一。博雅公关与博雅全球的专业传播顾问紧密合作，共享知识、经验和资源，是帮助中国企业走出去、跨国企业进入中国的桥梁，引导客户在快速变化和发展的中国市场中获得成功。

6.万博宣伟——国际会议制定公关服务商

万博宣伟公关顾问（简称：万博宣伟）是公共关系咨询公司，在全球81个国家设有126间办公室，为企业跨国发展提供有力支持，也为全球各大企业在大中华地区的业务发展提供公共关系方面的专业咨询和策略制定。目前，万博宣伟服务的长期客户有宝洁、辉瑞制药、安捷伦科技、霍尼维尔、日立环球存储等，曾为北京申办2008年奥运会和上海申办2010年世博会提供了专业的公关支持。

7.伟达——助力中国企业国际化的操盘手

伟达（中国）公共关系有限公司（简称：伟达）于1984年在中国创立。伟达公关不但为世界500强企业、协会和政府机构提供服务，还为中国本土企业提供公关服务，帮助中国众多企业走向国际化，其服务领域涵盖了科技、快消品、汽车、旅游休闲、金融和政府及公共事务服务等。

8.罗德——全球领先的公关公司

罗德公共关系顾问有限公司（简称：罗德）总部位于美国纽约，1996年进入中国市场，在北京、上海、和香港设有办事处，为许多行业的著名跨国公司开展公关活动。其主要业务包括消费品、科技（B2B及消费品）、危机和突发事件处理、金融服务、医药保健等领域，向客户提供医疗保健、科技与消费品传播等专业服务。

9.宣亚国际——全方位的整合传播服务提供商

宣亚国际品牌管理（北京）股份有限公司（简称：宣亚国际）成立于2007年，服务网络覆盖北京、上海、广州、长沙等全国34个重点城市。创立以来，宣亚国际成功助力汽车、快消品、家电、财经、房地产等行业，为泸州老窖、长安福特、天语手机等著名企业提供全方位的整合传播服务，获得了客户的一致好评。

10.无限公关——上市公司首选智慧型公关营销机构

无限公关创立于2011年，是一家技术驱动型的综合性本土公关公司，服务网络覆盖全国34个主要城市，同时在伦敦、香港、新加坡设有分支机构。主要服务客户涵盖

房地产、汽车、金融财经、医药健康、互联网高科技等众多行业，客户以行业大中型企业、上市公司、高增长科技企业为主。

资料来源 根据公共关系网（21CNPR）公开资料整理.

1.2 公关礼仪的含义与特征

我们知道，礼仪由主体、客体、传媒体及环境四个基本要素组成。其中，主体是具体礼仪活动的计划及实施者；客体是指礼仪活动的对象；传媒体则是实施礼仪活动所必须依托的中介物，它可以是人也可以是某种设备、服饰；环境是指礼仪活动得以进行的特定时空条件。在实务礼仪活动中，我们按照礼仪的主体不同，可以将其分为公关礼仪、个人礼仪；按照礼仪活动的主体与对象侧重不同，还可分为政务礼仪、商务礼仪、社交礼仪、涉外礼仪等几个分支。需要指出的是，政务礼仪、商务礼仪因其所代表的主体是社会组织（前者为政府组织，后者为企业组织），所以都属于公关礼仪范畴。此外，公关礼仪也离不开个人礼仪。可以说，公关礼仪是整个礼仪体系的一个细化分支，是伴随着公共关系学科的产生而形成的一门新型实用性学科。

1.2.1 公关礼仪的含义

我们知道，所谓公关或公共关系是指组织主体为塑造自身的良好形象而有计划、有意识地采取各种措施，改善自身行为的价值取向，保证组织主体与公众之间的良好传播与沟通，进而寻求公众对组织的理解与信任的一种管理实务。

公关礼仪就是*指公关人员为树立（或维系）组织主体良好形象而在与公众交往过程中，所应遵循的合乎社会规范和道德规范要求的各种礼仪规范与准则。*

比较礼仪与公关礼仪两个概念，我们不难得出这样一个结论：有共性，但也有差异性。

共性：

（1）目的相同。两者都是寻求“人和”境界，希望达成主体与社会环境的和谐。

（2）前提一致。所有行为都必须合乎社会规范和道德规范的要求。

差异性：

（1）主体不同。前者的主体为一般自由人，后者的主体则是社会组织。换句话说，前者是试图使自己成为一个受人尊重、受社会欢迎的人，而后者则是为组织主体营造一个“和谐”的社会大环境。

（2）方式方法不同。一般礼仪注重的是个人自身的修养、素质的培养与提高，以及对各种礼仪规范的了解和掌握，而公关礼仪则需要公关人员代表组织主体主动与公众进行沟通，采取各种主动的针对性措施，引起公众的注意，主动让公众了解你、喜欢你。

（3）侧重点不同。一般礼仪侧重于传统性与民族性，而公关礼仪更侧重于时代性与国际性。也就是说，一方面，公关礼仪要尊重历史传统习惯与本民族的特点，如在公关活动的时间安排上，适当结合我国的一些传统佳节就能达到更好的宣传效果；在一些活动方式选择上，运用一些国内民众喜闻乐见的传统民俗活动（如庆典中用喜庆锣鼓、舞狮）；用传统戏剧作为宣传媒体；请国内名人作形象代表等，能更容易被接受和认同。另一方面，公关礼仪更不可忽视时代性与国际性，如今，任何一个社会组织如果不能紧跟时代发展步伐，不与国际发展潮流相接轨，就不可能拥有更美好的明天。

（4）难度不同。公关礼仪除了一般礼仪要求当事人有良好的修养、优秀的素质、得体的谈吐、高雅的举止等条件外，还对其所代表的社会组织主体有更高的要求：诚信的服务，优良的产品品质，一如既往地追求卓越，始终如一视公众为“上帝”的态度，这些需要组织主体长期不懈的努力。

公关礼仪的内容主要围绕公关工作者展开，主要有：①公关人员形象礼仪，指公关人员应具备的礼仪修养及仪容、仪表、仪态等个人形象；②公关语言礼仪，语言是人际交往的最主要方式，也是公关礼仪的重点，包括口头语言、书面语言、体态语言及情感语言；③公关活动礼仪，指公关人员在组织（或参与）各类社交活动时应遵循的礼仪，包括接待、宴请、会晤、拜访、电话、会议及各种仪式。

1.2.2 公关礼仪与其他学科的关联

要真正了解公关礼仪这样一个新派生的实用性分支在公关活动中的作用，首先要掌握公关礼仪与相关学科之间的关联。

1）公关礼仪与人际关系

虽然都是广交朋友、广结“人缘”，都是研究人际交往活动的艺术，但两者仍有明显区别：①支点不同：前者的支点是社会组织主体，后者则是个人。②目标不同：前者是以树立组织主体良好形象为目标，后者则是为塑造个人自身良好形象为目标。③方式不同：前者除运用人际传播的各种方式外，还需运用大众传媒及其他特殊传媒，如大型庆典活动的综合性传媒进行传播。

2）公关礼仪与美学

“爱美之心，人皆有之”。美学是一门研究什么是美、美的标准、美的鉴别及美的一般规律的专业性学科。公关礼仪也讲究美，提倡美，尤其是在公关人员形象礼仪中，许多内容都是围绕美而展开的，我们也提倡公关人员要有美学修养，能树立正确的审美观。但两者之间的关系如劳动者与劳动工具一般，不能等同。换言之，公关礼仪需要美学知识，但仅具备了美学知识却不能称其掌握了公关礼仪的全部内容，更何况公关礼仪中美的标准更多的是讲究大众性，很少是特立独行的。

3）公关礼仪与民俗学

礼仪的民族性与地方性决定了民俗学在公关礼仪中同样占有相当重要的地位，一个不懂各国、各地风土人情、历史习俗的人是不能成为一名合格的公关工作者的。从伊斯兰教的“斋月”到西方的“万圣节”，从中国人的“粽子”到朝鲜人的“打糕”等，都对公关工作者提出要求：只有熟悉、了解、掌握民风民俗，才能更好地掌握公关礼仪。

4）公关礼仪与心理学

在交际活动中，要尽量地了解对方并赢得他人的尊重与好感，就必须了解对方的心理活动。为此，公关工作者要掌握较完整的心理学知识，了解一般心理反应过程及心理行为特点，学会如何洞察他人的心理，能“读”懂对方，了解对方内心的真实想法，才能达到把握对方心理、尊重对方人格的目的。

5）公关礼仪与动作语言学

“眼睛是心灵的窗户”，他人的心理活动是可以通过眼睛“读”出来的。成语“眉头一皱，计上心来”，我们也可理解为对方皱眉就表示他在思考，这就是动作语言。在人际交往过程中要面对各种各样的人，认识的、不认识的，要迅速准确判断出他（她）在想什么，关心什么，就要学习动作语言。反过来也一样，当自己有些要求或疑惑不宜用口头语言表达时，动作语言就能帮你“排忧解难”，这也是公关工作者必须掌握的技能。

1.2.3　公关礼仪的作用

随着人类文明程度的不断提高，礼仪在人际交往中的作用正日益突出，甚至可以说，已到了有“礼”走遍天下，无“礼”寸步难行的地步。

1）提高公关工作者综合素质

作为公关活动的直接“当事人”，公关人员首先应认识到讲究礼仪的紧迫性，一方面要尽快提高自身文化修养，使自己往有思想、有道德、有知识、懂礼仪的方向发展，成为一个秀外慧中的受人尊重的优秀公关工作者；另一方面作为一个组织的形象代表，一名公众人物，也必须随时注意自己的言行，做到“日三省吾身”，处处以礼仪规范要求自己、约束自己，并逐步化为自觉自发行为，这就是公关礼仪的教化作用。

从另一角度分析，公关礼仪要求公关工作者熟悉各国、各地风土人情、特定习俗；准确了解、把握不同交际对象的心理活动规律，掌握对方需求；学习用最佳方法与不同类型的人交往，从而大大丰富公关工作者的知识面，开阔视野，做到见多识广。

从公关礼仪内涵分析，公关工作者综合素质的核心点是德与诚，它是公关礼仪的最深层含义与升华。“德”是公关礼仪的根基和最高表现形式，无论是干事业，还是做学问，首先要的是学会做人，而做人的首要条件是要讲公德和职业道德，没有“德”，礼仪也就没有了存在的基础，就会演化成虚伪、厚黑。“诚”是公关礼仪被人愉悦接受的先决条件，“待人以礼、待人以诚”是我国的商界古训，也是每个公关工作者必须牢记的，唯有诚信为本，才能让人真正尊重你、喜欢你。“人而无德，行之不远。”没有良好的道德品质和思想修养，即使有丰富的知识、高深的学问，也难成大器。这段话深刻论述了思想道德与科学文化知识的关系，鲜明地指出了思想道德的重要性。

观念应用1-3

“到此一游”说明了什么

据中国之声《新闻纵横》报道，2016年10月3日上午，游客小张和男友来到八达岭长城景区游玩。走到北三楼与北四楼之间时，她看到人群中有一对年轻情侣竟然掏出钥匙在墙砖上刻字。两个人身后不远处，就是“禁止刻画”的指示牌，然而这对情侣好像没看见一样，女游客刻字时，男游客还饶有兴致地拿出手机来拍照。小张忙上前提醒这对情侣，但这两个

观念应用1-3

分析提示

人并未停手。无奈之下，小张拍下了这对情侣破坏长城的照片，并发到了微博上。

文化大家、巨匠们在书籍、字画、碑帖上挥毫，进行品评、鉴赏、考订、记事，那叫题跋；在墙壁上写字或诗文，那叫题壁。这些题跋、题壁本身就是艺术品，它们和文物、建筑交相辉映，和作者的名字一起成为不朽。而一些普通游客的信手涂鸦，无异于东施效颦。所以，为了尊重自己，一定要尊重文化。

2）帮助组织主体树立良好公众形象

作为组织主体的形象代言人，公众会随时依据公关工作者的礼仪表现，对该组织主体的形象进行“定格”。从某种角度来说，公关礼仪是组织主体形象的“化妆师”，没有出色的“化妆师”，很可能就无法体现出你的“天生丽质”，正如俗话讲的“三分长相，七分扮相”。

当然，我们承认组织主体树立良好公众形象的关键要靠自身有过硬的产品或服务品质，“王婆卖瓜”，没有好瓜她也照样卖不出去。但正如公共关系理论中强调的要宣传与展示，保持全面的信息双向沟通那样，也要随时保持良好的礼仪状态，让每一个交往对象都能为我们所付诸实施的礼仪行为所折服，都能从中体会受到尊重的满足感，进而获得公众对组织主体的认同。

这里要注意两个问题：其一，公共关系强调全员“PR”，对任何一个组织团队而言，团队中的每一个人都是该团队的形象代表，他在公共场合的言行举止都会影响到公众对该组织主体形象的评价，因此，公关礼仪的宣传与实施也应该是全员范围的；其二，团队决策者更应注意公关礼仪，作为一个“主角”，会更多地出现在社交场合，与更多的公众进行更广泛的接触，也会更多地给组织主体打上形象“烙印”。

周恩来总理是世界公认的最有风度的领导人和外交家，人们常用“富有魅力”“无与伦比”等优美词汇赞美他的翩翩风度。美国前总统尼克松曾这样写道：“他待人很谦虚但沉着坚定，他优雅的举止、直率而从容的姿态都显示出巨大的魅力和泰然自若的风度。”美国前国务卿基辛格博士也感慨地说：“与周恩来先生彬彬有礼的音容笑貌相比，自己好像是从蛮荒中走来的野人。”周恩来总理的光辉形象也为祖国赢得了光荣与骄傲。

3）推进诚信建设，提高全社会文明水平

诚信是社会主义核心价值观的重要内容之一，是公民基本的道德规范。人无信不立，商无信不誉，市无信不兴，企业无信不昌。诚信是现代社会运行的基础，一个健全的社会一刻也离不开诚信。因此，新时代要大力推进诚信建设。诚实守信是中华民族的传统美德，也是中国传统道德中的一项基本规范。

中国历代思想家都非常重视诚信，崇尚诚实无欺、言行相符。孔子说：“自古皆有死，民无信不立。”孟子说：“是故诚者，天之道也；思诚者，人之道也。”几千年来，“一诺千金”的佳话不绝于史。毛泽东同志曾多次讲到共产党员应该“襟怀坦白，忠诚积极”“要光明正大，不要搞阴谋诡计”。诚信是现代社会运行的基石。对个人而言，诚信是美德；对企业来说，诚信是无形资产；对社会来说，诚信是公序良俗，举足轻重；对国家来说，诚信是重要的软实力，不可或缺。党的十八大以来，我国加快推进社会信用体系建设，不断扎牢制度的笼子，“一处失信、处处受限”的良好态势正在形成。但毋庸讳言，失信行为仍然存在，是百姓的“痛点”，也是社会治理的难点。诚信缺失，已成为当今社会亟待解决的问题。

1.3 公关礼仪存在的问题及对策

1.3.1 当前公关礼仪存在的问题

1）庸俗化现象严重

公关礼仪庸俗化表现有两点：一是盲目攀比，在“礼”上大做文章，信奉“礼重情义重”；二是来往不对等，目的不纯粹，把“礼尚往来”当成搞不正之风的幌子。我国是礼仪之邦，睦邻亲友是我们的传统美德，遇到红白喜事，亲朋好友自然会献上一份心意，这原本是带有浓浓人情的一份心意却在一些地方变了味。一些地方的某些人以此作为快速来钱的路子，因此出现了五花八门的“酒席”，迁新居、考大学、过生日，甚至怀孕的“保胎酒”、出狱的“洗心革面酒”。公关礼仪庸俗化、厚黑化，对于弘扬公关礼仪真谛、维护公关礼仪的正常形象是非常不利的。

2）偏重形式的务虚倾向

这主要表现在迎来送往上，个别领导喜欢安排对方住最高档的酒店，采用最高规格的宴请，这实际上至少给以后的业务谈判带来了一定的负面影响，你太重视对方了，对方就可以适当提高谈判价码。就业务交往而言，双方应该是平等的，哪怕你是一个投资者，你是否投资取决于预期盈利计划，而不是几次宴请就能搞定的，毕竟对方不是一个慈善家。而且，现代社会工作生活节奏越来越快，办事效率指标已成为决定一件事物取舍的主要依据，慢节奏的礼仪不会受到客人的欢迎。

公关礼仪的这种务虚现象还经常出现在一些事务活动上，如庆典活动，实际上庆典活动安排首先要明确目的是什么，其次要测定投入产出比，应选择相对较小投入和相对较好效果的活动形式才称得上是一个合理的活动方案。

3）“复古”与“崇洋”两个极端并存

礼仪是人类文化的精髓，但礼仪也会随着人类社会的发展而不断变革、不断吸收和扬弃，现代礼仪必须符合现代社会的发展要求。人们已经习惯和适应了现行的礼仪规范，如同简化汉字一样，恢复使用繁体字肯定行不通，但要再行简化显然也不是一件容易的事。

公关礼仪的“复古”表现为许多礼仪形式、礼仪程序舍简就繁，似乎不就繁就显不出隆重，一个普通宴请也要从迎宾到就座、宾主致辞、举杯同贺，再到端茶、上菜非常烦琐，有时还要用仿古宴会厅、仿古餐具，甚至穿上仿古服饰。礼多人不怪是不错，但礼繁了就会让人感到不自在，这也不符合现代社会行为规范的要求。

“崇洋”是公关礼仪的另一个极端，穿上西装，打上领带，人就显得很精神，这是好事，但过于迷信“舶来品”就会与礼仪的民族性相矛盾。部分人群盲目追捧西方的情人节、父亲节、圣诞节，其实我国民众真正有节日感的还是春节、端午节、中秋节等一些民族性传统节日。

从本民族特性而言，无论公关礼仪还是组织管理，均应根据自身公关特点，走中国特色的公关礼仪之路。你不能要求我国服务业员工都像日本员工那样见人就鞠躬，也不能像西方人那样见面拥抱、亲吻，还是要在民族基础上有所吸收，有所扬弃。

1.3.2 对策

1）加强宣传，为公关礼仪“正名”

种种庸俗行为已给公关礼仪带来了负面影响，给公众一种公关礼仪上不得台面的误导，迫切需要每一位公关工作者从理论和实务两方面为公关礼仪“摇旗呐喊”，为其“正名”。

一方面，我们要加强理论宣传，引导公众树立正确的公关礼仪观念，了解公关礼仪的特点及其在树立组织主体良好公众形象中的作用，充分认识到讲究公关礼仪对于提高个体自身修养、组织整体形象乃至整个社会文明程度的重要意义，进而自觉地以公关礼仪规范修正自身行为。

另一方面，我们要以公关礼仪规范为指导，将组织的各项社交活动纳入正确的公关礼仪规范之中，使组织的最佳形象以最佳的方式展示给公众，让公众“越了解你，越喜欢你”。

2）博采众长，建立完整的公关礼仪理论体系

目前公关礼仪理论体系很不统一，作为一门新兴学科，理论体系不完善，而且偏重实务介绍，缺乏理论依托，这种状态与20世纪80年代初公共关系导入初期的那种情况类似，这就需要公关理论工作者尽快建立起一套较完整的公关礼仪理论体系。当然这里要重视两个问题，一是传统礼仪规范的传承与发展，二是发达国家公关礼仪理论的借鉴与扬弃。只有两者兼顾，博采众长，才能形成既符合我国特色，又适应时代发展要求的公关礼仪理论体系，真正为公关礼仪实务提供坚实的理论基础。

3）积极探索，增强公关礼仪实用性

首先，应重视对民俗礼仪的研究，特别是随着我国对外交往的不断加强，对世界各国各地区的不同礼仪规范的了解与研究更显迫切，公关礼仪应注重这方面的探索，突出本学科的实用性。

其次，要重视对新发展领域的礼仪规范（如网络礼仪）的探索。对于新兴发展领域，其有许多未知需要去探索，并建立起相应的礼仪规范。互联网既是一个虚拟的世界，也是一个实际存在的行业，尽早建立起一整套完整、实用的礼仪规范是当前亟待解决的问题。

思政园地

防疫小贴士｜遵守社交礼仪

在突如其来的新冠肺炎疫情背景下，我们应该注重哪些社交礼仪呢？

1.拱手复“礼”

在新冠肺炎疫情背景下，人们在社会交往中的礼仪正在不知不觉地发生变化。与熟人见面时，由原来的握手、拥抱变成行挥手礼、合十礼、拱手礼。这些行礼方式不仅卫生不接触，而且高效率。

2.口鼻戴“礼”

无论身处何地，自觉佩戴口罩仍然是一个为自己负责也为他人负责的良好习惯，应长久保持下去。去医院，乘坐火车、飞机时佩戴的口罩不要再次使用，即使未来疫情结束，公共场所佩戴口罩、患呼吸道疾病时随时戴口罩也应成为一种“卫生自觉”和“文明自觉”。

3.1米见“礼”

在超市、餐馆等公共场所时，有意识地与他人保持安全距离。遵守排队秩序，不扎堆、不聊天，要彼此保持1米以上的距离。

4.清嗓有“礼”

当咳嗽或打喷嚏时，应尽量避开人群，用纸巾、手绢捂住口鼻，防止唾液飞溅。避免用双手遮盖口鼻，防止让手沾染上病菌。在咳嗽或打喷嚏后要立即清洗双手或使用免洗消毒液进行手消毒，脏污口罩应及时更换。

5.公筷现“礼”

疫情期间，“公筷公勺”“分餐制”成为许多人的真切呼声。分餐不仅有利于防止疾病传播，而且可以帮助自己的营养均衡，减少浪费。因为使用公筷，所以菜肴都没有被各种唾液所污染，没有吃完的，就餐者尽可以放心打包回家。减少浪费的同时，还培养了人们环保节约的精神。

主要概念和观念

本章小结

○ 主要概念

礼仪　礼貌　礼节　公关礼仪

○ 主要观念

礼仪的四大特征　礼仪的基本原则

基本训练

○ 知识题

▲ 简答题

1）公关礼仪的基本作用有哪些？

2）当前公关礼仪存在哪些问题？

▲ 选择题

1）礼仪是社会公认的对他人表示尊重的一种（　　）。

A.法律规范　　B.道德约束　　C.交往规范　　D.约定俗成

2）礼仪的基本特性是规范性、继承性、差异性和（　　）。

A. 可操作性　　B. 强制性　　C. 不定性　　D. 简略性

3）我国古代有三部著名的礼典分别是（　　）。

A.《周礼》　　B.《春秋》　　C.《礼仪》　　D.《礼记》

4）应该说，礼仪属（　　）范畴。

A. 历史　　B. 永恒　　C. 现代社会　　D. 人类社会

▲ 阅读理解

曾参，字子舆，孔子的得意弟子，世称"曾子"，学识渊博，曾提出"吾日三省吾身"的修养方法。请对"吾日三省吾身"一语做出评析。

○ 技能题

▲ 单项操作训练

你如何理解遵守礼仪规范与提倡个性化之间的关系。

▲ 综合操作训练

一颦一笑展现大国礼仪

在延庆赛区国家雪车雪橇中心的颁奖仪式上，身着"瑞雪祥云"服装、青春洋溢的颁奖礼仪志愿者成为冬奥会一道亮丽的风景线。颁奖仪式上，礼仪志愿者的一颦一笑展现出东方之美，表达着对获奖运动员最高的敬意。来自北京服装学院时尚传播学院2018级服装表演专业的廖炜炜就是她们中的一员。通过参加冬奥会的志愿服务，她理解了奉献的含义，也增强了自信。

"我们的各项训练都非常严格，比如站姿，志愿者一天需要站立3至4个小时，这需要极好的体力和耐力。"廖炜炜说。虽然训练很艰苦，但廖炜炜高质量地完成了任务，她的吃苦耐劳精神也得到了老师们的充分肯定。廖炜炜说，这主要得益于她以往参加大型活动的经历。在2019年庆祝中华人民共和国成立70周年活动中，她担任方队的领队。在这之前，她参加了长达7个月的训练，每天练体能、踢正步，没有一丝懈怠。即使一度腿部拉伤，她也靠着顽强的毅力坚持了下来。正是这段训练经历，使她的韧劲更强了。

在颁奖仪式开始前，礼仪志愿者需要端着盛有奖牌的托盘候场。一块奖牌有580克重，志愿者需要端着3块奖牌至少候场10分钟，遇到团体赛，需要端着加在一起有2 000多克重的奖牌候场。廖炜炜说："我们既要用余光注意脚下，尤其注意上下台阶不能摔倒，同时要保持住托盘的平稳，呈现出最佳仪态。"正是因为有此前高强度的训练和反复的演练，使得廖炜炜在颁奖服务时能够游刃有余，也让她深刻理解了"台上一分钟，台下十年功"的含义。

资料来源　刘洋. 一颦一笑展现大国礼仪［N］. 北京青年报，2022-03-01.

请对冬奥会颁奖仪式上礼仪志愿者的出色表现进行评价。

观念应用

○ 案例题

周总理的礼仪风范

我们敬爱的周总理待人处世的佳话美谈是不胜枚举的。1964年，周总理和陈毅副总理出访亚非14国，在离开加纳首都时，周总理在下榻的国家大厦专为加方服务人员举办了一次宴会，并同陈老总一道向他们敬酒。服务人员感动得流泪，有的人用发颤的手举杯深情地说："这样传奇式的故事，将永远流传在加纳人民的子孙后代中。"

这次包租的荷兰飞机，机组的工作十分出色。周总理经常对他们的工作和生活表示亲切关怀，使他们极为感动。他们说："我们荷兰飞机差不多跑遍了全世界，但没有看到任何国家领导人像你们的总理这样平等对待我们，他同我们握手、照相、交谈，对我们十分尊重。"代表团访问阿尔巴尼亚以后，本来应换另一批机组人员，但他们18个人给荷兰使馆写了一份报告，说我们要决心为中国总理服务到底。他们的愿望实现了。访问结束到达昆明时，他们提出想去北京看看。周总理就派我们飞机把他们送到北京，并同陈老总一起专门招待了他们，还派人带领他们参观北京的名胜古迹。最后他们是依依不舍地回国的。临行时诚挚地表示，总理以后有出访任务，他们非常愿意再来服务，一定圆满完成任务。

资料来源　黎虹．亲历：历时72天　随周总理访问亚非欧14国［EB/OL］．［2022-10-10］．http：//zhouenlai.people.cn/n1/2021/0308/c409117-32045978.html.

结合案例，请对周总理体现出来的礼仪风范进行评价。

○ 实训题

假如你即将毕业，请为你自己就参加应聘时的礼仪设计一个方案（内容包括仪表、着装、谈吐及相关的注意事项）。

○ 讨论题

在一次人才洽谈会上，笔者与一位用人单位老总聊起人才招聘的事，该老总抱怨说："不是我眼界高，确实在众多的应聘者里很少有让我头一眼就觉得满意的。来应聘的某些大学生好像没有礼貌的概念。一边说话，一边给女朋友发短信，有的还与女友紧紧相偎；有的把头发染成红色；还有的竟然口里含着口香糖和我说话。你看刚才那位，一坐下就跷起二郎腿前后摇摆，派头比我还大。"最后，他苦笑着说："现在的大学生怎么啦？"

第2章

个体形象礼仪（一）修养、性格、气质

学习目标

通过本章学习，你应该达到以下目标：

素质目标：领会品德修养在个人形象礼仪中的核心地位，能运用正确的方法培养自己良好的个人修养。

知识目标：了解有关修养、性格、气质、风度的基本概念，掌握良好的性格、气质和风度的基本内容。

技能目标：能够运用所学的品德、性格、气质、风度原理，逐步提高或改善自己的品德水平，形成优雅的气质和风度。

能力目标：能够较准确地判断出什么是优良的个体修养水准，并能用以指导修正自身和他人。

引例　　**羽扇纶巾**

《太平御览·服章部》中提到：诸葛武侯与宣王在渭滨将战，宣王戎服莅事，使人视武侯，乘素舆，葛巾、毛扇指麾三军，皆随其进止。宣王闻而叹曰："可谓名士矣。"羽扇，鸟羽所制成的扇。最初扇羽为十根，东晋时减为八根；羽柄刻木象鸟骨，东晋后改为长柄。汉末和晋时，皆有捉白羽扇指麾众军之事。纶巾，丝带做成的头巾。汉末名士多服巾。羽扇纶巾，状人之风雅闲散。后人以"羽扇纶巾"指称从容潇洒、儒将风度。

苏轼在《念奴娇·赤壁怀古》中写道："遥想公瑾当年，小乔初嫁了，雄姿英发。羽扇纶巾，谈笑间，樯橹灰飞烟灭。"

经常可以听到周围人对他人的评价"今天他看起来好精神""那个新来的王总谈吐得体、大方，令人佩服"等，这实际上告诉我们每个人都有自己的形象定位，而且这种定位会直接影响他人的评价，尤其是公关礼仪人员，其个人形象定位对所代表的组织主体形象起着很大的影响作用。我们经常会遇到一些企业营销人员在上门介绍本企业产品（或服务）时，因言谈举止包括仪表令人产生不快，进而拒绝接受其所推荐的产品（或服务）。因此，我们将个体形象礼仪视为公关礼仪的基石加以阐述。

2.1　公关人员的礼仪修养

个体形象的优劣取决于两方面，即内敛的精神、修养和外显的气质、风度。前者是指个体本身的道德、学识、技艺、人生道理等方面，通过学习磨炼及陶冶而逐渐形成的个体素质和能力，也可称为人格魅力，这是个体形象的核心。修养与外部环境的结合（和谐）就形成了个体的气质、风度。奥地利著名精神分析学家弗洛伊德认为，人是由本我、自我、超我三个层次构成的，“本我”是无意识层面的，不受理性约束，没有礼仪道德准则，只根据唯乐原则满足本能需要；“自我”是有意识层面的，且很大程度上是与环境相互作用的产物；“超我”是理想的“自我”，来源于社会（主要是父母）的道德引导、理想吸引，实际上是父母的道德价值在自己内心的化身。礼仪就是由“自我”和环境相互作用的产物，是由“超我”强化而成的。从中也不难看出，影响个体礼仪的关键就是“自我”，即自我觉悟、自我意识及自我道德观。

2.1.1　素质要求

在线测试2-1

1）品德修养

“君子以德服人”，“德”是为人之本。法国启蒙思想家孟德斯鸠说：“品德，应该高尚些；处世，应该坦率些；举止，应该礼貌些。”品德是公关礼仪人员的核心素质要求。这里又包括优秀的个人品德和良好的职业道德两部分。其中，**品德**是指人的品质与道德，是人们在长期社会活动中逐步形成的。优秀公关礼仪人员应具备哪些品德呢？

（1）真诚。讲究以诚待人，以诚相见，心口如一；对朋友投桃报李，不求锦上添花，但能雪中送炭；宁可人负我，不可我负人。实际上，只有真心相对才能让他人感受到你的真情；反之，表里不一，阿谀奉承，缺乏诚意的沟通，即使在礼仪形式上做得天衣无缝，也很难获得对方的真正信任。

（2）公正。视所有公众为你的朋友，一视同仁，不以貌取人，不以地位取人，更不能厚此薄彼。在个人利益与组织利益相矛盾时，能义无反顾放弃个人利益；当组织利益与公众利益相冲突时，应全力保持双方利益兼顾，力求双赢，不能将组织利益的获取建立在对公众利益损害的基础上。

（3）热忱。公关礼仪人员应蕴含火一般的热忱，使人感到温暖亲切。热忱能迅速拉近人际交往距离，使他人产生一种被吸引感，尤其是在一些公众场合，主动热情地结识新朋友，更能显示自己的人格魅力。当然，这里的热忱是建立在真诚公正基础上的，而不是虚情假意应付式的热忱。

（4）宽容。要学会容人，要有宽广的胸怀，尤其是在随时面对各种思想不同、性格各异、志趣不一的交际对象时，对误解甚至无礼要有气量，宽大为怀。同时应允许不同观点的存在，求同存异，允许别人保留不同意见。

甘地曾经精辟地指出：“假如我们大家都把‘以眼还眼，以牙还牙’作为生活的准则，那么人就要变成‘瞎子’了。”从根本上来说，宽容是有力量的象征，是坚强的表示。它以爱为动力，去打破“坚冰”，驱散“乌云”，迎来和煦的“春风”。一个不肯原谅别人的人，就是不给自己留有余地，要知道每个人都有犯过错需要他人原谅的时候。宽容之所以被大力提倡，就因为它是一种治愈精神创伤的“灵丹妙药”。

众所周知，马克思和恩格斯之间有着长期纯洁高尚的革命友谊，他们相互鼓励，共同奋斗。然而，他们之间也曾因交际失误引起过感情冲突。1863年1月6日，恩格斯的夫人玛丽·白恩士去世，这给中年的恩格斯以极大的打击。1月7日一早，精神极度紧张和沮丧的他立即将这一噩耗告诉了马克思。马克思在接到恩格斯这封信的时候，自己家里的状况也十分令人心焦，经济的拮据正困扰着这个家庭。虽然他心里也非常同情恩格斯，但异常苦恼的他在回信中竟然没有给因失去妻子而痛苦万分的恩格斯以应有的体贴和安慰，只是在这个问题上轻描淡写了几句就笔锋一转，滔滔不绝地谈起了自己的事情来。他谈及自己家庭的经济危机，要求恩格斯寄一笔钱给他。恩格斯接到这封信时玛丽还没有下葬，读信后他大为失望。沉思一星期后，他回信道：“我的一切朋友包括相识的佣人在内，在这种使我极其悲痛的时候对我表示的同情和友谊，都超出了我的意料之外，而你却认为这个时刻正是表现你那冷静思考方式的卓越性的时机，那就随便吧。”他们之间的伟大友情大有一触即溃之势。马克思接到恩格斯的来信后感到了深深的内疚，他立即写信给恩格斯，诚恳地检讨了自己的过失和疏忽：“从我这方面来说，给你写那封信是个大错，信一发出我就后悔了。然而这绝不是出于冷酷无情，我的妻子和孩子都可以作证。我收到你的那封信（清晨寄到的）时极为震惊，就像我最亲近的一个人去世了一样。而到晚上给你写信的时候，则是完全处于绝望的状态之中。”通情达理的恩格斯接信后马上回了信：“不过不要紧，你最后的这封信已经把前一封信所留下的印象消除了，而我感到高兴的是，我没有在失去玛丽的同时再失去自己最老和最好的朋友。”于是，一对好朋友又握手言欢，和好如初了。

（5）无私。俗话说“心底无私天地宽”，在平时生活中我们经常会遇到许多烦恼，细究其原因，有相当一部分是自己心底的“私”在作怪，是它让你拿不起、放不下，也是它让你在个人与组织、自己与他人、名利与成功之间惶恐不安，一旦悟通这个道理，思想境界就会上升到一个新的高度，学习、生活、工作会更加光明磊落，也能正确地把握自己行动的方向。

品德是对一个人思想品质和人际关系处理能力的全面要求，品德高尚的人，必定是深明大义、胸怀广阔、深谙事理的人，既能坚持自己的立场，又能顺应社会环境的要求，明辨是非、弃恶扬善、以礼待人、以理服人，也只有这样才具备了公关礼仪人员的合格素质要求。

2）能力素质

公关人员要求具有较高的能力素质，如思维能力、领导管理能力、写作能力、与人交往并使对方信任的能力、表达能力、创造能力、传播能力等。

（1）思维能力。要求公关人员具有较高的政策分析水平和对新情况新问题的敏感性，提高发现问题的思维能力、推理预测的思维能力、协调关系的思维能力以及角色转换的思维能力。

《晏子春秋》中记载了一段晏子出使楚国的故事，表现了他非凡的应变能力。晏子出使楚国，楚国人觉得晏子个子矮小，想奚落他，就让他从大门旁的小门进去，晏子不干，说："出使到狗国的人才从狗门进，现在，我出使到楚国，不该从这个门进。"接待他的人只好打开大门让他进去了。见到楚王，楚王想羞辱晏子，就说："齐国没有人了吗？怎么派你来呢？"晏子马上回答说："齐国人多得很，只不过我们齐国派遣使臣，各自都有所担负的使命，他们之中贤明的人被派遣出使到有贤明君主的国家，不贤明的人被派遣出使到有不贤明君主的国家，我晏婴是最不贤明的，所以适合出使到楚国。"

（2）领导管理能力。要求公关人员具备企业家的战略眼光和组织主体各职能部门、各生产业务环节，保持畅通的信息交往，了解产品和服务、内外部环境变化以及同行、竞争对手的情况，真正起到决策参谋作用。公关人员还要不断提高组织协调能力，因为组织、筹办各种公关活动是公关人员的经常性工作。

（3）写作能力。编辑写作是公关工作的一个重要方面，公关人员要编写各种宣传资料以沟通内外公众，要撰写具有专业水平的新闻稿以供新闻媒体选用，要汇编公关情报通报、总结、简报，要草拟各种报告、演讲稿等，这都需要公关人员具有较强的写作能力。

（4）与人交往并使对方信任的能力。要求公关人员具有广泛的兴趣爱好和随机应变的才能，了解并遵循各种社交场合的礼仪规范要求。

（5）表达能力。对语言体系自身可利用的各种技能、性能能够通晓和把握；把握语言运用的具体环境、特点并能及时适应，具有实际表达才能。

（6）创造能力。公关工作是有计划、有步骤的活动，而公关活动的新颖独创、别出心裁则会使其成效大增，也会使其因具有较高的新闻价值而成为新闻"主角"。

（7）传播能力。了解大众传播、人际传播的优劣，合理利用传播技巧，使公众对传播的信息充分理解和接受，也是公关人员应具备的能力。

（8）幽默感。曾经有调查机构访问了数千名女士，询问心目中理想男士的标准是什么，在候选的十多条标准中，"具幽默感"这一条在问卷中居榜首。俗话说"一句话可以把人说得跳起来，也可以把人说得笑起来"，如果我们在日常生活中能做到谈吐幽默风趣，使他人觉得因为有你而开心、快乐，并能从你身上得到启发和鼓励，你就会成为一个交往核心，一个人人都喜欢的"开心果"，自然你的"人和"状态就会很快建立起来。

3）文化素养

公关礼仪人员要经过相当程度的文化教育，并非仅仅是一个"好人""知礼之人"就够了，而应该有一定的文化涵养和较广博的知识。文化涵养是思维的基础，也是掌握公关技巧的基础；广博的知识从搞好公关礼仪工作所需知识储备来说，包括语文写作知识、新闻编辑知识、广告学知识、美学知识、心理学知识、传播学基础、营销学知识、管理学知识、礼宾知识、艺术修养，并懂一门或几门外语。有了这些，公关礼仪人员在实际工作中就能写会说，什么人都能交，什么工作都会干。反之，如果没有一定的文化知识，连写公关书信都不会，主动与人交往都存在障碍，又怎么能胜任本职工作呢?

当然，知识重在灵活运用，否则几张文凭也顶不了什么事，这里我们更偏重的是掌握知识并运用知识的能力。先贤子夏曰：“贤贤易色，事父母能竭其力，事君能致其身，与朋友交言而有信，虽曰未学，吾必谓之学矣。”

小资料2-1　　外交无小事，礼宾无小事

有了领导人的以身作则，中国外交部前礼宾司代司长鲁培新和同事们的工作紧张却从容。不过，在20多年的工作中，鲁培新并不是没有出现过任何差错的。

1990年12月，一位中央领导访问马来西亚，为了表示对我国明代友好使者、航海家郑和的敬意，日程中专门安排了领导人拜谒郑和庙。由于“打前站”的时间紧迫，鲁培新当时未能亲自去看看郑和庙，只好委托使馆派人前去查看。但由于工作繁忙，使馆也没有派人去。于是，全团人员后来被带到一个很大的寺庙，向“郑和像”三鞠躬。就在这时，一位当地的华侨老者告诉鲁培新，这里根本不是郑和庙。鲁培新一听，顿时惊出一身冷汗。事后，他和马来西亚方面商量，重新补上了一次真正的郑和庙之行。

“细节决定成败。”多年后，鲁培新依然感慨，“这件事再次证明，外交无小事啊。”

2.1.2　优良个体修养的培养

你适合从事公关礼仪工作吗？如果你热爱这个职业，那又如何能使自己的素质符合要求呢？我们知道，优良的公关礼仪人员素质来自后天的培养与自身的努力，这也告诉我们，只要有志向、有目标，定能“心诚则灵”“功到事成”。

1）消除不良个性心理障碍

一些存在于公关礼仪工作者身上的不良个性心理倾向会严重妨碍正常人际交往，这是首先应注意的。

（1）自卑心理。在公关交往中，身材矮小、容貌丑陋、性格内向、不善言谈等，都会引发当事人的自卑心理。尤其是当他们面对着漂亮的公关小姐、英俊潇洒的公关先生，看着他们自信地与交往对象侃侃而谈时，更为自惭形秽，妄自菲薄。自卑心理源自心理上的一种消极的自我暗示，常常表现为对自己价值的否定，因而悲观、缺乏勇气，他们害怕被别人轻视与排斥，不敢表现自己，也不能自如地与他人交往，这样往往会给公关工作带来负面影响。

实际上，外表是天生的。虽然外表会给你的人际交往带来一定影响，但绝非决定性的，更何况自身形象的关键在于内蕴素质。晏子使楚不辱使命；“二桃杀三士”的故事，不也告诉我们空有堂堂外表又有什么用呢？这就要求每个公关工作者能扬长避短，培养出自己的特长，显示出独特的人格魅力来。

（2）情绪障碍。每个人都有喜怒哀乐等情绪，有时候会高兴，有时候会沉闷不快，有时候会生气。把这些个人情绪带到公关工作中，就容易出现这样的情况：高兴时快人快语，不假思索；沉闷不快时一声不吭，把客人晾在一边；生气时遇见客人有求，态度生硬，甚至无理拒绝等，都会对公关工作产生不良影响。公关工作要保持稳定的情绪，和蔼、愉快、平等地待人，不能为个人情绪所左右，而要学会调节、控制自己的情绪。

在个体交往中情绪互为影响，一旦陷入情绪僵局，就很难扭转，所以我们提倡不将情绪带入工作中。你要踏入办公室时，先把自己情绪调整到兴奋点，把不快忘掉（可以在家里、在空旷处高喊几声，发泄一番）。遇见客人情绪低落时，要耐心劝导，切勿同病相怜、抱头痛哭，而应在充分同情、同感的基础上，保持一份冷静心态，不能过于投入。

（3）社交恐惧。公关交往很多情况下表现为人际直接交往，而有些人缺少社交经历，特别是在公众场合下露面时，会脸红、心慌、冒汗、浑身不自在。正是由于这种体验，使得有社交恐惧心理的人，在行动上竭力避免参加社交活动，回避出头露面的大型场合，显然不利于公共关系工作的开展。这就要求对社交存有恐惧心理的人，应自觉克服这种心理，在交往中不必过多地考虑别人会怎么看，解脱心理上的束缚；并注意学习各种待人接物的技巧，增强自信心；在交往前，对需要自己做的，应做好充分准备，包括仪表、言谈、举止等，这样才能有把握地进行交往。

2）优良个人修养的标志

（1）培养开朗的社交性格。开朗、活跃、率直、热情，这是人际交往中较受欢迎的交际性格，你要成为交际的主动者，要让他人尽快熟悉你、了解你、喜欢你，就应该学会主动展示，当然这里也应注意因人而异、因地制宜。

• 充满信心。你可能会觉得，“我从小怕生”“我不敢当众讲话”“我说不好”。不！你实际上比自己想象得更强，在你身上有座尚未开发的富矿，只不过你束缚了自己，没有发掘出来。无数事实证明，成功者在凯旋之前大都自信必成，这种信心给他神奇的力量，使他百折不挠。

可以说，自信是成功的钥匙，只要你已准备充分，具备了一定的素质，掌握了公关礼仪的基本规范，你就应相信自己一定能成功。

• 掌握风格。言语有各种风格：大众的风格、艺术的风格、科学的风格和机关的风格。你的风格多半由生活环境决定，但在面对不同的交谈对象时，你应该适当选择，正所谓在什么山上唱什么歌，你应事先了解参与这次活动的对方是哪一类层面的公众？什么性格？爱好如何？他们所习惯的表达方式是什么？再有针对性地采取“讨公众喜欢的”风格，成功的可能性就大了许多。

• 扬长避短。每个人都有自己的言语优势：有的以思想性取胜，说话富于哲理，含义深刻；有的以逻辑性取胜，层次分明，条理清晰；有的以情感取胜，富有感染力，以情动人；有人则以声调取胜，抑扬顿挫，引人注意。你应当了解自己的特长，发挥自己的优势，应该说，平时的知识积累显得很重要，“书到用时方恨少”。如果对方是一个性格豪爽者，善于主动表达，你就不妨当一个聆听者，仔细分析他的“话外音”，对于对方表达的不完善处和纰漏，可在适当时间以适当方式表达：“您讲得太好了，我也这么想，但我觉得……您说呢？”这样，既显示自己的力量，也避免对方因你是一个“听众”而轻视你。

•事先预演。语言表达能力、演讲才华都不是生来就拥有的，需要平时的刻苦训练，可以对着空旷地大声地喊出你想说的（旁若无人）；也可以找几个朋友听你讲故事；或者参与同行的辩论会，逐步培养自己在公众环境下不怯场的心理。提供一个这样的训练方法给你：每次读报，把最重要的或最有趣的消息告诉一两个人；跟三四个人谈家常；和朋友讨论一下共同感兴趣的电视节目和电影、戏剧。到月底检查一下执行情况，看看表达能力是否提高，如果提高了，再进一步训练“独白”能力、即兴讲演能力；如果提高不多，就要继续训练复述和随机交谈的能力，鼓足勇气去实现这个计划，你的表达能力一定会迅速提高。

（2）把握合理的交往尺度。公关礼仪交往中一个很重要的问题，就是交往尺度的把握。所谓“当止即止，过犹不及”，热情过分了，对方会烦你；话太多了，“言多必失”，也令对方不快，为此要注意下列几方面：

•自尊也尊重他人。自尊是可贵的，但在社交中不能只尊己而不尊人，应把自尊和尊人统一起来，应具有有礼有节、不卑不亢的风范。

•信任但不轻信。信任对方是获得对方信任的前提条件，但是信任要有一定限度，切忌轻信盲从，否则往往会上当受骗，正如俗话说的：害人之心不可有，防人之心不可无。

•表现自己但不贬低别人。社交中适当表现自己是完全应该的，但若清高自负，有意贬低别人，就会使社交变得失去意义。需要记住：社交是广交朋友，不是竞争，更不是“斗牛”。用矫饰的表情、夸张的动作来表现自己，会令人反感。

•坦诚但不粗鲁。与人交往需要坦诚，但坦诚不等于粗率，信口开河，哪怕你面前的那位是个徒有其表、举止粗鲁的人，你也不能拂袖而去，更不能直言相斥。

•谦虚又不虚伪。谦虚是人类的美德，谦虚使人进步，也能讨人喜欢，我们不是常用“谦谦君子”来赞扬一个人吗？在人际交往中，适当的谦虚更易获得他人的尊重，但谦虚也有一个度，否则就变成虚伪了，“伪君子”可是一个贬义词啊。

•活泼又不轻浮。谈吐幽默风趣，举止愉快活泼是交往的良好触媒，尤其在一些陌生的社交场合，相互间不熟悉易冷场，能以幽默风趣的语言引出话题来活跃气氛，最能引起他人的注意与好感。但活泼不是轻浮，不能在社交场合随意表现出轻浮、庸俗的行为。如漠视身边上年纪的长辈，却故意找年轻女性搭话；众人都在静静等待或悄悄商议，你却旁若无人，大发议论；随意迟到、早退主办方盛情相邀的社交活动。

•严己又善待别人。对自己要高标准、严要求，对别人则要宽宏大量，人敬我一尺，我敬人一丈。甚至在一些社交场合，你可以容忍他人的不礼貌举止，谅解别人的失态，但自己须保持一分理智、一分清醒和一分谦和。

这里要指出一点，即不要牺牲原则去讨好别人，更不必献媚、阿谀奉承。帮助人、理解人、谅解人都是应该的，但为了讨好别人而故作姿态是毫无必要的，社交活动是广交朋友，但朋友必须平等相待，无原则的退让、牺牲并不是交友之道。

把握合理交往尺度的关键是要学会“察言观色”“随机应变”，要随时注意交际环境的冷热变化，关注其他参与人的神色，特别是眼神，正所谓“眼睛是心灵的窗户”，仔细观察你就能从对方的眼神、对方的举止中读出他（她）在想什么，兴趣转移了没有。

观念应用2-1

原一平（日本最著名的保险推销员）有一天去烟酒店拜访。由于已成为客户，而今是第二次拜访，所以原一平自然而然比较松懈、随便，把原来头上端端正正的帽子都戴歪了。

原一平一边说晚安，一边拉开玻璃门，应声而出的是烟酒店的小老板，虽然是小老板，但年纪已经不小了。小老板一见原一平，就生气地大叫起来："喂，你这是什么态度，你懂不懂得礼貌，歪戴着帽子跟我讲话，你这个大混蛋。我是信任明治保险，也信任你，所以才投了保，谁知我所信赖公司的员工，竟然这么随便、无礼。"

听完这句话，原一平双腿一屈，立刻跪在地上。

"唉！我实在惭愧极了，因为您已经投保，把您当成自己人，所以太任性随便了，请您原谅我。"原一平继续磕头道歉说："我的态度实在太鲁莽了，不过我是带着向亲人请教的心情来拜访您，绝没有轻视您的意思，所以请您原谅我好吗？千错万错，都是我的错，请您息怒跟我握手好吗？"

观念应用2-1

分析提示

小老板突然转怒为笑："喂，不要老跪在地上，站起来吧，其实我大声责骂你也太过分了。"他握住原一平的双手，说："惭愧！惭愧！太鲁莽、无礼了。"

两人愈谈愈投机。小老板说："我向你大发脾气，实在太过分了一点，我看这样吧！上次我不是投保了5 000日元吗？我看就增加到30 000日元好啦！"

(3) 显示良好的自我修养。许多良好的修养行为我们会在后面结合具体仪容、仪表及仪态分别介绍，这里介绍心理学家所推荐的一些常用的交际要点。

衣着要整洁大方、得体，与你本人身份和所参与的社交环境相吻合。衣冠不整本身就是对主人的一种不礼貌行为。曾有这样一件事：在创业初期，刘先生带着一个助手去香港融资，在进入对方大厦时，发现自己穿着还不够档次，这与一个要去融资数亿元的老总身份很不配。怎么办？他和助手把身上所有的钱都掏了出来（大概10 000港币），然后去买了一套西装，再进去拜会客户。

言行举止要讲文明礼貌，不要以为是"小事"而不在乎。互敬才能互爱，人际交往最看重的就是这类不是"小事"的"小事"，因为你我的言行举止都在发给对方一种信息：我是否在乎你，我是否尊重你。

不要当众揭人短处，或讲别人忌讳的事情。社交也是一种"面子"之交，切忌让他人感到失"面子"而记恨你一辈子。需要记住：真正的朋友是平等的，又是互敬的。

- 不要不懂装懂。不懂装懂也是一种虚伪，是无知的表现，有时承认自己不懂，虚心向他人请教比被别人揭穿你的不懂装懂要主动得多，也有利得多。
- 讲信用，守时间。诚信是礼仪的首要原则，不要轻易承诺，更不要随意表态，而一旦承诺了就应义无反顾地去兑现承诺，这就是诚信，这就是做人的价值。
- 不要问不该知道的事情。要尊重他人隐私权，每个人都有权保留属于自己的秘密，有权拥有一片属于自己的净土，即使是最亲密的朋友也不应刨根问底。

●为人不要过分敏感。有时需要大智若愚，要学会“难得糊涂”，对于他人在背后议论与你有关的事情，只要不是当面需要你去澄清的，一般就可当作耳旁风，随遇而安。需要记住：豁达的为人也是赢得尊重的一个有效手段。

●力戒做出有失风度的事。在任何社交场合都要保持一份外松内紧的心态，无论是谈话、聊天还是正式酒会，都要保持高度的清醒，你可以装糊涂，切不可真糊涂，公众场合的失态、失礼都是有失风度、有损自身形象的，应尽力避免。

●待人要亲切，要有人情味。这是礼仪中真诚、热忱原则的基本要求，对方有困难应尽力帮助；对方有苦闷，如自己愿意的话，应给他倾诉的机会，必要时当一个好的聆听者，“与人交往情为先”。

●做事要光明磊落，堂堂正正，不要以卑鄙、狡猾的手段去达到自己的目的。“路遥知马力，日久见人心”，一个投机行为可能会换来一次成功，但不会永远成功，更主要的是你会失去最重要的“诚信”这个无价之宝。

●与人交往时，应客观、谦逊地表示自己的意见，不要固执。即使你完全不能同意对方的观点，也不能“据理力争”，记住这是社交场合，不是谈判。实际上，谈判也讲究“利益”之争，而不是“面子”之争。

●勇于承担责任。错了就应立即承认，并主动道歉，勇于承担责任，可以很快让对方谅解，避免误解和麻烦。找借口为自己的错误辩解，只会增加别人的不满和反感。

●珍惜对方时间。时间对双方而言都很宝贵，现代信息社会的快节奏更要求我们惜时如金，办事拖拉、谈话漫无边际，都不符合现代人际交往的要求。当然这里并不是说，除了办正事就不说其他话，不做其他事了，与人交往必要的聊天或办闲事还是需要的，它能培养双方情感，消除陌生感，能为下一步办正事提供条件，这其实也是正事，关键是要把握尺度。

小资料2-2

关于个人修养的名句

（4）要拘小节。在公关礼仪交往中，人的修养往往反映在那些不太引起自己重视的小节上，事实上，也往往有人因为不注意某些小节，而致使自己的良好形象毁于一旦，“阴沟里翻了船”。“不拘小节”是一句中性语，褒义上指一个人大大咧咧，比较随和、直率；贬义上则指一个人缺乏修养，太粗鲁。在注重礼仪的社会里，不注意小节的人是不受欢迎的。

当有人来你单位找某同事时，不管来人是男是女，等到来人走后，如果该同事不向你介绍来人，你不要询问他（她）是谁。同时也不要谈论来人的长相、言行、穿戴等。

当你接到有人给你的同事打来的电话时，如果其本人在，千万别问对方是谁，哪个单位的，应立即请本人接电话；当他们对话时，你不要在旁边有意倾听，等挂上电话后，也不要追问对方是谁，说的什么事，这属于隐私，你无权干预，除非对方主动告诉你。

当对方在写私人信件时，你不要在一旁走来走去，或打听给谁写信等；如果对方刚接到寄来的信件拆看时，你不要凑过去，更不要问：“谁写来的？什么事？”

当你路遇熟悉的人正与相恋的情侣散步或攀谈时，你与对方打完招呼后，不要长时间唠叨个没完，更不要询问有关情况。

当你要挽留客人或朋友时，千万不要以扣留他人的行李或车锁、钥匙等来表示自己的好意，这样会适得其反。很明显，只要你是真诚相邀，对方如无其他要紧事务，一般都会允诺，除非他有苦衷或其他想法（如对你身边的人有成见），这时最好是任其自然。

当你出差办事到了该吃饭的时候，不要突然赶到朋友家中，因为这样会打乱人家的饮食计划，使人家措手不及，除非是你非常亲密的朋友。因为人家的饮食也属个人隐私内容，贸然上门会让主人觉得尴尬。

观念应用 2-2

观念应用 2-2

分析提示

1961年尼克松参加竞选总统，在那时他是艾森豪威尔的副总统，已是大多数美国人熟识的政治家。他反应敏捷，善于表达，富有政治经验又具有坚强毅力。在竞选前夕的民意测验中，尼克松以50%比44%的多数票领先于肯尼迪。但在竞选过程中，尼克松与肯尼迪要面对美国7 000万电视观众展开辩论。这次电视辩论是第一次向全国选民直播，尼克松的公关顾问忽略了这个问题，尼克松恰好在前不久发生车祸被撞伤膝盖，致使身体消瘦，屏幕上的尼克松服装显得过于宽大松垮，灯影又使他看上去眼窝下陷，疲惫憔悴，萎靡不振。可此时的肯尼迪正好相反，他高大魁梧，衣着大方，精神饱满，气宇轩昂。结果，肯尼迪以美国历史上最微弱的总统竞选差额49.9%比49.6%取得了胜利。

上班时找领导汇报工作，应事先电话请示，经同意后方可进入，不能随意闯入，而且汇报的内容要有所准备，不可想说什么就说什么。

上下班时遇到同事应主动打招呼，互致问候，哪怕曾在工作中闹过不快也应放得下。

有客来访，应先打招呼、问好，手头确有急事也应请客人先坐下，并表示歉意请他稍等会儿，切忌不理不睬。对方向你主动打招呼了，你也应招呼一下，不能头都不抬。

与客人交谈时，身体应坐直，不能摇晃着说话，更不能脱下鞋子，露出光脚。古人匆匆迎接客人时还要“倒屣相迎”呢，在国内，边说话边脱鞋是对客人的极不尊重。

上门拜访时，有烟瘾者请事先关注一下，是否允许吸烟；同样，有女士来与你会晤，在吸烟前你也应事先问一下：“我能吸烟吗？”

与异性交往不可直视对方眼睛或一些敏感部位，以免引起对方紧张和不自在。

在酒宴上敬酒时，应注意就座者身份及年龄，做到上下有序、长幼有序，不能随心所欲。

众人一起闲聊会融洽气氛，可以讲一些幽默、风趣的小故事助兴，但千万注意不可有所指向或带有不得体的内容，尤其是在座中有长者、领导和异性的时候。

总之，良好的公关礼仪修养是公关礼仪人员优良素质的体现，也是公关礼仪工作能够正常展开的基础。

2.2 公关人员的性格、气质、风度

2.2.1 性格要求与培养

1）性格要求

性格是选择、培养公关人员的重要条件。性格是先天性的，有的人生来就是不急不躁的稳重型，也有的人是急躁型，但性格的后天培养成分更大，一个人的生活环境、学习环境及工作环境都会对其性格的最后形成产生直接影响。孩提时代会潜意识地受到父母的性格影响，家庭环境也会改变一个人的性格（如经常受宠、受关注就会形成以自我为中心，强个性化的性格）；少年时代与学校老师、同学经常交流，也会影响到自身性格的形成；长大后工作环境更会改变个人的性格，或者说引起性格变异。公关礼仪工作处于社交活动中心，要与各类性格不同、层次各异的人打交道，这就不是任何人都能胜任的。优秀的公关人员应具备以下性格特点：

（1）活泼开朗：能主动与人相处，善于交往，对待新朋老友都能体现出一种活力、一种热情、一种较强的情绪感染力。

（2）举止文雅：让人感觉你有很好的性格修养，举止落落大方、不卑不亢，既得体又清雅，使人产生认同感。

（3）谈吐动听：能真情投入，设身处地站在对方角度考虑，讲求语言文明、礼貌，思路清晰，措辞得当。

（4）感染力强：阐述问题广征博引，逻辑能力出众，且能对自己的观点自圆其说，再辅以丰富的动作语言和情感语言，打动听众。

（5）兴趣广泛：有广泛的兴趣爱好，对天文地理、琴棋书画都有所涉猎，与拥有不同爱好的各类公众对象能找到共同话题，并能引起共鸣。

（6）知识丰富：在文化知识的深度与宽度上都有一定造诣，不是“半桶水”，也不是“三脚猫”式的那种，能就某类问题与人作一定深度的探究。

（7）善于交际：通晓人际关系、社交心理及公关礼仪各项规范，具有丰富的人际交往实践经验。

（8）具有幽默感：能随时调动公众情绪，拉近与交往对象的距离，具有很强的亲和力。

当然，让每一个公关人员同时具备上述性格特点是不切实际的，但这也给我们指明了方向，提出了努力的方向，需要每一位公关人员不断学习，把自己训练成为一个开朗、有耐心、能宽容、沉着冷静的优秀公关人员。

2）性格种类

上面我们谈到性格形成有一定“先天”因素，基于此，我们可将性格按不同方法进行分类。

（1）气质说。古希腊医生希波克拉底提出“体液学说”。他认为人体内有四种不同

的体液，即血液、黏液、黄胆汁、黑胆汁。根据各人体液的分配比例，人的性格可分为四类：

• 胆汁质

优点：充满热情，精力充沛，态度爽朗，豁达开朗，动作粗犷有力，说话直接干脆，办事果断，勇猛坚强。

缺点：性情急躁，易发脾气，爱冲动，缺乏耐心，不讲究方式方法，容易好心办坏事。

• 多血质

优点：活泼开朗，热情奔放，感情比较丰富，待人亲切，富有同情心，思维敏捷，反应迅速，健谈，善交际，接受能力很强。

缺点：情绪缺乏稳定性，喜怒不定，兴趣广泛但难以持久，易动摇。

• 黏液质

优点：沉着冷静，有耐心，言行谨慎，情感不易外露，情绪比较稳定。

缺点：固执死板，灵活性不够，一般只按指示或经验办事，不喜交际。

• 抑郁质

优点：感情细腻、执着，善于观察，爱思索，喜静少动，敏感多虑，韧性强。

缺点：胆怯怕羞，性情内向，较孤僻，疑心较重。

这四种气质的人，一般认为多血质的人最适宜公关活动，容易成为活动的中心人物；胆汁质的人往往是公关活动中的拥护者和行动者；而黏液质和抑郁质的人在公关活动中，往往缺少热情，冷淡寡言，谨小慎微，显得十分被动。

（2）神经说。苏联心理学家巴甫洛夫提出“神经系统学说”，把人的性格分成下列四类：兴奋型、活泼型、镇静型、抑郁型。

其特点大致与“体液学说”内容相同。

（3）血型说。近代医学根据人的血型种类，把人的性格也分为四类：

A型：倔强，固执，坚韧，细心；

B型：随和，乐观，热情，爽朗；

AB型：专心，有毅力，较孤僻；

O型：自信，坚定，兴趣广泛。

但必须指出，既然人的性格不是一成不变的，我们应该有意识地培养、锻炼自己的性格，扬长避短，使之适应现代社会的要求，即优化性格。

3）优化性格（性格的培养）

我们一般可以把性格分成内向型和外向型两大类。

（1）内向型性格：顾虑较多，有些思前顾后，谨小慎微，往往还带有多愁善感，对结果估计过于悲观，以致缺乏实际行动，不喜交际，对环境的适应能力也较差。一般来说，这类人不适宜从事公关工作。

（2）外向型性格：感情外露，自由奔放，遇事敢为，不拘小节，为人热情，往往是天生的乐天派，具乐观主义精神，独立性强，善交际，有很强的活动能力，遇到挫折也能尽快地恢复常态。一般来说，这类人通过纠正某些性格问题，如不拘小节等，就能胜任公关工作。

实际上，纯属某一种气质的人极为少见，大多数人是介于多种气质类型之间的中间类型。人的气质类型并无好坏之分，它对人的智力发展和成就高低不起决定性的作用。不同气质的人忍耐性、感受性、可塑性、敏感性、兴奋性等都有所不同。每种气质类型都有其所长，也有其所短，各种气质类型的人都可以成为优秀的公关人员。多血质、胆汁质的人以他们的热情、机敏、乐观征服公众；而黏液质、抑郁质的人，其沉着、稳重、文静也会产生特有的魅力。而且，人们可以通过后天的生活、学习和教育，影响乃至改变气质类型。因而，每个人都应当正确认识自己的气质类型，扬长避短，不断地完善自我，提高自己的公关活动能力。

2.2.2 气质

所谓**气质**，*是指人的相对稳定的个性特点，是表现在人的情感、认识、语言和行为中比较典型、稳定的动态方面的心理特征。*气质具有恒常性和稳定性的特点，以不同的方式作用于人的心理，支配着人的各种行为，甚至影响着人的外在形象。气质是一个人的真正魅力所在。人们常把人的容貌比作美丽的花，而花是有季节性的，它总有凋零之时，与容貌这枝花相比，人的气质就如同一棵树，它带给人的美是不受容貌和年龄制约的。气质的美会在一个人的举手投足、言谈举止、待人接物中表现出来，这种美是自然而然地流露出来的，而不是刻意的生硬模仿。

良好的气质，是以人的文化素养、文明程度、思想品质为基础的，同时要看他对待生活的态度。在现实生活中，有些人只注意穿着打扮，修饰外表，而不注重内在素质的提高。其实，气质给人的美感是不受年龄、服饰和打扮制约的，没有内在的东西，便不能自然地体现出美的气质来。气质美是一种内在美，它是人的高级神经活动类型及特点在行为方式上的具体表现。多读书的人，便自然有书卷气；多接触艺术的人，便能透出艺术家的气质来。

总之，气质是一个人多种内在素质的综合反映，这些素质包括思想、品德、个性、情操、志趣、文化艺术修养、才识智慧等。气质看似无形，实为有形，它通过一个人对待生活的态度、个性特征、言谈行为等表现出来。有的人相貌很美，但言行举止都流露出粗俗和肤浅，我们常常会因此而厌恶他漂亮的外表；有的人相貌平平，但却以渊博的知识、非凡的智慧、精深的见解、独特的个性吸引他人，征服他人。

培养良好的气质，绝非一朝一夕的事，须经过多方面的长期积累和锻炼。一个公关礼仪人员应具备哪些优雅气质呢？

1）丰富的内心世界

气质美首先表现在拥有丰富的内心世界。理想是内心世界丰富的一个重要方面，因为理想是人生的动力和目标，没有理想与追求，内心空虚贫乏，就根本谈不上气质美。品德是气质美的另一个重要方面，为人诚恳、心地善良是为人处世不可缺少的，宽容忍让、正直无私、乐于助人都是拥有良好品质和丰富内心世界的重要表现。

2）优美的举止仪态

一个人的举手投足，说话的表情，待人接物的风格等都能显现出自己的气质。如朋友初交，互相打量观察，热情诚恳而不轻浮、不造作，就会给人留下深刻而美好的印象，就会使对方感觉到你的气质美来。

3）良好的性格

要注重自己的教养、涵养、修养，要忌怒、忌狂、忌暴，要宽容、忍让、理解人、同情人、体贴人。温柔并非软弱，宽容并非无原则，更不是逆来顺受，毫无主见。

观念应用2-3

李老师是某大学的一位青年骨干教师，素以治学态度严谨、对学生要求严格而闻名。一次课间休息，他看错了上课时间，提前宣布上课，坐在后排的一名学生不知什么原因又溜到走廊上转了一圈才回来，李老师非常生气，当场批评了那名学生，谁知批评的话音刚落，上课铃响了，这时李老师该怎么办？

观念应用2-3

分析提示

4）高雅的兴趣

兴趣是指人们积极探索某个领域或进行某种活动的心理行为倾向。爱好文学并有一定的表达、写作能力，欣赏音乐并有较好的乐感，喜欢美术且有基本的色彩感等都是气质美的具体体现。

5）较高的文化素养和语言修辞能力

气质美主要表现在语言修养高、文化知识丰富而广泛，对古今中外、天南海北、历史典故、风土人情都有所了解，说起话来生动有趣，富有韵味。另外，工作认真、执着、聪慧、洒脱、精明、干练，所有这些和谐统一的美，都会表现出一个人真正的气质美来。

2.2.3　风度

风度是指人的言谈、举止、神情、姿态、仪表等方面总的表现和风貌，即人的思想、文化、修养、性格、气质等的外在表现。风度也包括控制自己情绪的一种能力。风度是一个综合的概念，它不是指某一表情动作，而是指一个人在日常行为中表现出来的仪表、神情、姿态等，是指人的全部生活姿态所提供给他人的综合印象。

风度是一个美丽的词汇。它是对人们美好的行为举止、谈吐仪表的一种肯定。它影响着一个人在交往对象心目中形成的形象，也影响着对方以何种方式和规格对一个人做出反应。

风度同时又是一个有深刻含义的概念。风度不是表面上的穿着打扮，也不是简单地模仿别人的行为举止，风度是一个人深层的精神状态、个性气质、品德修养、文化品位、生活情调的外在表现，风度必须以内在的气质为基础，优雅是一种更深层次的美。这样说来，风度似乎是一个抽象的概念，其实它是具体的、可感知的，而且是细致入微的。风度通过人的服饰、容貌、表情、举止等外在形式表现出来，在与别人初次接触的一瞬间，一个人的风度也就留在了别人的第一印象中。

风度没有优劣之分，敏捷与稳重、果断与谨慎、幽默与深沉、潇洒与浪漫，以及文质彬彬、含情脉脉、雍容华贵、朴素大方，都有着其特有的魅力。风度美更不是千篇一律的，温柔恬静是美，雄伟粗犷也是美，只要能够追求自然和谐，并具有独特的个性，那就是风度美。具体来说，风度美应包括以下几方面：

1）饱满的精神状态

神采奕奕，精力充沛，显得自信和富有活力，能激发对方交往兴趣，活跃交往气氛，使对方获得交往的信心和力量。如果神态上萎靡不振，无精打采，即使你有交往的诚意，对方也会感到提不起精神来，交往的前景就不乐观。

2）诚恳的待人态度

真诚无欺，做人根基；人贵诚，艺贵真。不论对谁，都应以诚恳的态度平等相待，不哄不骗。切忌吞吞吐吐，含糊其辞，言语与表情动作自相矛盾。交往中要做到端庄而不矜持冷漠，谦逊而不矫揉造作，能够“上交不谄，下交不渎”。

3）受欢迎的性格特征

性格通过行为表现出来，与风度密切相关。如性格孤傲的人，风度就显得傲慢、孤芳自赏、咄咄逼人；性格软弱的人，风度就显得纤细、委婉、优柔寡断；性格强悍的人，风度就显得大气、粗犷、叱咤风云；性格文静的人，风度就显得淡雅、恬适、文质彬彬；性格活泼的人，风度就显得洒脱、活络、挥洒自如；性格刻板的人，风度就呆滞、沉郁、缄默无言。

4）幽默文雅的谈吐

风度美体现在谈吐上，豪放的人，语多激荡而不粗俗；潇洒的人，言谈文雅而不随便；谦虚的人，含蓄蕴藉而不猥琐；博学的人，旁征博引而不芜杂；脚踏实地的人，声调沉稳；只图虚名的人，喜好浮词；好嫉妒的人，语言带刺……语言是风度的窗户，风度有时通过语言体现出来。因此，欲达到风度美，须注重谈吐幽默、文雅的基础训练。

基辛格博士首次来华访问期间，为试探周恩来总理的口才和应变能力，他有意识地提出一个挑战性的“建议”：“尊敬的总理阁下，贵国‘马王堆一号汉墓’的发掘成果震惊世界，那具女尸的确是世界上少有的珍宝啊！本人受我国科学界的委托，想用一种地球上没有的物质来换取一些女尸周围的木炭，不知贵国愿意否？”周恩来不动声色地问道：“国务卿阁下，不知贵国政府将用什么来交换？”“月土。”基辛格笑道，“就是我国宇宙飞船从月球上带回的泥土。总理阁下，这总算是地球上没有的东西吧！”基辛格说完，脸上流露出一种得意的神色。周恩来自然听得出其话外之音，便哈哈一笑说：“我道是什么，原来是我们祖宗脚下的东西！”基辛格一惊，“怎么，你们早有人上了月球，什么时候？为什么不公布于世？”见到基辛格那一脸焦急的样子，周总理一边笑一边指着茶几上的一尊嫦娥奔月的牙雕，认真地说：“我们怎么没公布？喏，早在五千多年前，我们就有这位嫦娥飞上了月亮，在月亮上建起广寒宫住下了。不信，我们还要派人去看她呢！怎么，你这个中国通还不知道？”听了周恩来幽默而机智的回答，基辛格一时无言以对，在座的双方陪同人员都情不自禁地笑了起来。

5）洒脱的仪表礼节

一个人风仪秀美，俊逸潇洒，就能产生使人乐于接近的魅力。这种魅力不取决于长相和衣着，而在于人的气质和仪态，这是人的内在品格的自然流露。得体的礼仪能使人的气质、风度变得宽厚、平和、善良、洒脱。

6）恰当的表情动作

人的神态和表情，是沟通思想感情的非言语交往工具，也是社交风度的具体表现方式。以体态表情而言，略微倾向对方，表示热情和兴趣；微微欠身，显得谦恭有礼；身体后仰，显得坦然和随便，但有时会显得过于怠慢；侧转身体，表示厌恶和蔑视；背朝人家，则意味着不屑理睬了。在面部表情上，自然的微笑是一种轻松友好的表示；若面肌绷紧，冷若冰霜，或是出于过分的拘谨，或是含有敌意，则旁人就不敢接近了。在声调表情上，语气应柔和自然，诚恳友善，切忌阴阳怪气，冷嘲热讽。只有朴实大方、自然得体、温文尔雅的行为习惯，才能随时随地表现出合乎礼仪规范的表情动作。

最后，我们还要注意两点：首先，风度是可以塑造的，一个人无法对自己的容貌做出选择，在成长发展的过程中却可以对自己的风度负责，可以通过后天学习训练塑造美的风度，建立良好的个人形象。其次，风度的具体外在表现可以分为仪容、仪表、仪态三方面，我们会在下一章节详述。

小资料 2-3

待人处世的“3A 法则”

“3A 法则”是美国学者布吉林教授等人提出的。

Accept，接受对方，就是要待人如己，宽以待人，要会容人。不是原则问题，不要对别人随便进行评判。

Appreciate，重视对方。它含有欣赏的意思，就是要善于发现对方的优点。当你肯定别人时，实际上是在肯定自己，说明自己宽容，有层次，有涵养。

Admire，赞美对方，是指在人际交往中，不仅要学会欣赏对方，而且要把对方的优点予以正面的肯定。实际上你正面地肯定对方，会带给对方一种愉悦，而对方的这种愉悦也会反馈给你，当你善待别人的时候，别人就会善待你。位置决定态度，当你和别人打交道时，摆正了自己的位置，心态就容易得到好的调整和控制。

附自测题：

在线测试 2-2

你能胜任公关工作吗？

一、自测权威性

下列这则心理测验可以测定影响力，如果你是个权威人士，你的举止就会有意无意地促使人们重视并遵从你的意见。

有权威的人不一定就是著名人物，他们可能是一些高级官员的顾问，可以进出政府大楼；他们也可能是市场上的推销员，生意从来没有失败过。有权威的人的资本就是一种气质和举止，能使人们倾向他们并按照他们的意图去做。他们好像生来就具有影响他人的秘诀。好的公关人员应该是一个有影响力的权威人士。

迅速而诚实地回答以下问题，你将会了解你的权威，并使你领会影响力，更有效地运用影响力。

(1) 你在某一运动、活动或知识领域中是否是一位专家?

A.是　　B.否

(2) 你是否觉得自己很有教养?

A.是　　B.一般

(3) 假如你经营一家运动器材商店，一位顾客走进店来，说要买一台健身运动器和一个网球拍，你将先卖哪一样?

A.先卖网球拍，因为它便宜，如果你要别人买东西，最好把自己置于购买者的情绪中

B.先卖健身运动器，因为它贵，生意做成了，收入也高

(4) 你是否觉得你能应付许多场合?

A.是　　B.某些场合可以　　C.否

(5) 你的身高:

A.168cm以下　　B.168~175cm

C.175~184cm　　D.184cm以上

(6) 你更乐于接受下列哪种陈述?

A.我对语法没有把握　　B.我的口才很好

(7) 你认为下面的陈述是“对”还是“错”?“你要在生活中取得成功，并不需要别人喜欢你，重要的是他们敬畏你。”

A.对　　B.错

(8) 你对自己魅力的评价如何?(客观地评价，不必太谦虚或自负)

A.非常出众　　B.出众　　C.一般　　D.差　　E.很差

(9) 通常你喜欢哪种款式的衣服?

A.奇装异服，使人看一眼不能忘

B.时髦的，我不领导潮流，但也不是守旧的人

C.传统服装

D.欧洲款式

E.非常随便，不喜欢穿套装

F.凑凑合合

G.便宜的服装

(10) 你是否在意别人如何看待你?

A.是，非常在意　　B.有一些　　C.有点儿　　D.很少　　E.一点儿也不

(11) 你喜欢电视里的喜剧情节吗?

A.是　　B.有一些　　C.不喜欢

(12) 有人说:“只要目的正当，可以不择手段。”你认为如何?

A.同意　　B.在某些场合是对的　　C.不同意

(13) 你更乐于接受以下哪种陈述?

A.生活中言行一致是很重要的　　　　B.言行一致不必过分强调

（14）你对以下陈述抱什么态度？“如果你给别人一些东西，他们并不感激你，他们只欣赏那些经过奋斗而得来不易的东西。”

A.同意　　　　B.不同意

（15）你发现赞扬别人是件容易的事还是困难的事？

A.我很自然地赞扬别人　　　　B.我很少这样做

（16）当你要和别人讨价还价时，如买卖汽车或加薪，你会使用以下哪种策略？

A.我的开价大大高于我所希望得到的

B.我的开价高于我所希望的15%左右，这样买卖双方才有余地

C.我不喜欢讨价还价，我更愿意立即告诉人们怎样才公平，省略讲价过程

（17）下面几种说法你更倾向于哪一种？

A.当权者不必多解释，只要说：“去做这件事！”

B.当权者要某人做某事时，常告诉他这样做的理由

依下列评分标准，将你的答案分数加起来，就是你的总分，最高85分，最低17分。

（1）A=5　B=1

（2）A=5　B=3

（3）A=1　B=5

（4）A=5　B=3　C=1

（5）A=1　B=3　C=5　D=2

（6）A=1　B=5

（7）A=1　B=5

（8）A=3　B=5　C=3　D=2　E=1

（9）A=1　B=4　C=5　D=3　E=3　F=2　G=1

（10）A=1　B=2　C=3　D=4　E=5

（11）A=1　B=2　C=5

（12）A=5　B=4　C=1

（13）A=5　B=1

（14）A=5　B=1

（15）A=5　B=1

（16）A=5　B=3　C=1

（17）A=1　B=5

如果你的总分在73～85分，你确实是一位具有影响力的人，你综合了身体特征、心理性格和政治态度，使人们遵从你。不管你是否在意，你是理所当然的权威人士。

如果你的总分在59～72分，你颇具备权威人士的气质，也许你在这方面的天性并不完全像权威人士，你可能在你的专业方面有特殊的影响力。当你来到一个不舒适或不熟悉的环境时，你的影响力会下降。

如果你的总分在40～58分，你所具有的影响力比你意识到的更多，有许多人被你

的言行所影响。

如果你的总分在31～40分，你可能不具有很大的影响力，这就要求你做得更好。也许你喜欢保持一种低调的形象，或成为其他人施加影响力的对象。如果你想成为有影响力的人，重读你刚才回答的问题，看看其中哪个是最高分和最低分，你将会发现比较是很重要的，如果你想让某个东西看上去很漂亮，那么就该用丑的作参照；如果你想让别人觉得这件东西很便宜，就先拿出价格昂贵的东西；去称赞别人，为他们做一点好事，不必担心自己的友好行为得不到回报。正如那些有影响力的人所知道的，人们不仅注意那些看上去很友好的人，而且会竭尽全力回报他们所得到的，哪怕是最小的恩典。

如果你的总分在17～30分，你最终是个被人支配的人。别人要你做什么，你就做什么。当你走进店门的时候，售货员的眼睛亮了，他们知道，如果他们试着把整个商店卖给你，你也会买下。如果你是这样，那么，你首先要学会的应该是如何说“不”。

二、自测性格类型

那么，怎样才能知道自己的性格是外向型还是内向型呢？

这里介绍一些特征以供参考：

①对人十分信任；

②能在大庭广众之下工作；

③不常分析自己的思想和动机；

④自己擅长的工作愿意别人在旁观看；

⑤能将强烈的情绪（如喜、怒、悲）表现出来；

⑥不拘小节；

⑦与观点不同的人自由联络；

⑧好读书而不求甚解；

⑨喜欢常常变换工作；

⑩不愿别人提示，而愿自己解决。

以上这些特征是外向型性格的人。

①喜静安闲；

②工作时不愿他人在旁观看；

③遇有集体活动愿在家而不去参加；

④宁愿节省而不愿耗费；

⑤很讲究写应酬信；

⑥常写日记；

⑦不轻易信任别人；

⑧常检查自己的思想和行为；

⑨在群众场合中很安静；

⑩三思而后决定。

以上这些特征是内向型性格的人。

如果外向、内向的特征都不明显，那就应该是向性平衡的类型了。

三、自测幽默感

（1）在一张白纸上随便画个符号。

（2）在10秒钟内画一个人。

（3）在10秒钟内画一个火星上的生物。

（4）你要参加一个化装舞会，会穿哪种服装？

A.贵族装　　　B.孩子式的盛装　　　C.小丑装

（5）你讲故事时，是否连细节也仔细地叙述？

（6）下列哪种动物你最感兴趣？

A.袋鼠　　　B.猴子　　　C.长颈鹿

（7）你绘画、跳舞、听音乐时，会发出会心的微笑，甚而大笑吗？

（8）你的一枚硬币掉进水里，你会设法取出吗？

（9）你常因听笑话而发笑——即使是不懂的笑话？

四、自测交际能力

在线测试2-3

（1）一位朋友邀请你参加他的生日。可是，任何一位来宾你都不认识。

A.你非常乐意去认识他们

B.你愿意早去一会儿帮助朋友筹备节目

C.你借故拒绝，告诉这位朋友说："那天已经有别的朋友邀请过我了。"

（2）在街上，一位陌生人向你询问到火车站的路径。这是很难解释清楚的，况且，你还有急事。

A.你让他去向远处的一位警察打听

B.你尽量简单地告诉他

C.你把他引向火车站的方向

（3）你表弟到你家来，你已经有两个月没有见到过他了。可是，这天晚上，电视里正在播放一部非常精彩的电影。

A.你关上电视机，让表弟看你假期中的照片

B.你说服表弟与你一块儿看电视

C.你让电视开着，与表弟聊天

（4）报社给你寄来了稿费。

A.你把钱搁在一边

B.你和你的朋友们小聚一次

C.你买一些东西，如油画、一盏漂亮的灯、墙纸，来装饰你的卧室

（5）你的邻居要去看电影，让你照顾一下他们的孩子。孩子醒后哭了起来。

A.你关上卧室的门，到餐厅去看书

B.你把孩子抱在怀里，哼着歌子想让他入睡

C.你看看孩子是否需要什么东西。如果他无故哭闹，你就让他哭去，终究他会停下来的

(6) 如果你有闲暇，你喜欢干些什么？

A.与朋友一起看电影，并与他们一起讨论

B.到商店里买东西

C.在卧室听唱片

答案：

(1) A=2　B=3　C=1

(2) A=1　B=2　C=3

(3) A=3　B=2　C=1

(4) A=1　B=3　C=2

(5) A=1　B=3　C=2

(6) A=3　B=2　C=1

14～18分之间：

你非常善于交际。你的伙伴们非常爱你，这是可以理解的。你总是面带笑容。为别人考虑的比为你自己考虑的要多。朋友们为有你而感到幸运。

8～13分之间：

你不喜欢独自一个人待着，你需要有朋友围在身边。你非常喜欢帮忙……如果这不花费你太多精力的话。比起爱来说，你更加寻求被爱，但这是不够的。

8分以下：

注意，你置身于众人之外，仅仅为自己而活着。你是一位利己主义者，不要奇怪为什么你的朋友这样少。从你的贝壳里走出来吧。

在线测试2-4

五、自测是否受人尊重

你是否受人尊重？请你自测一下：

(1) 尊重别人的意见，永不告诉别人他是错的。

A.做不到　B.有时能做到　C.经常是这样

(2) 如果你错了，迅速地承认。

A.做不到　B.吞吞吐吐，勉强承认　C.完全能够做到

(3) 同他人交往用友善的方法开始。

A.做不到　B.根据自己情绪的好坏而定　C.经常如此

(4) 尽量不与别人辩论。

A.做不到　B.有时可以做到　C.完全能够做到

(5) 无论说什么都能使对方立刻说：“是，是。”

A.不能　B.有时能　C.能

(6) 使对方多多说话。

A.做不到　B.有时能　C.经常是这样

(7) 真诚地尽力用对方的观点看事。

A.很难做到　B.有时做到　C.经常是这样

(8) 同情于对方的愿望和困境。

A.不容易做到　　　　B.出于怜悯　　　　C.发自内心

评分标准：A=0分；B=2分；C=5分

结论：如果你的成绩为35～40分，那么你是一个比较受人尊重的人；如果成绩为25～30分，那么你只受部分人尊重；成绩在25分以下，只有极个别人尊重你。

六、自测成功倾向

在线测试2-5

请认真回答下列每一个问题，并把能反映你基本态度的答案填在括号内。

基本态度：

A.非常同意　　　　B.有些同意

C.有些不同意　　　D.不同意

（1）快乐的意义对我来说比钱重要得多。（　　）

A　B　C　D

（2）假如我知道这件工作必须完成，那么工作的压力和困难并不能困扰我。（　　）

A　B　C　D

（3）有时候成败的确能论英雄。（　　）

A　B　C　D

（4）我对犯错误非常严厉。（　　）

A　B　C　D

（5）我的名誉对我来说极为重要。（　　）

A　B　C　D

（6）我的适应能力非常强，知道什么时候将会改变，并为这种改变做准备。（　　）

A　B　C　D

（7）一旦我下定决心，就会坚持到底。（　　）

A　B　C　D

（8）我非常喜欢别人把我看成是个身负重任的人。（　　）

A　B　C　D

（9）我有些嗜好花费很高，而且我有能力去享受。（　　）

A　B　C　D

（10）我很小心地将时间和精力花在某一个计划上，如果我晓得它会有积极和正面的成果。（　　）

A　B　C　D

（11）我是一个团体的成员，让自己的团体成功比获得个人的认可更重要。（　　）

A　B　C　D

（12）我宁愿看到一个方案推迟，也不愿无计划、无组织地随便完成。（　　）

A　B　C　D

（13）我以能够正确地表达自己的观点为荣，但是我必须确定别人是否能正确了解我。（　　）

A　B　C　D

（14）我的工作情绪是很高昂的，我有用不完的精力，很少感到精力枯竭。（　）

A　B　C　D

（15）大体来说，常识和良好的判断对我来说，比了不起的点子更有价值。（　）

A　B　C　D

评分标准：

（1）A=0　B=1　C=2　D=3

（2）A=3　B=2　C=1　D=0

（3）A=2　B=3　C=1　D=0

（4）A=1　B=3　C=2　D=0

（5）A=3　B=2　C=1　D=0

（6）A=3　B=2　C=1　D=0

（7）A=3　B=2　C=1　D=0

（8）A=3　B=2　C=1　D=0

（9）A=3　B=2　C=1　D=0

（10）A=3　B=2　C=1　D=0

（11）A=3　B=2　C=1　D=0

（12）A=3　B=2　C=1　D=0

（13）A=3　B=2　C=1　D=0

（14）A=3　B=2　C=1　D=0

（15）A=3　B=2　C=1　D=0

评估：

0～15分：成功的意义对你来说，是圆满的家庭生活和精神生活，而不是权力和精神的获得，因为你能从工作之外得到成就感，因此，可能不适合去爬高位。这个建议可以帮助你专注在实现自我的目标上。

16～30分：也许你根本就没想到去争取高位，至少在目前是如此。你有了这个能力，但是你还不准备做出必要的牺牲和妥协，你对公司政策的不满导致你在工作的义务和其他兴趣之间寻求平衡。这个倾向可能促使你寻找途径来发展跟你目标一致的事业。

31～45分：你有获得权力和金钱的倾向，要爬上任何一个组织的高峰对你来说是非常容易的事情，而且你通常办得到。

这个训练对你在申请工作或者跟随他人时，用处尤其大。

七、自测“人缘”状况

（1）你和别人聚会，是否经常姗姗来迟，甚至不守信用？

（2）你是否喜欢独占谈话时的话题？

（3）你是否经常成为不速之客，事先不通知对方，就到同事、朋友家中拜访，使人感到措手不及甚至被动？

（4）你去别人家里做客时，是否直到人家家里每个人疲惫不堪时，才起身告辞？

（5）你能否主动向别人提出建议，以使他做好某件事情？

（6）你讲述某个事情或某个故事时是不是啰唆而乏味，常常使人不愿继续听下去？

（7）当别人正在融洽地交谈时，你是否贸然去打扰？

（8）当别人在紧张地工作时，你是否经常去闲聊？

（9）你是否勉强别人阅读你认为有趣或有价值的东西？

（10）你是否经常与别人谈论一些人们不感兴趣的话题？

（11）你是否常常在打电话时说个没完，让别人在一旁等得着急？

（12）对于自己种种不如意的事，是否经常找人“诉苦”？

（13）当别人谈到你不喜欢的话题时，你是否不打声招呼就走开？

（14）你是否喜欢津津有味地与别人谈论一些他们不认识的人？

（15）你是否喜欢打听别人的隐私，并且乐于传播？

（16）别人不愿意告诉你的事情，你是否千方百计地希望知道？

（17）你是否看见漂亮的异性时，就显得格外殷勤？

（18）你是否喜欢当领导在场的时候表现自己？

（19）当你请求别人帮助时，你是否不管别人愿意不愿意，有没有能力，总要想尽办法达到目的？

（20）你是否从不轻易地放弃自己的观点，即使有错，也要自圆其说？

（21）你是否不管遇到什么问题，都喜欢表态，而且总认为自己言之有理？

（22）别人给你的信，你是否经常忘了回信？

（23）同事、朋友邀请你参加他们的活动，你是否常借故推托？

（24）你是否不喜欢肯定别人，更不习惯赞美别人？

（25）同事、朋友生病时，你是否懒得去探望他们？

（26）你借了别人的东西后，是否常常忘记还？

（27）你借了别人的东西后，是否不如对自己的东西更爱惜？

（28）你批评别人的时候，是否经常有使人下不来台的言行？

（29）你是否喜欢不管有事还是没事，都去朋友家闲坐串门？

（30）你买东西时，要是队伍排得很长，你是否想办法到前面去“加塞儿”？这种情况多不多？

结论：对每个题目，根据自己的实际情况，回答“是”或“否”。如果答案中“是”居多，就要注意，你已经使人感到讨厌了，就要痛下决心改正。

以上自测题，仅供参考。

思政园地

好公关不如把好产品关

近日，“带货大V”罗永浩发布公告称，其直播间销售的“皮尔卡丹”品牌羊毛衫，部分送检后鉴定为非羊毛制品。罗永浩团队方面认为，消费者基于信任才下单，由于这类维权官司的执行周期较长，在向供货方维权索赔的同时，罗永浩团队将代为进行三倍赔付。

出事之后不回避、不推诿，罗永浩的态度值得点赞。不过此事也揭露了直播带货维权的复杂性，罗永浩的直播间属于代理销售方，从一家渠道贸易商手中拿货，而渠道贸易商的上游还有供货商。可见，来到直播间的货物已经转了多手，正是最上游的供货商出了问题，而主播和商家常用的合同格式是“主播免责”“商家售后”。这就容易导致消费者陷入困惑，倘若商家售假、主播不知情，应该向谁索赔？主播要负什么责任？

按照消费者权益保护方面的法规，提供商品或服务有欺诈行为的经营者应“三倍赔偿”。问题是，主播在多数情况下不是经营者，只是代理商。如果主播卖的是自家商品，那就和经营者的身份重叠，如果主播是为别的商家带货，则属于广告范畴。对后面这种情况，只能依据广告法进行规范。这就给了一些主播可乘之机，他们往往以不知情、不了解为由，习惯性“甩锅”给经营者，让消费者找商家索赔，从而撇开了自身责任。

目前来看，主播在供应链中的定位、主播和供应商的法律责任还有模糊性。但从一些“带货大V”的探索出发，主播先行承担责任、后向供货商索赔是一种比较合理的方式。在罗永浩之前，辛巴直播间也曾出现“糖水燕窝”事件，虽然中途有过“甩锅”之举，但最后还是以主动承担赔偿责任结束。大V们想必都清楚，直播带货的根本在于人设，在于粉丝的喜爱和支持，为了仨瓜俩枣斤斤计较，只会让自己的路越走越窄。

“带货大V”是产品把关人，不是只管收“坑位费”的中介，再好的公关也不如把好产品关。辛巴、罗永浩等头部主播虽然及时做出了补救措施，但依然看得出，直播行业还没有构建起科学的选品体系。尽管相关部门规定主播应建立并执行进货检查验收制度，依法查验有关证明文件，但在实践中，许多主播对自身责任认识不清，还停留在简单要求提供和查看检测证书、资质等“形式主义”上，更别说亲自试用、深度检测了。

国家市场监管总局发布的前三季度统计数据显示，今年全国12315平台共接受“直播”相关投诉举报2.19万件，同比增长479.60%。其中，假货不断、质量存疑、售后无门，让消费者备感无奈。直播带货想要走得更远，必须进一步明确主播责任，倒逼主播选好品、把好关，别再以“不知情”为由推卸责任。

资料来源　扶青. 好公关不如把好产品关［N］. 南方日报，2020-12-18.

主要概念和观念

本章小结

○ 主要概念

品德　气质　风度

○ 主要观念

礼仪的品德核心理论　性格优化理论

基本训练

○ 知识题

▲ 简答题

1）优秀公关人员应具备哪些性格特点？

2）风度美应包括哪几个方面？

▲ 选择填空题

1）优秀公关礼仪人员应具备真诚、公正、热忱、（　　）的品德。

A.公平　　B.宽容　　C.无私　　D.友善

2）在性格的气质说中，沉着冷静、耐心较强、言行谨慎、情感不易外露、性情比较稳定是指（　　）。

A.多血质　　B.黏液质　　C.胆汁质　　D.抑郁质

3）在性格的血型说中，（　　）具有自信、坚定、兴趣广泛的特征。

A.A型　　B.B型　　C.AB型　　D.O型

4）风度美的标志是（　　）。

A.外表美　　B.品德美

C.性格美　　D.自然和谐，具有独特个性

▲ 阅读理解

关于清朝台湾巡抚刘铭传如何得到委任，有一则发人深省的小故事。当李鸿章将刘铭传推荐给曾国藩时，还一起推荐了另外两个书生。曾国藩为了测验他们三人中谁的品格最好，便故意约他们在某个时间到自己家里来面谈。可是到了约定的时刻，曾国藩却故意不出面，让他们在客厅中等候，暗中仔细观察他们。只见其他两位都显得不耐烦，不停地抱怨，只有刘铭传一个人安安静静、心平气和地欣赏墙上的字画。后来曾国藩考问他们客厅中的字画，只有刘铭传一人答得出来。结果刘铭传被推荐为台湾总督。

此故事说明了什么？

○ 技能题

▲ 单项操作训练

具备幽默感是公关人员良好的性格特点之一，试问幽默在任何场合都适用吗？为什么？

▲ 综合操作训练

请结合小资料2-3“自测‘人缘’状况”，在完成自测后，分析自身存在的不足并提出改进思路。

观念应用

○ 案例题

凝聚交通强国铁路先行的道德力量

徐前凯是中国铁路成都局集团公司重庆车务段荣昌站的一名普通职工，为救横穿铁

路的老人导致右腿膝盖以上高位截肢。他在危急关头舍身救人，用自己的血肉之躯挽回鲜活生命的英雄壮举，感动了无数人，被授予第22届中国青年五四奖章和“2018年全国向上向善好青年”称号。

德国哲学家康德说：“这个世界上唯有两样东西能让我们的心灵感到深深的震撼：一是我们头上灿烂的星空，二是我们内心崇高的道德法则。”徐前凯感动我们的，正是其舍己为人所彰显的人性本善、人心本暖、勇于助人的优秀道德品质和崇高道德力量。

徐前凯用血肉之躯挽回鲜活生命的义薄云天之举，既展现出其个人的道德高度，也体现出铁路部门加强道德建设的丰硕成果。近年来特别是党的十八大以来，铁路部门高度重视道德建设，涌现出“割皮救父”尽孝道的武昌南机务段机车司机刘洋、“微笑天使”呼和浩特站售票员孙奇、待旅客如亲人的长春站“轮椅姐”朱立红等一大批全国道德模范、中国好人。在这些先进模范的身上，体现着铁路职工奋发有为、敬业奉献的精神风貌，展示着铁路人厚德重义、孝老爱亲的道德情操，彰显着铁路部门长期以来重视社会公德、职业道德、家庭美德、个人品德建设，树立价值标杆，用先进典型引领社会主义核心价值观建设的累累硕果。

资料来源　孙敢勋. 凝聚交通强国铁路先行的道德力量［EB/OL］.［2019-06-20］. https://pinglun.youth.cn/shsz/201805/t20180520_11624437.htm.

结合案例中徐前凯舍身救人的英雄壮举，谈一谈拥有优秀道德品质和崇高道德力量对于践行社会主义核心价值观的意义。

○ 实训题

试以你所在的工作（学习）环境为例，请列举出10条以上你认为应注意的“小节”，并简述理由。

○ 讨论题

当年英国王室为了招待印度当地居民的首领，在伦敦举行晚宴，由温莎公爵主持。宴会上，达官贵人觥筹交错，相谈甚欢，气氛融洽。可就在宴会快要结束时出了这么一件事：侍者为每一位客人端来了洗手盘，印度客人们看到那精巧的银制器皿里盛着的水，以为是喝的水呢，就端起来一饮而尽。作陪的英国贵族目瞪口呆，不知如何是好，大家纷纷把目光投向主持人。温莎公爵神色自若，一边与众人谈笑风生，一边也端起自己面前的洗手水，像客人那样“自然而得体”地一饮而尽。

试就温莎公爵的行为从礼仪及其个人修养角度进行讨论、评议。

第3章

个体形象礼仪（二）仪容、仪表、仪态

学习目标

通过本章学习，你应该达到以下目标：

素质目标：具备展现个人礼仪风度的能力，能够把握仪容、仪表、仪态三者之间的相互关系，达到三者和谐统一的美。

知识目标：了解仪容、仪表、仪态的概念、作用，了解仪容、仪表、仪态的基础知识和理论依据，正确认识仪容、仪表、仪态的基本内容。

技能目标：按照仪容、仪表、仪态的基本要求，运用正确的仪容、仪表、仪态方法，基本掌握根据每个人的不同特点做到仪容、仪表、仪态三者和谐美的方法和技巧。

能力目标：具有仪容、仪表、仪态美的理论知识和运用所学仪容、仪表、仪态美的原理、方法进行区分和选择仪容、仪表、仪态美的能力。

引例　　如何塑造大学生良好的个人形象

1.引导大学生树立正确的形象意识

大学生形象是大学生被社会认同和接纳的第一要素。要塑造良好的个人形象，首先要引导大学生充分认识自身形象的重要性，培养和树立一种强烈的形象意识，促使他们充分重视并认真对待自身形象建设，养成良好的行为习惯。因为，只有具备这种正确的形象意识，才会产生一种源自自身的动力，才会积极主动地学习有关知识，并按照有关规范不断完善自己、美化自身，才能塑造和维护自身良好形象。如每天出门之前，要习惯性地仔细检查一下自己的形象，看看自己的头发有没有梳整齐，领带是不是端正，服装是不是与场合、身份相适合等，要知道良好的形象带给别人的是一种赏心悦目，带给自己的是自信心，并可以激发工作的热情，提高工作效率。许多大学生在校几年都从未意识到“形象”的重要性，等到临近毕业时，才“临时抱佛脚”，匆匆忙忙对自身的仪表、谈吐、着装、举止及礼仪等进行速成改造，其效果往往不佳。

2.夯实大学生的文化之基

古人说“腹有诗书气自华”。良好的礼仪形象，是以广博的文化知识为基础的。

一个人的形象，从根本上说取决于文化素养。一个胸无点墨、不学无术的人，任凭他天生丽质，貌若天仙，只会一张口一个笑话，一举手一个别扭，更说不上有良好的气质、优雅的风度了。因为那种举止大方、谈吐不俗、温文尔雅、彬彬有礼的风度，绝不是装模作样，它必须以良好的个人修养为基础。所以，大学生想要拥有良好的气质和形象，就必须首先具有良好的文化修养，掌握宽厚而扎实的科学知识。一个人文化素养提高了，反映在个人形象上必然更富有时代气息。

3.坚持内外兼修

同任何事物一样，美也是形式与内容相互依存、相互作用、辩证统一的有机体。没有形体美、行为美、风度美等形象直观的美，内在的美就无法展现出来，或许根本就没有内在美乃至人性美。既要充实美的内在精神，又要重视美的外在表现，努力达到内在美和外在美的统一，这应该成为一个当代大学生个人形象的最高境界。所以，大学生要“内外兼修”，把外在的形象和内在的学识修养统一起来，以良好的个人形象展现高尚的道德品质，以当代大学生自尊自爱、诚实守信、与人为善、助人为乐的个人品质，塑造健康、文明、向上的大学生形象。

资料来源 吕子静. 大学生个人形象的塑造 [J]. 陕西青年职业学院学报，2011（01）.

仪容、仪表、仪态三者构成了个体礼仪风度的全部内容，在内在气质相同的前提下，也决定着个体风度、优美度，因此，讲求仪容、仪表、仪态三者和谐统一的美是公关人员的必修课。

3.1 仪容

仪容即容貌，由面容、发型以及身体所有未被服饰遮掩的肌肤所构成，是个人仪表的基本内容。

仪容美和内在美在一般情况下没有必然的联系，仪容美的人不一定内在美，内在美的人也不一定具有完美的仪容，这是因为仪容有先天的一面。但是，仪容也离不开后天因素的影响，即社会因素和个人修养。因为人的仪容和人类社会发展有密切关系，现代人的仪容是人类历史发展的结果。此外，一定时期、一定民族和一定阶级的审美观和经济发展状况，又会影响到人们如何去塑造自身的形象。以女子美发为例，从齐肩发到烫发，从留长发到现在的焗油，给头发染上各种颜色，都是一种欣赏角度的改变。当然也不能说仪容美和内在美毫无关联，心理学研究表明，一个人心理健康、为人豁达、性格直爽、胸襟开阔，就能使容颜在相当长时期保留一种年轻的、活力的美。

观念应用3-1

德、容孰重

据史书记载，无盐（无盐是一个地名，她真名是钟离春）长得前额凸且宽、眼深凹且高鼻梁，还有一个大喉结，驼背、皮肤漆黑、手指粗且长、头发又黄又乱，但齐宣王（就是自称“寡人有疾，寡人好色”的那位）却娶了她，并且封她为无盐君，理由就是无盐能直言，劝齐宣王不要听信妄言，要尊孔孟，以礼仪和王道强国。

试问：德、容哪个更重要？

观念应用3-1

分析提示

所谓“爱美之心，人皆有之”，天生丽质者总比长相普通的人更易受人注意，毕竟在人际交往初期留给对方的第一印象是你的容貌，而非内在美。某市有个姑娘，因为容貌丑陋，数十次找工作都被拒绝，这其实也是一种正常的社会现象。美国前总统林肯在一次竞选过程中，收到了一个小姑娘的来信，信中说，“您的相貌太平常了，您的下巴又光秃秃的，不够威严，不像男子汉，如果您蓄上一大撮胡子，那么我们全家都会投您的票。”林肯采纳了小姑娘的意见，蓄上了一大撮胡子，果然为他的形象增添了许多光彩，赢得了更多选民的好感。

美丽的容貌令人赏心悦目，容貌的基础虽然是天生的，但天生丽质的人毕竟是少数，随着岁月的流逝，青春也难永驻，所以要提倡科学的保养。

许多研究表明，当一个人随着岁月的推移日趋成熟的时候，其知识、智慧、才能、品格及性格会在他（她）脸上留下痕迹。日本研究夫妻关系的专家发现：一些卓有成就的男士面部表情威严睿智，而他们的妻子却庸俗不堪。这是为什么呢？原因就在于这些男士还是小职员的时候与门当户对的妻子结婚，但是婚后由于工作需要也罢、自身完善需要也罢，他们每天大量地接触着外来的信息，不停地追求着更高的目标；而他们的妻子却沉溺于小家庭生活，每天围着柴米油盐、锅碗瓢盆、奶瓶尿布转。久而久之，原先较相似的两个人慢慢变得气质、性格、才能、智慧相距甚远了。所以说，外貌也是可以改变的，把父母遗传下来的外貌靠自身的追求奋斗增加高贵的气质并非不可能。[①]

保持仪容美首先要保持良好的心态与充足的睡眠。这有助于人体正常的新陈代谢，使头发肌肤富有光泽，俗话说“笑一笑，十年少；愁一愁，白了头”，就是此理。国外科学家研究发现，人在生活正常、有规律且保持良好心理状态与科学饮食条件下，一般寿命可达120岁，但每个人出生后，又无法做到上述这些要求，于是开始做寿命的减法，最后就形成了每个人的实际寿命。把这个理论引申到仪容美的保持上也同理，昔日“伍子胥过昭关，一夜白了头”的故事，就是实证。

其次，要注意科学合理的饮食。均衡膳食和合理营养对于人体健康具有重大意义。此外，还要适当参加户外活动，以促进表皮细胞的新陈代谢，出汗有助于体内有毒物质的排泄，适当的“日光浴”也有益于皮肤健康。

我国一直有这样一个欣赏标准，即肤色越白皙越美，而有的西方人却要将白皮肤晒成古铜色，这是审美标准不同所导致的。

再次，适当的体育锻炼和户外运动。现代社会工作节奏越来越快，工作压力越来越大，容易导致身心疲惫，也会加速容颜老化，这就需要合理安排工作与休闲时间，每天保持一定的室外运动，增强身体新陈代谢功能。

最后，长期的养护，加上适当的美化可以使人的容貌大为改观，所谓“女大十八变”“三分长相，七分扮相”，就是此理。

---

① 何伶俐. 高级商务礼仪指南［M］. 北京：企业管理出版社，2003.

3.1.1 仪容的中心——头发

整洁仪容最基本的形象是拥有整洁干净的头发。头发是人体的重要组成部分，作为皮肤的附属物，头发对人体自身有十分重要的作用。在今天，头发更多地反映了一个人的道德修养和审美水平。整洁、得体、大方的发型易给人留下神清气爽的美感，而蓬头垢面难免使人联想起囚犯和乞丐。人们可以通过一个人的发型判断出其职业、身份、受教育程度、生活状况及卫生习惯，也可感受出其对工作、生活的态度。因此，无论男女老少，都要重视自己头发的护理，都要根据自己的形体、气质、身份选择适当的发型，扬长避短，充分展现自己美的风采。

1）头发的护理

（1）头发应经常清洗。洗发时，以选用洗发与护发分开的洗发液为好；洗时用十指按摩头皮，以促进血液循环，也有助于头发生长。

（2）常梳头亦可促进头部的血液循环。我们选用梳子时要注意尽量不要用塑料梳子，因这种梳子梳理头发时容易起静电，破坏头发组织，宜选用木梳或角梳。梳头时不要用力过猛，避免损伤、拉断头发。

（3）头发要常修剪，尤其是短发，每月应修剪1～2次。留长发的女士应将枯黄、分叉的发梢剪掉，保持头发的美观。

（4）烫发、染发要审慎，把握好分寸，否则会损伤头发，影响自己的形象。烫发会使头发细胞分离，破坏发丝的内部结构。近些年来，男女青年流行染发，有将所有头发染成褐色、黄色的，也有局部染色的，有的染出了自己的个性，又有时代气息，给自己容颜增色不少；有的则不土不洋、不伦不类，让人大失所望。虽然染发是一种时尚，但应该知道染发用的药水对头发是有一定伤害的，因此要重视染后的护理；更要知道，当今所谓时髦的染发青年常常难登大雅之堂，在报考公务员和应聘公司白领阶层时很可能过不了面试关。此外，染发还应根据自身年龄及所从事工作的特点慎重选择，不能只考虑个人兴趣、时尚潮流，毕竟美是在自我欣赏的同时也要让别人能接受。

微课3-1

发型与脸型

2）发型的选择

发型对一个人的整体形象塑造有重要的作用。一个人出现在他人面前时，头部首先被人注意到，它直接影响别人对他的印象。发型的样式很多，在选择时要根据自然、大方、整洁、美观的原则，既要观察发型的流行趋势，又不能盲目追赶潮流，更重要的是应该考虑到自己的年龄、性别、职业、性格、爱好和脸型特点。

发型也可以表现人的个性、欲望、心理与时尚。心理学家研究表明，接纳流行发型的人，对环境变化的适应力强；经常变换发型的人，具有不稳定的性格，易受他人煽动；男性理平头，是性格刚毅、具有攻击欲的一种表现；将长发剪短，理成平头或光头，是受到某种刺激或表示下决心要做某一种事情，头发理得越短，决心越大；发型中性化趋向，反映出女性经济地位与社会地位的提高。

发型选择的依据主要有：脸型、体型、年龄、时令及工作环境等几方面。

（1）发型与脸型协调。发型对人的容貌有极强的修饰作用，甚至可能“改变”人的容貌。根据自己的脸型选择发型，这是发型修饰的关键。例如，圆脸适宜将头顶部头发梳高，两侧头发适当遮住两颊，要避免遮挡额头使脸部视觉拉长；长脸适宜选择用“刘海儿”遮住额头，加大两侧头发的厚度，以使脸部丰满起来。

（2）发型与体型协调。发型的选择得当与否，会对体型的整体美产生影响。比如，脖颈粗短的人，适宜选择高而短的发型；脖颈细长者，宜选择齐颈搭肩、舒展或外翘的发型；体型瘦高的人，适宜留长发；体型矮胖者，适宜选择有层次的短发。

（3）发型与年龄、职业相协调。发型是一个人文化修养、社会地位、精神状态的集中反映。通常年长者最适宜的发型是大花式短发或盘发，给人以精神、温婉可亲的印象；年轻人适合那些活泼、粗放、简单、富有青春活力的发型。大学生的发型要给人以自然、清新、轻便的感觉，女生以选择齐耳短发、自然式束发、运动式短发为主；男生以板寸、分头等为主。

（4）发型与服饰协调。头发为人体之冠，为体现服饰的整体美，发型必须根据服饰的变化而改变。如穿着礼服或制服时，女性可选择盘发或短发，以显得端庄、秀丽、文雅；穿着轻便服装时，可选择各式适合自己的轻盈发型。

小资料3-1

发型与脸型搭配

脸型是决定发型的最重要因素之一，而发型由于其可变性又可以修饰脸型，方法有：

（1）衬托法。利用两侧鬓发和顶部的一部分块面，改变脸部轮廓，分散原来瘦长或宽胖头型和脸型的视觉。

（2）遮盖法。利用头发组成合适的线条或块面，以掩盖面部某些部位的不协调或缺陷。

（3）填充法。利用宽长波浪发型来填充细长头颈，还可借助发辫、发鬓来填补头面部的不完美之处，或缀以头饰来装饰。

标准脸型有长脸、方脸、圆脸、椭圆脸等，接下来将一一分析。

①长脸。将头发留点“刘海儿”或两颊头发剪短些都可以减少脸的长度而加强宽度感，也可将头发梳成饱满柔和的形状，使脸有较圆的感觉。总之，自然、蓬松的发型能给长脸人增加美感。

②方脸。头发宜向上梳，轮廓应蓬松些，而不宜把头发压得太平整；耳前发区的头发要留得厚一些，但不宜太长；前额可适当留一些长发，但是不宜过长。

③圆脸。这样的脸型常会显得孩子气，所以发型不妨设计得老成一点：头发分成两边而且要有一些波浪，脸看起来才不会太圆。也可将头发侧分，短的一边向内略遮一颊，较长的一边可自额顶做外翘的波浪。这种脸型不宜留“刘海儿”。

④椭圆脸。这是女性最完美的脸型，采用长发型和短发型都可以，但应注意尽可能把脸显现出来，突出这种脸型协调的美感，而不宜用头发把脸遮盖过多。

（5）发型与时令相协调。夏天应留凉爽、舒畅的短发，若留长发可梳辫或盘髻，这个季节头发不宜过长、过于蓬松；冬天衣服穿得厚，衣领高，留长发既美观又利于保暖；春秋季发型可长可短，比较随意。

（6）发型应与工作环境相协调。礼仪小姐发型设计应新颖、大方；职业女性发型设计应文雅、庄重。参加晚宴或舞会，发型可以突出高雅、华丽。

男士的发型也要体现一个人的性格、修养和气质。短发型可以体现青年人朝气蓬勃的精神面貌；脸长的人不宜留太短的头发，下巴较方的人可以留些鬓发；瘦高的人应留长一点的发型，矮胖瘦小的人头发不宜长。

3.1.2 仪容的重点——面容

面容就是面部美容，这仅是指面部美容化妆，不包括面部手术美容。

英国有这样一句谚语："当你与他人打交道时，他注意你的面部这很正常，可他要是过多地打量你的身体的其他部位，那就有些不正常了。"

美容化妆对于良好的整体形象有画龙点睛的作用，因为它突出地表现了人体的最富有情感的部分。经过美容化妆，人可以焕发青春的光彩，增强自信心，在工作和学习中精力充沛，使公关活动增加魅力。同时，化妆也是公关活动中相互尊重的一种表现，美容化妆有促进公关活动成功的神奇作用。

化妆是一门综合的艺术，它涉及美学、生理学、心理学、造型艺术等学科；化妆又是一项技术、技巧，它不是单纯地涂脂抹粉，而是运用色彩及各种化妆用品来突出和强调每个人面部自然美的部分，减弱或掩饰其容貌上的欠缺，使每个人的容貌都变得尽可能完美。化妆的目的不是要把自己打扮得花枝招展，而是塑造一个淡雅清秀、健康自然、鲜明和谐、富有个性的容貌。

1）美容化妆基本原则

（1）美化的原则。每一个化妆的人都希望通过妆容让自己变得更美丽，这是无疑的。但事实上，有些人以为把各种色彩涂抹在脸的相应部位就自然会美了，这显然是认识上的误区。要使化妆达到美的效果，必须了解脸上各部位的特点，孰优孰劣要心中有数；同时，要清楚怎样化妆和矫正才能扬长避短，变丑陋为俏丽，使容貌更迷人，这些都要在把握脸部个性特征和正确的审美观的指导下进行。

（2）自然的原则。自然是化妆的生命，它能使化妆后的脸看起来真实而生动，而不是一张呆板生硬的面具。化妆失去了自然的效果，妆面变假，就毫无生命力和美可言。自然的化妆要依赖正确的化妆技巧、合适的化妆品；要一丝不苟，井井有条；要讲究过渡、体现层次；要点面到位，所谓"浓妆淡抹总相宜"。总之，要使化妆说其有看似无，就像被化妆的人确确实实长了这样美丽的面容，像真的一样。化妆时不讲技法，胡来一气，敷衍了事，都会使妆面失真。

（3）协调的原则。

①妆面协调，是指化妆部位色彩搭配、浓淡协调，妆容适合脸部个性特点，整体设计协调。

②全身协调，是指脸部化妆还必须注意与发型、服装、饰物协调。如穿大红衣服或

配了大红饰物时，口红可以采用大红色的，力求取得完美的整体效果。

③身份协调，是指化妆时要考虑到自己的职业特点和身份，采用不同的化妆手段和化妆用品。作为职业人士，应注意化妆后体现端庄稳重的气质；作为专门从事各种关系建立和协调的从业人员，出头露面的机会多，与有身份、有地位、有钱的人打交道频繁，要表现出一定的人际吸引魅力，化妆就不能太艳俗或太单调，而应浓淡相宜，青春妩媚，符合人们共同的欣赏标准。

④场合协调，是指化妆要与身临的场合、气氛要求一致。日常办公，妆可以化淡一些；出入宴会、舞会场合，妆可以浓一些，尤其是舞会，妆可以亮丽一些；参加追悼会，素衣淡妆，忌使用鲜艳的红色妆。不同的场合选择不同的妆容，相得益彰，不仅会使化妆者内心保持平衡，也会使周围的人心理融洽。

2）美容化妆应注意的几个问题

小资料3-2

皮肤的生物钟与皮肤保养

（1）扬长避短，突出美化自己脸上富有美感之处，掩饰面部的不足，以达到化妆的最佳效果。

（2）化妆的浓淡要根据不同的时间和场合来选择。要区别对待白天和晚上、一般场合和特殊场合、不同季节的化妆，不要一成不变。

（3）不宜当众化妆。在公共场所众目睽睽之下修饰面容是没有教养的失礼行为，这样做会给人以轻浮的感觉，影响个人形象。如果确实需要补妆的话，应该避开众人，到化妆间、洗手间或其他地方进行，切忌旁若无人地自我表演。

（4）化妆品要合适。化妆品使用不当，不仅达不到化妆的效果，而且有可能损伤皮肤。因此，选择化妆品要根据自己皮肤的类型（干、中、油），选择质量可靠、质地细腻、颜色适中的品牌。

（5）不要借用别人的化妆品。借用别人的化妆品既不卫生，也不礼貌。

（6）男士化妆要体现男子汉的阳刚气质，切不可搞得油头粉面、花里胡哨。

（7）矫治整容是迫不得已之举。有必要提醒美容者注意：欲进行除雀斑、割双眼皮、隆鼻之类矫治，务必求助于专家，去正规的医院，千万不要轻信广告；否则，美容不成反被毁容，那就后悔莫及了。

3）公关人员的几种化妆类型

公关工作的职业性质决定了公关人员工作场所和时间的不确定性。他们除了在办公场所外，经常要外出走访，还要参加一些社交活动；不仅白天要工作，晚上也常要应酬。因此，公关人员的化妆必须从工作实际需要出发，根据不同性质、不同场合、不同时间，采用不同的方法，有时是淡妆，有时是浓妆，不可千篇一律。现将公关人员常用的几种妆容类型介绍如下：

（1）工作妆。多为淡妆，适合日常办理公务的场合。

• 化妆步骤：清洗面部→修眉毛→抹粉底→扑干粉→画眼影→画眼线→涂腮红→涂口红。

• 工作妆的特点提示：粉底颜色要接近肤色，薄施于整个脸部。眼影颜色要简洁明快，1~2种即可，看起来淡雅清爽；眼线可细一些、轻一些。腮红淡在似有似无中，犹如脸上的自然血色。口红接近自然唇色，不可太明艳。

（2）晚宴妆。多为浓妆，适用于隆重、正式的晚宴社交活动，与会人士郑重其事，穿着礼服。

• 化妆步骤：

清洗面部→护肤→涂粉底→抹阴影→扑干粉→修描眉毛→画眼影→画眼线→染卷睫毛→涂腮红→涂口红。

• 晚宴妆的特点提示：粉底与皮肤的颜色相差不可太远，但要遮盖力强。两腮、鼻两侧处涂上咖啡色阴影；眉弓、颧骨、鼻梁、下巴处抹上些本白色，增加脸部立体效果。

扑干粉定妆，扫去多余粉粒。

如果穿的是西式晚妆，露出的肩、胸、臂、背处要打上干粉，以免裸露皮肤与脸部肤色形成反差。

把眉毛修剪整齐，描画理想眉型，用眉刷整理眉毛。

眼影色可达3种，甚至更多。例如：玫瑰红（整个眼睑，重在眼尾）；深蓝色（眼尾）；紫色（重在眼头、眉骨处）。

眼线可画得略粗，用眼线液画显得更明亮。

睫毛用防水睫毛液多刷几遍。

不宜用带蓝色成分的胭脂（在灯光下它会使人显得衰老），要用艳丽色的胭脂。

涂唇膏时，唇中间的颜色要较唇两边浅些，以增强嘴唇的立体感。

（3）舞会妆。多为浓妆，适合于灯光柔和的舞会场合。

• 化妆步骤：清洁保护面部→抹粉底、阴影→描画眉毛→眼部化妆→刷涂腮红→描涂口红（具体可参照晚宴妆化妆步骤）。

• 舞会妆的特点提示：粉底用遮盖力强、保持持久的粉条。眉毛可以浓一些，最好使用深咖啡色。

眼部化妆可略显夸张一些，用色适当大胆些。例如，眼影用橙红色和紫罗兰，眼线用棕灰色。

使用防水睫毛液。

腮红用桃红色或罂粟红色，在冷色调的光照下会更加红亮。

口红用桃红色或枣红色，最好用珠光的，以增加唇部的明艳亮丽。

总之，舞会妆应显得华艳炫目，热情奔放。此外，参加舞会时难免出汗，可随身携带化妆盒，用来补妆。

观念应用3-2　　爱美之心，人皆有之

观念应用3-2

分析提示

小吴是一名在校大学生，她比较喜好梳妆打扮，对此背后也有不同的议论。你认为学生可以化妆吗？

3.2 仪表

仪表通常是指人的外表，也包括人的仪容、姿态、身材、体型、服饰、装饰等。在这里我们将仪表的外延局限为形体、服饰、装饰三方面，其中重点是服饰。

正所谓“佛要金装，人要衣装”，没有相称的服饰外表，就谈不上仪表美，也会给公关礼仪工作的展开带来许多麻烦。当然，光有服饰也谈不上仪表美，仪表美是一个综合概念，它应当包括三个层次的含义：其一，是指人的容貌、形体、体态的协调优美，如体格健美匀称，五官端庄秀丽，身体各部位比例协调，线条优美和谐，这些先天的生理因素是仪表美的基本条件。其二，是指经过修饰打扮以及后天环境的影响形成的美。天生丽质这种幸运并不是每个人都能拥有的，而仪表美却是每个人都可以去追求和创造的，即使天生丽质，也需要用一定的形式去表现。无论一个人的先天条件如何，都可以通过化妆、服饰、外形设计等方式使自己具有仪表美。其三，是一个人淳朴高尚的内心世界和蓬勃向上的生命活力的外在体现，这是仪表美的本质。真正的仪表美是内在美与外在美的和谐统一，慧于中才能秀于外。一个人如果没有道德、情操、智慧、志向、风度等内在美作为基础，那么，再好的先天条件、再精心的打扮，也只能是一种肤浅的美，缺少丰富、深刻内涵的美，不可能产生魅力。因此，一个人的仪表美实际上是其内在美的一种自然展现。

3.2.1 仪表美的基本要求

仪表既然是一个人的精神面貌、内在气质的外在表现，那么，对仪表美的总体要求就应当包括：容貌端正，举止大方，端庄稳重，不卑不亢，态度诚恳，待人亲切，服饰整洁，打扮得体，彬彬有礼。具体要求可以概括为以下几点：

1）追求秀外慧中

仪表美必须是内在美与外在美的和谐统一，要有美的仪表，必须从提高个人的内在素质入手。如果没有文明礼貌、文化修养、知识才能这些内在素质作为基础，那么所有外在的容貌、服饰、打扮、举止，都会让人感到矫揉造作，虚假且不自然，不会产生美感。

2）强调整体效果

仪表美应当是整体的美，强调的是整体形象效果。柔嫩的皮肤、端正的五官、修长的身材、优美的线条、时髦的服装、精美的饰品，能够使人平添几分魅力。但仪表美绝不仅限于此，仪表美是各方面因素的和谐统一，局部的美不等于仪表美，而且过分突出局部的美，就会使美变得支离破碎，破坏了整体的和谐。但若是追求面面俱到的美，也会使美失去平衡。如果不顾自己的特点去模仿别人，难免会俗不可耐，有东施效颦之嫌。美是风格，美是和谐，仪表美应当是一种匠心独具的和谐的整体美。

3）讲究个人卫生

干净、整洁是个人礼仪的最基本要求，这里包括面容、脖颈与耳朵、服饰等方面的整洁。面容看上去应当润泽光洁；耳朵、脖子应当干干净净。不要小看面容洁净，面容是否洁净，皮肤是否保养得当，看上去是有生气、有光泽，还是灰暗、死气沉沉，都直接关系到他人对你的印象。一个有教养的人，绝不会是那种经常不修边幅、蓬头垢面的人。

（1）勤洗澡，勤换衣。男士要经常修面，女士要适度地使用化妆品，保持皮肤的紧致。保持头发的干净整洁，头发松软亮泽，加上整齐的发型梳理，衬出光洁的面容，才能展现你良好的素质和气质。注意不要让你的上衣和肩背上落有头皮屑和散落的头发；否则，就会给人带来一种不洁的感觉。

（2）指甲要经常修剪，保持指甲清洁。有了光洁的面容、整齐的头发，还要注意手的清洁。如果伸出的一双手很肮脏，那美好的印象一下子就被打破了。在人的仪表中，手占有重要的位置，一个仪表、风度不凡的人，绝不会留着又黑又长的指甲。一般男性不宜留长指甲，女性可自由些，但一定要修剪整齐，并保持洁净，涂抹指甲油应慎重，注意颜色搭配。

（3）注意口腔卫生。口腔卫生也是个人仪容、仪表整洁的重要内容之一，应注意口中有无异味（口臭）。与人交谈时，如口中散发出难闻的气味，便会使对方很不愉快，自己也很难堪。通常情况下，口腔异味多是由口腔疾病或不注意口腔卫生引起的，也可能是由身体内部疾病引起的，有时吃了葱、蒜、韭菜等食物，也会产生强烈异味。口臭会使一个人美好的形象大打折扣，这一点想必大家也有同样感受，因此，应查明原因及早治疗。同时，早晚刷牙，饭后漱口，多吃清淡食物，多喝水，也是很重要的。

在与人谈话之前，如吃了味道强烈的食物，可在口内嚼一点茶叶、红枣或花生，以帮助清除异味。必要时可以用口香糖来减少口腔异味，但应注意，正规交际场合中，在别人面前大嚼口香糖是不礼貌的行为。

4）保持服饰干净、整齐

服饰穿戴在任何情况下都应保持干净整齐，衣领、袖口或其他地方若存在看得见的污渍，就不能算整洁了。服装应当平整无皱褶，扣子齐全，不能有开线的地方；内衣、外衣都应勤洗勤换，保持洁净状态。此外，对鞋袜要像对衣服一样重视，不能身上漂亮而鞋袜脏污，皮鞋应保持鞋面光亮。有人说“三分衣服七分鞋”，可见鞋（袜）在仪表中的重要性。

5）注意小节

身体散发异味是令人反感的，如果有狐臭的毛病，应积极治疗或使用外用药物涂擦。经常洗澡，勤换内衣，是防止身体异味的重要手段。

3.2.2 形体美

体型主要是指身体各部分之间的比例，形体美的总原则就是身体各部分之间的比例恰当。

形体是先天造就的，但对人际交往有着很大的影响。男性高大魁梧，能增加威武感，给人以一种力量；女性婀娜多姿，让人产生“窈窕淑女，君子好逑”的联想。但这绝不是影响礼仪的主要因素，更主要的是自身的知识、修养、风度。因此，体型不佳的人并不意味着就不能从事公关工作，只要具备了高素质，体型对礼仪工作的影响微乎其微。再加上穿着合适的服装加以弥补，体型对其影响就更小了。比如说，美国前总统林肯是个特别瘦并且较丑陋的人，罗斯福是个残疾人并且有口吃，但这些并不妨碍他们成为公关奇才。林肯在葛底斯堡的演讲、罗斯福的炉边谈话都是公关史上卓越的篇章。

1）形体美的标准

著名体育美学专家胡小明综合各家见解，根据中国的实际情况，提出了形体美的标准：①骨盆发育正常，关节不粗大凸出，肌肉发达均匀，皮下脂肪适当；②五官端正，与头配合协调；③双肩对称，男宽女圆；④脊柱正视垂直，侧视曲度正常；⑤胸部隆起，正背面略呈“V”字形，女性胸部轮廓丰满，有明显曲线；⑥臀部圆满适度；⑦腿修长，大腿曲线柔和，小腿腓肠肌稍突出；⑧足弓高。

总体而言，形体美的奥妙在于体型各部分之间的比例“恰到好处”。人们觉得侏儒较丑陋，而同样身高的小孩子却很可爱，就是因为前者的头、躯干、四肢之间不合比例。

意大利著名画家、人体解剖学家达·芬奇提出，人体各部分之间的比例应合乎“黄金分割”律：人的头长应是全身高度的1/7，肩宽为身长的1/4，跪时身长减少1/4，两腋的宽度与臀部的宽度相等，大腿正面的宽度应等于脸的宽度，两眼间的距离应等于1只眼的长度，耳朵的长度应等于鼻子的长度，乳峰应与肩胛骨在同一水平线上。[①]

2）形体美的原则

（1）胖瘦原则。怎样才算胖瘦适宜呢？世界上公认的标准如下：

体型指数（BMI）=体重（千克）/身高（米）^{2}

组别	BMI
0（正常）	20.0~24.9
Ⅰ（Ⅰ度肥胖）	25.0~29.9
Ⅱ（Ⅱ度肥胖）	30.0~40.0
Ⅲ（Ⅲ度肥胖）	>40.0

假如一个人身高1.70米，体重为75千克，则BMI指数为26.0，属轻微肥胖。

（2）高矮原则。对于以高为美还是以矮为美，受民族、地区的影响最大。比方说，美国人1.80米属高矮合适，而因纽特人1.50米就算高个子了；我国北方男子身高1.75～1.80米算合适，而南方男子身高1.70～1.75米也算美。作为公关人员，男子身高1.70米以上（南方）、1.75米以上（北方），女子身高1.58米以上（南方）、1.62米以上（北方），算比较理想的身高，但也不是绝对的。

（3）肤色原则。肤色美丑的看法也受民族、时代影响。肤色的深浅一般与遗传、色素高低、气候条件、生活和工作环境以及年龄、体质等密切相关。如中国人的皮肤呈现为白皙、白中带黄、黄褐色、黑褐色四种，而非洲黑人以脸黑、唇红、齿白为美，部分

① 林友华．社交礼仪［M］．3版．北京：高等教育出版社，2012．

白种人以皮肤晒成古铜色为美。

（4）健康原则。身体以强壮为美还是以瘦弱为美，受时代及所处阶层影响非常大。古代贵族女子足不出户，身若轻柳、指如葱根，以纤弱为美，男子则是玉树临风，以单薄清瘦为美；古代劳动人民由于生产、生活需要强壮的身体，“豆芽菜”是不受欢迎的。现代人由于生活节奏加快，纤弱病态的身体也不受欢迎，所以男子应以健康强壮、女子应以活泼健康为美。

（5）线条原则。这是专门针对女性的，女性的身体从侧面看呈“S”形是美的，但由于种族间的体质、文化传统、心理因素等不同，线条美的标准也不同。

以上五条就是形体美的原则。但有了美的形体，如果不注重形成良好的生活习惯，养成正确的坐、立、行姿势，仍然是不美的。

形体美的标准归根到底必须首先考虑时代、民族、地域的不同审美标准，我国古代就有“环肥燕瘦”的不同审美标准，世界其他民族更有其独特的审美观，如穿鼻环等，不能一概而论。

研究人员还发现，体型的心理学类型大体可分为内胚层体型、中胚层体型、外胚层体型三种。

内胚层体型是内脏强健型，为卵形身体，有笨重的大肚子。这类人心理上呈内脏强健型气质，表现为缓慢、好交际、感情丰富，宽厚、轻松。

中胚层体型是身体紧张型，为三角形体型，肌肉发达，结实，健康。这类人心理上呈身体紧张型气质，表现为自信、精力充沛、有支配力、有进取心。

外胚层体型是大脑强健型，为弱不禁风的体格，胸平，四肢肌肉不发达。这类人心理上呈大脑强健型气质，表现为紧张，难对付，拘泥于细节，圆滑，不受别人影响。①

3）形体美的塑造

马克思在谈到人体艺术时曾说：“它，具有永恒的魅力。”古代雕塑家塑造了“维纳斯”和“掷铁饼者”，体现了人们对形体美的不懈追求。人们都认定维纳斯是女性美的化身，正因为她的美表现在形体的匀称、协调上，也可以说她的形体美集中体现了对称、均衡、比例适度、和谐等外在美的基本属性。米隆的“掷铁饼者”为健美之神，是男性美的化身，他粗壮结实的脊骨使人感到筋骨美、强壮美，他投掷铁饼的瞬间姿势更使人感到力的协调美。

形体美是有遗传性的，具有先天的自然素质，但人体美更可以通过后天的体型塑造来充实、完善。健康的人体才是最美的。加里宁说：“没有健康结实的身体，就不可能有人体之美。”形体美的塑造主要有两个途径，即形体训练和膳食控制。

（1）形体训练主要通过基本体操、基本功训练、基本形态控制以及舞蹈等形式进行系统科学的训练，以达到塑造形体美的目的。

另一种针对“姿态”规范的形体训练方法如腿部练习、腹部练习、腰背练习等，主要是针对个体的仪态中一些不正常的习惯加以修正。

① 林友华. 社交礼仪［M］. 3版. 北京：高等教育出版社，2012.

所有的形体训练都要因地制宜、持之以恒，“三天打鱼、两天晒网”是没有效果的。

（2）膳食控制是保证形体美的又一重要途径。“民以食为天”，一日三餐的营养补充使人精力旺盛、体力充沛，但营养的供给并不意味着每日多吃大鱼大肉，而在于是否做到合理搭配，使每一种营养素既不缺乏也不过剩，达到一种正常的平衡。因此要讲究合理、科学的营养补充，使摄取的物质在人体内能发挥最好的效果。

具体来讲，对膳食的控制有下面几点：

• 保证适当的营养。人体所需的营养素有蛋白质、脂肪、碳水化合物、矿物质、各类维生素、水、膳食纤维等多种物质，它们是保证人体正常新陈代谢的物质基础。营养不良、营养过剩或营养的不平衡都会影响身体各部分正常生长，造成形体的不健美。

• 注意补充营养的方式。需要什么补什么，而不是什么都补，大补会闹大病，这是中医的忠告。

• 合理安排营养比例。不能偏食，应注重各种食品营养搭配齐全，尤其应多吃蔬菜、水果，多喝茶（有学者将茶列为全世界最佳保健食品）。

在现实中，经常可以看到一些人采用节食，甚至“绝食”的方式来减肥，还有人服用减肥药，以求拥有理想的身材，却不知道这种做法不仅会因营养不良而导致体质下降，还会影响到人体机能的正常运转，甚至导致智力减退，结果适得其反。

3.2.3 服饰美

在漫长的历史发展过程中，衣服的质料、式样、颜色、花纹以及衣服上的附属装饰逐步被赋予了多种功能与内涵，它可以表达出国民气质、时代风尚、文化特色以及个人的文化素质、知识水平、气质风度、职业特征及年龄性别。

服饰也是一种文化，能够反映一个国家、一个民族的经济发展水平、文化底蕴、精神与物质文明发展的程度。服饰还是一种“语言”，它能表达一个人的社会地位、文化品位、审美意识以及生活态度等。因此，在社交活动中应当注意着装，根据自身的特点以及特定场合的需要，选择得体的服饰，呈现和谐的美，和谐得体的服饰有一种无形的魅力。

公关人员注重服饰美，对个人及所代表的社会组织均有益处。

对个人而言，服饰美，首先能增强自信心。每当人们穿上自认为好看的服装时，往往相信自己穿上它会更美，这种自我认同心理会使自我产生良好感觉，从而使精神状态振作。尤其是当出入一些豪华的公共场所时，服饰得体，会使人增强自信心，避免自卑感的产生。其次，服饰美是个人文化修养的外化。服饰从某种程度上可理解为自我广告。服饰得体、总能给人以美感的人，往往也是文化修养程度较高的人。再次，服饰美是对个人尊严的维护。一个人走出去，总是希望别人能尊重自己，而他人往往在意自己的着装。一个着装不整洁、不得体的人会被人轻视，自爱、自尊的人往往衣着整洁得体，使人不由自主地对你以礼相待。最后，服饰美能给他人以良好的第一印象。大方得体的服饰打扮，可以使人产生良好的第一印象，从而有利于公关工作进一步开展。

每逢各国领导人聚会的重大场合，除了商讨议题等“硬新闻”成为国际舆论关注的焦点外，各国领导人穿什么衣服、坐什么样的专机与专车、晚宴吃什么等也会成为民众关注的焦点。尤其是一国领导人的着装，不仅反映了他/她个人的性格特征，也往往代表了本国传统文化的特点。例如，俄罗斯总统普京常常以一身名牌西装示人，传递了他立志重振俄罗斯大国地位的“雄心”；德国前总理默克尔朴素低调的着装风格则体现了德国人严谨踏实、讲究实际的国民特性。

对于公关人员所代表的社会组织来说，公关人员的服饰关系到组织的形象。一方面，它能反映出组织的实力和权威。在国外，一些政府机构和大公司对职员着装有着明文规定或约定俗成的约束，不允许穿短裤着西服、打着领带出入其间，女士服饰要高雅、端庄、规范，通过每个人着装这一细节来体现组织的实力和权威。另一方面，它强调组织的品位。社会组织千差万别，同一类组织也会有不同的档次和风格。有创意、形象意识较强的社会组织，为了突出自身的独特性或不同流俗的品位，对职员着装有所引导或倡议，使职员的形象在某种程度上反映出组织的品位追求。另外，它也被用来撑门面。经商需要讲门面，门面意味着实力、信誉。租写字楼、进宾馆是为了撑门面；聘用漂亮礼仪小姐、让姑娘和小伙子们打扮得赏心悦目，也是为撑门面。一个不景气的公司，绝不能让人们从职员的着装上一眼看穿，衣冠楚楚的职员不仅能烘托公司的气氛，也能掩饰公司运作状况的不景气。

1）着装原则

无论何种服装穿在身上都必须保持整洁，这是最起码的服饰礼仪。高档的服装，如果污迹斑斑，随意乱套在身上就会贻笑大方，因而要注重整洁、和谐，要根据自身的特点和气质选择合适的服装，既要突出个性，又要顾及共性。

（1）遵循国际通行的TPO服饰三原则。

T（Time）表示时间，即穿着要应时。不仅要考虑到时令变换、早晚温差，而且要注意时代要求。特别是随着社会的发展，人们的着装要求和观念也会发生一定的变化，一个时期有一个时期的流行趋势，从单一色彩到五彩斑斓。因此，着装时要考虑时代特点，尽量避免穿着与流行趋势格格不入的服装。

P（Place）表示场合，即穿着要因地制宜。比如上班场合一般应穿庄重的服装，如果穿休闲服装就不大得体，甚至会闹出笑话；如果穿着礼服去参加体育活动，那更不得体，也极不方便。

O（Object）表示着装目的，即穿着要适合自己。不要盲目追赶潮流，而要根据自己的工作性质、社交活动的个体要求、形象特点、气质、年龄等来选择服装，从而塑造出与自己身份、个性相协调的外表形象。

（2）讲究协调

• 要与年龄、形体相协调。中山装穿在中老年人身上，显得成熟、稳重，穿在青少年身上则会显得老气横秋；超短裙、白长袜穿在少女身上显得天真活泼，若穿在少妇身上就有轻佻之嫌。穿衣戴帽，也要扬长避短，偏瘦和偏胖的人不宜穿过于紧身的衣服，以免不美之处凸显。

• 与职业、身份相协调。教师的服饰要求端庄大方，若穿着过于前卫、时髦的服装进教室，就会分散学生的注意力；医生的服饰要求稳重、朴实，给病人以可信赖感，若穿红戴绿、珠光宝气，则容易给人带来轻率肤浅的印象；政治家、公众人物是媒体关注报道的“热点”，他们的穿着更不可掉以轻心。

• 与环境、场合相协调。喜庆的场合不能太古板，庄重场合不能太随便，悲伤场合更不能太刺目。

2）不同场合的着装

各国、各民族对服饰有诸多的要求，服装的种类、式样、花色千差万别，又因场合、季节和个人爱好不同有着很大差异。现在国际上社交场合的服装大致分为礼服和便服，原则上来说，正式的隆重场合应着礼服，一般场合可着便服。

（1）礼服。传统的西方礼服有大礼服、小礼服、晨礼服之分。大礼服也称燕尾服，由黑色或白色衣料做成，背后裁剪得像燕子的尾巴。大礼服是夜晚的正式礼服，像授勋仪式、诺贝尔奖授奖仪式等也都要求穿燕尾服。小礼服也称晚餐服或便礼服，一般参加晚6时以后举行的晚宴、音乐会、剧院演出等活动着这种礼服。晨礼服则为白天参加典礼、星期日教堂礼拜的着装。女性的服装花色、式样繁多。女士日常均着便服，礼服可分为常礼服、小礼服和大礼服。女士礼服特点是日间密实，夜间露肤，晚礼服使用闪光布料及装饰品。近些年，大多数国家在着装方面日趋简单化，在许多场合男士着质料上好的深色西装。

我国的服装没有严格的礼服、便服之分，在正式场合男士一般穿一套毛料中山装或西服套装配领带。女士则按季节和场合不同可穿西装、民族服装、旗袍、套裙或连衣裙。服装要整洁，裤线要挺直，颜色不宜过多。

（2）上班服装。不必像礼服那么正规、华贵，也不能像便服那么随意。上班服装要整洁、大方、雅致，不可过分惹人注目，女士不可穿过于时髦和暴露的服装。有些单位要求员工统一着装，以显示良好的企业形象；有些单位虽不统一着装，但对员工的着装作些统一的规定，比如，男士上班必须穿西装、打领带。不论是否统一要求，上班的着装必须是庄重整齐的，它表明了员工的责任感和可信程度，也表现了对他人的尊重。

（3）便装。包括家常服装、运动便装等。外出旅游、参观游览或休闲在家，着装可随便些，一般以宽松舒适为宜，可根据自己的特点、爱好去选择，但也要注意得体适度。随着生活水平和着装品位的提高，人们已逐步改变了那种休闲时穿旧的或松垮的衣服的观念。

每个人在各种场合都应讲究服饰礼仪。正式的隆重场合应着礼服，着装应庄重，避免轻佻，男士西装色彩宜深些，不宜穿T恤、紧身裤及牛仔装出席。郊游时最好穿随意性较强的休闲装，颜色可鲜艳些，与郊外秀丽的风光相衬，穿正规的西装、高跟鞋会特别累。华丽的服装适宜参加晚会、音乐会；而出席婚礼、宴会、到朋友家做客或参加联欢会，穿着应美观大方，女士应当装扮，但应自然得体，不可过分炫耀，尤其是在婚礼或宴会中，装扮不应压倒主人，否则就是不礼貌。参加葬礼或吊唁活动，应穿着黑色或深色服装，女士不宜抹口红，不佩戴饰物。婚纱只能在婚礼上穿着，其他场合不宜穿着。女士穿下摆窄或膝盖以上的短裙时，长袜子不露在裙子下摆外，同时要注意切勿在人前把腿架起来。在校学生的服装应以自然质朴为宜，款式和线条要简洁流畅，以表现青少年的热情、纯洁、积极向上的风貌。

在不同的时间、地点、场合，穿着符合身份的得体服装，是社交着装的基本原则。着装得体，能显示出特有的品位和风格，产生特殊魅力。反之，即使穿上外观华丽、价格昂贵的服装，也会让人觉得品位不高，甚至闹出笑话。

3.2.4 西装的穿着

现代的西装形成于19世纪中叶，清朝末期传入我国。西装造型优美，做工讲究。合体的西装能体现男士的潇洒风度、女士的优雅和端庄。再加上西装实用性强，四季皆宜，已被绝大多数人所接受。

西装一般由衬衫、外套、长裤、领带和马甲组成。它的穿着十分讲究，在礼仪活动中，必须懂得其着装要求。

1）西装的衬衫

衬衫一般应选用硬领尖角式的，领口一定要挺直，不能有折痕，而且要比外套的领子高出1.5厘米左右，并贴紧；颜色要考虑与外套相配，以纯色的为宜，其中白色为最容易搭配的颜色；袖口长出西装袖口约2厘米，下摆要塞进裤子里，不要散在外面。衬衫配领带时，应把所有的扣子系上，不能将袖子卷起，不系领带时，最上面的扣子不要扣。

2）西装的外套

新买来的西装在穿着之前，要把袖子上的商标（小布条）剪掉。西装的外套要求挺括，不能有皱褶，衣长以略高于臀线为宜。

西装有双排扣和单排扣之分。双排扣的西装比较庄重，一般要把扣子系好，不宜敞开。单排两粒扣的西装是传统规范的式样，其扣法很有讲究：只系上面一粒的——庄重；敞开都不扣的——潇洒；两粒都扣的——呆板；只扣最下面一粒的——流气。近年来流行三粒扣的西装，以扣好上面两粒为佳，只扣中间一粒的也行，全都扣或不扣的未尝不可，切忌只扣最下面一粒，也不宜只扣下面两粒。

西装外套上的口袋只是装饰性的，一般不装东西，以保持平整挺括。左胸的口袋，也只可插鲜花或手帕饰，三角形、三尖形、双尖形、花瓣式等形状的手帕，能使男士平添风度。切忌把钢笔、记事本等装在左胸外口袋，这些小物品可放在外套左右胸内口袋里。

3）领带

领带是西装必不可少的组成部分，对西装的美观起着重要的作用。有人说，“领带是服饰的灵魂”，在正式场合穿西装要系好领带，领带必须打在有硬领座的衬衫上。也就是说，穿套头的高领衫或其他翻领衫不宜系领带；衬衫的领口切勿过大，否则会影响领带的美观；非正式场合穿西装可以不系领带，但衬衫领口的扣子必须解开；日常不穿西装只穿衬衫或穿短袖衬衫时也可以打领带，但衬衫的下摆应塞在裤子里面，并放好摆平；穿猎装、夹克衫也可以打领带，但只适于非正式场合。

领带的长度、宽度要适中。一般领带长度为130～150厘米，往往好的领带也比较长，系好后的领带，以大箭头垂到腰带处为最标准，上面宽的一片略长于下面窄的一片，穿马甲时，领带尖不要露出马甲的下边。所以，每个人所需领带的长度是由自己的身高决定的，领带的宽度应该与西装翻领的宽度相适应，过细的领带显得不大方。

选择领带还要注意领带的花色与服装、衬衫的搭配。领带的花色很多，单色的领带可以搭配多种色彩、款式的西装、衬衫，应尽量避免花领带与花衬衫搭配在一起。

曾当选“世界最时尚男性”的美国前总统奥巴马对领带的选择颇有讲究。2008年以“黑马”身份竞选总统，他在亮相脱口秀节目“晚间秀”时，身穿简练黑色的单排扣西服，配标准的白色衬衫，再衬以一条2.5英寸宽的浅蓝领带。奥斯卡影后哈莉·贝瑞说：“我会投他一票，也会投他的衣服一票。”2009年1月成功问鼎白宫，奥巴马在总统就职典礼上系的是一条红色领带，配一身黑色西装。在经济不景气的彼时，美国民众心目中正希望有一个强有力的领导者横空出世，奥巴马的红色领带不仅迎合了当天的氛围，也呼应了民众的心声，传达了强有力的领导者形象。而在2012年10月的美国总统大选第三场辩论中，奥巴马佩戴的是代表民主党的纯蓝色领带，看起来格外清爽；对手罗姆尼则系着一条红灰相间的领带，代表共和党的红色。两人仅从衣着上看就“泾渭分明”。

4）西装的长裤

西装长裤的立裆长度以裤带的鼻子正好通过胯骨的上端为好，裤长以裤脚接触脚背，一般达到皮鞋后帮的一半为佳。裤线要清晰、笔直。裤扣要扣好，拉锁要拉严。

5）配套的鞋袜

“西装革履”意味着穿西装一定要配皮鞋，千万不要穿凉鞋、布鞋、旅游鞋等，而且皮鞋要擦亮。黑色皮鞋可配各种颜色的西服，其他色彩的皮鞋要与西服的颜色相同或接近才能相配。

配袜子也应讲究，不可忽略。袜子的色彩应与皮鞋的颜色相同或接近，不宜用白袜子配黑皮鞋，男士切忌穿女士常用的肉色丝袜。

3.2.5 女子服饰

作为一名职业女性，主要衣着准则是简洁大方、自然得体，不必过分讲究，但要注意适应一定的场景氛围。女性有多种可供自由选择的服装，如裤子、裙子、衬衫，西装、夹克等。

1）服饰种类

裤子：长裤几乎适用于一切场合，尤其是旅行和郊游。

裙子：长度至少应齐膝。较正规的工作场合可考虑穿西服套裙，一般的长裙适合于一切场合。参加宴会或重要晚会，裙子可选择比较华丽的、质地好些的，并注意裙子的厚薄、色彩、式样与上衣的搭配是否恰当；无袖或背带式连衣裙只适用于度假或在家中穿着。穿裙子时一定要穿长丝袜，袜口切忌露在裙摆之下。

帽子：参加婚礼、游园、宴会等活动，戴一顶合适的帽子会令人增添不少风采，但要注意一般不宜戴那种帽檐过于宽大的，否则会遮挡别人的视线。

手套：手套曾一度盛行，成为一种装饰或地位的象征，而不是保暖作用。这里有一定的规则：非常长或非常短的手套要配短袖或无袖的衣裳，若袖子与手套相接，手套应该是被袖子盖在下面。舞会上专用的手套在吃东西时应摘掉。

首饰：尽量避免那种价格低廉、制作粗糙的首饰，否则宁可不戴。钻石首饰是晚上活动佩戴的首饰，在西方，女性白天一般不佩戴；着丧服时不佩戴任何首饰。

鞋子：正式或比较庄重的场合不能穿凉鞋，这会被视作与光着脚无异。

2）女子服饰的配件

丝巾：根据不同的需要，结成不同的花式。

腰带：至少要有黑色的，另外再根据服装的颜色备用一两条其他色的，腰带式样要简洁一些，可以系在无领无扣（或一扣）的上衣上、连衣裙上或西服套裙的裙腰上。

坤包：坤包不仅有实用价值，里面放一些化妆品、钱、钥匙、手绢、笔等常用品（因女士的口袋少，且有些物品不宜放进口袋），而且，它往往成为女士服装的组成部分。坤包也要与服装协调，闪闪发亮的坤包不适合工作场合使用。

首饰：公关女性可以适当佩戴首饰，作为服饰整体的点缀，增加女性的魅力，包括耳环、项链、胸花等。职业女性用的耳环可用贴耳的，式样简单的，而不宜吊挂太多、太复杂的耳环；项链、胸针尽可能与服装协调。如要戴戒指，最好戴结婚戒指（戴在无名指上），表示你除家庭和工作外，别无所求。

长袜：职业女性最好穿连裤长袜，它比较适合各种款式的裙子，尤其是在穿一步裙、中间或两旁开衩的裙子时，以免穿半截袜露出大腿而不雅。即使穿中长或长筒袜，也要避免袜口露在裙外（要考虑活动时，如坐、骑车露出的可能性），还要防止袜子松松垮垮或滑下来；脱了线的弹力袜不宜继续使用。长袜要配备肉色和黑色两种。夏季除非穿黑色或深色衣裙，否则不宜用黑袜；春秋穿的黑裤袜，即使是羊毛的也应薄一些，多少带点皮肉透明感。冬天穿很厚的衣裙、大衣时，黑裤袜才可穿厚实一点，既保暖，又协调。

3）服饰选择要诀

（1）考虑自己的身材特点。身材矮胖的人，应避免选择颜色过于鲜艳、大花、大格子的衣服，而应穿着垂直线条式样、颜色素雅、合体的服装。身材高瘦的人，要避免穿垂直线条、过于透明的衣服。

（2）考虑自身的肤色。肤色白皙的人穿什么颜色都合适，如穿深色服，更显得肤色细白润洁；肤色黝黑的人则最好选颜色素雅、较明亮的颜色，可获得健美效果。

（3）衣着搭配要协调。一般来讲，上衣与下装的质地、款式应相配，不要上衣十分厚重而下装又极轻薄，也不要上为职业装而下着牛仔裤。

除此之外，还要讲究色彩的和谐统一。以下三种色彩搭配法，可供参考：①呼应法：上下同色或类似色，这是最平衡、和谐的搭配。②对比法：上下为对比色，如白与黑、红与黑等。这样的搭配能够产生鲜明的效果，但一定要注意分寸，否则可能会弄巧成拙。③点缀法：在主色调的基础上突出醒目的小块他色，起到点缀的作用。比如，深色的套装翻出白色或花色的领子，一下子就会使厚重的颜色生动起来。

（4）服装与鞋子的搭配。比如套装配高级皮鞋、运动装配旅游鞋等。

（5）女士应注意的事项。穿丝袜时注意袜子不要有脱丝、破洞，不要将袜口露在裙外。内衣如同隐私，不可外露。

此外，不要乱追时髦。女士穿踏脚健美裤，曾非常流行，殊不知这是从欧美女性内裤袜演变而来的，只能在家里或进行某种运动时穿，是不能登大雅之堂的。皮短裙也曾在时髦女郎中流行过，这更令人哭笑不得，因为皮短裙曾是西方一些地区风尘女郎标志性的打扮，良家姑娘岂能随意效仿？近年来，姑娘们时兴穿着露背低胸的吊带装，此类服装在休闲娱乐时可以穿，而在办公室、图书馆、教室却不太合适。

4）职业女性着装规则

（1）不规范着装。成功的职业女性应该懂得如何适宜地装扮自己，但在日常生活中，职业女性的着装常会出现以下问题：

①过分时髦型。现代女性热爱流行的时装是很正常的现象，即使你不去刻意追求流行，流行也会左右着你。但女性忌盲目地追求时髦，一个成功的职业女性对于流行的选择必须有正确的判断力，同时要切记：在办公室里，主要表现工作能力而非赶时髦的能力。

②过分暴露型。夏天的时候，许多职业女性便不够注重自己的身份，穿起颇为性感的服装，这样你的才能和智慧便会被埋没，甚至还会被看成轻浮。因此，再热的天气，也应注意自己的仪表的整洁、大方。

③过分正式型。这个现象也是常见的。其主要原因可以说是没有适合的服装，职业女性的着装应平淡朴素，但要体现一定的时尚与个性。

④过分潇洒型。最典型的例子就是一件随随便便的T恤或罩衫，配上一条泛白的“破”牛仔裤，丝毫不顾及办公室的着装原则，这样的穿着是非常不合适的。

⑤过分可爱型。在服装市场上有许多可爱俏丽的款式，但不适合工作中穿着，因为这样会给人以轻浮、不稳重的感觉。

（2）规范着装。不可否认，女性在商界的地位越来越高，其工作时的着装也更为重要。但职业女性的着装一直是被争论的问题，服装界人士提出了若干职业女性着装的原则。

• 套装确实是目前最适合女性的服装，但过分花哨、夸张的款式绝对要避免；极端保守的式样，则应掌握如何配饰、点缀，使其免于死板之感，若是将几组套装巧妙地搭配穿用，不仅是现代化的穿着趋势，也是符合经济原则的装扮。

• 质料的讲究已经是不争的事实。所谓质料是指服装采用的布料、裁制手工、外形轮廓等条件精良与否，职业女性在选择套装时一定不要忽视它。

• 过分性感或暴露的服装绝不能出现在办公室中，这会惹出麻烦，更会给人留下“花瓶”的印象，进而失去升职的可能。特别是看重自身的职业或事业心重的女性，尤要注意这一点。

• 现代职业女性生活形态非常活跃，需要经常花心思在服装的变化上，所以，懂得如何以巧妙的装饰来免除更衣的问题，是现代职业女性必须明了的，在出门前，最好先做好安排。

• 现在的穿着是讲求礼仪的，根据时间、场所来采用合适的装扮是非常重要的。职业女性还必须注意，除了穿着应该注意考究以外，从头至脚的整体装扮也应讲究，强调整体美是现代穿着中最流行的字眼。

• 职业女性穿着套装固然非常适宜，但凡是能够表现职业女性应有风范的服装都值得一试，在一定的规则之下，可尽情享受穿着的乐趣，而且这也是现代职业女性的权利。

小资料 3-3　毕马威员工着装规范

毕马威公司从2018年5月1日起改变了员工着装规范，放宽了员工着装要求。

在公司内部邮件中这样提到：每一位毕马威员工都是毕马威的形象大使，因此希望大家能够着装得体，为向我们寻求专业意见与服务的广大客户展现出令人信赖、专业博学的企业形象。正式商业场合的着装标准应为：西装、上装外套配长裤或半裙，或者穿着连衣裙，搭配得体配饰。

根据全球员工意见调查的反馈以及客户要求的变化，我们将从2018年5月1日起，实行更加灵活的着装规范。详情如下：

——在毕马威办公室内部，可以不配戴领带、不穿着上装外套。

——男性员工在客户公司工作或者与客户会面时，如客户没有相应的着装要求，可以不戴领带，但务必常备领带，以应不时之需。在夏季（5—9月期间），如符合客户要求，可以不穿上装外套。

——女性员工的着装要求虽更具灵活性，但仍需保持专业性。

我们每个人代表着毕马威，所以需要从各方面注重且保持专业性。希望大家多加注意，视情况做出专业判断，尊重客户要求，并时刻准备周全。常备领带以便应对突发状况。

以下是一些注意事项，为你提供明确的着装标准指导：

	男性员工	女性员工
应该	衬衫：白色、米色或浅色的颜色为佳，熨烫整齐 领带：纯色或简洁设计为佳；常备领带以备不时之需 鞋：确保光亮洁净 发型：整齐干净的短发	衬衫：熨烫整齐 裙装：以及膝长度为佳 鞋：确保光亮洁净 发型：长发应梳理整齐
不应该	衣着： · 避免过于暴露或艳丽的裙装设计 · 不应穿着短裤、牛仔裤、运动服、运动鞋或凉鞋以及特别时尚前卫的服饰 · 不应在工作场合穿着可能引起争议的服饰，避免衣物上带有任何可能具有冒犯性的文字、信息或图案 · 破洞、污浊或磨损的衣服亦属不当 发型：避免颜色艳丽的染发 香水：避免过于浓烈的香气 妆容：避免浓妆 配饰：避免尺寸过大或设计浮夸的珠宝配饰	

在毕马威，我们尊重宗教及文化习俗。如有任何疑问，请向本地人力资源部咨询。部门主管应确保其部门成员在工作场所着装合体。

请谨记，我们都代表着毕马威，让我们共同努力，保持积极向上、专业得体的形象。

资料来源 高顿注册会计师CPA. 毕马威发布最新员工着装规范：穿衣真的会影响收入！[EB/OL].［2019-06-21］. http：//dy.163.com/v2/article/detail/DH9R1JFR0516QH6R.html.

3.2.6 装饰品的佩戴

随着人们生活水平的提高，各类饰品越来越受到人们的青睐，优雅得体的着装，再搭配上适当的饰品，将佩戴者衬托得更加光彩照人。装饰品分服饰和首饰两类。属于服饰的是鞋、帽、围巾、手提包、胸饰等。首饰原指戴在头上的装饰品，现在泛指耳环、项链、戒指、手镯等。

1）饰品佩戴的原则与艺术

（1）点到为止，恰到好处。装饰物的佩戴不要太多，美加美不一定等于更美，浑身上下珠光宝气，挂满饰物，除了让别人感觉你的炫耀和庸俗外，没有丝毫美感。

（2）扬长避短，显优藏拙。装饰物是起点缀作用的，要通过佩戴装饰物突出自己的优点，掩盖缺点，如脖子短而粗的人，不宜戴紧贴着脖子的项链，最好戴细长的项链，这样从视觉上把脖子“拉长”了；个子矮的人，不宜戴长围巾，否则会显得更矮小；短而粗的手指不宜戴重而宽的戒指，戴一个窄戒指反而能使手指显得修长一些。

（3）突出个性，不盲目模仿。佩戴饰品要突出自己的个性，不要别人戴什么，你也跟着戴什么。别人戴的好看东西，不一定适合你。此外，还可以使首饰灵活多变，从而达到意想不到的效果，比如，胸饰有时可以作为头饰来佩戴，小挂件有时可以当耳环戴等。

（4）懂得寓意，避免尴尬。例如，戒指戴在不同手指上所蕴含的寓意是不同的，手镯和手链的戴法也有不同寓意。如果无意中戴错了，而又恰恰被他人按习俗理解，就有可能在交往中出现尴尬的场面，导致失礼和误会。

首饰的佩戴也是有规律可循的，应从整体和人们的视觉感观来考虑。

A.目字脸，可选偏圆、椭圆、倒三角形的耳环，使面部显得宽一点。目字脸忌戴悬垂式耳环，尤其是细条状耳坠。目字脸不宜戴V形垂吊式项链。

B.福字脸，可选椭圆形状耳环和偏V形、椭圆形状项链。当然，福字脸还可戴悬垂式耳环。

C.心形脸，可选择悬垂式三角形耳环，使面部两侧显得宽些，整体脸的上下部有平衡感。

D.田字脸，可选择椭圆、长条形耳环。项链选V形较好。

E.圆脸，宜戴悬垂式条状耳环，忌戴贴附式的正方形、圆形耳环。所戴项链应以V形垂吊式为好。

耳环和项链的颜色最好上下呼应，色彩一致。淡金色耳环宜搭配淡金色的项链。

2）项链的戴法

（1）身在机关工作或职位较高的职业女性应选择质地较轻、体积不大、较精美细致的金项链或银项链，给人以一种轻快明亮并上档次的感觉，以免有过分招摇的嫌疑。

（2）上班佩戴首饰时，不要把自己打扮成花枝招展的模样和使用太夸张的饰品，以免显得轻浮、累赘。

（3）如晚上去参加舞会或宴会，其装扮可采用光彩度较亮且柔和的饰品，并与服饰巧妙搭配，显现出自己稳重、端庄的气质。

（4）选择项链时，除注意项链质地是否与衣服的质地相配外，链长与衣服的领口和个人脸型也须考虑。

（5）尖下颌或瓜子脸的女性，可选择较细、较短、秀气的项链，戴太长的项链有失美感；尖下颌且瘦小的女性，不宜佩戴宽幅或线条粗犷的项链，否则易给人以一种不协调感。方脸或圆脸的人，体态大多丰腴，宜选细长些的项链，使其与脸型协调。

3）戒指的戴法

戒指不是随便戴的，它戴在不同手指上所代表的寓意有所不同，是一种无声的语言，是一种讯号或标志：①戴在食指上——想结婚，即表示求婚；②戴在中指上——已在恋爱中；③戴在无名指上——已订婚或结婚；④戴在小指上——表示独身；⑤大拇指一般不戴戒指。

这是一种风俗习惯，如不遵照也没有什么，只是容易发生误会。

戒指有宽有窄，镶的宝石也有大有小。年轻女性或少女戴的戒指，以整镶大块宝石为佳；中年女性可戴大块宝石或小碎宝石拼镶的戒指；不要一次戴两只戒指，短而粗的手指不宜戴重而宽的戒指。

结婚戒指不能用合金制造，必须用纯黄金、白金或银制成，表示爱情是纯洁的，双方的姓名要刻在戒指上，因为这是永久性的纪念物。

戒指是一种装饰品，对戒指的选择表达了人们不同的审美观。

4）耳环的戴法

耳环的形状各有不同，有的带坠子，有的不带坠子，选择耳环应考虑年龄及面部宽窄、大小。宽脸或胖脸女性，不宜佩戴有坠子的耳环或大耳环；戴眼镜的女性不宜佩戴耳环，耳环对中青年长脸女性较为合适，小型扁耳环则适合圆脸女性佩戴，年纪大的女性不要佩戴粗大或凸出的夹式耳环；花朵形的夹式耳环宜与花布连衣裙相配，以年轻女性佩戴较为合适。

5）手镯与手链的戴法

手镯一般戴在右手上。宝石镶的手镯应紧贴在手腕的上部，只有成对手镯才能同时戴在手腕上。如果是短、粗、胖的手型，不宜戴宽手镯，戴手镯时不应同时戴手表。此外，如果在左臂或左右两臂同时佩戴，表示已经结婚，如仅在右臂佩戴，则表示佩戴者是自由而不受约束的。

6）帽子的戴法

帽子必须与衣服、年龄、脸型、发型相配。长脸的人不要戴高顶帽或小帽，以戴宽边帽或帽檐儿向下耷拉的帽子为宜；宽脸的女性宜戴小檐帽，帽顶要高。尖下颌脸的人不要戴遮住额头的帽子，矮个子女性不要戴平顶宽檐帽，高个子女性不要戴高筒帽。

无论男士还是女士戴帽必须注意场合，以免引起误会。

7）服饰的“最后搭配”——香水

法国著名时装设计师香奈儿曾这样评价香水：“香水是服饰的最后搭配。”香水的全部意义是愉悦感觉，兴奋神经，诱发人们的最佳视觉及联想效果，它把服饰美烘托并升华到另一高度。许多人对香水的认识远不如对服饰的认识。香水可以说是一种文化，是完成优雅形象塑造过程中画龙点睛的一笔。服装设计大师纪梵希说过：“聪明的人会选择一种最配合她风格的香水。”

在国外，各类香水的使用是很讲究的，在中国虽然没有过多限制，但仍应切记一些基本原则：①味浓的香水，适合在冬天、晚上使用；②清淡的香水则适宜在夏天、白天使用；③香水要在清洁后使用，要尽可能与体味协调；④香水应在出门前半小时使用；⑤适宜涂在动脉跳动处，如耳后动脉处、胸前、大腿弯及手腕内侧腋下；⑥头发、鞋内侧忌用香水；⑦避免香水与宝石和浅色衣服接触。

3.3　仪态

仪态是指人在行为中身体呈现的各种形态，也就是指人的站、坐、走、蹲的规范。潇洒的风度、优雅的举止，常常被人们羡慕和称赞，能给人留下深刻的印象，人们往往会凭借一个人的仪态来判断其品格、学识、能力和其他方面的修养。

《弟子规》中写道：“步从容，立端正，揖深圆，拜恭敬；勿践阈，勿跛倚，勿箕踞，勿摇髀；缓揭帘，勿有声，宽转弯，勿触棱。”这些要求对于现代人来说，仍具有积极的意义，对人们讲究仪态端庄、行为优雅依然适用。有人认为只要自己身材好，就不必注意个人的仪态，这是一种错误的观点。身材再优美，如果姿势不好，不仅不雅观，反而有损个人形象。因为容貌秀美、身材婀娜只是仪态美的基础条件，有了这些条件并不等于就是仪态美，与容貌和身材的美相比，仪态美是一种深层次的美。

仪态在公关活动中有着特殊的作用。它是一种综合的美、完善的美，这种美应是身体各部分器官相互协调的整体表现，同时包括了一个人内在素质与仪表特点的和谐。容貌的美只属于那些幸运的人，而仪态美的人往往是一些出色的人，因而仪态美更富有永久的魅力。所以，我们应该做到“秀外慧中”“诚于中而形于外”，真正做到内在美与外在美的有机统一，形成完善的仪态美。如果是“金玉其外，败絮其中”，势必令人厌恶。

3.3.1　仪态的特征

1）仪态是一种“无声的语言”

在日常交往中，人们通过语言交流信息，但在说话的同时，面部表情、手势和动作也在传递信息；对方在接受信息时，不仅“听其言”，而且也在观其行。仪态语言是一种极其丰富、极其复杂的语言。据研究者估计，世界上至少有70多万种可以用来表达思想意义的姿势、动作，这个数字远远超过当今世界上最完整的一部词典所收集的词汇数量。信息的传递与反馈，从表面上看，主要是嘴、耳、眼的运用，事实上，表情、姿态等所起的作用却远远超过自然语言交流的本身。仪态是一种很广泛、很实用的语言，往往比有声语言更有魅力，可以收到“此处无声胜有声”的效果。

2）仪态具有真实性

仪态在表情达意方面也许不像语言那么明确、完整，但它在表露人的性格、气质、态度、心理活动等方面更真实可靠。一个人所说的话可能是真实的，也可能是虚假的，语言可以言不由衷，人的仪态却往往是真实的。也许你嘴上在说着欢迎客人到来的话语，你的表情、手势、动作却流露出了你的厌倦、无奈，这才是你真实的态度。在公关活动中，仪态还是一种无形的“名片”，或许你还没有递出名片，但人们可以通过你的一举一动、一笑一颦，判断出你的身份、地位、学识、能力，并因此而影响着对你的信任程度、交往深度等。只有那些受过良好教育并且在各方面都很出色的人，才可能举止得体，风度优雅。

3）仪态具有习惯性

仪态是人们在成长和交往的过程中逐步形成的，因而具有习惯性的特点。仪态的习惯性，首先是指人们对某一动作理解的习惯性。它一方面表现在某些动作表情达意的一致性，比如，人们总是用笑容来表现欢乐、友好、喜欢等感情；另一方面也表现在同一动作由于地域和文化环境的不同而有不同的含义，比如，点头在中国和西方国家是表示肯定，在印度、土耳其等国却是表示否定。仪态的习惯性，其次是指每个人的仪态都是在成长过程和生活环境中逐步形成的。这种习惯性并不都是先天的，它可以通过后天的生活和训练形成，习惯一旦形成就很难改变。人的仪容美会随着时间的流逝而失色，而仪态美却可以随着年龄的增长而演变为成熟的美、稳重的美、深刻的美。

3.3.2 站姿

最容易表现姿势特征的是人处于站立时的姿势。交往中的站姿，要求做到“站有站相”“站如松”，其意思是站得要像松树一样挺拔，同时需注意站姿的挺拔和优美，注意男女站姿的不同美感。女性应是亭亭玉立、文静优雅；男性则是刚劲挺拔、气宇轩昂。

1）标准的站姿

标准的站姿，从正面看：全身笔直，精神饱满，两眼正视（而不是斜视），两肩平齐，两臂自然下垂，两脚跟并拢，两脚尖张开60°，身体重心落于两腿正中。从侧面看：两眼平视，下颌微收，挺胸收腹，腰背挺直，手中指贴裤缝，整个身体庄重挺拔。

为了维护较长时间的站立或稍事休息，标准站姿的脚姿可调整变化：①两脚分开，两脚外沿宽度以不超过两肩的宽度为宜；②以一只脚为重心支撑站立，另一只脚稍息，然后轮换。

2）注意不良站姿

生活中每个人都有自己独特的站姿，如果不注意培养标准的站姿，久而久之就容易形成某种不标准姿态。例如：①上身：歪着脖子、斜着肩或一肩高一肩低，弓背、挺着腹、撅臀或身体倚靠其他物体等。②手脚：两腿弯曲、叉开很大以及双手叉腰、双臂抱在胸前、两手插入口袋等。③动作：喜欢摆弄打火机、香烟盒、衣带、发辫、咬指甲等。

上述种种欠标准的姿态都是不雅观和失礼的，影响人的举止风度，需要加以矫正。

3）交往时站姿的含义

胸挺背直，双目平视，表现出充分的自信，并给人以气宇轩昂、乐观开放的感觉；相反，弯腰曲背的人，精神上似处于劣势，表现出自我防卫、消沉、封闭的倾向。

双手叉腰，身姿挺拔，也是精神上处于优势的表现。他对面临的事物有着充分的心理准备，采取的是有信心迎接挑战的姿态。

两臂交叉，表明对他人的谈话采取的是审视或排斥的态度，女性还常以此作为习惯性的防范动作。

将双手插入口袋，具有不袒露心迹，甚至暗中思索的意味。若是同时出现弯腰曲背的姿势，则是心情沮丧或苦恼的表现。

踝关节交叉的站姿，表示态度上的保留或轻微拒绝。

两人并肩站立，说明双方关系是和平、友好的；三人并肩站立，则说明他们在受到同一种约束力的约束。

两人相对而立，如果距离很近，双方上身或头形成“A”字状，表明是不容第三者加入的亲密关系；如果距离平常，怒目而视，则互相威吓、口角甚至争吵往往是在这种情况下发生的。

两人呈八字形站立，表明允许第三人加入他们的势力范围，从而构成一个三人的封闭圈；三人呈“门”字形站立，表明可容纳第四人，以形成拒绝他人再进入的“栅栏”。

不同的姿态具有不同的含义，了解这些，有利于公关人员把握交往的态势，揣度他人的心理，掌握交际的主动权。

4）站姿的练习

站是坐与行的基础，也是人类的最基本的姿势，因而显得非常重要。站的练习掌握要领是平、直、高。

平：头平正、双肩一样高低、两眼平视，最好经常通过镜子来观察、纠正和掌握。

直：腰直、腿直；后脑勺、背、臀、脚后跟成一条直线。可以靠墙壁站立，后脑勺靠墙，下巴会自然微收；两腿尽可能绷直，往墙壁贴靠，脚后跟顶住墙，把手塞到腰、墙之间，如果刚好能塞进去就可以了，如果空间太大，可把手一直放在背后，弯下腿，慢慢蹲下去，蹲到一半时，多的空间就会消失，然后再站直，体会正确直立的感觉。

高：重心上拔，尽可能使人显高。练习方法是挺胸收腹，脖子上举，在墙上吊一个物体，每当你挺直上拔时，头顶刚好能触到它。

按照上述要领反复练习，日常生活中再加以注意，习惯一旦养成就一定会有一个良好的站立姿态。

观念应用3-3 不同的坐姿所反映的心理特征

观念应用3-3

分析提示

心理学家认为：

（1）坐时跷起一条腿的人显示出他相当自信，但个性懒散，不好幻想，任何私人问题或烦恼都不能使之困扰，信心形之于外；

（2）坐时双腿并拢，双脚平放地上的人则表现出坦率、开放和诚实的特征，具有洁癖和守时的习惯，喜欢有规律的生活，按照时间表行事会觉得比较自在；

（3）坐时双腿前伸，双脚在踝部交叉，则反映出坐者希望成为中心人物，比较保守，凡事喜欢求稳；

（4）坐时一脚盘在另一脚下则显示出个性独特，凡事漠不关心，无责任感，喜欢受人注目，有创新力，作风不拘于传统；

（5）坐时两膝并拢，两脚分开约大半尺，则说明坐者对周围事物非常敏感，观察细致，深谙人情世故，能体贴别人，也能原谅别人，多愁善感；

（6）坐时双腿在膝部交叉，一脚勾在另一脚后，则显示出坐者惹人喜爱，非常有人缘，个性好静，容易与别人相处，不善夸耀或虚饰。

心理学家还发现，坐下后摸嘴巴的人，往往情绪不安，猜疑心较重；摸膝者往往以为将有好事临身，自负之心颇高；摸下巴者，则是为某件事而烦恼；坐下来就不断抓头发的人，性子较急，喜欢速战速决，情意不一，容易见异思迁；坐下后喜欢由下而上摸额的人，能言善辩，说服力强。

3.3.3 坐姿

坐姿是人际交往中最重要的身体姿势，它反映的信息也非常丰富，端庄优美的坐姿，会给人以文雅、稳重、自然大方的美感。讲究"坐要有坐相"，坐姿文雅优美，并非一项简单的技能，对坐姿要做到"坐如钟"，即坐时要像钟那样端正、沉稳。正确的坐姿是仪态的主要内容之一，无论我们在工作、学习还是生活中都离不开。作为一种举止，坐姿同样有美与丑、优雅与粗俗之分。

1）坐姿的基本规范

（1）入座时走到座位前，转身后把右脚向后撤半步，轻轻坐下，然后把右脚与左脚并齐，坐在椅上，上身自然挺直，头正，表情自然亲切，目光柔和平视，嘴微闭，两肩平正放松，两臂自然弯曲放在膝上，也可以放在椅子或沙发扶手上，掌心向下，两腿自然弯曲，两脚平落地面，起立时右脚先向后收半步然后站起。

（2）一般来说，在正式社交场合，要求男性两腿之间可有一拳的距离，女性两腿并拢无空隙。两腿自然弯曲，两脚平落地面，不宜前伸。在日常交往场合，男性可以跷腿，但不可跷得过高或抖动，女性大腿并拢，小腿交叉，但不宜向前伸直。

（3）就座时，亦能体现出落座者有无修养。若是走向他人对面的座椅落座，可以用后退法接近属于自己的座椅，尽量不要背对自己将要与之交谈的人。为使坐姿更加优美，应当注意：入座要轻柔和缓，起立要端庄稳重，不可弄得座椅乱响，就座时不可以扭扭歪歪，两腿过于叉开，亦不可以高跷二郎腿，若跷腿，悬空的脚尖应向下，切忌脚尖朝天。坐下后不要随意挪动椅子，腿脚亦不要不停地抖动。女士着裙装入座时，应用手将裙装稍稍拢一下，不要坐下后再站起来整理衣服。

（4）正式场合与人会面交谈时，身子要适当前倾，10分钟左右不可松懈，不可以一开始就全身靠在椅背上，显得体态松弛。就座时，不可坐满椅子，但也不要为了表示过分谦虚，故意坐在边沿上，坐势的深浅应根据腿的长短和椅子的高矮来决定，一般不应坐满椅面的2/3以上。当然去拜访长辈、上司、贵宾时，自然不宜在落座后坐满座位，若是只坐座位的1/2，那么对对方的敬意无形中溢于言表，这是利用坐姿来表示对他人的敬意的重要做法。坐沙发时，因座位较低，亦要注意两只脚摆放的姿势，双脚侧放或稍加叠放较为合适，避免一直前伸，要控制住自己的身体；否则，身体下滑形成斜身埋在沙发里，显得懒散，更不宜把头仰到沙发背后去，把小腹挺起来，这种坐相显得很放肆，又极不雅观。坐在椅子上同左或右方客人谈话时不要只扭头，尽量要侧坐，上身与腿同时协调地转向客人一侧。

2）应避免的不良坐姿

不良的坐姿不仅不美，还会影响身体发育与形体的美。生活中我们经常可以看到窈窕淑女翩然而至，轻抹裙裾、款款入座的景象，让人看了是一种莫大的享受。也会经常看到不修边幅、邋里邋遢的人脚下踢得叮当响，像死猪一样轰然瘫坐在椅子里的现象，让人看了难免反胃。因此，要坚决避免以下几种不良坐姿：①就座时前倾后仰，或是歪歪扭扭，脊背弯曲，耸肩探头。②两腿过于叉开或长长地伸出去，萎靡不振地瘫坐椅子上。③坐下后随意挪动椅子，跷二郎腿并不时抖动。④为了表示谦虚，故意坐在椅子边上，身体萎缩前倾地与人交谈。⑤大腿并拢，小腿分开，或双手放在臀下，腿脚不停地抖动。⑥就座时，脚尖相对或跷起，双脚踝部交叉，半脱鞋，两脚在地上蹭来蹭去；不停地摆弄手中东西，如头发、饰品、手指、戒指等。⑦女士入座时，露出衬裙。⑧男士在礼仪场合使用“4”字形的叠腿方式或用手把叠起的腿扣住。

3）交往时的坐姿含义

（1）正襟危坐、上身紧张起来的姿势是严肃、认真的表现；

（2）深深坐入椅内、腰板挺直的人在心理上处于优势；

（3）抖动足或腿，是在传达内心的不安、急躁；

（4）张开两腿而坐的男性，充满自信，具有支配性格；

（5）一条腿自然地架在另一条腿上的女性，表示对自己的外貌有信心；

（6）频频变换架腿姿势，是情绪不稳定、焦虑的表现；

（7）把脚搁在桌子上，以此延伸自己的势力范围，表明此人有较强的支配欲和占有欲，在待人接物时会有傲慢无礼的表现；

（8）有教养的女性用脚踝交叉的动作代替架腿而坐，这种姿势不仅外观优美，而且传达的拒绝含义也比较委婉；

（9）始终浅坐在椅子上的人流露出心理上的劣势和缺乏精神上的安定感，表露为迎合对方或随时准备起身；

（10）在会场或公开场合坐着时手捂嘴、掩嘴、摸下巴，多属以“评判”的态度在听对方发言。

4）坐姿的训练

（1）背对训练镜，练习入座前的动作。入座前，走到座位前面再转身，转身后右脚向后退半步，然后轻稳地落座，动作要求轻盈舒缓，从容自如。

（2）面对训练镜，练习入座前的动作。以站在座位的左侧为例，先左腿向前迈出一步，右腿跟上并向右侧一步到座位前，左腿并右腿，接着右脚后退半步，轻稳落座；入座后右腿并左腿成端坐，双手虎口处交叉，右手在上，轻放在一侧的大腿上。

（3）练习入座后的端坐姿势。动作要求以正确坐姿规范为基础，配合面部表情，练习坐姿的直立感、稳定性等综合表现（男女士各按要求练习）。

（4）坐姿腿部的造型训练。在上身姿势正确的基础上，练习腿部的造型，男士练习两腿开合动作；女士练习平行步、丁字步、小叠步的动作。要求动作变换要轻、快、稳，给人以端庄大方、舒适自然感。

（5）离座动作训练。离座起立时，右腿先向后退半步，然后上身直立站起，收右腿，从左侧还原到入座前的位置。

3.3.4 走姿

对走姿的要求是“行如风”，即走起路来像风一样轻盈。当然，不同情况对行走的要求是不同的，一般来说，标准的行走姿势要以端正的站立姿势为基础。

1）正确的走姿规范

标准的走姿要以端正的站姿为基础。要求行走时上身挺直，双肩平稳，目光平视，下颌微收，面带微笑；手臂伸直放松，手指自然弯曲，摆动时，以肩关节为轴，上臂带动前臂，向前、后自然摆动，以前摆35°、后摆30°为宜，肘关节略弯曲，前臂不要向上甩动；上身稍向前倾，提髋屈大腿带动小腿向前迈。正常的行走，脚印应是正对前方，保持膝关节和脚尖正对前进的方向，然后脚尖略抬，脚跟先接触地面，依靠后腿将身体重心推送到前脚脚掌，使身体前移；行走线迹要成为“一条线”或“两条平行线”，步幅一般是前脚的脚跟与后脚尖相距为一个脚长（性别不同和身高不同会有一定差异）；步高（指行走时脚抬的高度）不宜过高，也不宜过低；行走速度，男士一般为每分钟110步左右，女士每分钟120步左右。

走路时姿势美不美，是由步距和步位决定的。步距是指行走时两腿之间的距离。步距一般标准是一脚踩出落地后，脚跟离未踩出一脚脚尖的距离恰好等于自己的脚长，身高超过1.75米的人的步距约是一脚半长。步位是指你的脚下落到地上时的位置。走路时最好的步位是：两只脚所踩的是一条直线，而不是两条平行线。

走路用腰力，要有韵律感。如果走路时腰部松懈，就会有吃重的感觉，不美观；如果拖着脚走路，更显得没朝气，很难看。优雅的步姿有几句口诀：“以胸领动肩轴摆，提髋提膝小步迈，跟落掌接趾推送，双眼平视背放松。”走路的美感产生于下肢的频繁运动与上身稳定之间所形成的对比和谐，以及身体的平衡对称，要做到出步和落地时脚尖都正对前方，抬头挺胸，迈步向前。

2）应避免的不良走姿

不良走姿包括：①肚子腆起，身体后仰；②脚尖出去方向不正，成明显的外八字脚或内八字脚；③两脚不落在一根线轴上，明显地叉开双脚走；④脚迈大跨步，身子上下摆动，像鸭子一样；⑤双手左右横着摆动，像小学生走“一二一”；⑥手臂、腿部僵直或身板僵硬；⑦只摆小臂；⑧脚步拖泥带水，蹭着地走；⑨耷拉眼皮或低着头走；⑩在正式场合，手插在口袋、双臂相抱、倒背双手；⑪不因场地而及时调整脚步的轻重缓急，把地板踩得“咚咚”作响。

3）走姿的含义

一个人沮丧时，往往两手插在口袋中，拖着脚步，很少抬头注意过往的人，熟人好友擦肩而过全然不知。

一个人心事重重的时候，走起路来常会摆出一副若有所思的姿态，低着头，双手反握在身后，步伐很慢。

走路时双手叉腰的人，精力充沛，就像积蓄了能突然爆发的精力，想以最快的速度，充当事业上的短跑运动员，达成自己的目标。

一个自满甚至傲慢的人，走路时可能下巴抬起，手臂夸张地摆动，步伐迟缓而执重，腿僵直，有意加深别人的印象。

4）女士的步态美

步态轻盈是女士行姿的基本要求，轻盈的步态，美在动中有静，静中有动，给人以婀娜多姿的美感。但步态轻盈的同时要注意稳健、自然、大方，要体现出力度与弹性，不可上下摇晃，浑身扭动。

女士在公共场所行走时要抬头、挺胸、收腹，上身保持正直；双臂自然下垂，协调地前后摆动于身体两侧；脚尖指向正前方，提髋、膝，迈小腿，脚跟落地，脚掌接着推送；步幅要均匀，频率要适中，落脚的声音不可太大。

另外，女士行走的步态应根据着装的特点有所区别：一般穿以直线条为主的服装显得比较庄重、大方、舒展、矫健；穿以曲线条为主的服装则显得比较妩媚、柔美、优雅、飘逸。因此，女士在穿短裙或旗袍（以曲线为主）时，要走成一条直线，走路的幅度不宜大，以免短裙或旗袍开衩过大，暴露太多，显得不雅。其动作要领：两脚跟前后要走在一条线上，脚尖略外开；两手臂在体侧自然摆动，幅度也不宜过大；髋部要随着脚步和身体重心的转移，稍左右摆动，使裙子或旗袍的下摆与脚的动作显示出优美的韵律感。当穿裤装（以直线为主）时，宜走成两条直线。其动作要领：应注意套装的挺拔，保持后背平正，两腿立直；走路的步幅可略大些，手臂放松伸直摆动；不要左右晃肩，扭动髋部。

5）走姿的训练

（1）行走稳定性练习。在保持正确的站立姿势基础上，两臂侧平举，两手各持一碗水，练习行走者的稳定性，并及时矫正不良的走姿。

（2）动作表情的协调练习。加强和巩固练习者上下肢动作的协调配合，同时结合面部表情进行练习。

（3）各种走姿练习。进行前行步、后退步、侧行步、前行左右转身步、后退左右转身步及后退向后转身步的动作练习。其动作规范要求如下：

• 前行步：向前走时，练习向来宾或同事问候时的仪态举止。动作要伴随着头和上身向左或右的转动，面带微笑，点头致意，并配以恰当的问候语。

• 后退步：与他人告别时，应该是先用后退步，再转身离去，一般以退二到三步为宜。退步时，脚轻擦地面，步幅小，协调地往后退；转身时，要身先转，头稍后一些转。

• 侧行步：一般用于引导来宾或在较窄的走廊与人相遇时。引导来宾时要尽量走在宾客的左侧前方，左髋部朝着前行的方向，上身稍向右转体，左肩稍前，右肩稍后，侧身向着来宾，保持往前两三步的距离。在较窄的路面与人相遇时，要将胸转向对方，以示礼貌。

• 前行左右转身步：在行进中，当要向左（右）转身时，要在右（左）脚迈步落地时，以右（左）脚掌心为轴心，向左（右）转体90°，同时迈左（右）脚。

• 后退左右转身步：当后退向左（右）转体走时，以左脚先退为例，要在退两步或四步时，赶在右（左）脚掌为轴心时，向左（右）方向转身90°，再迈出左（右）脚，继续往前方走出。

• 后退向后转身步：当后退向后转身时，以左脚先退为例，要在退一步或三步时，赶在左脚后退时，以左脚为轴，向右转体180°，同时右脚后撤移重心，再迈出左脚。

以上的走姿训练，不论朝哪个方向行走都应注意形体的变化，做到先转身，后转头，再配合上些“体态语”及礼貌用语，以达到整体动作的完美。

小资料3-4

不同走姿所反映的心理特征

3.3.5 蹲姿

在日常生活中，人们捡拾地上或低处的物品时，习惯姿势是弯腰、翘臀，这种姿势是不合适的，恰当地采用正确蹲姿，会给人留下美好的印象。

1）正确的蹲姿

当要下蹲取物时，上身尽量保持正直，两腿合力支撑身体，靠紧向下蹲。女士无论采用哪种蹲姿，都要将腿靠紧，臀部向下。举止应自然、得体、大方、不造作，才能体现出蹲姿的优美。蹲姿一般可分为交叉式和高低式两种。

（1）交叉式蹲姿。下蹲时，右（左）脚在前，左（右）脚在后，右（左）小腿垂直于地面，全脚着地，左（右）脚在后与右（左）腿交叉重叠，左（右）膝由后面伸向右（左）侧，左（右）脚跟抬起，脚掌着地，两腿前后靠紧，合力支撑身体。臀部向下，上身稍前倾。

（2）高低式蹲姿。下蹲时左（右）脚在前，右（左）脚稍后（不重叠），两腿靠紧向下蹲。左（右）脚全脚着地，小腿基本垂于地面，右（左）脚脚跟提起，脚掌着地。右（左）膝低于左（右）膝，右（左）膝内侧靠于左（右）小腿内侧，形成左（右）膝高右（左）膝低的姿态，臀部向下，基本上以膝低的腿支撑身体。

2）注意不良的蹲姿

下蹲时注意不要有弯腰、臀部向后撅起的动作；不要两腿叉开平衡下蹲；下蹲时不能露出内衣裤。当要拾起落在地上的东西或拿取低处物品的时候，应先走到要捡或拿的东西旁边，再使用正确的蹲姿，将东西拿起。

我们在日常生活中，经常处于各种活动的状态，除了站、坐、走、蹲姿之外，其他动作是否优美也是我们不可忽略的，应时刻加以注意。

思政园地

服饰文化绽放新光彩

服饰往往折射出一个时代的风尚，历史上大规模的服饰变化大多与文化思潮紧密相连。近年来，伴随文化自信日益增强，重视中华优秀传统文化的传承创新已形成广泛共识。正是在这样的时代背景下，国潮服饰应运而生。

国潮服饰以人们对中华美学的内在需求为出发点，以当代国际流行风尚为基础，用具有中国特色的文化元素构建视觉系统，回应并进一步影响着人们的审美。国潮服饰多以彰显民族文化、追求原创个性为设计理念，往往能够引起人们的情感共鸣。比如某品牌曾推出以乒乓球为设计要素的系列服装，在市场上很受欢迎。还有的国潮设计侧重焕新经典，比如将中国红和中山装相结合，对经典中山装式样进行时尚改良，也颇受人们喜爱。

今天，国潮服饰闪现在人民美好生活的各种场景中，礼服、休闲服、运动服、家居服等各类服饰中都能看到国潮系列的身影。以醒目汉字为主要设计元素的运动服、印有民族特色纹样的外套，以及结合珐琅、绒花等传统工艺制成的首饰等，受到众多时尚爱好者喜爱。在2022年北京冬奥会开幕式上，运动员入场环节中各代表团的引导员服饰也具有国潮特色：在寓意冬季的白蓝色调上，以连绵不断的传统回纹演绎雪花图案，以传统笔墨氤氲山水效果。引导员的虎头帽设计更是点睛之笔，蓝白相间的虎头造型出自河北民间剪纸，为整套服饰增添迎春之意。

国潮服饰潮起东方，是文化传承创新在服饰领域的生动体现，也是中国传统服饰和国际中式服饰的迭代升级。

国潮服饰萃取的文化要素贯穿古今，既有传统要素的转化，也有当代元素的融入。在"太空迎春"活动中，航天员服装上用中国红绘制的象征宇宙探索的图案，就是莫高窟中敦煌飞天飘带的再创作。舱内用鞋更是"别有洞天"：鞋底的镂空设计是对篆书"九天揽月"的转化，外圈环绕着满天星辰，展现出古典的浪漫情怀。

将传统文化与时代审美、民族特色与国际潮流有机结合，国潮设计对当代服饰文化的影响力与日俱增。期待国潮设计继续助推服饰文化传承创新，为中国服饰文化续写新的光彩篇章。

资料来源 卞向阳. 服饰文化绽放新光彩［N］. 人民日报，2022-05-10. 节选。

主要概念和观念

本章小结

○ 主要概念

仪容　仪表　仪态

○ 主要观念

TPO服饰原则　不同姿势所体现的心理特征

基本训练

○ 知识题

▲ 简答题

1）选择发型应注意哪几个方面的协调？

2）所谓标准站姿和不良站姿分别指哪些站立习惯？

▲ 选择题

1）美容化妆的基本原则是（　　）。

A.美化原则　　B.时尚原则　　C.自然原则　　D.协调原则

2）（　　）是东方女性的标准脸型，有人也称其为美人脸。

A.四方脸　　B.瓜子脸　　C.圆脸　　D.梨形脸

3）按照体型指数（BMI）标准分类，指数为32的属于（　　）。

A.正常　　B.Ⅰ度肥胖　　C.Ⅱ度肥胖　　D.Ⅲ度肥胖

4）所谓TPO服饰三原则，其三个要素分别是（　　）。

A.时间　　B.目的　　C.场合　　D.视觉

▲ 阅读理解

2007年1月20日晚7点30分，央视经济频道现场直播2006 CCTV中国经济年度人物评选活动。当作为颁奖嘉宾的国家统计局党组书记、局长谢伏瞻把奖杯发给某电器集团董事长后，便主动与他握手表示祝贺。这让刚才把奖杯握在右手，此时未能做好握手准备的董事长有些措手不及，情急中便侧过身子以左手与谢局长握起手来。稍微细心的观众都注意到了这个不符合礼节的尴尬动作。

无独有偶，被授予“年度创新奖”的北京某咨询科技有限公司总裁也犯了类似的错误。不同的是，这位总裁还未等颁奖者伸出手来，就主动翻过右手腕，握起对方的手来，同时，他的眼睛却是面向观众，根本没有注视颁奖者。不知道那位颁奖者是何心情。

请说明握手的礼节要求。

○ 技能题

▲ 单项操作训练

请你就美发师、美工师（平面广告创作）和个体业主三个职业，建议三个不同的头发装扮，并简述理由。

▲ 综合操作训练

好姐妹小宋被一家外贸公司录用，工种是前台迎宾接待，明天是头一天上班，请你为其提出装扮建议。

观念应用

○ 案例题

鹰派女强人奥尔布赖特

美国前国务卿奥尔布赖特因其所坚持的强硬外交政策，加之她那犀利的谈吐和极富个性的长相被人称为鹰派女强人。

在她担任美国驻联合国大使时，因波斯湾战争与伊拉克政府开始接触以后，就因为强硬的作风，被伊拉克人形容像一条蛇一样。一个月后，当她和伊拉克外长阿齐兹会面时，就是戴着一个蛇形的胸针。从此她的“胸针哲学”开始引人注意。当她和俄罗斯前总统叶利钦会面时，佩戴的是一个象征美国权势的老鹰别针；每次出使中东地区，通常会戴着象征和平的金色鸽子造型胸针，或是戴着不达目的绝不罢休的山羊造型胸针。在欢乐的场合，奥尔布赖特会戴个热气球造型胸针；有时候为了表达诚意，就别个小天使造型胸针。

结合以上材料分析，奥尔布赖特是如何展现她的“胸针哲学”的？

○ 实训题

找几位同学相互观察各种行姿与坐姿，评判其中的不足并加以改进。

○ 讨论题

应届大学毕业生王伟（化名）接到某大公司通知，说他初试已过关，要他三天后到公司总部参加由公司人事副总主持的复试。为此小王精心准备，特意理了发，还用了摩丝，并从朋友那儿借了全套名牌西装、皮鞋和一只名牌皮包。复试那天，他西装革履显得很神气，但在与那位副总谈话过程中，他发现对方一直在皱眉，于是心中有些忐忑不安……

复试后两天，接到对方通知，他没被录用。

试从着装礼仪方面分析王伟同学未被录用的原因。

第4章

口头语言礼仪

学习目标

通过本章学习，你应该达到以下目标：

素质目标：具有清晰的语言表达能力，在公关礼仪活动中，能够把握口头语言礼仪在人际交往中的重要地位和作用。

知识目标：了解口头语言礼仪的基本概念和作用、口头语言礼仪的基础知识与基本理论依据，认识选择正确的口头语言礼仪需注意的事项和内容。

技能目标：按照口头语言礼仪的基本要求，运用合理的口头语言礼仪方法加强人际交往，基本掌握口头语言礼仪在人际交往中的方法技巧。

能力目标：具有口头语言礼仪的基本知识和运用所学的口头语言礼仪原理、方法增强公关、与人沟通的能力。

引例

日本的"心病"

2017年3月30日下午，国防部举行例行记者会，国防部新闻局副局长、国防部新闻发言人吴谦大校回答记者提问。

记者：据日媒报道，日本防卫省23日称，中国海军2艘护卫舰和1艘补给舰当天从东海通过宫古海峡国际水道驶向太平洋。日本防卫省称正在分析中国方面的意图。请问对此作何评论？

吴谦：日方总是喜欢炒作中国军队正当合法的训练活动，依我看这主要是心态没有调整好，心病还没有治好。也许是因为以往中国军舰过宫古海峡过少了，那么今后我们多过几次，日方习惯了，也就好了。

语言是双方信息沟通的桥梁，是双方思想感情交流的渠道，语言交流在人际交往中占据着非常重要的位置。在我国古代（特别是春秋战国时期），谋士说客如云，他们凭三寸不烂之舌，四方游说，纵横捭阖，留下许多千古佳话，如苏秦挂六国相印。到了现代，毛泽东、周恩来、邓小平、乔冠华、朱镕基话语的魅力及影响，更是难以用笔墨形容。在交际活动中，语言作为一种最基本的媒介形式，在很大程度上关系到交际行为的成败，大到“一言兴邦，一言丧邦”，小到“好言一语三冬暖，恶语伤人六月寒”，都说明了语言的特定意义和作用。

在公关礼仪活动中，公关人员不一定要伶牙俐齿、妙语连珠，但必须具有良好的逻辑思维能力、清晰的语言表达能力，在克己敬人、“寸土必争”的前提下，在谈话中保持自己应有的风度，始终以礼待人。“有‘礼’走遍天下”，在谈话之中也是如此，这就要求每一名公关礼仪人员充分重视语言能力的训练，让公众在交谈中能感受到“如沐春风，如浴阳光”。

4.1　口头语言概述

4.1.1　口头语言的影响因素

不同国家、不同地区乃至不同层次的公众，对同一类事情会有不同的语言表达方式，这就是语言的影响因素在起作用。

1）文化

（1）传统文化。我国传统儒家文化讲求谦和、以礼为先，在语言表达上通常较西方国家更婉转、客气，问候语也更多，称谓更是五花八门，不像西方“先生、女士、小姐”那么简单。

此外，中国文化讲究“中庸之道”，以谦虚、贬抑自己为美德，否则会认为是“骄傲”；西方文化讲究“竞争”，过于谦虚是“缺乏雄心，能力不强”的体现，更重视自信，欣赏自我奋斗。中国人的谦虚表现在礼品馈赠上，一般送礼后表示“礼轻情意重”“礼物微薄，请勿见笑”，接受礼物一般不打开，并称“让您破费了”。而西方人则把礼物送上后喜欢说：“这是名牌，包装很精美。”接受礼物后则当面打开表示惊喜：“啊！太美了！我非常喜欢！”

（2）宗教。中西方不同的宗教文化背景造就了不同的礼仪语言。如中国人受佛教影响，在接受了别人的恩惠后常说对方“功德无量”“来生变犬马相报”；西方人受基督教影响，常说“愿上帝保佑您”“上帝赐福于您”“基督与您同在”等。

（3）社会习俗。我国数千年的封建社会等级礼仪也对语言产生了莫大影响，表现为典章制度、穿着行止、婚丧仪式等都有严格的等级规定。传统礼制中男尊女卑思想根深蒂固，歧视女性，把女性当成工具的现象比比皆是。而西方文化自从“文艺复兴”后，不论歧视女性现象是否从实质上得到解决，至少在礼节上女性是得到优待的，如集会场合的开场白总是先称呼“女士们”，然后才是“先生们”，出入房间、电梯、车门也总是女士优先，在公开场合恭维女士的相貌也成了当然礼节。

2）思维

有位西方知名学者这样说：“假如把人的智力平面展开，智者与蠢人的智力之间我们仅能见到极微小的差异，这差异在于前者懂得如何选择说话的材料，而后者只是把他的想法点滴不漏地转变为言语。”

语言反映人的思维，是表达思维的工具。因此，一个逻辑思维混乱或头脑简单的人不可能说出有逻辑性的、深邃的话语。要想语言有力度，首先思想要有深度。

我们可将思维大致划分为“点”型思维、“线”型思维、“面”型思维和“体”型思维。

（1）“点”型思维。典型的封闭式、狭隘的思维，只见树木，不见森林。这种人说话做事斤斤计较，不深入思考事物的本质、内涵，是一种极低层次的思维方式，公关人员千万要避免这种思维方式。

（2）“线”型思维。这种思维方式比“点”型思维进了一步，遇事考虑它的起因、经过、结果，说话也较为深入，但还是远远不够。

（3）“面”型思维。它又比“线”型思维更进一步，遇事不但考虑事情本身，还考虑类似的情况。

（4）“体”型思维。具备这种思维的人才是理想的公关人员，思维考虑全面、深刻、透彻，处理事情以及谈话得体、有分寸。这是最高层次的公关策划、管理人才。

从思维决定语言来看，思维的逻辑性决定语言的逻辑性；思维的深刻性决定语言的深刻性；思维的灵活性决定语言的随机应变性；思维的创新性决定语言的创造性。而思维能力低下的人，他的言辞不会很高明，表现为语言前后矛盾、漏洞百出；思维迟钝的人说话总要带许多口头语，如“这个”“那个”“啊”“反正”“这就是说”等。

比较而言，在语言的交流与理解上，西方人在“点”型思维、“线”型思维方面更突出，他们的表达更直接，对语言间的理解也更具单一性。例如中国人通过“嗯嗯”语气蕴含着许多不明确信息，而这会让西方人，特别是德国人很难理解。

思维因素也要求我们在表达前思维尽量缜密、具有逻辑性，即在讲话之前细致周密地思考，考虑讲话的内容、方式、先后次序，只有这样，表达时才不会词不达意、前后矛盾。

3）个性与性格

不同的个性与性格也决定了会有不同的语言表达方式，反过来说，语言反映了说话人的性格。例如，性格冲动的人，讲起话来容易冲动，而且拼命地讲个没完；性格瞻前顾后、优柔寡断的人，说话也犹豫不决、吞吞吐吐；性格外向且精力旺盛的人，说话速度也快并且变幻不定；具有权威性格的人，讲话时发音重、用力强，并且讲话比较硬；胆小心怯的人，讲话发音轻，多用礼貌的语言，谨小慎微，并常常不加分析和思考地盲从；不满现状的人，往往大谈当年；追求新鲜事物、爱好时髦的人常常爱用流行语；说话时爱用外来语的人，往往虚荣心强，喜欢装腔作势；惯讲方言的人，往往具有封闭性的性格；惯讲“黑话”的人，逆反性格较强；惯讲粗话的人，属于某些方面欲求不满足类型的人；开口闭口强调“我”的人，表面上看自信心强、自我表现欲旺盛，其实内心往往较懦弱；经常说“我们”的人，往往缺乏个性，属于团体中默默无闻的类型。

应强调的是，我们鼓励语言的个性化，即有自己独特的语言风格，可以显示与众不同，也能给公众留下更深的印象，像周恩来总理的“儒雅”、列宁同志的“热烈”、毛泽东主席的“抑扬顿挫”。但语言的个性化不能违背礼节规范的要求，更不能我行我素、不在乎受众的反应。

4）心理

语言也反映出说话人的心理。比如，对某人心怀不满或持有敌意时，许多人说话速度变迟缓并且欲言又止；内疚、想撒谎蒙混过关的人，说话速度会自然变快；对他人的信任感发生危机时，说话时多余的停顿和磕绊往往会增加；在焦虑不安、心神不定的情况下，使用无意义的言辞的次数，如结巴、重复、误话、语无伦次等也会大大增多；心中气愤时，往往会提高嗓门、加快速度，更清晰地发音吐字或直截了当用沉默表示；当对他人有意见时，也往往会提高声调，以此提高自己的气势和从心理上压制对方；彼此亲密的人之间用敬语，表明与对方的心理距离已拉大；彼此交往很久并且了解深刻的人之间用敬语，表明不是心理上怀有冲突与苦闷，便是心中怀有敌意；说话速度快的人大都能言善辩，但比较少心机，容易受人控制；喜欢插嘴的人，往往心理上不成熟，自我感觉良好，既无宽容心，也无雅量；说话喋喋不休的人，大都心灵空虚。

对公关人员来讲，应该培养自己良好的外向型性格：热情、真诚、平等、友好、尊重他人、耐心、随和、宽容等。随时调整自己的心理，杜绝沉郁、压抑、妒忌等心理状态，只有如此，你才能谈吐高雅、清新脱俗。

5）环境因素

语言环境是指表达人所处的不同时间、地点、场合及对象不同对其所要采取的表达方式的影响。

俗话说“到什么山上唱什么歌”，语言也讲求“有的放矢”，而不能“对牛弹琴”。具体语言环境主要有：

（1）时间，即时代性、时空性和时机性。

时代性：反映当代社会发展特征。如见面礼，以前是“吃饭了吗”，而今是“在哪里发财”。“最近好吗？”

时空性：结合当时所处的时空点。如留客：“春雨留客啊，你看老天都不让你走，留下吧。”

时机性：随机应变，即兴发挥，调动环境对语言的辅助影响力，增强语言效果或调节现场气氛。如宴会时突然停电了，此时主持人应掌控全局，适时应变：“嘉宾毕至，蓬荜生辉，今天我们准备一个烛光晚宴，让我们在烛光下交流朋友情谊。”

（2）地点、场合。地点因素指言语交际时的地理位置和周围特点。在公关人员自己家中谈话或在公司谈话和在谈判对手处谈话效果是完全不相同的，这就是地点因素的影响。

场合因素要求我们在进行言语交际时，不能说与周围氛围不相符的话。比如，同样是员工间的谈话，如有其他人在场一般就不能直接批评，所谓“表扬当众、批评私下”，就是这个道理。

（3）对象。与对方交谈时必须了解对方年龄、性别、职业、文化层次、家庭状况、修养、兴趣爱好、理想目标等，以确定交谈的切入点，从而使话题深入，取得理想效果，切不可无的放矢、闹出笑话不能收场。

4.1.2 口头语言的合理运用

1）礼貌谈吐

在社交场合，礼貌是处于第一位的，谈话时应以真诚热情、不卑不亢、宽容大度的态度平等待人。坦诚的态度能唤起相互间的信任感和亲切感，加深双方的了解与友谊，这是交谈成功与否的关键所在。那些装腔作势、虚情假意、官样文章、夸夸其谈者势必会导致双方间难以沟通，是不会成功的。

（1）态度诚恳。交谈首先要有一个正确的谈话态度，才可以交心、换心。正确的谈话态度是诚恳，做到文雅、真诚、坦率，讲实话，讲心里话，推心置腹，能使两情交融，互相信赖，使谈话亲切自然，精诚所至，金石为开。如果虚情假意，言不由衷，说话绕圈子，搞“外交辞令”，浮在表面，不以心换心，就会话不投机半句多，也产生不了实效。

（2）精神专注。交谈的时候，谈话的人要注意力集中，不能漫不经心；听话的人也要全神贯注，不要东张西望。

谈话的人注意力集中，说明他在思考、用心，不是糊弄应付他人、打发时间，而是认真对待谈话和尊重听话者；听话的人专心聆听，是对谈话者的尊重和对谈话有兴趣的表现。听话的时候，不要接二连三地打断谈话，应以耐心鼓励的目光让对方说完，为了表示自己在仔细而专注地聆听，可以发出“哦”“嗯”“是吗”“后来呢”“太好了”等言语作为回应。

微课 4-1

交谈的基本礼仪

（3）亲切动听。其一方面要借助礼貌用语以及感情表达，礼貌用语包括称呼、迎候、致歉、感谢、请求、谦让、问候、恭敬等方面的用语，要建立在尊重他人的基础上；在表达时，尽量有话好说，使话语听起来令人舒服和愉快，说话时应表现出说话人对他人的关心、同情、理解和体贴。另一方面要借助非语言的协助，如表情、动作、音量、音调等。表情要带笑意，它常常与礼貌亲切的语言配合，使人感到言而由衷，平易近人，表示亲切的动作有握手、拍肩、前移、注视等；说话时的音量、音调，也能使人品出不同的情感成分，一般来说，轻、低、细、柔、慢的音量、音调、音速，使人感到亲切动人，恋人通电话时的声音是典型的这一类型。当语句、情态、音调三者统一时，就能充分表现出谈吐中的亲切、生动和感人来。

（4）周到体贴。同时与几个人谈话，目光应照顾到在场的每一个人，不要把注意力只集中在你感兴趣的一两个人身上，冷落任何一个人都是失礼的。有欲与自己谈话者，应乐于与之交谈；有他人想参与你们一伙人的谈话，应该点头示意，表示欢迎，并在谈话的时候不停地朝向新来的人，以表示对其加入的认可。

谈话时，要注意对方的情绪，适可而止；把握交谈的时间，切忌话题一起，扯起来没完没了，耽误他人工作时间。

（5）有所忌讳。谈话时不要忘乎所以，信口开河，无所顾忌。谈话可以沟通和加深感情，使人愉快，也可以破坏相互间的感情，影响他人的情绪和态度，使人内心不快。

因此，谈话不能没有约束，不能没有禁区。

下面是开口六忌：

一忌语言粗俗、流气，如“老头”“瘸子”“瞎子”“胖猪”“他妈的”“老子”“爷们儿”“小妞”等，应该用文雅而庄重的语言。

二忌问人隐私，如年龄、收入、财产、婚姻、履历、衣饰价格等。对他人不愿意回答的其他私人生活方面的问题也不要追问。

三忌用词贬义、直义，如对胖人用“体态丰满”，对瘦人用“身材苗条”，对瘦小者用“小巧玲珑”，而不用“肥胖”“干瘦”“小不点儿”等带贬义或不中听的词；遇“死”改为“去世”更易被人接受。

四忌揭人短处，不要谈及别人的生理缺陷、过失、隐痛等，对于他人的不幸也不要事后又主动提起，以免又引起他人的伤感和现场气氛的低落。当着残疾人的面不要谈运动、健美；当着大龄未婚女子不要谈家庭幸福、孩子可爱；当着胖人不要笑其长得胖、长得壮等。他人的短处就是他人的敏感之处，小心不要“触雷”。

五忌背后议论人，如在背后对他人说三道四，散布东家长、西家短，议论指责自己的领导、上级，搬弄是非，无中生有，这样会影响团结，有损他人形象，也是失礼的。

六忌出言不逊，锋芒毕露，狂妄自大，炫耀自己，不把他人放在眼里，一一数落，抬高自己，贬低他人。

总之，礼貌的谈吐总是和良好的谈话效果联系在一起的。

小资料4-1

办公室语言技巧

提倡：也许我可以加班把事情做完……

避免：你要我做到几点钟？好烦呐！

提倡：我不确定这样是不是能够实行……

避免：这根本行不通。

提倡：或许你可以去询问一下别人的看法……

避免：你等着，看谁会帮你！

提倡：不好意思，我并没有参与这项计划……

避免：这件事跟我有什么关系？莫名其妙。

提倡：嗯，这很有意思……

避免：这是啥狗屁东西？

提倡：我会试着把这件事情插进工作进度中……

避免：你怎么不早一点儿交代？

提倡：他可能不太熟悉这件事情……

避免：他脑袋进水啦！

提倡：所以你不太满意这件事情？

避免：哇！你又想挑剔什么？

提倡：我手边的工作量可能有一点儿过重了……

避免：我就领这一点儿薪水，你想累死我啊？

提倡：你可能还不太了解……

避免：你脑袋里装了些什么？白痴！

提倡：是，我们是应该讨论一下……

避免：又要开什么白痴会议？纯粹浪费时间。

2）合理运用语言方式

语言方式包括语言的语音、语气、语速、节奏、语调几方面。

（1）语音。发音准确、咬字清楚、语音标准，这是语言能带给受众的第一美好印象。公关礼仪工作者应熟练运用标准的普通话，以便克服语言隔阂，促进社会交往。

这里不否认方言的优势。方言在该地域内具有相当大的认同性和感染力，有时也需要公关工作者能用方言与当地受众沟通，但这绝不是说可以不对普通话提出要求了。很难想象发音不准、方言味很浓的人能成为一名优秀的公关礼仪人员。

（2）语气。语气的强弱、清浊、长短、深浅、宽窄、粗细的变化都会产生不同的发声效果。气足则声硬，气沉则声缓，气满则声高，气提则声凝，气多则声敞，气短则声促，气少则声平，气粗则声重。不同的语气会产生不同的感情，如语气紧迫突兀，产生的感情是憎恶；语气沉重迟滞，产生的感情是悲伤；语气轻快跳荡，产生的感情是喜悦；语气微弱黏滞，产生的感情是恐惧；语气短促快速，产生的感情是急躁；语气平缓低沉，产生的感情是冷漠；语气粗重高厚，产生的感情是愤怒。

公关人员应恰当把握自己的语气，充分传递出要表达的感情，该强则强、该弱则弱、该粗则粗、该细则细，以起到良好的传播效果。

（3）语速。它是指说话者发音音节的长短，即单位时间内吐字的数量，它是对语言内容的一种强调与重申，也是语言的另一种表达方式。快速一般表示紧张、激动、愤怒、欢畅、兴奋的心情，或叙述急剧变化的事情，刻画人物的机警、活泼热情的性格，或斥责不满的人、事；中速一般用于表达平和的感情或叙述一般的事情；慢速一般表达沉重、哀悼、沮丧、悲痛的情感或叙述平静庄重的事情。

针对不同年龄、性别、职业、文化修养的人，针对不同场景，使用叙述、议论、说明等不同方式，应选择不同的语速，这是对公关人员的语言要求。

（4）节奏。它是指语言叙说过程中的停顿与延续。停顿在语言中除语法停顿、换气停顿及逻辑内容停顿之外，还有一个很重要方面即心理停顿。它没有固定模式，但往往在运用中有极强的艺术效果，如在演讲时，高潮阶段的停顿能“使空气几乎都凝固起来”。

心理停顿一般用于下列场合：列举事例之前、做出出人意料的回答之后、赞叹之余、话题转移或段落结束之际。

（5）语调。谈话时的语调是否具有吸引力直接影响谈话的效果，柔和、悦耳的语调会给谈话增添魅力。柔和、悦耳的语调应该是轻重适宜、高低有度、快慢有节。与人面对面的交谈，声音一般不宜太大，以对方能听清为准，音调也应尽量放低。轻柔的声音最受耳朵欢迎，因此，说话既轻又柔是态度友好的表示；重又粗、尖又细的声音则会让人觉得不够友好。在公共场所，说话声音过大或是突然发生一些粗鲁的、不协调的声音不仅让对方耳朵受罪，还会令人侧目。另外，说话的速度也应适中，过于慢条斯理的讲话往往让听者着急，甚至不耐烦，而没有停顿的像赛跑似的快嘴则让人听得吃力。

说话语调反映人的性格。语调富于变化，通常表示此人能动性强而且性格外向；说话语调平淡，通常表示此人性情懒散、冷淡；说话带鼻音，通常表示此人不活跃、冷漠；说话粗声大气，通常表示此人内心不够细腻，思想较为单纯，并且缺乏修养。

观念应用4-1

日本经营评论家创立了一种“实用会话法”，把说话能力分解为5个因素：①语气（S）；②用词（W）；③内容（I）；④情感（E）；⑤技巧（T）。只要根据5个因素作适当调整，就能获得良好的交谈效果。如对初次见面者，其表达式是：S>I>W>T>E，其含义：初次与对方交谈，重要是选择恰当的语气（S），其次是谈话的内容（I），之后依次是用语（W）、技巧（T）、情感（E），它的顺序可按其在交谈中所起的作用的大小来确定。

观念应用4-1

分析提示

资料来源　何伶俐.高级商务礼仪指南［M］. 北京：企业管理出版社，2012.

4.1.3　话题的选择

话题就是交谈时的主题，即双方谈话所围绕的某个中心点。交谈时，选择合适的话题是非常重要的。如果选择对方不熟悉或不感兴趣的话题，谈话很容易陷入僵局；如果选择了对方忌讳的话题，还可能使谈话不欢而散。

1）一般守则

话题应依据谈话人的相互熟悉程度以及对对方兴趣爱好、生活习惯的了解来确定。

（1）中性话题。一般来说，在陌生人或是不太熟悉的人之间宜选择比较简单的话题，如天气、当天的新闻、四周的环境等，因为这些话题比较安全，不容易引起误会和不快。有人可能会觉得这些话题是陈词滥调，其实，正是这些简单的话题可能引出非常有意义的，甚至是精彩的谈话。如天气的话题可能引出有关生态环境方面的话题；对一件摆设的称赞可能引出有关装饰品、工艺品、古董方面的话题；一条简单的新闻可能引出大家都非常关注的某个热门话题。在人际交往中，不能害怕说“废话”，因为我们需要从说一些无关紧要的“废话”开始与人交往。另外，由于中国人对个人隐私观念比较淡薄，因此，不太熟悉的人交谈时经常会以互相询问对方籍贯以及工作单位作为谈话的开始。

（2）自我介绍。当然，以自我介绍作为陌生人之间谈话的开始也是一种很好的方式。特别是正式的场合，在与陌生人谈话之前主动介绍自己是比较合适的做法，通过互相介绍往往会找到进一步交谈的话题。

2）话题开启方法

（1）提问。如果你碰巧坐在一位陌生人身边，你不妨先自我介绍，然后用提问的方式进行试探。比如说："我叫××，是史密斯夫妇的新邻居，您是他们的同事吗？"或是说："听说您和××先生是老同学？"无论问得对不对，总可引起对方的话题，问得对的，可依原意急转直下，猜得不对的，根据对方的解释又可顺水推舟，在对方的话题上谈下去。

另外，就有争议的问题展开话题，也不失为社交聚会上一种开口妙法。例如，在选举年份里，可直接问："你准备投谁的票？"或者"你认为副市长候选人如何？"等问题。在改革的岁月里，可以问："你认为目前的国企改革如何？"或者"你认为行政改革的方案怎样？"这些有争议的话题可以使你毫不费力地开始交谈。

（2）请教。向人请教是另一种十分奏效的开场白。比如说"我正打算买一台家用电脑，想听听你的建议"，或者："我正准备把手中的股票抛出，你认为合适吗？"其实，你可以向他或她请教任何问题，不论是政治、体育，还是影视、时尚，只要你想到的问题，均可以请教的方式表述，这种方式简便易行，立即见效。

（3）赞美。夸赞某一样东西常常是一种最稳当得体的开头语，如赞美主人家的花养得好之类。如果女主人已经向你谈过这位同席的伙伴，那你可以对他说："我听说你最近有部新作出版了，那一定写得非常精彩，我真想拜读一下。"

总而言之，如果一个话题继续不下去了，就换到另一个话题，你也可以接过话头，谈谈你最近读过的一篇有趣的文章，或看过的一部精彩电影，也可以描述一件你正在做的事情或者正在思考的问题。如果谈话出现短暂停顿，不要着急，不必无话找话谈，沉默片刻也无妨。

3）话题选择禁忌

话题选择禁忌包括：①他人无法参与的话题；②与疾病、死亡等不愉快事情相关的事；③容易引起争议的话题；④荒诞离奇、耸人听闻和色情淫秽的事；⑤涉及别人隐私的话题；⑥对方不愿意谈论的话题；⑦评价他人品行、作风的话题；⑧攻击人身的话题；⑨可能涉及观点、立场、民族心态的话题。

4）口头语言的基本要求

（1）有效性。显然，不能被接受的话等于白说，就是废话。因此，说话的有效程度是讲话者首先要考虑的问题。

• 练就好声音。如果你拥有好嗓音，能使交谈双方感到愉悦，就会给对方留下深刻的印象。嗓音之所谓"好"，一般指吐字清晰、悦耳动听；"坏"则指吐字模糊、尖锐刺耳、鼻音混浊，对方听不清，甚至让人反胃。

• 话语要有时代感。"陈腐的语言"是难以被人接受的，"老生常谈"是口头语言的忌讳，此外，空洞的说教也应加以避免。

• 说话要注意对象和时机。说话要考虑对方能否听得懂，是否感兴趣，接受程度怎样。对牛弹琴，大可不必；班门弄斧，贻笑大方；扬汤止沸，适得其反。在特殊的日子、特定的时刻，如生日、节日、纪念日、成功之时、获奖之日，一句由衷的祝贺、一段真诚的赞美，必有锦上添花之效果；在他人陷入困境之时、心情沮丧之日，一句贴心的问候、一番恳切的鼓励，更有雪中送炭之功效。

（2）正确性。说话的正确性是对人的起码尊重，也是口头语言最基本的要求。

• 实事求是。不能骗人，不能冤枉人，也不要夸大其词说空话、大话。

栽赃陷害、出口伤人、诽谤他人，是对人的极大伤害。皮肉之伤易愈合，被冤的心灵创伤难平复。因此，冤枉他人不仅是亏心的表现，也是礼仪的大忌。

说空话、大话者，可能会迷惑人一时，但绝不能骗人长久，“日久见人心”，所见的是浅薄之心。

• 注意区分场合。对领导、尊者的称呼，在正式场合和书面文件上要规范，一般用全称，如×××局长、×××副校长。但在一般场合和口头语上现代人往往用简称，且常常省略“副”字，如张局长、李校长，也算是一种敬称，未尝不可。

观念应用4-2

某单位总经理在欢迎新员工联谊会上念新来员工的名单，当念到“张晔（yè）”时，总经理读成“张华”。张晔马上站了起来，当场给予纠正：“经理，我的名字不叫张华，那个字读作‘晔’，我叫张晔。”全场愕然。就在此时，总经理秘书马上站起来打圆场，对总经理说：“经理，不是您读错了，是我在打字的时候把‘日’字旁丢掉了。”回头对那位新员工：“张晔同志，对不起，这事儿责任在我。”

观念应用4-2

分析提示

提问：张晔说错话了吗？

对令人敏感的姓氏谐音，如“郑某某”“傅某某”，就要特别注意不要引起误会和尴尬。即使在一般场合，也应该说出其“姓名+职位”的全称，而不宜说成“郑副校长”“傅正校长”，最好介绍说：“……校长傅某某教授（先生）”“……副校长郑某某副教授（先生）”。

• 注意区分客套语和反语。在日常生活及社交中，出于特定的需要和惯例，有时要说一些“言不由衷”的话，这不能视为虚伪和失礼。

在社交场合，尤其是在初次见面时，往往要说一些恭维式、自谦式的客套话，如“久仰大名”“幸会”“光临寒舍”之类的话，虽然有点言过其实，但令对方感到舒服，觉得受到尊重，这些约定俗成的社交客套话，是不失礼貌的表现。

在亲友间，尤其是情侣之间，常会说些带戏谑的话，诸如“真笨”“冤家”“好恨你”等，则不必当真，可把这些话理解为“可亲可爱的人”“亲爱的伴侣”“好爱你”。这种戏谑，与相敬如宾相辅相成，也是一种生活的情趣。

（3）情感性。人是富有感情的高级动物，礼遇可满足自尊的需要。因此，说话必须讲究情感性。

1984年9月，中英香港问题第22轮谈判在钓鱼台国宾馆开始了，中方代表周南和英方代表伊文思相遇并寒暄起来。周南说：“现在已经是秋天了，记得大使先生是春天来的，那么就经历了三个季节，春天、夏天、秋天——秋天是收获的季节啊！”周南在这般轻松的寒暄中，运用双关的手法巧妙地利用交际的时令特征及象征意义——成熟与收获，将我方诚恳的态度、殷切的期望、坚定的决心，含蓄委婉地暗示出来。

• 态度诚恳。与人交谈时，神情应专注，态度应诚恳亲切。表示祝贺时，表情应热情，如果仅是言语动听，表情冷漠，就会被认为是敷衍，甚至讽刺。交谈时神态应专注，如果东张西望、漫不经心、答非所问、态度不诚恳，就是失礼。

• 善于聆听。本杰明·富兰克林说过：“与人交谈取得成功的秘诀就是多听，永远也不要不懂装懂。”这告诉我们，对话需双方互相配合，才能愉快。不能只顾自己大讲特讲，不给对方说话的机会。

小资料 4-2

普通话发音练习之绕口令

当对方说话时，我们应认真听，并适时使用一些体态语，如点头、恍然大悟状等，这样可使对方觉得自己受到重视，千万不要表现出不感兴趣或随便打断对方的话语。

• 细微有别。人类的话语是丰富多彩的。一字之差，所表达的情感就可能大不相同。如：坐、上坐、请坐、请上坐；喝茶、请喝茶、请用茶，就令人明显感受到所获礼遇等级的差别。

4.2 口头语言礼仪

4.2.1 称呼礼仪

称呼_即称谓，指的是人们在交往应酬时，用以表示彼此关系的名称用语。_不论是在口头语言中，还是在书面语言中，称呼对于交往而言都十分重要，称呼的运用与对待交往对象的态度直接相关，是给对方的第一印象，因此，称呼时不可马虎大意。在交往中，我们既要注意学习、掌握称呼的基本规律和通行的做法，又要特别注意各国之间的差别，认真区别对待。

首先我们要了解姓名在世界各国的不同含义。一般讲姓名按构成和排列顺序大致可分为三类：

第一类：前姓后名，主要有亚洲一些国家，如中国、日本、韩国等，欧洲的匈牙利也同样。但日本的女性婚前使用父姓，婚后使用夫姓，本人名字则不变。

第二类：前名后姓，主要是英国、美国等国家。法国人的姓名一般由两节或三节组成，前一、二节为个人名字，最后一节为姓；西班牙人的姓名常由三到四节组成，前一、二节为本人名字，倒数第二节为父姓，最后一节为母姓；俄罗斯人的姓名由三节组成，分别为名字、父名和姓；阿拉伯人的姓名由四节组成，分别为本人名字、父名、祖父名和姓。另外，泰国等国家的姓名也是名字在前、姓氏在后的排列顺序。

第三类：有名无姓，姓名结构只有名而无姓的人以缅甸、印度尼西亚等国家为多。常见缅甸人名字前的“吴”不是姓，而是一种尊称，是“先生”的意思；缅甸人名字前常冠以表示性别、长幼、地位的字和词，如“杜”意为女士，“玛”意为姐妹，“郭”意为平辈，“哥”意为兄弟，“波”意为军官，“塞耶”意为老师。一个缅甸男子名“刚”，同辈称他为“哥刚”，如果他有一定社会地位，则被称为“吴刚”，如果是军官，则被称为“波刚”。

1）主要称呼方式

（1）泛尊称。这种称呼几乎适合于所有社交场合，对男子一般称“先生”，对女子称“夫人”“小姐”“女士”。应该注意的是，在称呼女子时，要根据其婚姻状况，已婚的女子称“夫人”，未婚的女子称“小姐”，对不知婚否和难以判断的，可以称为“女士”。在一些国家，“阁下”一词也可以作为泛尊称使用。

泛尊称可以同姓名、姓氏和行业性称呼分别组合在一起，并在正式场合使用，如“克林顿先生”“玛格丽特·撒切尔夫人”“上校先生”“秘书小姐”等。

（2）职务称。在公务活动中，可以对方的职务相称，如“部长”“经理”“处长”“校长”等。

职务性称呼还可以同泛尊称、姓名、姓氏分别组合在一起使用，如“王经理”“李校长”“部长先生”等。

对职务高的官方人士，如部长以上的高级官员，不少国家称“阁下”，如“总统阁下”“大使先生阁下”，对有高级官衔的女性，也可称“阁下”。但在美国和德国等国家没有称“阁下”的习惯，对这些国家的相应人员，应该称“先生”。

（3）职衔称。交往对象拥有社会上受尊重的学位、学术性职称、专业技术职称、军衔和爵位的，可以“博士”“教授”“律师”“法官”“将军”“公爵”等称呼相称。

这些职衔性称呼还可以同姓名、姓氏和泛尊称分别组合在一起使用，如“乔治·马歇尔教授”“卡特博士”“法官先生”等。

（4）职业称。对不同行业的人士，可以被称呼者的职业作为称呼，如“老师”“教练”“警官”“医生”等。对商界和服务业从业人员，一般约定俗成地按性别不同分别称为“小姐”“先生”等。

在这些职业称呼前后，还可以同姓名、姓氏分别组合在一起使用。

（5）姓名称。在一般性场合，彼此比较熟悉的人之间，可以直接称呼他人的姓名或姓氏，如“乔治·史密斯”“张志刚”等。

中国人为表示亲切，还习惯在被称呼者的姓前面加上“老”、“大”或“小”等字，而免称其名，如“老王”“小张”。更加亲密者，往往不称其姓，而直呼其名，如“志刚”“卫东”等。

（6）特殊性的称呼。对于君主制国家的王室成员和神职人员应该用专门的称呼。例如，在君主国家，应称国王或王后为“陛下”；称王子、公主、亲王等为“殿下”；有爵位的应称爵位或“阁下”。对神职人员应根据其身份称为“教皇”“主教”“神父”“牧师”“阿訇”等。

除以上常用的称呼外，在交往中还有以“你”“您”相称的“代词称”和亲属之间的“亲属称”。社会主义国家和兄弟党之间，人们还以“同志”相称。

2）称呼禁忌

交往中如称呼不当就会失敬于人，失礼于人，有时还会导致严重后果，所以一定要注意称呼的禁忌。

小资料4-3
中国古代年龄称谓

（1）错误的称呼。称呼对方时，记不起对方的姓名或张冠李戴，叫错对方的姓名，都是极不礼貌的行为，是社交中的大忌。尤其是外国人的姓名，在发音和排列顺序上同中国人的姓名有很大差别，如果没有听清楚或没有把握，宁可多问对方几次，也不要贸然叫错。对被称呼者的年龄、辈分、婚否以及同其他人的关系做出错误判断，也会出现错误的称呼，如将未婚女性称为“夫人”等。

（2）易产生误会的称呼。不论是自称还是称呼他人，要注意不要使用让对方产生误会的称呼。如“爱人”，中国人爱把自己的配偶称为“爱人”，而外国人则将“爱人”理解为“婚外恋”的“第三者”；还有“同志”“老人家”等易让外国人产生误会的称呼，不要使用。另外，也不要使用过时的称呼或者不通用的称呼，让对方不知如何理解。

（3）带有歧视、侮辱性的称呼。在正式场合，不要使用低级、庸俗的称呼或用绰号作称呼，如“哥们儿”“姐们儿”“死党”等。不论在任何情况下，绝不能使用歧视性、侮辱性的称呼，如“老毛子”“洋妞”“死老头”等。

3）称呼的原则

（1）称呼要看对象。对不同性别的人应使用不同的称呼。对姑娘可以称“小姐”“小姑娘”，对男士可称呼“先生”“师傅”等。对不同亲密关系的人使用不同的称呼。如对亲密度很高的人可以称呼小名、绰号等，对亲密度低的人则不行。

称呼不同国籍的人要符合该国的礼仪习惯。

（2）称呼要看场合。一般场合，人们使用的都是与其环境相对应的正式称谓。例如一位姓陈的先生，在下级向他汇报工作时称“陈书记”（他的官衔），朋友和他交往时称“老陈”“陈大哥”，年轻的工人在车间里称呼他“陈师傅”，妻子在家里称呼他“当家的”，别人对他不满时会称他“姓陈的”。

（3）要与称呼人身份、地位相称。例如，一个农民对一位风度翩翩的男士不会称呼“先生”，而只照自己习惯的亲热称呼“大哥”之类。而知识分子和大多数城市人由于社交活动范围广，称呼就会考虑对方的地位、国籍等，并充分考虑称呼人的场合。

4.2.2 介绍礼仪

人们在交往中少不了介绍环节，要么是你为别人介绍，要么是别人为你介绍，要么是自己介绍自己。然而正确的介绍并不是一件容易的事，因为介绍可以说是最为复杂的礼节。在介绍时，你需要知道应如何恰当地称呼；你需要了解被介绍双方的身份和地位，以免把介绍的顺序搞错；你需要知道正确的握手方法，因为被介绍认识后总是互相握手致意。

1）自我介绍

一般来说，相互间的介绍应该是通过年长者、男主人或女主人来进行，自我介绍被认为是一种不礼貌的做法（特别是在欧洲、拉丁美洲）；然而，在大型招待会、宴会上，在未被介绍或没有人为之作介绍时，应主动作自我介绍。自我介绍往往能体现出一个人的胆量和气魄，也容易在社交中处于主动地位。自我介绍时要做到表达清晰、风趣、真实、流畅，尽量包含足够有关自己的信息以及与接下去的谈话相关的内容。

（1）自我介绍的一般适用场合。其包括：①应聘求职时或应试求学时；②在社交场合，与不相识者相处时或打算介入陌生人组成的交际圈时；③在社交场合，有不相识者表现出对自己感兴趣时或要求自己作自我介绍时；④交往对象因为健忘而记不清自己，或担心这种情况可能出现时；⑤有求于人，而对方对自己不甚了解，或一无所知时；⑥拜访熟人遇到不相识者挡驾，或是对方不在，需要请不相识者代为转告时；⑦前往陌生单位，进行业务联系时；⑧在出差、旅行途中，与他人不期而遇，并且有必要与之建立临时关系时；⑨因业务需要，在公共场合进行业务推广时；⑩初次利用大众传媒向社会公众进行自我推荐、自我宣传时。

（2）自我介绍的实用技巧。其包括：①从介绍自己姓名的含义切入，可以适当展开，提倡有幽默感。②从自己所属生肖切入。各类生肖动物都有很丰富的寓意，适当发挥能带来较好的现场效果。③从自己的职业特征切入。④从对事业的态度切入。⑤从正在谈论的热点话题切入。

当然上述技巧更适用于正式社交场合下的自我介绍。

（3）他人自我介绍时，应注意的问题。

- 当你想了解对方，可引发对方作自我介绍时应避免直话相问，缺乏礼貌，如“你叫什么名字”，而应该尽量客气一点，用词更敬重些，如“请问尊姓大名”“您贵姓”“不知怎样称呼您”“您是……”等。
- 不要涉及对方的敏感区，如问“你多大了”“结婚了吗”“您有几个孩子”等。
- 他人作自我介绍时要仔细聆听，记住对方的姓名、职业等。如果没听清楚，不妨在个别问题上重复一遍，这比他人作过自我介绍而你还是不明情况要好。
- 当一个人作了自我介绍后，另一方也相应地作自我介绍，这才是礼貌的。

自我介绍还要注意以下几点：实事求是，不可不停地自我表白甚至吹嘘，否则易引起对方的反感或不信任感，不利于进一步交往和联系；介绍时举止庄重、大方，讲到自己时可将右手放在自己的左胸上，不要慌慌张张，毛手毛脚，不要用手指点着自己；介绍时表情坦然亲切，眼睛应看着对方或是大家，不要显得不知所措、面红耳赤，更不能一副随随便便、满不在乎的样子。

2）为他人介绍

在交际或工作场合，如果你所认识的人，他们相互之间不认识，你就有义务为他们作介绍。为他人介绍通常有三种情况：为两人作介绍；向一人介绍多人；向多人介绍一人。其中最为常见的形式是为两人作介绍。当你为他人作介绍时，要注意介绍的顺序、方法和时机。

（1）一般适用场合。其包括：①与家人外出，路遇家人不相识的同事或朋友。②本人的接待对象遇见了其不相识的人士，而对方又跟自己打了招呼。③在家中或办公地点，接待彼此不相识的客人或来访者。④打算推介某人加入某一方面的交际圈。⑤受到为他人介绍的邀请。⑥陪同上司、长者、来宾时，遇见其不相识者，对方又跟自己打了招呼。⑦陪同亲友前去拜访亲友不相识者。

（2）介绍的顺序。这其实就是把谁介绍给谁的问题，也就是在介绍时到底应该把甲介绍给乙，还是应把乙介绍给甲。介绍的顺序是为了体现对长者、女士、身份高的人的尊重。一般的顺序是向长者、女士、身份高的人介绍对方，因为总是应该由年轻者、男士和身份低者主动去认识对方。

• 一般社交场合。在一般的社交场合，通常应遵循两个优先，即长者优先和女士优先。我国传统以老者为尊，因此，年纪大的人在介绍的顺序中一般应处于优先的位置，也就是应把年轻者介绍给年长者。而西方文化强调的是女士优先，女士在各种场合均应受到特别的尊重和照顾，因而在介绍时通常要把男士介绍给女士（但16岁以下的女子没有这个优先权）。

一般场合的这两个优先就是中西文化互相融合的结果。在实际操作中，首先是长者优先，然后女士优先，具体可以作如下理解：

当被介绍的两人，其中有一人的年纪明显大于另一人时，就应把年纪轻的介绍给年纪大的。

当被介绍的两人年纪相差不大时，就应把男士介绍给女士。

当被介绍的两人年龄相仿，而且都是女性时，就应把未婚女性介绍给已婚女性。如果都是男性，则可以随便。

• 工作场合。在工作场合则以职位高者优先，也就是应将职位低的介绍给职位高的。

这里需特别注意的是，在工作场合，长者与女士一般不具有优先权，只有当两人的职位相当时，才可遵从长者优先或女士优先原则。例如，你是总经理秘书，有位小姐自称是某公司的销售部经理，要面见总经理，当你带这位女士去面见总经理时，你应把这位来访的女士介绍给总经理，而不能把你的总经理介绍给这位女士。

• 其他场合。如果被介绍的两个有先到后到之分，那么遵循“先者为大”的原则，即先到者具有优先权，介绍时应把晚到者介绍给早到者。

如果被介绍的一方是你的家人，那么通常应把你的家人介绍给别人，也就是说亲人在介绍中通常不具有优先权，以此向他人表示尊重。

如果与西方人交往，先把男士介绍给女士总是不会错的。

当我们同时介绍一串姓名时，通常要先报出年龄大、身份高的人。

概括起来，在为他人介绍时主要应遵循以下5个顺序：将男士介绍给女士、将年轻者介绍给年长者、将职位低的介绍给职位高的、将晚到者介绍给先到者、将家人介绍给别人。

（3）介绍他人应注意事项。介绍要做到恰到好处，除了掌握做法、顺序外，还应注意以下事项：为他人作介绍要掌握分寸，实事求是，不要把副职说成正职，免得使人难堪，也不可涉及私人生活，如地址、婚姻、身体状况、年龄等；介绍要口齿清楚、咬准字音，不要把姓刘说成姓牛，不便双方记忆；以手示意时把手掌伸开去，表情大方、自然，不可以用手指指点点；介绍时除了女士和长者外，一般都应该站起来，但在会谈进行中，或在宴会等场合，就不必起身，只略微欠身、致意就可以了。

具体应注意事项还包括：

• 介绍者为被介绍者介绍之前，一定要征求一下被介绍双方的意见，切勿上去开口即讲，那样显得很唐突，让被介绍者感到措手不及。

• 被介绍者在介绍者询问自己是否有意认识某人时，一般不应拒绝，而应欣然应允；实在不愿意时，则应说明理由。

• 在宴会桌、会议桌、谈判桌上，视情况介绍人和被介绍人可不必起立，被介绍双方可点头微笑致意；如果被介绍双方相隔较远，中间又有障碍物，可举起右手致意，或点头微笑致意。

• 介绍完毕后，被介绍者双方应依照合乎礼仪的顺序握手，并且彼此问候对方。问候语有“你好”“很高兴认识你”“久仰大名”“幸会幸会”，必要时还可以进一步作自我介绍。

3）介绍的禁忌

在介绍时，应尽量避免不得体的做法。主人应把主宾介绍给所有其他的宾客，否则是失礼的表现；把应该介绍的宾客遗漏，也是失礼的行为；介绍外国客人时，应避免在引见时只介绍教名而不介绍姓，这种介绍不仅会引起混淆，甚至带有一点污辱性，好像对被介绍人的姓氏不屑一问。介绍时切忌用命令的口吻进行介绍，比如：“史密斯先生见见我的同事马克先生。”“詹姆士教授，来认识我的父亲乔治先生。”“李先生，和张先生握手。”也切勿随便把一个一般交情的人介绍为“我的朋友”，除非你们的亲密友谊众所周知，否则，言外之意就是说另一方不是你的朋友。你可以介绍“我的同事”“我的同学”“我的邻居”“我的姐姐”等。要避免重复介绍你所要介绍的双方的名字，例如，对马克先生说“马克先生，布朗夫人”，又对布朗夫人说“布朗夫人，马克先生”，只介绍一次双方的名字就足矣，除非外国姓名不易听懂。当你在晚会上想结识某人，而旁边又无人引见时，切忌冒冒失失地去问：“你叫什么名字？”这种行为极为唐突，也很不礼貌。应该首先自报姓名，若仍不能使对方作自我介绍的话，也不必再问，可以事后设法找人打听。

• 若干介绍禁忌。介绍禁忌包括：省略称呼，颠倒介绍的顺序，作重复介绍，只介绍关系而忘了介绍姓名，忘记被介绍双方的姓名和身份，带一位有身份的人去见他不屑于认识的人，带客人四处去认识他（她）不认识的客人，被介绍时目光游离，过多谈论个人情况，贸然打断他人谈话，过于注重一方而忽略另一方。

4.2.3　问答礼仪

1）提问

在日常交往中，提问是关键一环。它可以开启话匣，控制交谈气氛，获取信息，相互沟通，收到多种效果。

提问语句的形式主要有三种：是非问、选择问和一般问。

是非问是一种封闭式的问句，其回答往往一两个字“是”或“不是”。此类问句不够婉转，回答者没有退路。

选择问也属于封闭式的范围。它通过提出两个或两个以上简单判断性问题供他人选择，把他人的回答控制在自己的设想范围内。

一般问是开放式问句，指可以带出较大范围并留有余地的答复。它所提出的问题常常是“怎样?”“为什么?”等，没有限定答复的范围，答话者可以畅所欲言。

提问语既可以是内心疑问的表达，也可以是对对方话语的引导。为了得到所需要的回答，达到一定的交往目的，就需要讲究提问的艺术。适当发问，是提高交谈效果的有效方法。

（1）把握提问的时机。当对方正在阐述问题时不要提问，因为这意味着不尊重对方；当对方讲话停顿时，如果不看你，也不要提问；如果以友好的态度看着你，则可以不失时机地提问。

（2）考虑提问的对象。考虑被提问者的年龄、职业、社会角色、性格、气质、心态、受教育程度、专业知识深度、生活经历等提出相应的问题，以使谈话更加深入。

公关人员应在与公众接触开始，不断变换提问话题，以找到双方感兴趣的内容，重点谈论，引发交谈者的兴趣。例如，美国前总统里根访华前确定日程表的任务之一是到复旦大学演讲。为准备这次演讲，公关顾问为里根总统策划，在美国寻找一位复旦大学留美学生与之通电话，告诉他访华的目的，问有什么转告复旦大学师生的话。在毫无准备的情况下，这位被选择与总统通话的留美学生心慌意乱，紧张得说不出话来。里根听到电话那端的反应，马上转换提问话题，问他来美国多长时间，过得习惯吗？对方慢慢平静下来，里根再次提出原来的问题，这位学生圆满地回答了出来，达到了预期的效果。

提问时注意以下问题：不要随便提问，要深思熟虑后再提问，以求得到自己想获得的信息。简明扼要地提问，不要啰唆。不要提有可能使对方恼怒的问题。

2）答复

回答对方提问时，应考虑周到，切忌“直言相告”：

（1）把握回答要领。应该说什么，不应该说什么，必须心中有数，嘴下留言。古语“逢人只说三分话，切莫全抛一片心”很有道理。只说“三分话”并不是说一定是谎话，而是根据对方的心理状态、性格、身份、当时的场景等情况综合考虑，以使回答让对方满意或能体谅你的一番苦心。如果把真心话全部抛洒出去，不考虑说话的对象、场合等因素，一味图自己说得痛快，只能使对方心中不快，甚至把你一览无余，而想法利用你。

周恩来总理在他长期的对外交往活动中，每逢遇到刁钻、尖刻甚至是用心险恶的怪问难题，都以其才思敏捷、聪慧过人和能言善辩而巧妙答复。1961年，在一次记者招待会上，一美国记者发问：“中国这么多人口，是否对别国有扩张领土的要求?”周恩来当即表明：“你们认为一个国家向外扩张，是由于人口众多。我们不同意这种看法。”接着指出：“英国的人口在一次世界大战以前是4 500万人，不算太多，但英国在很长的时间里是‘日不落帝国’。美国的面积略小于中国，人口还不到中国人口的1/3，但美国的军事基地遍布全球。而中国虽人口最多，但没有一兵一卒驻在外国领土上，更没有在外国建立一个军事基地，可见一个国家是否向外扩张，并不决定于它的人口多少。”1972年，美国总统尼克松首次访华。当双方谈及美国尽早从越南退出时，尼克松提出：如美国退出这一地区，很可能出现“真空”的问题。周恩来便即刻反问：“美国退出中国后，出现真空了吗？不是中国人民填补了？英国退出美国大陆时出现真空了吗？还不是美国人民填补了。”尼克松在这种以问代答面前，只能连连点头称“是”。还是在一次记者招待会上，一西方记者提出了两个挑衅性的问题：一是“中国人为什么把人走的路叫马路”；二是“西方人都是抬着头走路，而中国人为什么低着头走路”？周恩来诙谐答道：这是因为我们走的是马克思主义的路，简称就是“马路”；中国人不同于西方人走路，因为“你们走的是下坡路，当然要仰头走路，而我们中国人走的是上坡路，自然是低着头走了”。

（2）讲究回答策略。

• 如果你想让对方明确知道你的回答，就应简洁回答。

• 如果你不想让对方明确知道你的回答，就应尽量地把话说多、说复杂。

• 如果你暂不清楚对方意图而又必须回答，应加上许多假设条件来回答对方，并且尽量把这些假设条件设置成可实现状态。

• 要求马上回答的问题，应该在鉴别、判断对方问话的基础上，揣摩对方心态，决定己方的态度，确定回答内容后，选择合适方式给予回答。

• 如果遇到难以正面回答的问题，可以反问对方：“你认为呢？”

（3）几种拒绝技巧。人际交往中，最令人头疼的莫过于要拒绝对方的要求（或提问），却又觉得不好意思，这时就要讲究答复技巧。

• 缓兵之计。当遇到棘手问题，当时立即回绝不好，可以拖延解决问题的时间。“你提的问题很好，我会尽快把你的情况向总经理汇报，待决定后再向你答复好吗？”

• 沉默不语。当想拒绝一桩事时，不便说出或感觉该问题不好处理，可以装作没有听到。这实际上也是一种表态。

• 转移目标。当对方提出问题或要求时，不好接着对方的话回答“行”或“不”，而是移花接木，紧接着前面的话茬，提出一个新的话题，把对方的注意力引到一个新的问题上来。如甲：“这笔生意能赚钱吗？”乙：“你那笔生意正在进行吗？”

• 推托之意。不直接拒绝对方，而是找出一个理由与对方的意思相抵触。如“你今晚能出来吗？”“能是能出来，只是妈妈一个人生病在家，出来就没人照顾她。”

4.2.4 倾听礼仪

倾听也称聆听，包括两层含义：一是能听懂对方的讲话含义，并能听出“弦外之音”；二是让对手感觉到你在认真地接收着他发出的信息。英国中世纪哲学家培根说过：“有一件事很令人惊奇，那就是一个人向朋友宣泄私情能产生两种相反的结果——既能使欢乐倍增，又能使忧愁减半。”确实，对世上许多渴望真情和友谊的孤独者来说，倾听也许是最好的帮助！

我们总是认为，一个善于交谈的人首先必须能讲，事实上，善于倾听比善于交谈更重要。因为，假如你能全神贯注、认真耐心地倾听对方讲话，表示你是诚心诚意地同对方交往，同时表明你非常尊重对方，对方会因此而乐意与你交往。美国著名政治家本杰明·富兰克林曾说过："与人交谈取得成功的秘诀是多听。"一个善于交谈的人首先必须是一位善于倾听的人，而聆听的礼貌无疑是一位好听众应具备的基本条件。

1）倾听的意义

倾听的意义在于：①充分了解对方的语意，获取尽可能多的信息，了解其全部要求及想法。②确保自己在完全弄清对方需求后，采取最合理的反应。③给予对方最大的心理满足，让其享受谈话中"主角"的感觉，进而增强对你的认同性。④起到人际关系"凝固剂"的作用，能有效改变个体人际关系状况。

图4-1明确告诉我们，倾听是沟通技巧中最重要的技能。

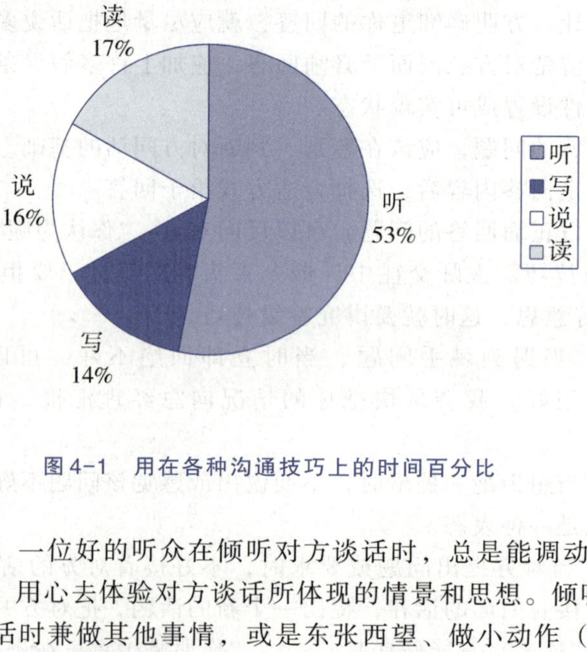

图4-1 用在各种沟通技巧上的时间百分比

2）学会有效倾听

(1) 集中注意力。一位好的听众在倾听对方谈话时，总是能调动自己全部的知觉、情感、态度投入地听，用心去体验对方谈话所体现的情景和思想。倾听时注意力集中是基本的聆听礼貌，谈话时兼做其他事情，或是东张西望、做小动作（如摆弄手中物品、剪指甲、搔痒、抓头发等），都是注意力不集中、心不在焉的表现，而打哈欠、伸懒腰、看手表则往往是不耐烦和厌倦的表示，这些都是应该避免的不礼貌行为。另外，一个好的听众应把主要精力集中在对对方谈话内容的理解上，而不应过多地注意对方的谈话技巧和语言表达水平。

有时，为消除长时间倾听所带来的心理疲劳，可用一些辅助手段掩盖自己思想"走神"，如用笔在本子上记些东西；不时点点头；用心去思量对手的"弦外之音"。

(2) 及时做出反应。一位好的听众在倾听别人谈话时，一定会做出相应的反应（包括表情、眼神和语言）作为对对方谈话的反馈。例如，当对方讲到兴奋之处，用"太有意思了”“真有趣”等语言作为呼应；当对方讲到伤心之处，用同情的言语加以呼应，如“真是太难为你了”等。最为积极的反应应是对对方的谈话表示肯定和赞同（点头或表示赞同的语言，如“是”“对”“你说的没错”“我也有同感”“英雄所见略同”等）。因为赞同的反应意味着双方的谈话引起了共鸣，这会使谈话更投机、更融洽，还会给对方以遇上知音的感觉。所以，当对方的观点与你的看法基本一致时，你应及时做出赞同的反应。但如果你确实不赞同对方的观点，则不应随意附和，因为这会让对方觉得你虚伪、不诚实。这时，你可以保持沉默，也可以委婉的方式表示自己的不同看法（如“你也许是对的”“我不完全赞同你的观点”“对于这个问题我们以后再交换看法”），但不能直截了当地否定对方的意见。有些爱争论的听众喜欢反驳对方的观点，然而，在反驳中你可能赢得争论，但绝不会赢得对方的好感。

倾听时提一些小问题（如“为什么会这样”“现在怎么样”“后来怎么样”等），引导对方作更为深入的交谈，也是一种较为积极的反应。

假如无法做出上述积极的反应，至少也应做出一些基本的反应（如“噢”“嗯”“唔”“是吗”），表示你在听。如果你倾听时一声不吭，对方会怀疑你是否在听、是否对谈话内容感兴趣，或是怀疑你是否听明白他所讲的内容。自始至终保持沉默，不能算是好听众。

（3）不要抱着成见倾听。人们总是希望订立是非的标准，得出结论。但是，如果用结论代替倾听，势必会割断交流的线索，妨碍进一步的了解。

加利福尼亚大学的精神病专家巴巴拉·雷帕莉博士说：“最为重要的是，应向你所关心的人表明，尽管你对其行为存有看法，但你仍然对他的本身怀有好感。倾听正好可以起到这种作用。”

每个人都渴望有人听自己讲话。精神科医生的诊疗室里经常挤满了需要倾听者的人们，大多数例子是由于交流障碍造成的——因为没有倾听者，只有诉说者。一位在挽回家庭关系方面成效卓著的调解人说：“事实上，为了使一些家庭破镜重圆，我并没有做太多的事。我只不过给每一方都提供了一个说话的机会。此时另一方只能洗耳恭听，不得随意插话打断。时常有这种情况：这是许多年来两人彼此第一次耐心倾听对方说话。”

当一个孩子半夜三更才回家时，要忧心如焚的父母记住倾听的重要性，实在很不容易。大人十之八九会火冒三丈地吼道：“我不想听发生了什么事情!”这样不仅破坏了交谈，更为严重的是挫伤了孩子的自尊心。不管怎样，你也得让他（她）明白，他（她）的做法使你如坐针毡，担忧不已。不过，之后应当允许孩子讲清事实的原本。

3）注意倾听中的禁忌

（1）轻易打断对方谈话。在倾听谈话时，如遇到未听明白或是想进一步了解的情况，都应等对方把话讲完后再插话，而且应用礼貌的语言取得对方同意，如“请允许我打断一下”“让我提个问题好吗”等。随意或是经常打断对方的谈话是不礼貌的，即使是使用上述非常礼貌的语言去打断也不应该。

（2）表现出不感兴趣的样子。不管对方表达能力多差，也不管内容那么枯燥，对你而言这是一次社交活动，是一项工作，你的任务就是要引起对方的兴趣，让他感到受尊重和重视，因此，不能在倾听过程中表现出如走神、目光游离、身体不断晃动等心不在焉的样子。

(3) 轻易下断言。当你还没有听完或不完全明白对方谈话的意思，不要轻易对对方的谈话作归纳、下结论。前一种情况意味着对方的讲话你早就明白，这表明对方讲的话题没有多大意思或是显示你比对方要高明。而后者则很可能会出现这样的情况：你的结论与对方所讲的原意相违背。这只能说明，要么是你听得不够认真，要么是对方没有把意思表达清楚，无论怎样都会给对方“谈话不投机”的感觉。

(4) 应有最起码的保守他人秘密的操守。不要把知心话当作与他人闲聊时的谈资；否则，你伤害了一个人的自尊，就失去了一份弥足珍贵的友情。

总之，一个好的听众光是静静地听是不够的，还需要做出一些恰当的反应，表示你对谈话的兴趣和理解，而且要知道什么时候该接话，什么时候只要对视沉默一下就可以了。一个人在倾听他人谈话时，巴望着对方快点儿讲完，眼睛东张西望，显得心不在焉或不断地打岔、插嘴，或自始至终保持沉默，或盘算着怎样反驳对方的观点，都不是一个好听众。

小资料4-4　　**五阶段倾听技术**

有人说善于倾听的人一定也很会说话。懂得谈话技巧的人所收集的信息量大，在商场上获得成功的概率必然也比其他人高出许多。

可是，倾听也是需要技巧的。一旦学会了“接受的姿势与表情”“点头回应”等基本技巧，接着就可以采用“询问”“附和”“共鸣”渐渐提升自己，成为一位好的听众，如图4-2所示。

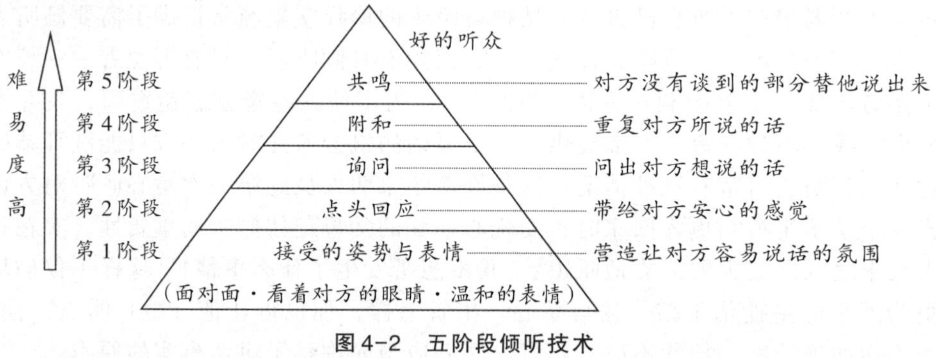

图4-2　五阶段倾听技术

资料来源　古谷治子.图解职场交际礼仪［M］.刘霞，译.北京：电子工业出版社，2013.

4.2.5　口头语言礼仪基本要素

1）礼仪常用语

(1) 礼貌语。使用礼貌语，可以体现出谈话者的善良、大度、文雅，能给他人带去尊敬和心理满足，博得他人的好感和谅解。

礼貌用语有很多，如敬重他人用“您”；对他人有所要求用“请”“麻烦”“劳驾”；

对别人提供的方便和帮助，用“谢谢”“给您添麻烦了”；给别人带来了不便，用“多包涵”“对不起”“请原谅”；别人表示了歉意，要回以“没关系”“算不了什么”；当别人表示谢意，可说“别客气”；他人来参观访问，用“欢迎”“欢迎光临”；有求于别人，用“请多关照”；对不能及时处理的事，应向对方说“请您稍候”“麻烦您等一下”；对正在等候你的人用“让您久等了”“对不起，耽搁您的时间了”；对自己的失误表示歉意时应说“实在很抱歉”；接受吩咐时说“听明白了”“清楚了，请您放心”；当没听清楚他人的问话时，说“很对不起，我没听清，请重复一遍好吗”；当你要打断他人的谈话时，说“对不起，我可以占用一下您的时间吗”；道别时说“再见”“一路平安”“欢迎再来”等。

目前我们国家还有一些常用的礼仪语言：

初次见面说“久仰”；托人办事用“拜托”；

好久不见说“久违”；赞人见解称“高见”；

请人批评说“指教”；看望别人用“拜访”；

请人原谅说“包涵”；宾客来临说“光临”；

央人帮忙说“劳驾”；陪伴朋友用“奉陪”；

求给方便说“借光”；中途先走称“失陪”；

麻烦别人说“打扰”；等候客人称“恭候”；

向人祝贺说“恭喜”；请人勿送用“留步”；

求人解答用“请问”；对方来信称“惠书”；

请人指点用“赐教”；老人年龄称“高寿”。

（2）尊称。我国传统礼仪语言中有不少尊称，举例如下：

令——“令”有美好之意。令尊、令堂、令郎、令阃、令爱、令兄、令妹等，均是美称他人父亲、母亲、儿子、妻子、女儿、哥哥、妹妹的。

贤——贤内助、贤兄、贤弟、贤婿、贤侄等，但称“贤父”“贤母”等极为少见。

尊——尊容、尊意、尊口、尊兄、尊大人、尊夫人等。

贵——贵姓、贵庚、贵地、贵体、贵校、贵厂、贵公司等。

高——高寿、高见、高明等。

芳——芳龄、芳名、芳容等，多用于尊重女性。

还有“您”“君”“先生”“阁下”等。

令、贤、尊、贵、高、芳等，它们在用法上，稍有区别，但都可以用于口头交际或书面交际。

一般来说，尊称和敬语联用。尊称不少，敬语很多。其中“请”的功能较强，比如“请”“有请”“请进”“请教”“请用茶”“请笑纳”“请入席”“请就位”等。不过，敬语中的“请”着重向对方表示尊重和敬意，请求语的“请”却侧重在有求于人。

（3）谦称与谦语。

谦称，主要用于自称及向他人称自己的家人：①愚——愚师、愚兄、愚见、愚意等。②舍——用于称比自己辈分低和年龄小的亲属，如舍妹、舍弟、舍侄，同“小”的用法有类似之处，如小儿、小婿、小媳、小弟、小侄等。③家——家兄、家父、家祖父、家祖母等。④鄙——鄙人、鄙职、鄙意等。⑤拙——拙见、拙作、拙刊、拙笔等。

对于谦语，自己言行失误，说“对不起”“很抱歉”“很惭愧”“有失远迎”“失礼了”“不好意思”等。请求他人谅解，说“请原谅”“请多包涵”“请别介意”等。对他人的致歉报以友好态度，说“没关系”“别客气”“您太谦虚了”等。

2）口头语言礼仪七准则

（1）尊重对方，谅解对方。在交谈中，只有尊重对方，理解对方，才能缩短双方感情上的距离，从而获得对方的尊重和信任。因此，公关人员在交谈之前，应当研究对方的心理状态，考虑和选择令对方容易接受的方法和态度；了解对方讲话的习惯、文化程度、生活阅历等因素对谈话可能造成的种种影响，做到多手准备，有的放矢。

（2）与人保持适当距离。说话是为了与别人沟通思想，要达到这一目的，首先必须注意说话的内容，其次也必须注意说话时声音的轻重，使对话者能够听明白。这就要求在说话时应注意保持与对话者的距离。说话时与人保持适当距离并非完全出于考虑对方能否听清自己的话，另外还存在一个怎样才更合乎礼貌的问题。从礼仪上说，说话时与对方离得过远，会使对话者误认为你不愿向他表示友好和亲近。然而如果在较近的距离和人交谈，稍有不慎就会把口水溅在别人脸上，这是最令人讨厌的。有些人，因为有凑近和别人交谈的习惯，又明知别人顾忌被自己的口水溅到，于是先知趣地用手掩住自己的口，这样做形同“交头接耳”，样子难看也不够大方。因此，从礼仪角度讲，一般保持一两个人的距离最为适合，这样做，既让对方感到有种亲切的气氛，同时保持一定的“社交距离”，在常人的主观感受上，这也是最舒服的。

（3）恰当地称呼他人。每个人都希望得到他人的尊重，一般比较看重自己业已取得的地位，对有头衔的人称呼他的头衔，就是对他莫大的尊重。直呼其名仅适用于关系密切的人之间。你若与有头衔的人关系非同一般，直呼其名来得更得体。对于文化界人士，可以直接称呼其职称。但是，对于学位，除了博士外，其他学位就不能作为称谓来使用。

（4）及时肯定对方。在谈判过程中，当双方的观点接近或基本一致时，谈判者应当迅速抓住时机，用溢美的言辞，肯定这些共同点，赞同、肯定的语言在交谈中常常会产生异乎寻常的积极作用。当交谈一方适时中肯地确认另一方的观点之后，会使整个交谈气氛变得活跃、和谐起来，陌生的双方从众多差异中开始产生了一致感，进而十分微妙地将心理距离拉近。当对方赞同或肯定己方的意见和观点时，己方应以动作、语言进行反馈交流，这种双向交流易于双方谈判人员感情融洽，从而为达成一致意见奠定良好基础。

（5）态度和气，语言得体。交谈时要自然，要充满自信，态度要和气，语言表达要得体，手势不要过多，谈话距离要适当，内容一般不涉及不愉快的事情。

（6）注意语速、语调和音量。在交谈中，语速、语调和音量对意思的表达有比较大的影响。交谈中陈述意见要尽量做到平稳中速。在特定的场合下，可以通过改变语速来引起对方的注意，加强表达的效果。一般问题的阐述应使用正常的语调，保持能让对方清晰听见而不引起反感的高低适中的音量。

（7）语言简练、表达清楚。1984年7月17日，37岁的法国新任总理洛朗·法比尤斯发表的演说，短得出奇，演讲词只有两句：“新政府的任务是国家现代化，团结法国人民，为此要求大家保持平静和表现出决心，谢谢大家。”这个演讲，措辞委婉，内容精辟，当时的报纸评论说：“这篇短小精悍的演说是无价之宝，感情深厚，思想集中，措辞精练，字字句句都很朴实、优雅，行文完美无瑕，完全出乎人们的意料。”

简洁精练的话，无论在什么场合，都是十分受人欢迎的。

3）口头语言礼仪的若干禁忌

（1）忌在公共场合旁若无人地高声谈笑，或我行我素地高谈阔论，应顾及周围的人。两人交谈时，应轻言细语，声音大小让对方听清为宜，不要相距很远高声交谈，大声打招呼、问候，而应在双方走近后才问候致意。

（2）切忌喋喋不休地谈论对方一无所知且不感兴趣的事情。

（3）应避开疾病、死亡、灾祸及其他不愉快的话题，以免影响情绪和气氛，应该谈论那些使倾听者感兴趣和高兴的内容。另外，还应避免谈论稀奇古怪、荒诞离奇的事，没有教养、愚昧无知或低素质的人才会对这类话题津津乐道。

观念应用4-3

分析提示

（4）切忌询问女性年龄、婚否。尤其西方女性对年龄和婚姻十分敏感，认为这些是个人的隐私，他人不得涉及。同样地，也切忌询问对方工资收入、财产状况、个人履历、服饰价格等私人生活方面的问题。同女性谈话时，绝对不要称赞她营养充分，身体壮实，长得富态，那意味着她长得很胖，没有线条、不美。西方女性喜欢人说她长得年轻，很苗条。

（5）不要在社交场合高声辩论，应毫无偏见心平气和地讨论；不要出言不逊，恶语伤人，而应该言语得体，古人说得好“不能美言则免开尊口”；不要当面指责，更不要冷嘲热讽，而应语气委婉。

（6）男子不要参与女人之间的“闺房”谈话，也不要与个别女性长谈不休，这样容易引起他人的反感。与女性交谈，要彬彬有礼、谦虚谨慎、言简意赅。

（7）谈话忌重复。即使再有趣的事也经不住重复，对于爱重复叙述的人应该有礼貌、坦率地阻止他旧话重提，这不仅有益于自己，而且免得讲话者惹人讨厌。不过，应用感兴趣的语气打断他的重复：“哦，是呀，你已经向我讲过那件事，听起来蛮有意思的。”

（8）谈话时，对方若不愿回答的问题不要继续追问，对方反感的问题要立即道歉。若有人在你面前对某人、某一组织或某一民族发表侮辱性的贬义评论时，你可简单地表示“咱们不谈这个问题吧”，然后换个话题。

（9）谈话时不要手舞足蹈，过分夸张的手势会显得不文雅，缺乏修养，也不要唾沫横飞。

（10）谈话前忌吃洋葱、大蒜等有异味的食物。

人们常说：说真话容易，讲对话难；而只讲真话不讲对话的人，要想在社交中取得成功则是难上加难。的确，就一般意义而言，在现实生活中，人们更欣赏讲对话的人。

4.3 口头语言技巧

4.3.1 常用口头语言技巧

1）招呼、问候

招呼用语表示的是打招呼人与被打招呼人之间的一种交往关系。如果遇到熟人打招呼或别人与你打招呼，你装作没看见，那就是不礼貌的行为。

问候，在多数情况下与招呼的应用情景相类似，都是打招呼问安好的意思，都被作为谈话的“开场白”使用。

招呼常用语有：“您好！”“很高兴见到您！”“您在哪儿发财？”……

问候的常用语有：“去哪儿？”“最近身体可好？”“家人都好吧？”……

一般而言，招呼、问候的主要用途，是在人际交往中打破僵局，缩短人际距离，向交谈对象表示自己的敬意，或是借以向对方表示乐于与之结交之意。所以说，在与他人见面时，若能选用适当的问候语，往往会为双方进一步的交谈做好良好的铺垫。反之，在本该与对方问候几句的时刻，反而一言不发，则是极其无礼的。

当被介绍给他人之后，应当跟对方互致问候。若只向他点点头，或是只握一下手，通常会被理解为不想与之深谈，不愿与之结交。

问候用语不具有实质性内容，可以因人、因地、因时而异，但必须具备简洁、友好与尊重的特征，尤其是在公众场所，面对并不熟悉的客人，更应注意不可过于随便。

招呼、问候还可用轻笑（一般限于熟人相见）及点头致意来表示。点头的招呼方式常用于：经常见面的，但关系不是十分密切的熟人；与众多人见面时，不能一一问候，只能点头致意；在小型聚会中，与不够熟悉的人打招呼；在不方便用语言打招呼的场合，如剧院、会场、宴会、展览大厅；来不及问候的时候，如正在和一人说话，看见熟人进来或经过，以点头表示招呼。

点头礼主要用于见面时的礼节，一般伴以微笑的表情和注视对方的目光。由于它是无声的，所以需要等对方看见你时方可进行。

随着社会生活、工作节奏的不断加快，招呼和问候的用语及方式也日趋简单明了。

2）赞美、感谢

什么样的人最招人喜欢？答案是：懂得赞美别人的人，最招人喜欢。什么样的人最有礼貌？答案是：得到他人帮助后，知道及时表示感谢的人。

喜欢被赞美是人的天性，几句适度的赞美，可使对方产生亲和心理，如果一个人的长处得到别人的肯定，他就会感到自我价值得到确认，产生“自己人效应”。有时，赞美以高于实际期望的形式出现，既维护了对方的自尊心，又有促使其为达到更高自我而努力的可能。适时的赞美能起到交际润滑剂的作用，犹如一湾甜美的溪流注入干涸的心灵。

同样对于别人的关心表示由衷的谢意，也是一种良好的礼节习惯，能给对方带来心情的愉悦。

称赞与感谢，都有一定的技巧。如自行其是，不仅可能会显得虚伪，而且会词不达意，招致误解。

其一，赞美应力求实事求是，忌虚情假意。有位西方学者说，面对一位真正美丽的姑娘，才能夸她“漂亮”。面对相貌平平的姑娘，称道她“气质甚好”，方为得体。而“很有教养”一类的赞语，则只能用来对长相实在无可称道的姑娘讲。

其二，要用简洁、明了的语言，让被赞美的人马上明白，如“你这衣服好漂亮！”改成“你这衣服真好看，是你自己做的吗？”就不合适了。

其三，不要当着众人的面赞美某个人，尤其是不能在女性面前赞美别的女性，“女性的敌人是女性”这是心理学家的分析结论。当你面对众人赞美其中某一个人时，很可能会伤害在场的其他人，尽管你是无意的，但结果可能是大家都不愉快。只有当你确认你对某一个人的赞美不会伤害在场的其他人时，你才可以当着众人的面去赞美一个人。

“谢谢！”这句话虽只有两个字，如运用得当，却会让人觉得意境深远，魅力无穷。

在必要时，对他人给予自己的关心、照顾、支持、鼓励和帮助，表示必要的感谢，不仅是一名公关人士应当具备的教养，而且也是对对方为自己而“付出”的最直接的肯定。这种做法，不是虚情假意、可有可无的，而是必需的。在这方面，“讷于言而敏于行”，弄不好会导致交往对象的伤感、失望和深深的抱怨。

在具体操作中，感谢他人有一些常规可循。在方式、方法上，有口头道谢、书面道谢、打电话道谢、托人道谢之分。一般来讲，当面口头道谢效果最佳；专门写信道谢，如获赠礼品、赴宴后这样做，也有很好的效果；打电话道谢，时效性强一些，且不易受干扰；托人道谢，除非是家人出面，否则效果就差一些了。

感谢他人，还有场合方面的考虑。有些应酬性的感谢可当众表达，不过要显示认真而庄重的话，最好“专程而来”，应于他人不在场之际表达此意。

在马克思经济上最拮据的时候，恩格斯经常慷慨解囊，帮助他摆脱困境。对此，马克思十分感激。当《资本论》出版后，马克思写了一封信表示他的衷心谢意：“这件事之所以成为可能，我只有归功于你！没有你对我的牺牲精神，我绝对不可能完成那三卷的巨著。”两人友好相处，患难与共长达40年之久。列宁曾盛赞这两位革命导师的友谊“超过了一切古老的传说中最动人的友谊故事”。帮助别人不一定是物质上的帮助，简单的举手之劳或关怀的话语，就能让别人产生久久的激动。如果你能做到帮助曾经伤害过自己的人，不但能显示出你的博大胸怀，而且有助于“化敌为友”，为自己营造一个更为宽松的人际环境。

致谢的常用语主要有“谢谢”“非常感谢”“感激不尽”“多谢您”“恩重如山”“不胜感激”“谢谢，真不好意思”等。

3）祝贺、慰问

祝贺，就是向他人道喜。每当亲朋好友在工作与生活上取得了进步，或是恰逢节日喜庆之时，对其致以热烈且富有感情色彩的吉语佳言，会使对方的心情更为舒畅，使双方的关系更为密切。

祝贺的方式多种多样。口头祝贺、电话祝贺、书信祝贺、贺卡祝贺、点播祝贺、赠礼祝贺、设宴祝贺等，都有自己特定的适用范围。在多数情况下，几种方式也可以同时并用。

祝贺的时机，也需要审慎地选择，对方生育、乔迁、获奖、晋职、晋级、过生日、出国深造、事业上取得突出成就之时，应当及时向其表示自己为对方而高兴，不然，就有疏远双方关系、心存不满或妒忌之嫌。碰上节日，出于礼貌，向亲朋好友们道贺，也是必要的。

一般来说，口头祝贺是用得最多的一种祝贺方式。口头祝贺，在总体上的礼仪性要求是简洁、热情、友善、蕴含感情色彩，但是要区分对象，回避对方之所忌。

通常，口头上的祝贺都以一些约定俗成的表达方式来进行。例如，“恭喜，恭喜”“我真为您而高兴”就是国人常用的道贺之语。“事业成功”“学习进步”“工作顺利”“一帆风顺”“身体健康”“心情愉快”“生活幸福”“阖家平安”“心想事成”“恭喜发财”之类的吉祥话，也人人耳熟能详，百听不厌。

祝贺时最关键的问题是贺词的选择一定要讨对方喜欢，不能与其所忌讳的事情相关。

慰问，就是在他人遭遇重大变故，如患病、负伤、失恋、丧子、丧偶、婚姻破裂、极感痛苦忧伤，或破产、失业、休学、研究受阻、市场开拓失败、遭受困难挫折之时，对其进行安慰与问候，使其少安毋躁，稳定情绪，去除或减轻哀伤。在适当的时机，还可给予对方一定的支持与鼓励。

慰问时要注意：①无论表情、神态还是动作语言都应真诚地显示出慰问者的“同舟共济”之心；②慰问语的重点是关心、体贴、疏导；③慎重选择慰问语。

慰问时，与被慰问者进行一些交流是必要的，但没必要对对方的“伤心往事”刨根问底，人家要是不讲，就不该再三“咨询”，非逼得人家“一吐为快”。

4）批评、道歉

首先，批评是对他人工作或生活中的缺点提出意见，是一种关心他人的表现，但批评最关键的是要注意方式、方法。

电视连续剧《陶行知》中有这么一个情节：担任育才小学校长的陶行知，一次在校园里看到学生王友用泥块砸自己班里的同学，当即制止了他，并令他放学后立即到校长办公室。放学后，陶行知来到办公室，王友已经战战兢兢地站在门口，准备挨训。可陶行知却掏出一块糖果递给他，并说：“这是奖给你的，因为你按时来到这里。”王友惊疑地接过糖果。接着，陶行知又将一块糖果放到他手里：“这第二块糖也是奖给你的，因为当我不让你砸人时，你立即住手了。”王友更加惊疑了。陶行知又掏出第三块糖给他：“我已调查过了，你用泥块砸那位同学，是因为他欺负女生，你砸他，说明你正直、善良，且有跟坏人作斗争的勇气。”王友感动极了，他哭着说：“校长，我错了，我砸的不是坏人呀！”陶行知满意地笑了，随即掏出第四块糖说：“为你正确认识错误，我再给你一块糖，作为对你的再次奖励。”陶行知不愧为一位出色的教育家，他批评一个顽皮淘气的学生，未说一句斥责的话，却达到了极好的教育效果。

● 表达上要温言细语，勿失尊重。“良药苦口利于病，忠言逆耳利于行”，是一句实话，但未必就能行得通，在被批评者未认识到自己错误前，他会产生一种逆反心理。

● 尽可能不要当众批评别人，这涉及别人的尊严。

● 批评与表扬应两者兼顾。卡耐基曾说：“当我们听到别人对我们的某些长处表示赞赏后，再听到他的批评，我们的心里时常就好受得多。”

有时甚至可以将批评的内容以表扬的方式道出来，如“这几天你的工作干劲可真足啊，但可要注意身体啊，晚上早点休息，否则早上上班就要迟到了”。

向他人赔礼道歉是一种交际补偿，是尊重别人，也是尊重自己的必要礼节。有时候，一不小心，可能会损坏别人心爱的物品；考虑欠周，可能会误解别人的好意；无心之言可能会伤害别人的心……如果你不小心得罪了别人，就应真诚地道歉。这样不仅可以弥补过失、化解矛盾，而且能促进双方深层次的沟通，缓解彼此的关系。切不可把道歉当成耻辱，那样将有可能使你失去一位朋友。

英国前首相丘吉尔起初对时任美国总统杜鲁门印象很坏，但是他后来告诉杜鲁门，说以前低估了他，这是以赞许的方式表示道歉。解放战争时期，彭德怀元帅有一次错怪了洪学智将军，后来彭德怀拿了一个梨，笑着对洪学智说：“来，吃梨吧！我赔礼（梨）了。”说完两人一起哈哈大笑起来。

● 致歉常用语。确认自己言行不当，可以说“对不起”“失礼了”“太不应该了”“真抱歉”“很惭愧”“打扰了”等。

请求对方谅解，可说“请原谅”“请多包涵”“您宰相肚里能撑船”“请高抬贵手”“请多批评”等。

● 致歉的原则。

第一，致歉不可过分。致歉是谦虚认错的客套话，不可超出必要的限度，如无意踩了别人的脚，就不要说什么“罪该万死”之类的话，实事求是的赔礼道歉使对方产生愉悦谅解的感情，如果随意夸张，会被认为是虚情假意。

第二，致歉要配合必要行为。口头致歉是主要方式，但要配合适当的补偿行为，在人际交往中，如给对方造成了一定的物质损失，不仅要口头道歉，还要给予经济补偿。

第三，道歉应当及时。知道自己错了，马上就说“对不起”，否则越拖得久，就越会让人家“窝火”，越容易使人误解。道歉及时，还有助于当事人“退一步海阔天空”，避免因小失大。

第四，道歉应当大方。道歉绝非耻辱，故而应当大大方方、堂堂正正，不要遮遮掩掩，“欲说还休，却道天凉好个秋”。不要过分贬低自己，说什么“我真笨”“我真不是个东西”，这可能让人看不起，也有可能被人得寸进尺。

第五，道歉可以借助于“物语”。有些道歉的话当面难以启齿，写在信上寄去也成。对西方女性而言，令其转怒为喜、既往不咎的最佳道歉方式，莫过于送上一束鲜花，婉“言”示错。这类借物表意的道歉“物语”，会有极好的效果。

第六，道歉同时应及时赞美对方心怀宽广，大多数人受到赞美后都会不自觉地按赞美的话去做。

4.3.2 如何提升谈话水平

1）有备而谈

日常生活中，童言无忌，不失天真可爱，但成年人如果说话冒失，则是招人嫌的。社交活动中的谈话更不能随心所欲，信口开河，而应有所准备，讲究艺术和技巧。

（1）仪表端庄、仪态得体。端庄的仪表、得体的举止、饱满的神态、上佳的气质风度，一亮相就获得先声夺人的良好印象，显然有助于谈话的成功。

（2）主旨明确、思路清晰。谈话前要有明确的主旨，考虑好步骤，准备好多套方案。谈话时思路清晰，不要啰唆。同时要观察谈话对象的反应，寻找共同话题，使谈话得以继续。

（3）充满自信。交谈要有自信，不要惊慌害怕。许多人害怕与人交谈，唯恐自己无言以对，谈话时总是绞尽脑汁琢磨自己接下去该说什么，而对别人说的话一个字也听不进，结果反而更使谈话难以进行。因此，不要惊慌，对自己要有信心，要一个字一个字地听，要一个字一个字地说，千万别担心无话可说而害怕与陌生人接触。记住：大多数谈话失误不是因为说话太少，恰恰相反，言多必失。

2）用语文雅

用语文雅是一个人学识教养的体现，在文明社会，尤其是知识经济时代，社交活动中的礼貌用语尤为重要。

（1）尽量用敬语。尊敬是礼仪的核心内涵，体现在语言上就要常用敬语。例如，“您”与“你”，“喂”与“先生”、“小朋友”与“小孩”，虽然称呼的对象相同，但称呼不同给人的感受完全不同。

同样是一种意思，但由于语言载体的形式不同，效果也许就大相径庭了。《西游记》中猪八戒向两个抬水的女妖问路，张口便叫“妖精”，路没问成，还挨了一顿打。对此事他不明白，求教孙悟空，孙悟空说不能叫妖精，应该到她面前行个礼儿，看她多大年纪，若与我们差不多，叫她声姑姑，若比我们老些，叫她声奶奶。八戒照做，果然十分奏效。

（2）多用商量的口吻，少用命令的语气和语调。“请帮我跑一趟邮局好吗”与“你替我跑一趟邮局”；“麻烦让一下”与“让开”的口吻就大相径庭。

“请”与“叫”所表达的意思似乎一样，因此，人们往往不太注意二者的区别。即使在大学校园中，“去叫老师”，甚至“去叫校长”之类的话也屡闻不鲜，实际上，通过这一“请”与一“叫”就可区分出一个人的礼仪教养水平。

（3）了解传统敬语、谦辞。我国是礼仪之邦，礼貌用语在古书中，特别是古典文学作品里比比皆是，到了现代则有被淡化之势。我们对祖先优秀的文化传统应采取传承、创新、发扬光大的态度，首先要有所了解，然后才能古为今用。

（4）多赞美别人。不要吝啬恭维话，人人都喜欢听恭维话，也都喜欢说恭维话的人。林肯说过“人人都喜欢赞美”，人类行为专家约翰·杜威也说过“人类本质里最深远的驱策力就是希望具有重要性，希望被赞美”，但在现实生活中人们总是吝啬恭维。这或许是由于多数人不喜欢当面评头品足，或许有些人由于性格内向羞怯而不愿启齿，或许有些人根本没有想到恭维话会让人高兴不已。其实，一句简单的恭维话就会获得你的谈话对象的好感，一句由衷的赞美之词就会使你的话语娓娓动听、感人肺腑，让人难以忘怀。

1971年7月9日，基辛格带着尼克松总统的使命秘密访华。周总理批示要好好招待，便宴规格要和国宴一样隆重。这位哈佛大学的犹太博士，在饮食上很为考究。他又周游世界，佳肴美酒早已尝遍，可谓政坛风云人物中的美食家。当他吃到南京丁山宾馆的国厨徐筱波给他精心制作的“黄油蒸鸡”时，竟然连声叫好。最后周总理建议说，这道菜就叫“基辛格鸡”好了！从此，以他名字命名的“基辛格鸡”便登上了中国国宴大菜的系列中了。

3）掌握说话分寸

（1）把握听与说的分寸。两个或两个以上的人通过谈话互相交流思想、意见。因此，你既不能一声不吭地保持沉默，也不能滔滔不绝地独自高谈阔论，你既要能说，又要能听。有些人在交谈时，口若悬河、滔滔不绝，说话很少停顿，看似能言善辩，其实并不懂交谈技巧。因为，假若你不停地说话，就没有时间去思考自己要讲的内容，就容易讲错话（所谓“言多必失”），而且也会因自己的信口开河让听者怀疑讲话内容的可靠性和真实性。再者，你一个人独占整个谈话时间，而不给对方发表自己看法的机会，是对对方的不尊重，也会使对方对你的谈话感到厌倦。

一个真正善于交谈的人通常会对所谈论的问题作一个简短的介绍，然后问问对方的意见如何（如“你以为如何”“你的看法呢”“你同意我的看法吗”等），把发言权交给对方，自己则作为听众。这对自己有两方面的好处：一是给予对方发表意见的机会，让对方觉得得到尊重；二是为自己创造一个了解外界信息的机会。听完对方的意见后，再进一步深入地交换意见，这样的谈话才是真正的沟通，既能使对方满意，也能达到自己的预期目标。

（2）要有角色意识。说话时要注意自己和对方的身份，主从不分、没大没小，都是不礼貌的。

对小孩说：“在吃东西前要洗手，懂吗？”对成年人讲就不宜了。

对下级、晚辈可亲切地说：“你辛苦了！”对上级、长辈就应用恭敬、钦佩的口吻讲“您辛苦了”或“您可真辛苦！”

对好朋友、同学可直接说：“张三，今晚来我家一趟。”对尊长、老师你就不能这样讲了。

（3）要顾及他人。说话者要顾及他人的情感，不要在无意中伤害他人的自尊心，使人尴尬难堪。

首先要考虑到对方是否听懂，尽量说大家都能听懂的话，比如同学谈天，哪怕在场者只有一人不懂当地方言，也不要用方言讲话。

其次要将心比心，说话要有善意，从某种意义上讲，出口伤人比出手伤人更重。因此，要抱着与人为善的态度，避免恶语伤人，不说刻薄的话，避免说出他人隐私、隐痛或伤人自尊心、令人不愉快的话，揭人伤疤、取笑他人的生理缺陷都是极为失礼的言行。

在聚会交谈的场合，还要注意不要冷落那些社会地位较低或长相欠佳、有自卑感的人。

（4）考虑措辞。直率是优良品格，但在有些场合说话直来直去，则有可能使人误会、难堪，也是缺乏教养的表现。

在商务活动中，说话更应委婉客气，不宜居高临下、咄咄逼人。比如："我要先考察一下你们公司，看看与我们合作是否够资格。"咄咄逼人的话语过于生硬，可以这样说："我想到贵公司参观参观，您看方便吗？"

（5）以对方为取向。每个人在与他人交谈时都会有一种自我表现的欲望，希望较早地把自己的想法或者自己了解的事实告诉对方。因此，很多人习惯把自己的思想、经历和感受作为谈话的主要内容，从而很容易给人留下一个自大、自负的印象。交谈以对方为取向就是为了不给对方以自大、自负的感觉。

交谈以对方为取向主要可以在以下几个方面得到体现：

• 在交谈内容的选择上，以对方感兴趣的话题或者对方的思想、经历和感受为主要谈话内容，尽量少谈自己的思想、经历和感受。

• 在语言使用上，尽量避免讲"我"，多讲"你"（在一般情况下，"我"字可以省略不讲，在无法省略的地方，可以用"我们"代替"我"，而在用"我们"代替可能会引起误解的时候，则"我"字应讲得又轻又快）。

• 在交谈过程中适当称呼对方的名字，也会让对方感觉到受尊重和重视。

（6）学会幽默。幽默能使谈话气氛轻松、活跃。古希腊著名哲学家苏格拉底有一次正与朋友高谈阔论时，他的妻子突然闯进来，大吵大闹，还把一盆水浇到他头上，朋友们非常惊讶，不知如何是好，苏格拉底却风趣地说："我早已料到，雷声过后，必定有倾盆大雨。"朋友们大笑，气氛一下子又轻松、活跃了起来。

小资料4-5　成功访谈的主要步骤

第一步，做好准备。充分的准备和反复的练习，可以有效地帮助你证明自己是一个有知识、可信赖的人。

（1）了解访谈的目标和方针。

（2）确保选择合适的访谈时间和地点。

（3）清除任何干扰成功访谈的障碍。

（4）和其他访谈参与人进行有效的沟通。

（5）合适的着装。

（6）练习。

第一印象由人们之间语言和非语言的沟通产生。因此，自信、良好的性格和语言表达习惯都可以传达一种正面的形象。

第二步，制订一个访谈计划，同时要使计划具有适应性和灵活性。即使访谈可能不一定会按照你设想的那样进行，但是一个计划同样可以展示你的思想、知识和组织能力。如果访谈中出现了停滞，计划将为你提供素材以推动访谈进程。计划也可以为你提供访谈过程中可能有用的背景资料。如果访谈偏离了方向，计划还可以帮助你调整、纠正。总之，计划可以使访谈准确有效地覆盖其主要方针，达到其主要目的。

第三步，追踪信。访谈中任何许诺的兑现都需要时间和努力，访谈中的其他参与人都是为了你的利益，对他们表示感谢是应该的。如果他们曾经为你提供过重要的信息，或者你占用了他们正常的工作时间，或者这是一个工作面试，那么，一封简洁、及时的感谢信作为一种正式的道谢方式将显得尤为重要，并且可以增加你的可信度，表明你是一个富有思想的人。

资料来源 黑贝尔斯，威沃尔二世.有效沟通［M］. 李业昆，译.7版.北京：华夏出版社，2005.

4.4 通信礼仪

有一位科学家曾经说："一个不会正确地利用电话的人，很难说他是一个符合现代社会需要的人。至少，他算不上是一个具有现代意识的人。"随着科学技术的发展和个人生活水平的提高，电话的普及率越来越高，人们每天要接打大量的电话。看起来打电话很容易，只是对着话筒与对方交谈，似乎和当面交谈一样，其实不然，电话联络不仅有着一般口头语言的礼仪要求，还有独特的礼仪要求。

"电话形象"，是电话礼仪的主旨所在。它的含意是：人们在使用电话时的种种表现，会使通话对象"如见其人"，能够给对方以及其他在场之人留下完整的、深刻的印象。一般认为，一个人的"电话形象"主要是由他使用电话时的语言、内容、态度、表情、举止以及时间感等几方面所构成的。它被视为每个人的个人形象的重要组成部分之一。日本著名企业家松下幸之助说："不管是在公司，还是在家里，凭这个人打电话的方式，就可以基本上判断出其教养的水准。我每天除了收到好多预约讲演的信件外，还接到很多邀请讲演的电话，我凭着对方电话里的讲话方式，就能判断其教养如何；凭对方在电话里的第一句话，就可以基本决定我去还是不去。"

如今，微信已经成为我们工作、生活必不可少的沟通工具，在微信上会聊天、懂礼仪也成为人们需要掌握的技能和必备素养。

4.4.1 一般电话礼仪

1）选择适当时间

一般的公务电话最好避开临近下班的时间，因为此时打电话，对方往往急于下班，很可能得不到满意的答复。公务电话应尽量打到对方单位，若确有必要往对方家里打时，应注意避开吃饭或睡觉时间。具体要注意以下几点：①尽量避免在早晨上班前往私人住所打电话；②尽量避免晚上九点以后（除非对方同意）往私人住所打电话；③晚餐时间避免打电话；④因公务需要打往私人住宅的电话，要长话短说，力求简洁；⑤晚上打电话谈公务应先征求对方同意。

2）第一声最重要

当用户第一次打电话到某组织时，接电话者明朗的声音、清晰的吐字、礼貌的语言和适度的措辞，会给对方留下深刻而美好的印象，也会使对方对该组织产生良好的印象。因此，对于每一位电话接听者来讲，一定要具备一种我代表组织形象的意识，这样不但树立起自己的良好形象，也把本组织的良好形象留给了对方。

3）保持愉悦的心情和正确的姿态

你手持的话筒就代表着客人，你的心情会感染对方，当我们拿起听筒听到从那头传来的充满愉悦的礼貌问候时，我们的心情也会被感染。不要以为姿态无所谓，对方反正看不见，实际上，姿态也影响心情，一个坐得懒懒散散、松松垮垮的人，他能有一个好心情接听电话吗？

4）要重视通话时的吐字、声调

声音清晰、悦耳，吐字清楚、干练是电话礼仪的又一要务。电话里是无法用体态语言、文字书面语言来表达意思的，发音标准、口齿清晰才能将意思清楚地表达给对方。这里我们提倡讲普通话，特别是一些关键字，如姓名、联系电话、报价等吐字不清会导致误会。

声调既能传递感情，又有助于词语表达，便于对方准确理解。如“你吃饭了吗？”这句话，如重音放在“你”上，那就是对“你”的一种特别关心，它的潜台词就是：“我只在乎你怎么样了，别人我才不管呢”；如重音放在“吃饭”上，那就表示要确认“吃了没有”，其潜台词变成了“如果你没吃，我会担心的”。

5）及时接听，认真记录

电话铃响了，应尽快去接，最好不要让铃声响过五遍。电话铃响一声大约三秒钟，若长时间无人接电话，或让对方久等是不礼貌的，对方在等待时心情会十分急躁。即便电话离自己很远，听到电话铃声后，附近没有其他人，我们应该用最快的速度拿起听筒，这样的态度是每个人都该拥有的。如果电话铃响了五遍才拿起话筒，应该先向对方道歉；若电话响了许久，接起电话只是“喂”了声，对方会十分不满，也会给对方留下恶劣的印象。

对方有些需转达的内容要仔细记录，并作必要重复，让对方确认，有些你本人无法答复的问题，如对方要货、报价等须请示的也应仔细记录在案，在事后及时向有关人员转达或汇报。

6）耐心礼貌

无论打电话还是接电话，总会遇到一些有情绪、爱抱怨或者缺少文化修养的对方，这时要控制好自己的情绪，礼貌地回答或请他转告一些必要的问题和事情，切忌受他的感染，你也变得烦躁起来，甚至失去控制，在电话里和对方“打架”。记住：当你拿起话筒的时候，你就代表着整个组织的形象！

7）话筒是客人，要热情面对

电话接听，最忌讳一边说笑、吃东西，一边接电话；对方都已经说话了，你却仍在和同事开玩笑；或者拿起听筒却忙着其他事情，让对方在那头等，忘了你手中的听筒即是客人这个道理。

8）挂电话的礼貌

要结束电话交谈时，一般应当由打电话的一方提出，然后彼此客气地道别，说一声“再见”，然后轻轻放下电话，不可只管自己讲完就挂断电话。

9）养成使用电话的好习惯

迟到、请假由自己打电话；外出办事，随时与单位保持联系；外出办事应及时告知去处及电话；延误拜访时间应事先与对方联络；用传真机传送文件后，以电话联络确认；同事家中电话不要轻易告诉别人；办公室内忌打私人电话。

4.4.2 打电话的礼仪

1）事先准备充分

打电话应该是有明确的目的，不能无故随便拨号，这不仅是因为打电话要付费，而且是对他人是否尊重的问题。即使很有钱，不计较电话费，也要想到你的电话毕竟打扰了对方，占用了人家的时间。

打电话时要有良好的精神状态，站着最好，坐着也行，但不要躺着或斜靠在沙发上，那势必发出慵懒的声音，是不尊重对方的表现。除非在极为特殊的情况下，否则不要在气喘吁吁时就打电话，更不能边吃东西边打电话。

拿起听筒前，应明白通话后该说什么，思路要清晰，要点应明确。尤其给陌生者、尊者、上司打电话，更应该有所准备，侃侃而谈。如果要谈的内容比较多，应征询对方是否有空，或以商量的口吻另约时间。

2）合理选择时间

要打好一次电话，首先就应当明确：通话唯有在适宜之时进行，才会事半功倍；打电话若是不考虑时间问题，就容易无事生非。

首先，选择最佳通话时间。按照惯例，通话的最佳时间包括：一是双方预先约定的时间；二是对方方便的时间。除有要事必须立即通告外，不要在他人休息的时间打电话。例如，每日上午7点之前、晚上9点之后以及午休的时间等。在用餐时间打电话也不合适。

给海外人士打电话，先要了解一下时差，不要不分昼夜打扰他人。

其次，合理控制通话时长。在一般情况之下，每一次通话的时长应有所控制，基本的要求是：以短为佳，宁短勿长。

在电话礼仪里，有一条“三分钟原则”。实际上，它就是“以短为佳，宁短勿长”基本要求的具体体现。它的主要意思是：在打电话时，发话人应当自觉地、有意识地将每次通话时间限定在三分钟之内，尽量不要超过这一限定。

在通话开始后，除了要自觉控制通话时长外，必要时还应注意对方的反应。比如，可以在开始通话时，先问一下对方，现在通话是否方便，倘若对方不方便，可约一个另外的时间，届时再把电话打过去。倘若通话时间较长，亦应先征求一下对方意见，并在结束时略表歉意。

3）注意礼貌

这是电话礼仪中最应讲究的，当听到对方的声音后，首先应问候对方，然后报出自己的姓名或单位，并说出你要找的人。如果对方接电话时没有自报家门（这在机关和事业单位比较普遍），就应先确认对方的身份，再自报家门，因为万一对方不是你想找的人，自报家门就变得没有必要。具体的做法是：

“您好！请问是××单位吗？我是××单位×××。”

如果对方已自报家门了，你就可以根据交往的性质，选择灵活的通话方法。

“您好！我是××单位×××，麻烦您请×××先生接个电话。”

“您好！我是××单位的，姓×，麻烦您找×××科长接一下电话。”

如果你要找的人是有相当地位和身份的人，在请求通话时应更有礼貌。例如可以这样说：

“您好！我是××单位×××，我可以同×××先生通个电话吗？”（或是“我可以同×××先生讲话吗？”）

注意，在电话接通后自报家门是必要的，这体现了你对接话方的尊重。即使是你熟悉的人接电话，也应主动报出姓名，因为接话方往往不容易通过声音准确地确定打电话人的身份。

打错电话要致歉。如果发现自己打错了电话，应马上说一声“对不起，我打错电话了”，毕竟你无故占用了对方的时间。千万不要不声不响把电话给撂了，更不要为自己打错电话而无端地抱怨，以免给对方的工作和生活带来不快。

通话结束时，应礼貌道别：“谢谢”“麻烦您了”“再见”“晚安”。

4）内容简练

首先要简明扼要。发话人讲话要务实不务虚，向对方问候完毕，即应开宗明义，直奔主题，少讲空话，不说废话，绝不啰唆，更不节外生枝，无话找话，短话长说。

在通话时，最忌发话人讲话吞吞吐吐、含糊不清、东拉西扯。至于一厢情愿地逼着通话对象和自己共熬“电话粥”，或者故弄玄虚，在电话上玩“捉迷藏”“猜一猜”，则是令人生厌的。

其次要适可而止。作为发话人，应自觉控制通话的时长。要讲的话说完了，即应当机立断，终止通话。由发话人终止通话，是电话礼仪的惯例之一，而且也是发话人的一项义务。发话人不放下电话，受话人是绝对不能这么做的。

因此，发话人切勿“当断不断，反受其乱”，不要话已讲完，依旧反复铺陈，再三絮叨。那样的话，就是自己在浪费时间了。

使用公用电话，而身后有人排队时，一定要自觉主动地尽快终止通话。切勿“表演欲”顿生，当众发嗲、撒娇，或是有意拖延时间，与排队者作对。

5）若对方不在时

如你要找的人碰巧不在，可以选择以下几种应对方式：

用“对不起，打扰了，再见”的话直接结束通话。通常是在事情并不是很紧急，而且自己往往还有其他的联络方式的情况下使用。

请教方便联系的时间或是其他可能的联系方式。通常在事情比较紧急的情况下采用，具体的做法是：

“请问我什么时候再打来比较合适?”

“我有要紧的事（有重要的事）要找×××，不知有没有其他方式可以与他联系?”

不管对方是否为你提供了其他的联系方式，都应以“谢谢，再见”结束电话。

请求留言。一般是在同对方的关系比较熟悉，或者是有资格让对方给你回话的情况下可以要求留言。具体的做法是：

“如果可以的话（如果方便的话），麻烦您转告他，×××给他打过电话。”

“请问我可以留言吗?”在得到肯定的回答之后，告诉对方“请他给××××××××号码回个电话。”

最后也应以“谢谢，再见”结束电话。

4.4.3 接电话的礼仪

1）适时接电话

一般要求在铃响三声内接，最好响第二声后提起话筒。如果在响第一声后就接，显得仓促，心理上准备不够，影响通话效果。你自己若认为没有这方面问题，尤其是在预约时间等情况下，在第一声后接未尝不可，若是在响五六声后接，一般要向对方说明迟接的原因并致歉。

2）应对谦和

其一，拿起话筒，即应自报家门，并首先向发话人问好。向发话人问好，一是出于礼貌，二是为了说明有人正在接听，当对方首先问好后，应立即问候对方，不要一声不吭、故弄玄虚。至于要自报家门，则是为了让发话人验证一下，是否拨错了号码，或找错了人。自报家门时所说的内容，可参照发话人自报家门时的那几种模式酌定。在私人寓所接听电话时，出于自我保护需要，有时可以用电话号码作为自报家门的内容，或者不必自报家门。

其二，在通话时，不论是何缘故，都应聚精会神地接听电话，不允许三心二意，心不在焉，或是把话筒置于一旁，任其“自言自语”。在通话过程中，对发话人的态度应当谦恭友好，当对方身份较低时或有求于己时，更应表现得不卑不亢，不要拿腔作调，或戏弄嘲讽，伤害对方自尊心，更不要一言不发，有意冷场。

其三，当通话终止时，不要忘记向发话人道“再见”。如果通话因故暂时中断，就要等候对方再拨进来，既不要撒手不管，也不要为此而责怪对方。

其四，若接听到误拨进来的电话，要耐心向对方细加说明。如有可能，还应向对方提供帮助，或者为其代转电话，不要为此勃然大怒，恶语相加，甚至出口伤人。

3）主次清楚

接听他人电话时，不要与人交谈，看文件，或者看电视、听广播、吃东西。在一般情况下，尽量不要对发话人表示对方的电话“来得不是时候”。

万一在会晤重要客人或举行会议期间有人打来电话，而且此刻的确不宜与其深谈，可向其说明原因，表示歉意，并再约一个具体时间，届时自己主动打过去。若对方是长途电话，尤须注意，别让对方再打过来，约好下次通话时间后，即应遵守，在下次通话开始时，勿忘再次向对方致歉。

在接听电话时，适逢另一个电话打了进来，切忌置之不理，可先向通话对象说明原因，要其勿挂电话，稍候片刻，然后立即去接另一个电话，待接通之后，先请对方稍候，或过一会儿再挂进来，随后再继续方才正打着的电话。

4）转接合乎礼仪

（1）转接电话时应确认对方身份。当你接到找别人的电话，而对方又没有自报家门时，在你替别人转接电话之前最好能先确认对方身份，这也是出于对转接方是否接电话的选择权的尊重。尤其是负责与外界电话交往的办公室秘书，在办公室接电话时，不应该疏忽这一环节，也不能因为对方没有自报家门就想当然地断定打电话的人与其要找的人肯定很熟悉，因而就觉得没有必要去确认对方的身份。当然如果你代接的是私人电话，为了表示对个人隐私权的尊重，不去确认对方的身份可能更为妥当。

向对方确认身份时应先表示一下歉意，如：

“很抱歉，请问您是哪位？”

“对不起，请问您是哪里？”

（2）转接前说“请稍候”。在需要转接电话时，在转接之前应先说一声“请稍候”，即使被指定接电话的人就在旁边。这个“请稍候”的时间一般应在1分钟以内，如果被指定接电话的人在较远的地方，在1分钟内不能赶到，或是正在忙其他事一时分不了身，这时应先询问一下对方是否方便等候，待得到肯定回答后再去找人接电话。譬如可以这样说：

“×××可能马上就能来接，你方便等一会儿吗？”

有时，你估计被指定接电话的人会马上到，但事实上过了1分钟还没有来，就应拿起话筒向对方表示歉意，并询问对方是否方便再等一会儿，或是请教对方其他方便的联系方式。譬如可以这样说：

“对不起，×××好像一时走不开，您能方便再等一会儿吗？如果您方便的话，我让×××给您回电话。”

（3）提倡“与人方便”。当被指定接电话的人不在时，除了向对方说抱歉外，还应尽量为打电话的人提供方便。具体做法有以下几种：

告诉对方什么时候可以找到他要找的人，如：“对不起，×××正好不在，估计他1小时后会回来。”或是直接告诉对方什么时候再打来，如：“对不起，×××有事出去了，你过半个小时后再打来好吗？”不过，如果是业务电话，最好能请对方留下联系方式

（如：“能否告知联络方式？”），便于以后主动联系。因为打电话给对方，不仅比等对方电话更有礼貌，而且更积极主动。

承诺给对方回话。如果不能确定被指定接电话的人什么时候回来，但知道他肯定会回来的，而且感觉对方的电话很重要，就可以许诺给对方回电话，如“对不起，×××不在，如果方便的话，待会儿我请他跟您联络。”当自己的同事不在时，一般不能随便透露他的去处，这不只是对个人的尊重，有时还是对本单位利益的自觉维护。

请对方留言。譬如：“很抱歉，×××不在，请问需要留言吗？”或是“很抱歉，×××可能今天不会回来，需要我转告什么吗？”当对方有事让你转告时，应把主要的事项记录下来，并与对方核对一遍。在替别人传话时，不能随意打听对方与受话人之间的关系，以及具体联系的事项，除非对方主动讲明。

注意：答应发话人代为传话，应尽快落实，切勿置之脑后。不到万不得已时，不要把自己代人转达的内容再托他人转告，否则容易使内容走样，且难保不会耽误时间。

5）讲究结束时礼仪

当电话交谈结束时，可询问对方“还有什么事”当对方向你说“再见”时，你也应该说“再见”。

放下话筒的动作也不可草率。如果话音刚落，你就“啪”一下扣上听筒，可能会使你前面的礼貌前功尽弃，一般是在对方放下话筒后再放下自己的话筒。

小资料4-6

客户电话等待的处理技巧

4.4.4 微信使用礼仪

第50次《中国互联网络发展状况统计报告》显示，截至2022年6月，我国即时通信用户规模达10.27亿，较2021年12月增长2 042万，占网民整体的97.7%。对于微信这一款重要的即时通信工具，我们必须掌握其使用方面的基本礼仪。

1）称谓恰当礼貌

称谓要表达清楚接收方的身份，并体现礼貌原则。如果是给同事发工作微信，最好称呼具体人名，以示诚意和尊重；如果是给上级领导发会议通知，称谓最好表达为领导的姓氏加上他的职位，如“李部长”。

2）首句反映主题

在首句中即反映出主题，旨在帮助接收方及时高效地读取信息。主题归纳得当，并在首句中说明主题，便于接收方迅速知晓大体内容，如“市场部××项目讨论会通知”，然后告知会议时间和地点。

3）内容简洁有条理

工作微信的正文可以参照事务性通知的写作模式，第一部分说明背景及目的，第二部分说明具体事项。

在内容表述上应当做到以下两点：

一是简洁明确。尽可能用一条微信容纳全部信息，减少微信往来次数。如果需要传递的信息有多项，宜分点阐述。

二是条理清楚。例如，某单位领导发微信给他的秘书小赵："明天上午10点你去车站接一下李主任，另外把去年的工作总结给我看一下。署名：陈主席。"有三年工作经验的小赵是这样回复的："陈主席，来信收到。①明天上午9:30我到车站接李主任，接到后通知您；②去年的工作总结我已放在您的桌上。署名：小赵。"

4）尾语按需设置

如果是比较重要的事情，可在结尾处注明"收到请回复，谢谢！"以确保信息传递到位。如果隔了较长一段时间还没有收到回复，有必要打个电话确认对方是否收到信息。特殊的工作微信比如通知，应使用专用尾语"特此通知"，以示规范和严谨。

5）署名明确勿漏

工作微信较为正式和规范，结尾处必须署名。若微信末尾没有署名，接收方又没有备注过发送方的真实姓名，他就无从得知发送方是谁，也就失去了用微信传递信息的价值。

思政园地

人民网评：推进新时代语言文字事业取得更大发展

语言文字是文化传承的载体，是国家繁荣发展的根基。国务院办公厅印发《关于全面加强新时代语言文字工作的意见》（以下简称《意见》），就推广普及和规范使用国家通用语言文字、加强语言文字法治建设、科学保护各民族语言文字、构建和谐健康语言生活等方面做出全面系统部署，对于传承发扬中华语言文化、推进新时代语言文字工作治理体系和治理能力现代化具有十分重要的现实意义。

这是新中国成立以来第一次以国办名义下发的全面加强新时代语言文字工作的指导性意见。新中国成立后，从"简化汉字""推广普通话""制定和推行汉语拼音方案"三大任务，到加强语言文字法制建设，再到出台国家通用语言文字法，我国语言文字事业取得长足发展。尤其是党的十八大以来，国家通用语言文字普及水平持续提升，语言文字规范化、标准化、信息化建设加快推进，中华优秀语言文化进一步传承弘扬，国际中文教育蓬勃发展，语言文字工作取得了历史性进步，为发展教育文化事业、促进经济社会发展、维护国家统一、提升国家软实力做出了重要贡献。

语言文字"日学而不察、日用而不觉"，是事业发展的记录仪，也是观察时代的显微镜。必须清醒地认识到，当前国家通用语言文字推广不平衡不充分的现象仍然存在，语言文字信息技术创新还不完全适应信息化尤其是人工智能发展需求，互联网等各类新媒体语言文字使用的规范和管理有待加强。正因如此，《意见》紧跟时代潮流，回应社会关切，围绕服务大局、服务人民，推广普及、提高质量，遵循规律、分类指导，传承发展、统筹推进的原则，制定了到2025年和到2035年两个时间段的目标，锚定了新时代语言文字工作的前进方向和发展路径。

《意见》的主体部分，明确了加强新时代语言工作的五项任务和十五项重点举措。比如，针对普通话普及的问题，明确"推广普及国家通用语言文字是新时代语言文字工作的首要任务"；再如，在语言文字规范化标准化建设上，要求"加强对新词新语、字母词、外语词等的监测研究和规范引导”；又如，在加强组织保障方面，首次提出“省级人民政府语言文字工作重要事项要及时向国家语委报告”……充分理解新时代语言文字事业改革发展的新理念、新思路、新举措，积极探索创新多元化的实施手段和宣传方式，才能推动《意见》制定的目标任务落地生效，推进新时代语言文字事业取得更大发展。

一个国家文化的魅力、一个民族的凝聚力主要通过语言表达和传递。在创新与守正的辩证中发展，在传统与现代的激荡中进步，语言文字的河流就会奔腾不息，党和国家的事业就能欣欣向荣。

资料来源 田宇.推进新时代语言文字事业取得更大发展［EB/OL］.［2021-12-25］. http://opinion.people.com.cn/n1/2021/1202/c223228-32297974.html.

主要概念和观念

本章小结

○ 主要概念

话题 称呼 倾听

○ 主要观念

“点”型、“线”型、“面”型与“体”型思维 有效倾听原理

基本训练

○ 知识题

▲ 简答题

1）你在作自我介绍时应注意哪些问题？

2）如何才能做到有效的致歉？

▲ 选择题

1）运用口头语言时，除了要礼貌谈吐、态度诚恳、精神专注、有所忌讳外，还应注意（ ）。

A.率真、直接 B.周到体贴 C.亲切动听 D.长话短说

2）话题可以通过提问、请教、（ ）的方式开启。

A.聊天 B.办事 C.批评 D.赞美

3）电话礼仪中最应讲究的是（ ）。

A.事先充分准备 B.注意礼貌 C.内容精练 D.时间合理

4）使用手机应做到该开则开，该关则关，长话短说，顾及他人，潇洒大度，助人为乐，同时还应（ ）。

A.禁发各类不适宜的短信 B.不滥用手机，以节约费用

C.遵守公共秩序 D.自觉履行安全义务

▲ 阅读理解

某年4月1日，某单位项目负责人小王正等班车，准备赶去单位参加上午的一个重要项目评审会，刚要上车，同事小陈跑来告诉他，他的孩子摔伤了，很严重，他妻子在

哭。小王一听就慌了，马上调头往家里赶去，谁知班车开走后，小陈忍不住笑了起来，说他是和小王在开愚人节玩笑呢。

你认为小陈的玩笑正常吗？请分析说明幽默与恶意玩笑的区别。

○ 技能题

▲ 单项操作训练

每一个人都不时地在倾听中失误。为了查出你是何种类型的倾听者，问自己如下问题：

1.你曾经做错作业，而班上其他人都正确？

2.你曾经要求老师重新解释他（她）在班上留的作业吗？

3.你曾经因为没有仔细地听某人指路而迷路吗？

4.你的同学曾经因为你问了一个刚刚解答的问题而嘲笑你吗？

5.你曾经问过一个已经经过讨论没什么要做的问题吗？

6.你曾经明白由于你受到某事的干扰而没有很好地倾听吗？

7.你曾经因为没有倾听而受到谴责吗？

8.你曾经由于忘记了别人指的路，当你需要见某人时发现停在错误的地方吗？

9.你曾经即使别人告诉你寻找的位置也找不到东西吗？

对这些问题你有多少次回答“常常”“有时”？请评析你的倾听失误率。

▲ 综合操作训练

公司经理要你去对方单位接洽某项业务，他说已打了电话给对方负责人了（假设对方负责人曾是经理的部队战友），你应如何准备你可能的话题内容？

观念应用

○ 案例题

最“正确”的失言

著名小提琴家伊·帕曼招聘学生时，他问：“演出时，你觉得最重要的心理准备是什么？”学生回答：“要小心。”帕曼：“错了！一个处处小心的演奏者，怎么有可能成为伟大的音乐家呢？你练习的时候可以小心，但是上了舞台，就要有自信。即使错了，你也要错得有信心，继续把曲子拉完。所以，对于演奏家而言没有错，错了也是对的！”按照一般人想来，这位学生的话有错么？不，非常正确，音乐家演奏中的一个重要心理当然是小心谨慎。不过，这个“要小心”的回答却不是万金油，用在什么事情上都对，所以在具体环节上却出现了差错。只凭常识和习惯不假思索地信口开河，就有可能将一般情况下的“正确”的话说“错”，从而失去得分的机会，在“小心”中没能做到小心。

结合以上材料分析，如何避免将“正确”的话说“错”？

○ 实训题

试以你的新同事或新同学为对象，运用所学的话题开启技巧和倾听技巧，让他在你面前作“自如、畅快的倾诉”。

○ 讨论题

一位年轻人去一家公司应聘，该公司办公室负责人问：“你怎么知道我们这里正好有空缺的职位啊?”年轻人想让气氛轻松些，就故作神秘地说：“昨晚，我在梦里听到有人对我说的。”说完自己先笑了起来，结果他没有被录用。

试分析该年轻人犯了哪些错误。

第5章

体态语言礼仪

学习目标

通过本章学习，你应该达到以下目标：

素质目标：掌握体态语言礼仪，能够准确传达个体的思想和感情，使动作、举止更合乎礼仪，同时也能洞察他人的内心世界。

知识目标：了解体态语言礼仪的概念、作用，体态语言的基础知识与基本理论依据，认识体态语言的不同含义。

技能目标：按照体态语言礼仪的要求，运用体态语言运用原则，基本掌握在人际交往中正确使用体态语言的方法技巧。

能力目标：具有区分不同体态语言和运用所学的体态语言礼仪要领、方法及向他人表述自己的心理活动、状况及内在情感需求的能力。

引例 “握手”何以成为“友好”的世界通用语？

2011年，为促进不同文明之间的对话、团结和理解，联合国教科文组织将每年7月30日定为“国际友谊日”，倡议各国根据文化习俗开展增进友谊的活动，以人民、国家、文化和个人间的友谊激励促进和平，实现多元文化间的包容和尊重。

作为世界“友好”通用语的握手礼，或可算作东西方关于友谊认知相通的例证。“握手”与“言和”，东西方表现出何种默契？

握手礼在西方由来已久。公元前9世纪亚述国王的宝座上就刻有握手图案，荷马史诗《伊利亚特》中也出现过与握手有关的情节。由于握手会占用原本持有武器的右手，因此被视为释放尊重与善意。19世纪中期，握手成为现代问候方式，从欧洲传播至其他地区。

握手以表友好在中国文化中亦颇有渊源。甲骨文、金文中的“友”字由两个“又”字构成，形同两只手伸向一处，也有人认为状似两只右手紧握，但均意指协调、配合。《说文解字》注曰：“友，同志为友。从二又，相交友也。”《后汉书·李通传》有云，“及相见，共语移日，握手极欢。”据此衍生出成语“握手言和”。

"恩德相结者，谓之知己；腹心相结者，谓之知心。""握手"这一形式与表征下，其内核是交往双方满怀善意的"相知"(相互理解)。唯将追求善意之理解作为交往法则，才可抵达"握手极欢"之境。

世界各国历史脉络与文化基底多元，自然产生了不同的政治选择，通过"握手"促进"对话"，无疑才是促进和平，实现多元包容的正途。小到不同文化背景下的个体，如中国诗人艾青和智利诗人聂鲁达的情谊；大到文化机构的跨国协作，如时下中国国家博物馆与意大利26家国家级博物馆等合作举办的"意大利之源——古罗马文明展"，这些来自友谊声部的清越之音穿越喧嚣令人心悦。

资料来源 徐雪莹."握手"何以成为"友好"的世界通用语？[EB/OL].［2022-08-24］. https://baijiahao.baidu.com/s?id=1739778871156324410&wfr=spider&for=pc.

人际沟通的媒介和渠道很多，概括起来可分为有声语言沟通和无声语言沟通。体态语言作为无声语言的主要组成部分，对沟通起着相当重要的作用，其重要性有时甚至超过有声语言。心理学家认为，无声语言所显示的意义要比有声语言深刻得多。伯德惠斯特尔以研究体态语言而闻名，他认为，两人交往时，有65%的社会意义是用非语言符号传递的。

5.1 体态语言基本含义

体态语言，也叫动作语言，*是指人的一些细微的动作、举止、表情等都反映着内心的思想与感情*。动作语言就是通过各种动作、举止、表情向他人表达自己心理活动、状态及内在情感需求。体态语言也是洞察他人内心的窗口，有助于人际深层次交往；掌握体态语言不仅能准确传达个体的思想与情感，也能使动作、举止更合乎礼仪。

5.1.1 体态语言的作用

人的体态可以传达思想和感情，而且它所传达的信息是十分可观的。心理学家有一个有趣的公式：一条信息的表达=7%的语言+38%的声音+55%的人体动作。可见，人们获得的信息大部分来自视觉印象。如我们"表示同意"时会点点头，说"不要"时会摇摇手，说"欢迎光临"时满面笑容，喊着"你滚出去"时则怒目圆睁，高兴时手舞足蹈，愤怒时以沉默表示抗议，而聋哑人却全靠体态语言表情达意，传递信息。因而美国心理学家艾德华·霍尔曼十分肯定地说："无声语言所显示的意义要比有声语言多得多。"对人际沟通来说，体态语言因其独特的有形性、可视性和直接性，具有不可低估的特殊意义。

1）体态语言与口头语言、书面语言共同构成完整的人类语言表达系统

公关交流中的语言表达，除书面语外，主要就是有声语言的表达。但有声语言在表

情达意上是有局限的，口语表达者出于某种目的或原因，常常把所要表达意思的一部分甚至大部分隐藏起来，从而造成“词不达意”“言不由衷”的结果。根据弗洛伊德的解释，这大概是经过理性加工的语言往往不能直率地表露一个人的深层心理和真实意向的缘故。从听者的角度来看，有声语言的这种无形性、隐藏性和间接性，往往令人难以“尽解人意”，于是，双方的交流和沟通就有了很大的障碍。

体态语言有效地弥补了口语表达的不足。如果说有声语言主要是诉诸人的听觉器官，那么体态语言主要诉诸人的视觉器官。只有视、听作用双管齐下，才能给听众以完整、确切的印象。

体态语言的辅助作用还体现在说话者有意无意地通过体态语言加强表达效果、强化主体信息表达的感染力，它直接作用于听众，让听众更直接、更有效、更全面地接收信息。

这种起强化作用的体态语言，多数情况下是无意识的，即不自觉地用体态语言加强表达效果。如我们说“请”“请进”时，会不自觉地身子向前倾，一只手向一侧伸出，做出“请”的姿势；说“再见”时，一只手在面前挥来挥去。不过，少数情况下的体态语言则是有意识的，或者说主动设计一些体态语言，以加强有声语言的表达效果，如谈判时故意摇头，演讲时手在空中用力挥动等。

2）体态语言能准确、形象、全面地表达主体的思想感情

主体的许多丰富的思想感情是无法用口头语言来表达的，如一个人非常悲伤时，他可以用流泪、长跪甚至大声痛哭来表示，但如用口头语言“我很悲伤！”来表达就不合适了。所以，在一些特定的公众场合，无声语言完全可以不依附有声语言而独立表情达意，表现出主体的思想感情，“此时无声胜有声”。

在《林海雪原》“智取威虎山”一节中，杨子荣扮成胡彪打入威虎山，座山雕首先是用了几分钟时间一声不吭地“盯”着“胡彪”，让杨子荣觉得非常紧张，在这几分钟里“杨子荣像受刑一样难受”。可见无声语言往往能起到意想不到的作用。

3）体态语言能更完整地体现出主体的内在气质、风度和人格

体态语言不仅能与有声语言互为补充，而且一个人的体态形象能体现主体的内在气质、风度和人格。在日常生活中，人们的举手投足、一颦一笑，无不传递着大量的信息，显露出主体的文化修养和爱憎好恶。因此，在人际沟通中，人们不仅通过别人的体态、动作去衡量他人的价值取向，也通过自己的动作和姿态来表现个人的气质、风度。

从动作语言学原理方面分析，不同修养、不同文化程度的人内在气质会呈现出一种差异性，这种差异性也会体现在行为习惯上。我们可通过对行为习惯的观察，判定该主体具备什么样的性格气质和风度。因此说，有声语言能显示主体的文化程度、个性特征，展示主体的个性魅力。若想充分展示自身的气质、风度，光靠从容、流利、幽默、机智的谈吐显然是不够的，还需要无声语言的密切配合。

简言之，人际沟通离不开体态语言。要想有效地进行交流和公关活动，就必须借助体态语言，只有有声语言和体态语言紧密配合，才能达到交流和公关的目的。

5.1.2 体态语言运用原则

1）体态语言应符合所在国的文化传统要求

任何一种体态语言都是与当地文化传统紧密相连的，它代表着特定文化背景下的特定含义，万不可作为“通用语言”张冠李戴，导致误会。如挑眉毛，在汤加国，双方交谈时此体态语言表示同意双方的谈论或对某种请求表示默许；而在秘鲁是表示“请您付款”；在美国则是男人见了漂亮女子时的反应。

再如眨眼睛，在意大利，熟人谈话时眨一只眼，表示对对方幽默谈话的赞同；在科摩罗群岛的放牧人眼中连续眨眼三次表示同意；而在澳大利亚，即使是友好地向女性眨眼，也被认为是失礼的行为。

点头，在很多国家被认为是“同意”的表示；而在保加利亚和希腊，却要反过来，表示“不同意”。

大拇指和食指捏成一个圆圈，在巴西会被认为是粗俗下流的动作；在日本表示“钱”；在法国却是“一钱不值”或“零”；在美国这样做再伸出其余三个手指表示“OK”，即赞扬或允诺；在希腊和俄罗斯则被认为不礼貌。

2）体态语与有声语言同步进行，不能脱节

体态语言的重要功能是辅助有声语言的表达，故在使用体态语言时，应与有声语言同步进行，有机地配合有声语言的表达，而不是脱节，甚至表达的是与有声语言截然不同的意思。如果两者分离，就会弄巧成拙，如表现欢快的内容，却是悲悲切切的表情；表现感伤的内容，却又面带微笑，显然很不协调。在人际交往中，如果体态语言和有声语言不一致，往往会给人一种不真实、虚伪或有意掩饰着什么的感觉。

所以，在人际沟通中，尤其应注意体态语言与有声语言配合一致，只有有声语言表达清晰、准确、有感情，同时配以得体的表情、动作、姿态，才能给人留下美好的整体形象。

3）恰到好处，适可而止

体态语言尽管在口语交际中发挥着很大的作用，但它毕竟是作为有声语言的辅助手段而存在的，一般情况下不能脱离有声语言而存在。所以，我们运用体态语言要适度，恰到好处，不可喧宾夺主。如果每句话都用上一个表情或动作，搔首弄姿，手舞足蹈，反而会弄巧成拙，令人反感。记住：丰富的体态语言与装腔作势也只有一步之遥，务必慎重把握。所以，体态语言只能作为一种辅助手段，在运用过程中不能过多。一举手、一投足都要恰到好处，适可而止。

4）切合语境，符合身份

首先，体态语言要与主体的当时语言环境相适应，这和口头语言原则一样，“到什么山唱什么歌”，在不同语境中，对主体的行为表情、举止都有不同的要求，否则就会被认为不文明、不礼貌。所以在一些正式场合，要注意运用符合语境的体态语言，不可轻率粗俗。

其次，体态语言的运用应符合表达者的身份，身为一名德高望重者，就不能用过于年轻化的体态语言。体态语言往往还体现着一个人的修养和文化水平，正常情况下，知识水平越高，体态越优雅。作为一个有修养、有文化的知识分子、公关人员，如举止粗俗则很不应该。特别是公关人员，代表的是组织形象，言谈举止不符合身份，必然会有损自己和组织的形象。事实上，现在许多企业为了提高企业员工形象，都注重从体态方面培养从业人员的风度、气质，比如一些服务行业职员脸上的“微笑”表情便是培训的结果。

5.1.3 体态语言运用的基本要求

1）尊重他人

行为举止要考虑到他人，要有礼貌。有的人衣冠楚楚却举止粗俗，不以礼待人、不尊重他人，都是缺乏教养的表现。

以日常生活中常见的递交物品为例，须把握安全、便利、尊重三原则。若递刀子给他人，千万不要把刀尖对着他人递过去，而要“授人以柄”，使人有安全感，并使对方能方便地接住，还要等对方接稳后才能松手；端茶递水要双手递上，不要溅湿他人，捧茶杯的手不要触及杯口上沿，避免客人喝水时嘴唇碰到你手指接触过的地方；若递交书本、文件，也同样应让对方一目了然，不能只顾自己方便而让他人接过书本文件后再倒转一下才能看清文字。尽可能地给对方以方便，就是对他人的尊重。

2）大方、得体、自然

站有站相、坐有坐相、行有行相。要率直而不鲁莽，活泼而不轻佻，工作时紧张而不失措，休息时轻松而不懒散，与宾客接触时有礼而不自卑。

由此可见，一个人的气质、风度及礼仪教养不是靠高档的服饰装扮出来的，而是在一举一动中自然体现出来的。某些人或许能够在一夜之间暴富，但不可能立刻成为绅士，西方有句俗语“三代出贵族”，讲的就是这个道理。

3）行为举止要有距离概念

男女之间如果经常走得太近，未免有“过从甚密”之嫌；情侣之间，如果离得太远，就有闹别扭之感。在社交活动中，人与人之间保持多远距离合适具有特定的要求。

美国人类学、心理学的创始人霍尔博士通过大量事例证明，人在文明社会中与他人交往而产生的关系，其远近亲疏是可以用界域或距离的大小来衡量的。那么，反过来说，人们在人际交往中的位置，相互间的距离，也应由人们关系的亲疏程度来定夺。

一般来说，人际交往依据亲疏程度不同而有不同的空间距离，大致分四类情况（见表5-1）。

表5-1 人际交往空间距离

距离（m）	类别	语意	适用
<0.45	亲密界域	亲密无间、爱抚、安慰	恋人、夫妻、密友交流
0.45 ~ 0.75 ~ 1.2	个人界域	亲切、友好、融洽	朋友、同志、同事谈心
1.2 ~ 2.1 ~ 3.6	社交界域	庄重、严肃、认真	会见外宾、商务谈判
>3.6	公众界域	公开、大度、开朗	演讲、报告、讲课

特别提醒：除非特殊亲密者，否则不能闯入45厘米的亲密界域禁区！日常朋友之间交流的距离最好是75厘米左右。太远，则无亲切感；太近，气息扑面、唾沫溅身，还会产生压抑感。

以上四种空间距离，只是人际交往的大致模式，在具体运用时，要根据不同对象的特点（如文化、性别、年龄、地位、性格不同而有各自不同的特点）灵活运用。就性格而言，外向开朗的人容易突破空间，而内向、孤僻的则严守界限。此外它也受到时间及场所的影响，如晚间相对防御圈就会扩大，而在拥挤的公共场所，其距离也不得不缩小。

图5-1为传统教室的排列。

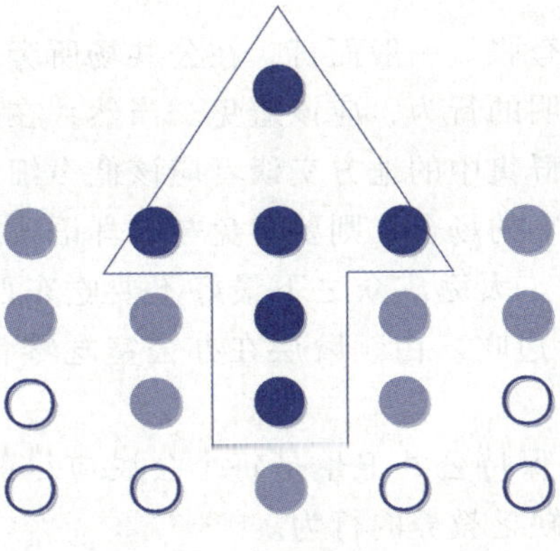

图5-1 传统教室的排列

在这种排列中，坐在深色座位上的学生更有可能与老师相互交流。在浅色座位上的学生与老师有一些相互交流，坐在白色座位上的学生很少与老师相互交流。圈在实线内的领域被称为行动圈。

同理，你的选择也决定了自己想和老师发生多大程度的互动，如果你坐在白色座位圈里，你可能在向老师传递不想沟通的信息。

5.1.4 体态语言运用禁忌

体态语言运用禁忌是指在日常社交场合，因为不了解体态语言的全部含义，而在不经意中表现出令人难堪或让人感到不快的行为、动作。虽属小节，却有损个人形象，也会给正常沟通带来负面影响，应引起足够的重视。

1）避免不雅行为

（1）忌当众整理衣裤。在社交活动开始前，必须穿戴整齐。特别是从洗手间出来前，应照照镜子，检查、整理好服饰，从容出来，切忌边走边拉拉链、扣扣子、擦手。

（2）忌当众发出异常响声。在社交场合应尽可能避免放屁、打嗝、打哈欠、咳嗽、打喷嚏、抽鼻涕等行为。打喷嚏意味着鼻内受到某种刺激，有时在公众场合，你的喷嚏会接二连三地打个不停，确是一件很尴尬的事。如果有一连打十几个喷嚏的习惯，必须请医生帮助你找到敏感原因。在社交场合或在会议期间连连哈欠，不仅不雅观，而且不礼貌，尤其在会议场合，表明你对会议不够重视，因为打哈欠只能说明你疲倦、厌倦。

（3）忌当众抓挠身体。当众伸舌头、挖耳鼻、揉眼睛、搓泥垢、剔牙、修剪指甲、梳理头发、抓耳挠腮等均属不文雅行为，亦应尽量避免。

（4）忌随意动手、动脚。有些人在交谈或开会时，手中总想拿点什么东西摆弄着，这种习惯很不好，也是对对方不尊重的行为。还有些人讲话时总喜欢拍打对方一下，这种轻浮的动作，对方是很反感的。

有些人坐着时，两腿不停地摆动，或者是一条腿压在另一条腿上不停地摆动着，特别是脚尖摆动得还很有节奏，使对方对你产生很高傲、不好接近的感觉，这是一种缺乏礼仪修养的行为。

（5）忌旁若无人，动作夸张。一般而言，在公共场所旁若无人地手舞足蹈、高声谈笑、大呼小叫是一种很不文明的行为，应该避免。当然，在观看体育比赛和庆祝会之类的场合，则另当别论。在人群集中的地方交谈者应该低声细语，声音的大小以不干扰他人为宜，但在朋友聚会和酒宴的场合，则要避免与人耳语或窃窃私语。

（6）忌在公共场所进食。大庭广众之下最好不要吃东西，更不要出于友好而逼人分享你的食物，也不要边走边吃。白领阶层在办公室吃零食不仅欠雅观，还有损单位形象。

（7）忌破坏公共卫生。保持公共卫生是每个公民应尽的义务，随地吐痰，乱扔烟蒂、纸屑和其他废弃物都是缺乏教养的行为。

在允许抽烟的场合，要遵守抽烟礼仪，同时切忌对着别人喷吐烟雾或烟圈。

（8）忌在众目睽睽之下随意放松自己。不要在他人面前躺在沙发里，趴在或坐在桌上，或跷起二郎腿。走路时脚步要放轻，不要咔咔作响。

（9）忌经常看表。看表是一种非常明显的体态语言，告诉对方，时间到了，你别再继续下去了，显然这是不礼貌的举动。

（10）迎送时的忌讳。见面时面带微笑，握手时热情亲切，不可毫无生气或一副冰冷相。

客人进门，起立表示欢迎，避免坐着用手示意客人入座。

客人告别时，要送出门外。人少时或遇到不常见的客人时最好握手告别。人多时或常客可以挥手作别。

客人走出门后，应轻轻关门，切忌用力将门“砰”的一声关上。

2）防止冒失行为

（1）不要事事总想表现自己。在社会交往中，特别是在人多的情况下，不要什么事都往前跑，总表现自己，把自己摆在中心的位置，又打手势又指挥别人，甚至拍一拍说话人的背说："你等会再说，让我先说。"这些都是极不礼貌的行为习惯。

（2）不要乱闯乱进。"游客止步""闲人勿进"之处不得擅入；非公共场合，如他人办公室、私人住宅、宿舍、工地等场所非经允许，不得随便进入，即使如约而至，也应先敲门得到允许后再进入。

（3）不要冒犯他人的尊严。对陌生人尤其是异性不要盯视和跟踪；对老人、残疾人的动作不要模仿；当他人在进行私人谈话或打电话时，不可故意接近，以免有偷听之嫌，更不能偷窥别人的隐私；见他人遭遇不幸，不可有哄笑之举。自己若妨碍了他人应致歉，受人帮助则应道谢。

（4）不要开过分的玩笑。当他人独处时，不得做出令其受到惊吓的行为，更不能乘其不备，出其洋相。只想自己开心，不顾他人尴尬，是很失礼的。

5.2　眼神与表情

人们相见时，给人印象最深的部位就是脸，脸是一张反映自己生理和情感状况的"明细表"。人的一个动作、一个眼神、一个表情都可以传递出内心的信息，不同形式的丰富、复杂的"神态语"，在很大程度上起着信息沟通的作用。在接受对方信息时，我们不仅在"听其言"，而且也在"观其神"。可见，面部表情在人们交往过程中所起的重要作用。因此，一个能够巧妙地运用自己眼神、面部表情的人，也是善于塑造自我形象的人。

5.2.1　眼神礼仪

孟子说："存乎人者，莫良于眸子，眸子不能掩其恶；胸中正，则眸子瞭焉；胸中不正，则眸子眊焉。听其言，观其眸子，人焉廋哉。"（瞭：明；眊：眼睛昏花；廋：隐藏）

眼睛作为"心灵的窗户"能带给人更多的无声语言，它表达着更丰富的情感，是体态语言的重心。印度诗人泰戈尔也说："一旦学会了眼睛的语言，表情的变化将是无穷无尽的。"

1）影响眼睛"注意"的因素

要学会从一个人的眼神中了解其心理活动状态，就需了解构成眼神的四个基本因素：时间、方向、精力与情感。

（1）时间。如"看"的时间长称为"凝视""盯"，如短则是"一瞥""一瞟"等。一般来说，看的时间长表明较重视，反之则表示不太重视，但也有为掩饰自己的兴趣而故意缩短看的时间甚至不看的情形。

（2）方向。从主体与交际对象的位置看，有直视、斜视之分；从主体与交际对象所处的高度关系看，有平视、仰视、俯视之分。它们也分别含有微妙的心理因素。

（3）集中的精力。如“全神贯注”地看，表示注意力集中；而“漠视”“目光游移不定”则表示注意力不集中。

（4）内含的情感。眼睛表达情感通过以下方式进行：

• 眼睛周围脸部肌肉运动。

• 眼皮的开合程度，如瞪大眼睛表示惊愕、愤怒；一般圆睁（或加皱眉），表示不满、疑惑；眯着眼表示快乐、欣赏；眨眼表示调皮、不解等。

• 瞳孔的某些变化。瞳孔的直径在2～8毫米之间，平时保持适中大小，光线耀眼时会缩小、暗时会扩大。但瞳孔的变化也反映出情感的变化，当人们看到新奇东西或有强烈兴趣时，瞳孔会放大。据爱德华博士的调查显示，正常男人看见女性的裸体时，会出现瞳孔扩大两倍的现象。据说，古代波斯珠宝商人出售首饰时，就是根据顾客瞳孔大小来要价的，如果顾客看到熠熠发光的宝石、钻戒等瞳孔扩张，说明他对这件首饰有强烈兴趣，商人就把价格提高一些。当人饥肠辘辘渴求食物时，看到有美味佳肴呈上，则人的瞳孔会放大。当人们面对自己心爱的人时，瞳孔也会放大，此时面容都比平时美丽些。另外，在恐惧、紧张、愤怒、喜爱、疼痛等状态下，瞳孔都会扩大，而在厌恶、疲倦、烦恼等状态下瞳孔则会缩小，某种愤怒或消极的态度能使瞳孔缩小到“蛇眼”的程度。

• 眼球转动的方向也可以表达情感。斜着眼看人、白眼球增多，表示蔑视、轻视和不快。谈话时，以柔和的视线向上看对方，表示尊敬或撒娇；以柔和的视线向下看，表示慈爱、成熟、稳重。

• 眼睛传递的情感除了自身内在的态度情感外，还包括显示双方关系的情感。如在很多人中一人对另一人挤眼，显示出双方关系的某种默契。

2）眼神的作用

眼神有极强的表现力，内容也极其丰富，几乎可以反映出个体心中的一切情感波澜，能表达出某种信息最细微、最精妙的差异。在人与人面对面的交往中，信息的交流以目光的交流为起点。目光运用得当与否，会直接影响到信息传递和交流的效果。

（1）不同的目光可以传递不同的含义和信息，接收信息的一方应通过观察，了解眼神所发出的信息。

这方面主要通过瞳孔的变化来判断，除此之外，还能通过注意方向传递某种含义。在实际交往中，目光注意方向的含义也是丰富多彩的。人们不难从目光中了解他人是友善还是敌视，是镇静还是慌乱，是全神贯注还是三心二意。

（2）在口语交际中，目光能帮助有声语言制造一个有利的交际气氛。

你可以通过眼神向对方传达几乎所有的情感表现——赞许、尊敬、责备、鼓励、警告、请求等。面对一个社交新人，你的眼神中充满了赞扬、好感和鼓励，就能给他极强的社交信心。在一个集会场所，你的眼神也能对会场秩序、听众注意力起到很好的控制作用。

（3）眼神还能反映深层心理，眼睛的动作一向被认为是最明确的情感表现，但有些反映深层心理的眼神，却要认真揣测才能弄懂。如在人际交往中，视线的有意回避，说明他是在掩饰什么或有所愧疚，交际的双方就要从特定的语境中猜测对方目光所能体现的心理。如在商业洽谈过程中，有些谈判者眼神闪烁不定，这反映出对方精神上的不稳定或性格上的不诚实，与这种人洽谈业务时就要特别谨慎，以防上当。

心理学的研究表明，每个人都会严格控制内心活动不外露，如故作轻松等，但谁也控制不了剧烈心理活动对眼神的影响。也有人说正因为这个原因，一些职业赌徒往往用墨镜将自己的眼睛遮起来。所以，在人际沟通中，一方面，我们主张以坦诚的目光表达自己真挚的情感；另一方面，交际双方又要善于解读眼神的信息，从对方的眼神中挖掘其深层心理。只有这样，才能用眼神进行有效的沟通。

3）眼神的礼仪

我们知道，在人与人之间进行交流时，眼神的交流总是处于最重要的地位。在交流过程中，要不断地用眼神表达自己的意愿、情感，还要适当观察对方的眼神，交流结束时，也要以眼神作一个圆满的结尾。在各种礼仪形式中，眼神运用得当与否，直接影响着礼仪的质量。

（1）正确把握和理解眼神。眼睛是人们了解客观世界的重要器官，同时也是反映主观内心世界的一面镜子，是人类五感（视觉、听觉、嗅觉、味觉和触觉）中最敏感的，它约占感觉领域的70%，而且人们普遍对眼神具有一定的解读能力。把握和理解眼神可以从时间、角度、集中的精力、内含的情感等几方面来观察。

- 看的时间。看的时间长表示较重视，反之表示不太重视。与对方目光接触的时间一般以与之相处总时间的1/3为宜，与对方目光接触的时间超过了1/3时，要么是被认为很吸引人，要么是怀有敌意。因此对于不太熟悉的人，不可长时间地盯着对方的眼睛，以免引起对方的惶恐和不安。如果感觉与对方谈得来，可以一直看着他，让他意识到你喜欢与他交往。他可能也会回报，以建立良好的默契，这样的谈话，起码要有60%以上的时间注视对方。如果谈话时心不在焉，东张西望，或是由于紧张、羞怯不敢正视对方，目光注视的时间不到整个谈话时间的1/3，那一定不容易被人信任。

- 看的角度。从主体与交际对象的位置而言，有互视、斜视、仰视、俯视之分。一般来说，仰视表示尊重、敬畏，适用于对尊长；俯视通常用于身居高处时，既可表示对晚辈的宽容、怜爱，也可表示对他人的轻慢、歧视；而平视适用于在普通场合与身份、地位平等之人进行交往。因此，与人交往时尽量不要站在高处自上而下地俯视于人；适当地仰视对方，会赢得对方的好感；当对方缄默不语时，就不要看着对方，以免加剧因无话题本来就显得冷漠、不安的尴尬局面。当对方说了错话或显得拘谨时，不要马上转移自己的视线；否则，他会误认为是对他的讽刺和嘲笑。

- 看的位置。从视线停留的部位可反映出人际关系的状态有三种：一是视线停留在两眼与胸部之间的三角形区域，称为近亲密注视。二是视线停留在双眼与嘴部之间的三角形区域，为社交注视，是社交场合常见的视线交流位置。三是视线停留在对方前额的一个假定的三角形区域，为严肃注视。这种注视方式能造成严肃气氛，使对方感觉到你有正经事要谈，这样你本人就占据了主动。在人际沟通中，运用眼神要注意根据关系亲密程度来确定视线停留的部位，也可以依据语境、场合来确定。如社交场合用社交注视；领导找下属谈话，则用严肃注视；朋友间的交谈，则使用近亲密注视等。

要特别注意不要盯住对方的某一部位“用力”地看，这是愤怒的最直接表示，有时也暗含挑衅之意。一般来说，与人见面时可以把自己的目光放虚一些，不要聚焦于对方身上的某个具体部位。

• 集中精力。它是指“全神贯注”，表示注意力集中；“目光游移不定”则表示注意力不集中。交谈中，应始终保持目光的接触，这是表示对话题感兴趣；长时间回避对方目光而左顾右盼，是不感兴趣的表示。但应当注意，交流中的注视，绝不是把瞳孔的焦距收束，紧紧盯住对方的眼睛，这种逼视的目光是失礼的，会使对方感到尴尬。交谈时正确的目光应当是自始至终地注视，瞳孔的焦距要呈散射状态，用目光笼罩对方的面部，同时辅以真挚、热诚的面部表情。交谈中，随着话题、内容的变换，做出及时恰当的反应。通过目光流露出会意的情绪，可以使整个交谈融洽、和谐、生动、有趣。交谈和会见结束时，目光要移开，表示谈话结束。

（2）运用恰当的眼神。眼睛是人类传递信息最有效的器官。一个眼神，可以让人看出他的情绪是兴奋还是忧伤，是惊恐还是沉思。如目光炯炯有神，则体现自信、精明强干；目光暗淡无光，则体现信心不足。因此，掌握恰当的眼神在塑造交际形象过程中起着很重要的作用。眼神的表现形式应与交谈的场合、内容相适应，与交流双方之间的关系相适应。眼神的运用应注意以下几点：

• 眼神要与交往对象相适应。如果双方关系十分亲密，较长时间地对视着交谈是适宜的。对初次相识或一般关系的朋友，或是异性，长时间直盯着对方，在许多的文化背景中都是失礼行为；正面上下打量人更是一种轻蔑和挑衅的表示。所以，在一般的社会交往中，人们不喜欢对方肆无忌惮地凝视自己。也有一些例外，比如在中东的一些地区，人们常以相互凝视作为正常的交往方式。视线接触的时间，除关系十分亲近的人外，一般以注视对方每次数秒比较适宜。

在交往中，彼此间的目光接触还因地位和自信程度不同而有所不同，往往地位高、自信程度高的人容易不住地凝视对方，而对方则较少注视；面对长辈则目光略向下，以显示恭敬。

• 眼神要与场合相适应。在庄重场合，不可东张西望，左顾右盼，否则会给人以一种缺乏修养的印象。在空间较大的社交场合，通过相互对视，可以解决因距离远而造成打招呼困难的问题，使交往气氛融洽起来。

当与两个或两个以上的人共处时，不应当只看着自己的熟人或与自己谈得来的人，而冷落了其他人。即使是在接待尊卑有序的许多客人时，在重点照顾好高位尊者的同时，也应当适当地与其随员和下属进行眼神的交流。面对有男有女的几位客人时，对异性和同性要“一视同仁”；否则，与异性谈话两眼炯炯有神，与同性谈话时眼神却暗淡无光，就无法与客人达到真正的心理沟通。

• 用好你的眼神。交往时，一般以朴实无华的目光表示出正派；含蓄深沉的眼神表示出成熟；调皮的目光透视一种天真、活泼和幽默感；慈祥温柔的眼神则给人以亲切、信服的感觉；目光左顾右盼，飘忽不定是心慌意乱的表现；视线向上是高傲，视线向下则表示伤感、悔恨、胆怯、害羞的心理等。总之，在各种社交活动中，如果注重自己神情的表现，注重眼神的表现力，并恰如其分地使用，就一定能树立美好的形象。

4）眼神礼仪应注意的问题

讲究礼节、礼貌是公关工作的基础要求，眼神礼仪也同样如此，不管使用什么样的眼神，首先要做到有礼貌，不失礼仪。

（1）不能对不熟悉或关系一般的人长时间凝视，将被视为一种无礼行为。这也是全世界范围内通行的礼仪。

动物之间互相威胁对方是用眼神对抗的形式，人也是如此，所谓“仇人相见，分外眼红”，就是利用眼神对抗表示仇恨、威胁的意思。所以，眼神礼仪的要求是，除了亲密的关系外（如恋人的长时间凝视），凝视的对象只能是法定允许被欣赏者（如演员）或非人（如艺术作品）。

但是这也受文化的影响，如美国人谈话时看对方眼睛的时间不超过1秒钟，而瑞典人则要长久地看着对方的眼睛才不失礼。与陌生人谈话的眼神礼仪除受文化影响外，还受性格、性别、综合背景条件的影响。

性格影响：性格外向的人比性格内向的人目光接触多，看的次数也多，但不能反过来推之。

性别影响：女性谈话时看对方的时候多，而男人少些。女人喜欢对方时，就会多看几眼，而男人多看对方几眼给人的感觉是更加主动和积极。

综合背景条件影响：人们感到舒适或者有兴趣时，看对方的次数和时间增加；感到羞愧、内疚、悲伤时，看对方的次数和时间减少；想要说服对方时，看对方的时间也多些。

（2）眼神注视对方的时间超过整个交谈时间的60%，属于超时型注视，一般使用这种眼神看人是失礼的，但以下情况例外：①你很天真，而对方很老成时；②正常社交状态下，对对方本人比对话更感兴趣时，尤其在恋爱的情况下；③与对方是公开的仇敌时，或警察审讯犯人时；④谈判中目光对视，表示力量和自信时；⑤上司欣赏地看着你，表明他想知道更多的信息，并赏识你的才干；⑥看地位较高的人表示崇敬时。

（3）眼睛注视对方的时间低于整个交谈时间的30%，属低时型注视，一般也属失礼的注视，表明他的内心自卑、企图掩饰什么或对人、对话题都不感兴趣。

低时型注视在以下情况下是不失礼的：①从少年的天真无邪期到青年期之间的过渡时期发生的特有现象；②上司对你看得较少时，表明你工作很糟糕，不能让他满意；③较高地位的人与地位低的人交谈时。

（4）眼睛转动的幅度与快慢都必须遵循一个“度”，不要太快或太慢。眼睛转动稍快表示聪明、有活力，但如果太快则表示不诚实、不成熟，给人以轻浮、不庄重的印象，如“挤眉弄眼”“贼眉鼠眼”指的就是这种情况。但是，眼睛也不能转得太慢，否则就是“死鱼眼睛”。鲁迅描写祥林嫂遭受巨大打击和迫害后，眼珠许久才转一下，表示她已被迫害得头脑迟钝、木讷了。眼睛转动的范围也要适度，范围过大给人以白眼多的感觉；过小则显得木讷。

（5）恰当使用亲密注视。和亲近的人谈话，可以注视他的整个上身，称“亲密注视”。

“亲密注视”的使用是有限度的：①不要对陌生人，尤其是陌生异性使用；②亲密注视时不能用斜视、俯视、藐视等眼神注视；③对亲近或陌生的人讲话时闭眼，给人以傲慢或表示没有教养的感觉。

在长辈面前的亲密注视，应注意目光略为向下，显得恭敬、虔诚；对待下属、孩子等的亲密注视，应目光和善、慈爱，显出宽厚、有爱心；朋友之间的亲密注视，应热情坦荡。

总之，眼神作为个体情感、个体心灵活动之窗，需要每一个公关礼仪工作者去认真体会，了解其中的奥秘，为深层次的人际交往和沟通提供条件，只有“读”懂对方的眼神才能投其所好。

5.2.2 面部表情礼仪

美国前总统林肯曾说过，男人一过40岁，就要对自己的相貌负责。的确，当一个人随着岁月的推移逐渐成熟的时候，他的知识、智慧、才能、性格一定会在他的脸上留下痕迹。

1）面部表情是个体的第一特征

表情是指眼睛、眉毛、嘴巴、鼻子、面部肌肉以及它们的综合运用所反映出的个体心理活动及情感信息。表情的寓意最为丰富，也最具表现力，它能迅速、准确地表达出主体的各种情感。

人的脸部表情是通过眼睛、眉毛、鼻子、嘴巴以及脸上的肌肉变化表示出来的。如表情明朗、刚强给人一种壮美；表情柔和、舒展给人一种优美；表情生硬、扭曲给人感觉是生气、发怒。脸部表情在交际时应该是明朗、刚强、柔和的，这样才能体现脸部表情的大方宁静和轻松柔和。

实际上，正因为表情所传递的心理活动特性是完整、全面的，所以我们可以通过“表情”来了解个体的各种特征。

（1）可以看出个体的国籍、种族。当儿童遭父母训斥时，做出不同意或疑问表情的，多半是美国儿童；低着头老实听着的多半是亚洲儿童。男人为了表示自己的兴奋、快乐亲吻同伴的，一般是中东国家的男子；其他国家则一般不会。

（2）可以看出性别。在我国，传统上认为“男儿有泪不轻弹”，男子面部表情的最高标准是“喜怒不形于色”；而女子则在面部表情上要求“笑不露齿”，喜怒哀乐的表示比男性受束缚少些，如喜是“嫣然一笑”，哭是“梨花带雨”，怒则“薄面含嗔”，痛则“西施捧心”……如观察到的是一张深沉、稳重的脸，多半是男子；而喜怒鲜明的，多半是女子。

（3）可看出性格、地位、修养。性格外向的人，喜怒哀乐容易表现在脸上；性格内向的人一般脸部表情较沉郁，不容易看出心理变化。

地位高的人，由于自身奋斗到这个高位，并且接触的人也多有才干，一般给人的威严感强些；而地位低、贫困，又无多少修养的人一般给人以放肆的印象。当然这也不是绝对的，只是有这种倾向而已。

情操高尚的人，一般从脸上可看出他的慈祥、温和、高贵的气质；卑劣的流氓一般有一张阴险、狡诈、蛮横的脸。

（4）可看出人的心理。不同的面部表情表现出人的不同心理。比如，与人交谈时忽然皱眉掩嘴，这可能表示：有戒心，但又不愿被对方看破或表示不愿接近对方。做出下颚上抬、鼻子欲挺出的动作，一般表示傲慢；耸鼻，鼻孔朝向对方，则表示鄙视；交谈时摸耳垂表示准备插话或厌烦对方。

所以，我们可以从面部表情的微妙变化窥探人的内心，进而提高你的洞察力。

2）微笑

五官中，嘴部是面部表情中比较显露的突出部位，嘴的表现力仅次于眼睛，笑主要是由嘴部来完成的。

笑，是眼、眉、嘴和面部的动作集合，它能够有效地表达人的内心情感。据专家统计，人的面部表情肌有30多种，可以做出大约25种不同的表情。就拿笑来说，可以分为微笑、欢笑、狂笑、苦笑、奸笑、傻笑、狞笑、嘲笑等。其中最常见、用途最广的便是微笑。

（1）微笑的魅力。原一平，一名身高只有1.53米的普通的保险推销员，从投身保险行业那天起，他就坚信社会本身必然为那些学有所长的人提供赖以生存的机会和广阔的发展空间。开始的几个月里，命运仿佛和他在开着玩笑，他的保险推销份数为零！而他的薪水也被无情地冻结，但他没有气馁，而是在冷静地进行了一番思考后，重又满怀信心地迎接着每一天。他把“家”从公寓迁到公园里的“长椅上”，改坐电车上班为徒步上班，日子在一天天过去，原一平仍像往常一样精神抖擞而又热情百倍地向跟自己擦肩而过、迎面相遇的每一位路人报以真诚而温暖的微笑，在一个个平凡的日子里，总有不知名的路人因为收到他慷慨馈赠的温暖微笑而倍感温馨和振奋。终于有一天，一位老人、一位资深老板、一位一直受惠于原一平这位快乐的年轻人所给予的那份真诚而又善意的微笑的长者，主动结识原一平并投保。机遇之后就是成功，原一平真诚、出色的微笑、不懈的事业追求、永不言悔的执着精神使他成为全日本最知名的保险营销专家。

微笑是一种健康、文明的举止。一个善于通过微笑来表达美好情感的人，可以使自己更有魅力，也会给他人以更多的美感。美国钢铁大王、世界巨富安德鲁·卡耐基为什么敢于聘任一个不懂得钢铁生产的38岁的查尔斯·施瓦布担任公司的CEO，最主要的原因是他拥有高超的同别人打交道的能力。这些能力是施瓦布个性的体现，而他的个性中最讨人喜欢的因素莫过于那极富感染力的微笑。靠着这种微笑，吸引别人喜欢他的性格，喜欢他的魅力，进而喜欢他的本事。可以毫不夸张地说，微笑使施瓦布获得了空前的成功，施瓦布曾自豪地宣布：“我的微笑价值100万美元。”

微笑的力量是相当巨大的。有人把微笑比作全世界通用的货币，因为它被世界上所有的人们接受。但是，如同纸币一样，微笑也可能是虚伪的。所以我们倡导发自内心的微笑。

有“微笑之邦”之称的泰国，一切服务工作都是在微笑中进行的。泰国航空公司把微笑写进了广告，“请乘坐平软如纱的泰航飞机，到泰国来享受温暖的阳光和难忘的微笑吧！”泰国给游人留下了热情待客的良好印象，除了阳光、海水、沙滩以及佛教、舞蹈、人妖这些泰国特色外，最主要的还是那无处不在的微笑。

• 能给对方留下良好的第一印象。温馨而亲切的微笑能给人带来春风般的温暖和舒适，能有效地拉近人与人之间的心理距离，留给对方美好的心理感受。周恩来总理就被国际友人誉为“微笑外交家”。美国希尔顿酒店创始人——康纳·希尔顿在50多年里，不断地到设在世界各地的希尔顿酒店视察，视察中他经常问下级的一句话是：“你今天对客人微笑了没有？”他确信，微笑将有助于希尔顿酒店在世界范围内的发展。他要求员工记住一个信条：“无论酒店本身遭到何等困难，希尔顿酒店服务员脸上的微笑永远是属于顾客的阳光。”

• 微笑会使你的赞美更具分量。真诚的赞美加上发自内心的诚挚的微笑是一种令人无法抗拒的心理武器，能使对方迅速对你产生由衷的好感与敬意，也会令一对普通伙伴成为能以心相交的朋友。

• 有利于迅速打破僵局，消除双方的戒备心理。人际交往的障碍之一就是戒备心理，尤其在一些重要的交际场合，人们的心理防线构筑得更加牢固，生怕由于出言不慎带来麻烦，于是有的人干脆不开口，或者尽量少说话，这就使沟通出现障碍，很多交际场合会出现僵局。在这种情况下，微笑可以作为主动交往的敲门砖，化解双方的心理防线，互相产生信任和好感，随之进入正常的交往状态。

• 充分表现出对他人赞许、谅解、理解的态度。在交谈过程中，用微笑、点头的方式，表示赞许；误解消除，对方道歉，你报之一笑表示谅解；面对顾客怒气冲冲的投诉，服务员一直面带微笑地认真倾听，以示对顾客的尊重和理解等。在许多情况下，微笑的作用确实是千言万语无法取代的。

所有的敌意会在微笑中化为无形，中国有句俗话叫“伸手不打笑脸人”就是这个道理。

• 令对方无法拒绝你的请求。在商务谈判中，微笑更是个讨价还价的有力武器，它可以进攻，令对方不得不适当让步；也可以防守，面对那么真诚的微笑，你还能再发动残酷的攻击吗？

• 保持良好的身心健康状态。“笑一笑，十年少”，微笑是促进身心健康的良药。一个在脸上时刻挂着微笑的人必然少病痛。生物学家研究发现，人们在愉快地学习、工作时，血液里没有毒素。许多医学研究也表明，良好的心态、愉悦的心情是长寿的最佳药方。此外，微笑也是最好的美容手段。

（2）微笑的不同含义。

• 表示兴奋、幸福、心中暗喜：眼睁大，瞳孔放大、闪动频率加快；眉毛上扬；嘴角平直或微微向上。

- 表示有兴趣：眼睛轻轻一瞥，停留时间约1秒钟；眉毛轻扬；嘴角向上。
- 表示对对方感兴趣：亲密注视方式；眉毛轻扬或平；嘴角向上。
- 交际应酬时的常用表情：社交注视方式；眉毛平；嘴角向上。
- 表示与对方保持距离或冷静观察：平视或视角向下；眉毛平；嘴角向上。
- 呈现出严肃的表情：严肃注视方式；眉毛平；嘴角平或微微向下。

以上诸种含义都是通过微笑表情来体现的。它提醒我们，作为公关人员不管在什么情况下，不管遇到什么事情，都不要忘记微笑。

（3）微笑的基本方法：不发声、不露齿，肌肉放松，嘴角两端向上略微提起，面含笑意，亲切自然，使人如沐春风。微笑是发自内心的自然、坦诚的感情流露，切不可故作笑颜、假意奉承。作为一种特殊的“情绪语言”，微笑要求做到四个结合：

- 口和眼的结合。在微笑中，眼睛的表情是十分重要的，眼睛有传神送情的特殊功能，又是心灵的窗户，因此，口到、眼到、神色到，笑眼传情，微笑才能扣人心弦。
- 笑和神、情、气质的结合。“神”，就是笑得有情入神，笑出自己的神情、神色、神态，做到精神饱满，神采奕奕。“情”，就是要笑出感情，笑得亲切、甜美，反映美好的心灵。“气质”，就是要体现出谦虚、稳重、大方和得体的良好气质。
- 笑和语言的结合。语言和微笑都是传播信息的重要符号，只有做到二者的有机结合，声情并茂，相得益彰，微笑才能发挥出它的特殊功能。
- 笑和仪表、举止的结合。端庄的仪表、适度的举止，是对每个从业人员的基本要求。以姿助笑，以笑促姿，就能形成完整的、统一的、和谐的美。

（4）微笑的基本“四要”“四不要”。笑是一门艺术。作为礼仪的笑容应该是美好、自然的，它是常态下的微笑。公关人员要塑造美好的笑容，就要加强笑的艺术修养，剔除不良习惯，做到“四要”“四不要”。

- “四要”：一要口、眼、鼻、眉、肌结合，做到真笑。发自内心的微笑，会自然调动人的五官：眼睛略眯起、有神，眉毛上扬并稍弯，鼻翼张开，脸肌收拢，嘴角上翘，唇不露齿，做到眼到、眉到、鼻到、肌到、嘴到。二要神情结合，显出气质。笑的时候要精神饱满，神采奕奕，要笑得亲切、甜美。这样的笑伴以稳重、伴以文化修养，就能显出气质。微笑在于它是含笑于面部，“含”给人以回味、深刻、包容性。一位艺术家曾说，他喜欢面带笑容的含蓄感，但如果露齿或张嘴笑起来，再好的气质也都没有了。三要声情并茂，相辅相成。在公关工作中，微笑和语言美往往是孪生子，甜美的微笑伴以礼貌的语言，二者相映生辉。如果脸上微笑，却出言不逊，语言粗野，其微笑就失去了意义；如果语言文明礼貌，却面无表情，冰冷一块，就会令人怀疑你的诚意。四要与仪表举止的美和谐一致，从外表形成完美统一的效果。
- “四不要”：①不要缺乏诚意，强装笑脸；②不要露出笑容，随即收起；③不要仅为情绪左右而笑；④不要把微笑只留给上级、朋友等少数人。

观念应用 5-1　　微笑训练

观念应用5-1

分析提示

虽然微笑是发自内心的，但后天的训练也非常重要。有人说我没有不高兴啊，可就是笑不出来。对一些性格内向、羞涩的少男少女而言，要在脸上经常挂着微笑确实需要一个训练的过程。据说，各大航空公司在培养空中乘务员时，就要先进行长达几个月的微笑训练。

1）微笑模式训练五法

（1）拇指法。双手四指轻握，两拇指伸出，呈倒八字形，以食指关节轻贴颧骨附近；两拇指肚向上，放于嘴角两端1厘米处，轻轻向斜上方拉动嘴唇两角；反复多次。

（2）食指法。轻握双拳，两食指伸出呈倒八字形，放于嘴唇两角处，向斜上方轻轻拉动嘴角，并寻找最佳位置。

（3）中指法。两中指伸出，其余四指自然收拢、半握；两中指肚放在嘴角两端，轻轻向斜上方拉动。反复多次，寻找你美丽的微笑感觉。

（4）小指法。两小指伸出，其余四指自然收拢，半握；两小指肚放在嘴角两端，轻轻拉动嘴角；反复多次，直到找到满意的微笑状态为止。

（5）双指法。双手拇指、食指伸出，其余三指轻轻握拢；用两拇指顶在下巴下面，两食指内侧面放在嘴角处，向斜上方轻轻推动；反复多次，直到满意为止。

2）配合微笑训练法

（1）对镜微笑训练法：这是一种常见、有效和最具形象趣味的训练方法。

（2）模拟微笑训练法：①轻合双唇；②两手食指伸出（其余四指自然并拢），指尖对接，放在嘴前15～20厘米处；③让两食指尖缓慢匀速分别向左右移动，使之拉开5～10厘米的距离；④两食指再缓慢匀速向中间靠拢，直至两食指相接；同时，微笑的唇角开始以两指移动的速度，同步缓缓收回。

（3）情绪诱导法：就是设法寻求外界物的诱导、刺激，以求引起情绪的愉悦和兴奋，从而唤起微笑的方法。

（4）记忆提取法：这是演员在训练中常采用的一种方法，也被称为“情绪记忆法”。

（5）观摩欣赏法：这是指几个人凑在一起，互相观摩、议论，互相交流，互相鼓励，互相分享开心微笑的一种方法。

（6）含箸法：这是一种日式微笑训练法。

（7）意念法：这是一种已经有了微笑训练基础或者善于微笑的人，不用对镜或其他道具，而只用意念控制、驱动双唇，以求达到最佳微笑状态的训练法。

5.3　手势及其他体势礼仪

5.3.1　手势礼仪

手势语是指通过手臂摆动和手指、手掌活动表达信息的一种体势语言。手势语在现代社会拥有很广的使用范围及频率，英国心理学家麦克·阿尔奇发现，在1小时的谈话中，芬兰人做手势1次，意大利人80次，法国人120次，而墨西哥人可达180次，正因为手势语既能辅助表情达意，又可展示个性风度，所以在体势语言中扮演着重要“角色”。

1）手势的种类及含义

手势按动作意义的不同可分为拱手、招手、挥手、摆手、拍手、握手等。按手势的作用不同可分为以下四种：

（1）情绪性手势，即用手势表达思想情感。比如，高兴时拍手称快，悲痛时捶打胸脯，愤怒时挥舞拳头，悔恨时敲打前额，犹豫时抚摸鼻子，急躁时双手相搓；而用手摸后脑勺则表示尴尬、为难或不好意思；双手叉腰表示挑战、示威、自豪，双手摊开表示真诚、坦然或无可奈何；扬起巴掌用力往下砍或往外推，常常表示坚决果断的态度、决心或强调某一说辞。

情绪性手势是说话人内在情感和态度的自然流露，往往和表露出来的情绪紧密结合，鲜明突出，生动具体，能给对方留下深刻的印象。

（2）表意性手势，即用手势表明具体内容，表达特定含义。多数是约定俗成后形成的一些手势，含义明确。例如，招手，表示让对方过来；摆手，表示不要或禁止；挥手，表示再见或致意；竖大拇指，表示第一或称赞；伸小指，表示最小或蔑视；用手指指自己的胸口，表示谈论的是自己或跟自己有关的事情；伸出一只手指向某个座位，是示意对方在该处就座等。

手势的表意动作也属于人的一种自觉动作，也有特定场合、特殊情况下的手势表意，如聋哑人的哑语，还有交通指挥、体育裁判等。在这些公众场合，语言不便使用，人们往往借助手势表示特定的含义。

（3）象形性手势，即用手势来摹形状物。如说东西很大时，用双手合成一个大圆，说某人个子很矮时手往下一压。象形性手势能使所表达的内容更形象、更生动。

（4）象征性手势，即用手势表达某一抽象的事物或概念。如说“迎接更加美好的明天”时张开双手，徐徐向前；说“我们胜利了”时双手握拳，用力向上挥动；说“必须坚决制止这种行为”时，做一个用手向下砍的动作，等等。

小资料5-1　　**手势语言**

● 轻拍。成人之间用手轻拍手背、手臂或背部，表示默契、理解或安慰。如上司轻拍下属的肩后部，则表明他真诚地赞许下属，轻拍肩前部或从上往下拍，表示他很倨傲而又故意显示宽容。而成人轻拍小孩子则是爱抚的表现。

● 以手触头。手被称为是最具破坏力的武器，而头则是人体最敏感、易受伤的部位，因此，自己以手触头表示“自我亲密性接触”。如以手支头部，表示思考或女性需要安慰；以手敲头部、以手抱头等表示陷入长久思考；以手轻拍额头，表示腼腆、困惑；抓头发，表示不满、困惑、害羞或痛恨自己。

● 用手指或笔敲打桌面、在纸上乱涂抹。这表明不同意对方说法，借此来消除紧张感或不耐烦的情绪。

• 咬指甲。这是婴儿吮吸自己手指习惯的延续，表明此人心理上、个性上尚未完全成熟。

• 玩弄物件，如打火机、手帕、头发、首饰等。表明心理紧张或为打击对方说话故意转移视线，或者利用手中玩物提高气势（如将烟灰缸、茶杯等推入对方一边，侵犯对方的人际空间，扩大心理上的势力范围）。

• 两手并拢成尖塔形，置于颚下倾听对方讲话，表明镇静或震慑或高傲或自信。

• 两手垂于膝前，双手交握，表明宁静或虚心或女性化。

• 将手插入裤子或上衣口袋中，是不让对方看破自己内心警戒心理的表现。

• 摊手，有时加上耸肩，表明坦率或无可奈何。

• 交叉双腕，表明解决手的放处或防范对方。

• 握拳交叉，表明攻击或敌意。

• "4"字交叉，表明不安或缺乏自信。

• 交叉双臂身子前倾，表明批判地听，多半准备拒绝。

• 手摸下颚，表示评价对方的人或所说的话。

• 从上到下摸脸，表明为难。

• 以手摸鼻，一般交谈时表示怀疑；求人时对方摸鼻，表示准备拒绝。

• 交谈时摸耳垂，表示准备插话或厌烦对方。

资料来源　何伶俐.高级商务礼仪指南［M］. 北京：企业管理出版社，2012.

2）手势礼仪要求

手势由速度、活动范围、空间轨迹及力度几部分构成。

一般来说，速度越快、活动范围越大表达的感情越强；反之就越弱。空间轨迹是指人的手势在空间留下的是"直线"还是"曲线"。直线带给人的印象是强硬、果断、有力，但缺乏温和；曲线则相反，体现柔和、恬静的情感。

• 大小适度。在社交场合，应注意手势的大小幅度。手势的上限一般不应超过对方的视线，下限不低于自己的胸区，左右摆动的范围不要太宽，应在胸前或右方进行（指右手）。一般场合，手势动作幅度不宜过大，次数不宜过多，也不宜重复。

• 自然亲切。在任何场合手势都应自然、流畅，浑然天成，不能造作，破坏自然和谐的交流气氛。在与他人交流时则多用柔和曲线的手势，以示和善和亲切感。

• 避免不良手势。与人交谈时，讲到自己不要用手指自己的鼻尖，而应用手掌按在自己的胸口上。

谈到别人时，不可用手指着别人，更忌讳背后对人指指点点。

初见陌生人时，避免抓头发、玩饰物、掏鼻孔、剔牙齿、抬腕看表、高兴时拉衣服袖子等粗鲁的手势动作。

避免交谈时指手画脚，手势动作过多、过大。

握手时不分对象，不分主次，不讲究方式和力度。

3）握手的礼仪

据说，握手礼起源于中世纪的欧洲，那时人们见面时，无敌意的双方为了显示自己的友好，就要放下手中的武器，伸开手掌让对方摸摸手心，这种习惯逐渐演变成现代的握手礼。

微课5-1

握手的礼仪

握手并不是一种全球性的礼节，在某些国家，握手仅限于特定的场合和范围。如在美国一般只有被第三者介绍后两人才可握手；在日本见面时的一般礼节是相互鞠躬致意；在东欧的一些国家，见面礼节往往是相互拥抱；在我国握手礼不但在见面和告辞时用，而且是一种祝贺、致谢或相互鼓励的表示。

（1）握手的形式。

• 平等式握手——平等式握手即单手握，这是最为普通的握手方式，具体做法是施礼双方各自伸出右手，手掌呈垂直状态，四指并拢，拇指张开，肘关节微屈抬至腰部，上身微前倾，目视对方伸右手相握，可以适当上下抖动若干次（一般三次以内为宜）以示亲热。它是礼节性的，一般适用于初次见面或交往不深者。

• 手拍手式握手——主动握手者用右手握住对方的右手，再用其左手握住对方右手的手背。这种形式的握手，在西方国家被称为“政治家的握手”，用这种形式握手的人，试图让接受者感到他热情真挚，诚实可靠，在朋友同事之间，很可能达到预想的结果。然而，如果与初次见面的人相握，则可能导致相反的效果，因为，接受者可能怀疑主动者的动机。

• 拍肩式握手——这种形式的握手有两个组成部分。第一，主动握手者的右手与对方的右手相握，他的左手移向对方的右臂。这样，他伸出的右手和左手就可以向接受者传递出更多的情感。比如，握住对方的胳臂时，要比握手腕表达情感更多，用手握住对方的肩膀又要比握胳臂肘上方显得炽热友好。第二，主动握手者左手给对方增加了额外的温暖。应该注意的是，只有在情投意合和感情极为密切的人之间，这种方式才受欢迎。

（2）握手的方式。

• 握手时的掌势。握手时，掌心向下显得傲慢，似乎处于高人一等的地位，表现出有一种支配欲和驾驭感（很显然，下级对上级、晚辈对长辈、学生对老师使用这一手势是失礼的）；掌心向上是谦恭和顺从的象征；双方手掌均呈垂直状态，两人都欲处于支配地位，并都想使对方的手处于顺从状态。在涉外场合，双方手掌均呈垂直状态，意为地位平等。

• 握手的时间。握手的时间要恰当，长短要因人而异。握手时间控制一般可根据握手双方的亲密程度灵活掌握。初次见面握手时间不宜过长，以3秒钟左右为宜。切忌握住异性的手久久不松开，握住同性手的时间也不宜过长，以免对方“欲罢不能”。当然，有时碰到老朋友或仰慕已久的客人，为表示特别亲切，握手时间长些倒也无妨。

• 握手的力度。握手时用力要适当，可握得稍紧些，以示热情，但不可太用力，更不可把对方手握疼，这会显得粗鲁无礼。但也不可握得太轻，有人为维护自尊，握手时只用指尖与对方接触，或是干脆在他人握住自己手时一动不动，不作任何反应，这种做法显得妄自尊大或让对方怀疑你是敷衍了事。正确的做法应当是不轻不重地用手掌和手指全部握住对方的手，然后微微向下晃动。自己的手被别人握住时，也应微微晃一晃，以示有所回应。

当然，遇到老同事、老朋友、老同学，应该把对方的手紧紧握在手中，即使握得对方隐隐作痛，也只会换来一片欢笑之声，为这不期而遇的亲切、热诚增添了乐趣。

如果下级或晚辈与自己有力地紧紧相握，一般也应报以相同的力。这会使晚辈或下级对自己产生强烈的信任感，也可以使你的感召力在晚辈或下级中得到提高。

某年6月，美国有家知名的大公司欲出60万美元的年薪招聘一位高级人才。这一高薪“肥缺”一下子吸引了几百个应聘者。经过反复挑选，人事部最后留下两位条件相当的男士，他们在学历、工作经历、年龄等方面都没有什么明显的差异，然而只能二取一。这个难题被交给了老板本人。老板亲自出面拍板的那天，先是坐在办公室让负责招聘的人员请两位应聘男士进来，分别与他们握了一下手，说了你叫彼得，你叫大卫之类的简单问候语之后，随即吩咐自己的员工把两人请到会客室，连材料也没看就定下了彼得入围。后来招聘者去问老板原因，老板才说出了理由：彼得握手时眼睛看着老板，表现出礼貌、礼节，在掌握力度、时间、方位等方面均比大卫到位。

（3）握手的顺序。握手时伸手的先后顺序是由握手人双方所处的社会地位、年龄、性别等各种条件决定的。握手应遵守“尊者决定”的原则，即握手者首先确定双方彼此身份的尊卑，由位尊者先行伸手，位卑者予以响应，贸然抢先伸手是失礼的表现。

握手双方伸手的先后顺序：年长者与年轻者相互握手，年长者先伸出手来，年轻者方可伸手握之；身份高者与身份低者相互握手，身份高者先伸出手来，身份低者方可伸手握之；女士与男士相互握手，女士先伸出手来，男士方可伸手握之；已婚者与未婚者相互握手，已婚者先伸出手来，未婚者方可伸手握之，等等。

在公务场合，握手时伸手的先后顺序主要取决于职位、身份；而在社交场合和休闲场合，则主要取决于年龄、性别和婚否。

礼节性握手应坚持对等、同步的原则，当然不可能绝对同步，但时间差不应十分明显。如果一方伸出手来，另一方未作回应，或反应迟钝，半天才伸手，就会使对方陷入尴尬境地。因此，握手之前要审时度势，应听其言观其行，留意握手信号。

接待来访客人时，应由主人先伸手与客人握手表示“欢迎”。当客人告辞时，则应由客人先伸手与主人握手表示“再见”。如果握手的顺序搞颠倒，很容易让人产生误解。

（4）握手的禁忌。包括：①坐着握手，除非是年老体弱者或残疾人。②用左手与他人握手。③戴手套与人握手（女士的装饰性手套除外）。④交叉握手，在多人同时握手时，交叉握手是一种失礼，可以待别人握完后，再伸手相握。⑤抢先与女士主动握手。⑥握手时心不在焉、面无表情。⑦握手时用力不当或时间控制不当。⑧用湿手、脏手与人握手，如对方已伸手，则应亮出双手，表示歉意。⑨握手后马上当众揩拭手掌。⑩“死鱼式”握手，即握手有气无力，可有可无。⑪拒绝握手，即使对方忽视了握手礼的先后顺序，而已经伸出了手，也应看作是友好问候的表示，马上伸手相握。

如果你能以正确的方式在社交场合与他人热情握手，相信每一次握手都会意味着友谊。

5.3.2　其他体势礼仪

1）鞠躬礼仪

小资料5-2

肢体语言

鞠躬是我国古代传统礼节之一，至今仍是人们见面时表示恭敬、友好的一种肢体语言。在日本、朝鲜、新加坡等国，这种礼节也普遍为人们所接受和使用。

（1）鞠躬方式。行鞠躬礼时，行礼者在距受礼者2米左右，身体立正，面带微笑，目视受礼者。女性鞠躬时手合拢，自然放在身前；男士则将双臂自然下垂在身体两侧，弯腰到一定程度后恢复原态。受礼者一般应还礼，长者、贤者、女士、宾客还礼时可不鞠躬，欠身点头即可。

（2）鞠躬程度及含义。弯腰因场合、对象不同而有所区别。一般而言，角度越大，表示越谦恭，对被问候者越尊敬。

一般致礼：15°左右，表示一般致敬、致谢、问候。

敬礼：30°左右，表示恳切致谢或表示歉意。

敬大礼：45°左右，表示很恳切的致敬、致谢和歉意。

敬最大礼：90°左右，在特殊情境，如婚礼、葬礼、谢罪、忏悔等场合才行90°大鞠躬礼。

与握手相比，鞠躬表达的敬意更深一些，常用于婚丧节庆、演员谢幕、讲演、领奖等场合以及下级对上级、服务员对客人、初次见面等场合，特别是在大众场合个体与群体交往时，个人不可能和许多人逐一握手，则可以鞠躬代之，既恭敬，又节约时间，值得大力提倡。

2016年10月21日上午，纪念红军长征胜利80周年大会在人民大会堂举行。中共中央总书记、国家主席、中央军委主席习近平出席大会并发表重要讲话。和以往的会议不同，在此次大会上，习近平总书记多次鞠躬。大会开始前，李克强总理介绍出席大会的嘉宾，在介绍到习近平时，他缓缓站起来，深深鞠了一躬。走到讲话台前，习近平再次鞠躬。这些鞠躬是给谁？是为了什么？答案就在总书记的讲话中。鞠躬，是为了台下的老红军；鞠躬，是为了80年前的壮举；鞠躬，是为了革命先辈的热血；鞠躬，是为了每一个为革命添贡献的人民群众；鞠躬，是为了不忘初心为人民，继续前进靠青春！

2）欠身与点头礼仪

欠身是向别人表示自谦的礼貌举止，它与鞠躬略有差别。鞠躬要低头，而欠身仅身体稍向前倾，两眼仍可直视对方；鞠躬一定要站着，欠身则可站着，亦可坐着。

点头礼即颔首致意，表示对人的礼貌，通常用于比较随便的场合，在碰到同级、同辈或有一面之交、交往不深的相识者的时候，点头致意即可；遇长者、贤者、女士时应礼貌点头致意。

点头礼还可用于会场不便谈话之处，或迎送者众多，不便一一握手之时。

3）亲吻与拥抱礼仪

亲吻礼也是西方国家常用的会面礼，常与拥抱礼同时采用，即双方见面时既拥抱，又亲吻。

由于双方关系不同，行礼时，亲吻的部位也不相同。长辈亲吻晚辈，应当亲吻额头；晚辈亲吻长辈，应当亲吻下颚或面颊；同辈之间，同性应当贴面颊，异性应亲吻面颊；真正亲吻嘴唇，即接吻仅限于夫妻之间或恋人之间，其他关系是不能吻嘴唇的。男子对尊贵的女宾往往亲一下手背或手指以示尊敬。

行亲吻礼时，特别忌讳发出亲吻的声音，或者将唾液弄到对方脸上。

另外，吻手礼也是一种流行于欧洲的会面礼。行礼时，男士行至女士面前，立正垂手致意，然后用右手或双手捧起女士的右手轻轻抬起并弯腰俯身，用自己微闭的嘴唇，象征性地在女士的手背或手指上轻轻一吻，然后抬头微笑相视，把手轻轻放下。

拥抱礼是西方国家传统的礼节形式。在人们见面、告别，表示祝贺、慰问和欣喜时，常采用拥抱礼，拥抱礼有时是纯属礼节性的。在我国，除一些少数民族外，拥抱礼不常采用。

正规的拥抱礼，应该两个人正面相对站立，各自举起右臂，将右手搭在对方的左肩后面；左肩下垂，左手扶住对方右腰后侧。首先向各自对方的右侧拥抱，然后向各自对方的左侧拥抱，最后再次向对方的右侧拥抱，拥抱三次礼毕。

在一般的场合行拥抱礼，不必如此讲究，次数也不必如此严格。

4）注目与举手礼仪

注目礼原为军人实行的特殊礼节，现已成为社交场合较为广泛使用的礼节之一。行礼时目光始终凝视对方，并随他们的行走而转移，一般在介绍、握手、点头、举手时使用，以示敬重。

举手也是对别人招呼时的礼貌举止。手举过头，通常用于远距离向对方问候；手举不过头常用于中距离向对方问候；手举过头并左右摆动，常用于送别场面，表示依依不舍。

5）拱手与合十礼仪

拱手礼又叫长揖，是我国民间传统的重要礼节，现在主要适用于过年时的团拜，向亲朋好友表示感谢，向长辈祝寿，对朋友结婚、生孩子、乔迁和晋升表示祝贺等。

行拱手礼，要上身挺直，双手抱拳，举至下巴处，自上而下或自内而外，有节奏地晃动二三下。外国客人认为这是一种民族气息很浓，既文明又风趣的礼节："自己握住自己的手摇，代替握住别人的一只手摇。"

合十礼，又称合掌礼，是亚洲信奉佛教的地区常采用的一种礼节。

行礼时，要面对受礼者，手掌合拢并齐，掌尖与鼻尖基本持平，手掌稍向外向下倾斜，并微微低头。当有人向我们如此行礼时，我们也应以这种礼节回应。

6）鼓掌与叩指礼仪

鼓掌是表示赞许或向别人祝贺的礼貌举止，通常用于在聆听别人的演讲，看完、听完别人的表演之后，用于表示自己的感谢、赞赏、钦佩或祝愿。鼓掌一般要出声，但也可以不出声而仅做出鼓掌的样子，不过应该让对方直接看到。鼓掌时要注意两边手指不要像行合十礼那样重合，而应呈相握状。

我国广东、福建一带盛行一种在宴席上、品茶时表示谢意的叩指礼。通常的做法是右手的拇指、食指和中指轻叩桌子。如果讲究的话，未婚者用食指表示个人谢意，已婚者用食指和中指表示夫妻共谢，有儿女的人可用五指表示全家谢意。

相传清朝乾隆皇帝微服出巡江南时，替随从人员倒茶。随从人员受宠若惊，又不敢行跪拜礼，怕暴露身份，只好以双指弯曲轻叩桌子来代表双膝下跪，感谢皇恩，于是形成了这种独具特色的叩指礼。

5.3.3　几种流行体势语言

1）“OK”手势

用大拇指和食指构成一个圆圈，再伸出其他手指，这就是人们通常所用的“OK”手势。在美国，它表示“同意、了不起、顺利”的意思；在法国，它表示“零”或“没有”；在日本、缅甸、韩国，同样一个手势则表示“金钱”，如在谈判中日本人做出这种手势，你若点头同意，对方就会认为你答应给他一笔现金。在地中海国家，“OK”手势常用来昭示这个男子是同性恋者，有时也用来暗指人的肛门，是一句无声而恶毒的骂人话。在巴西、希腊等各国，“OK”手势表示对人的咒骂和侮辱，如在巴西用这种手势而对方又是女性时，她会认为你在引诱她，男性则认为你在侮辱他。

2）竖起大拇指手势

竖起大拇指的手势在不同国家有不同的含义。在我国，它是表示赞许、肯定；在英国、澳大利亚和新西兰等国，旅游者常用它作为搭车的手势，它是一种善意的信号。但如果在希腊，竖起大拇指，意思是让对方“滚蛋！”所以，可以想象，如果一名澳大利亚旅游者在希腊用这一手势搭车，他将处于何等窘境！

3）“V”形手势

据说在第二次世界大战期间，英国首相丘吉尔曾在一次演说中伸出右手的食指和中指，恰好构成一个“V”形状的手势来表示胜利。从此，这一手势广为流传。殊不知丘吉尔当时使用这一手势时，是手心向外。而在澳大利亚、新西兰和英国使用手心向内的“V”形手势，就成了一种猥亵侮辱人的信号。但假如一个英国人或澳大利亚人想用手心向内的“V”形手势侮辱人，那一个欧洲大陆国家的酒吧服务员，他给予的回敬可能是两大杯啤酒，因为这一手势在欧洲其他各地是表示数字“二”；而在希腊，无论手心向内还是向外，“V”形手势都不能用，否则会惹来麻烦。

4）“塔尖式”手势

研究表明，那些自信的人经常使用这一手势，用以显示他们的高傲情绪。在上下级之间，这种手势主要用来表示“高人一等”“万事皆知”“唯我独尊”的心理状态。

在观察中发现，某些大公司的总经理在给他的下级传达指示时经常使用这一手势。这种手势在会计、律师、法官、经理以及单位主要领导人中显得尤其普遍。

一般来说，“塔尖式”手势可分为两种，一种是凸起的塔尖式，另一种是凹下的塔尖式。根据专家们的观察，大多数自信的男士喜欢使用凸起的“塔尖式”手势，而大多数女士则习惯使用凹下的“塔尖式”手势。

凸起的“塔尖式”手势是大脑产生“拔尖儿”思想时，手所做出的下意识动作。这无疑和“高傲”、“盛气凌人”以及“我比别人强”的思维活动有关。而凹下的“塔尖式”手势也是大脑思维“拔尖儿”的一种下意识动作，是在“能人背后有能人”的情况下，遇到“更拔尖儿者”时所做出的“让步”的意思表示。

“塔尖式”手势的特殊性告诉我们，下级在上级面前，晚辈在长辈面前，外行在内行面前，应尽量避免使用凸起的“塔尖式”手势，以免带给人无礼的感觉。

5）背手

将双手相握背于身后，是人类特有的“专利”，无论是在高等学府的院内，还是在军队的营地，背手行为到处可见。尤其是那些到各地视察、光临指导、检查工作的领导们更习惯随时将手背于身后，借以显示他们的“权威”或“崇高地位”。大量的观察证实，执勤的巡警、漫步在校园的校长、高级军官、将领以及权势和地位较高的人都有背手的习惯。显然，这是一种表示至高无上、自信或狂妄态度的人体信号，人们常常把它同“权力”和“权威”联系在一起。

我们知道，手是大脑思维活动的显示器。如果将手隐蔽起来，他人便无法察觉大脑的活动，因此会给人带来某种神秘感，使人摸不着头脑。把手置于身后，实际上是隐蔽了人的真正威力。对于他人来说，这种隐蔽的威力更大。此外，将手背于身后，将前胸突出，这本身就是一种“胆量”的显示。

其实，将手背于身后不仅带有某种权威色彩，对于大多数人来说，这种行为还会起到一种“镇定”作用。也就是说，当人们处于紧张状态或处于焦躁不安的状况时，将手背于身后，可以缓和这种紧张情绪，达到“镇定”的目的，用来壮胆。

6）十指交叉

在谈话中，有人时常将十指交叉起来。从表面看来这种体态语言表示自信，但大量的研究结果显示，这是一种表示焦虑的人体信号。曾有专家对这一手势做过专门的研究，证明这是一种表示“沮丧心情”的手势。当某人失去一笔好生意，当一个人失去他深深地爱着的情侣或失去一个“千载难逢”的好时机时，常常使用这一手势。将十指交叉起来的动作实际上是在控制他的“沮丧心情”的外露。人们使用这个手势时，手的摆放通常有四个位置：十指交叉，放在胸前；放在桌子上；坐着时放在膝盖上；站立时放在腹部前面。

十指交叉的手势有时也能暗示一个人的敌对情绪。研究表明，这种姿势的高度同一个人的敌对情绪及沮丧心情的强度密切相关。比如，手指交叉位置高的比位置低的人更难对付。在与采取这种姿势的人交往时，可以递给他一本书或其他任何物品，这样，他紧紧交叉的十指就会自动打开。

7）其他手势语言

在德国，人们喜欢用其他四指压着大拇指这种拳头状的动作来祝愿某人幸福或成功。但盎格鲁撒克逊人看到这一动作会无动于衷，因为他们表示此类祝福的方式不同于德国，他们是把中指和食指交叉相叠来表示祝愿的。

意大利人在提醒某人会有某些危险时，是用食指把自己的下眼皮微微往下扒。而对于这种暗示，不同地方的人有不同理解，英国人会理解成他们干的某件事情被人看穿了；拉丁美洲人则会把这一动作看成殷勤、客气的意思。一个英国人或法国人要是向意大利人使用这一动作，那么这个意大利人就会左顾右盼，看看周围有什么危险，而英国人在这种情况下所要表示的却不是这个意思，而是认为这个意大利人绝不是一个正派人物。

俄罗斯人把手指放在喉咙上，表示“吃饱”；日本人做这个动作，则表示被人家“炒了鱿鱼”。

在英美等国的公共场所演讲，演讲人想使听众保持安静，就得举起双手与头并齐，掌心向着观众。可是这种手势要是在希腊照样做，那就会被人们认为是投降的姿态，是最丑恶的形象。

表示欢迎的手势更是不胜枚举。太平洋群岛上的波利尼西亚人见面时，边拥抱，边抚摸对方的后背；因纽特人用拳头捶打熟人的头和肩；瑞典的拉普兰人互擦鼻子；萨摩亚人彼此嗅闻对方；埃及人问好动作像敬礼——把手举放在额边；一些非洲民族见面时，相互拥抱，还把面颊贴在一起。

见面礼：尼日利亚人是用大拇指在手上轻轻弹几下来表示；刚果河流域一带的人们，则是互相伸出双手，然后弯下身去，吹几口气来表示；东非有些国家先是握手，然后再握住对方右手的大拇指，以示亲热；大洋洲有些岛上的人们，惯用中指拉钩代替握手；日本北海道的阿伊努人，见面时先双手合十，再将手举向前额，然后男人摸胡须，女人拍拍嘴唇，最后再握手。

思政园地

“微火”成炬，温暖盛会

近日，冬奥会志愿者“粉衣小哥”刷屏了。一名美国运动员在社交平台分享自己参加北京冬奥会开幕式的感受，表示每次看到手机拍下的“粉衣小哥”志愿者对自己大喊“欢迎来到中国”的那一幕，都忍不住热泪盈眶，“因为他们都太好了，所有的志愿者都那么亲切友好”。“粉衣小哥”孙洋宁看到视频后，也立刻给这名运动员回信，表达感谢与祝愿。两人之间的真诚互动，感动了很多人。“有朋自远方来，不亦乐乎。”这句古语如今在冬奥会志愿者身上得到了充分体现。不少网友纷纷表示，中国人的善良、热情、好客是刻在骨子里的。

“微火”成炬，温暖盛会。每一个冬奥会志愿者都如同一簇“微火”，无论走到哪里，都洋溢着热情的气息，绽放着温暖的光芒。在各大赛区，来自多所高校的“90后”、“00后”大学生们，从事着翻译、信息沟通、安全保障等服务工作，展现着特有的青春活力；在各个冬奥服务志愿站点，不同年龄段的志愿者们忙碌穿梭、默默坚守，为冬奥会的举办尽一份心、出一份力。从开幕式上手举各国引导牌的引导员，到身着明亮“天霁蓝”的检票员，从负责场馆内无线电频谱定点监测的技术员，到因热情洋溢而备受瞩目的标兵志愿者，他们坚守各自岗位，点燃志愿精神之火，为冬奥会的一个个精彩瞬间做出了不可或缺的贡献。不论是聚光灯下的欢呼，还是幕后的坚守，一簇簇微小却坚定的火焰，散发着炽热的情怀，共同汇聚成这场冰雪盛会上最温暖的光。

在冬奥会的志愿者岗位上，一张张青春的面庞格外引人注目。开幕前夕，青年志愿者们以“我们已经准备好了”的豪迈誓言，传递着办好北京冬奥会的信心和力量。赛会期间，他们绽放的青春光彩更给来自世界各地的朋友留下深刻印象。“微火”虽微，却是“青年志”胸怀天下事；“微火”虽小，却是“嫩肩膀”扛起重担子。值得一提的是，在北京冬奥会现场，还有很多外籍青年志愿者，他们架起语言与文化的桥梁，与中国青年志愿者一起，激扬青春风采，共赴冰雪之约，点亮冬奥盛会，让“一起向未来”的交响更加响亮，让“天下一家”的情怀更加动人。

北京冬奥会志愿者标志由红、黄两色组成。这个由国际通用手势语言“我爱你”演化来的标志，像一张青春的笑脸，象征着爱与奉献。正如标志背后的寓意，冬奥会的志愿者们用微笑与善意，诠释着“奉献、友爱、互助、进步”的志愿精神，让北京冬奥会充盈着更多春天般的温暖。

资料来源　贾乾.“微火”成炬，温暖盛会［N］. 人民日报，2022-02-23（5）.

主要概念和观念

本章小结

○ 主要概念

体态语言　表情　手势语

○ 主要观念

交际距离原理　眼神语言　微笑力量说

基本训练

○ 知识题

▲ 简答题

1）运用体态语言的原则有哪些？

2）如何遵守眼神礼仪？

▲ 选择题

1）体态语言运用的基本要求是（　　）。

A. 尊重他人　　B. 大方、得体、自然

C. 动作到位、准确　　D. 行为、举止要有距离概念

2）一般而言，属于个人界域的人际距离应为（　　）。

A. 小于0.45米　　B. 0.45～1.2米　　C. 1.2～3.6米　　D. 大于3.6米

3）眼神注视对方的时间超过整个交谈时间的60%，属于超时型注视，一般使用这种眼神看人是失礼的，但（　　）例外。

A. 看地位较高的人表示崇敬时　　B. 你很天真而对方很老成时

C. 上司对你工作不满意时　　D. 眼睛近视时

4）微笑的“四不要”是指：不要缺乏诚意、强装笑脸，不要只把微笑留给上级、朋友等少数人和（　　）。

A. 不要大笑失态　　B. 不要露出笑容随即收起

C.不要喜怒皆形于色　　　　　　　D.不要仅为情绪左右而笑

▲ 阅读理解

小王通过了应聘的笔试关，他接到通知参加用人单位的面试，小王走进应聘面试现场后，在考官对面坐定，身体往背椅上一靠，二郎腿跷起，两手交叉胸前，眼睛紧盯着考官，眼神局促不安……

请你对小王的体态语言给予点评。

○ 技能题

▲ 单项操作训练

召集三、五名同学分别扮演并调换不同角色——领导、女士、长辈等，训练握手的不同要求与细节。

▲ 综合操作训练

你上司突然通知你晚饭后要到你家里拜访，请你制订一个包括你爱人在内的接待计划。

观念应用

○ 案例题

里根“拍中国马屁”

1984年，美国总统里根偕夫人访问中国，其间提出参观秦始皇陵兵马俑。

里根总统计划在秦俑馆参观40分钟，当他下到一号坑底时，被眼前雄伟的军阵震惊了。里根总统特别喜欢马，他自己有马群，还经常骑马，讲解员便把陶马的制作工艺介绍给他，他用惊讶的目光仔细观看马的全身。他抬起手又慢慢停下，回头礼貌地问讲解员：“可以摸一下吗?”征得同意后，他表示感谢，然后小心翼翼地把手放在马背上，慢慢由前向后移动，一直到马屁股。突然，他猛地把手从马臀抽回，神态严肃地说：“它不会踢我吧!”在场人都被他逗笑了。后来中国香港的一家报纸将里根在俑坑内摸马屁股的照片刊登在最醒目的位置，并附上一个别出心裁且耐人寻味的新颖标题——里根总统拍中国马屁。

当总统回转身发现一个武士俑无头时，便问讲解员为何无头，讲解员说：“俑头和俑身是分别制作而成的，待烧成后才组装到一起，这个俑头暂时未组装是为了让游客了解俑的烧制情况。”里根遂风趣地讲：“那就把我的头给它安上吧!”，遂引起了一阵大笑。总统还和这个陶俑比个头，当得知陶俑身高均超过1.80米时，不禁耸耸双肩，微笑着说：“看来我没有它高。”

里根夫妇特别高兴地站在兵马俑群中，让所有的照相机、录像机尽情拍摄。一位中国记者当时拍到一个颇有趣的镜头：里根夫妇与秦俑并肩而立，题名“入列”。当里根总统走出军阵后，对着兵马俑喊道：“Dismiss!”意为检阅完毕，解散。

里根总统的参观过程，通过卫星向全世界现场直播，整个参观竟用了75分钟，比原计划延长了半个多小时，他在现场的生动语言和幽默举止被传为美谈，也赢得了中美两国人民的极大好感。

结合以上材料分析，里根总统在参观兵马俑过程中运用了哪些生动语言？

○ 实训题

鼓起勇气，树立信心，平和心态，乐观面对，请你将真诚的微笑送给你身边的每个同学，并坚持更长的时间，你也许会发现这个世界其实真的很美。

○ 讨论题

小王是应届大学毕业生，在单位工作刚满一个月，因其工作能力不错，公司经理找他谈话，以确定是否正式聘用。小王刚坐下，就发现沙发边放着一只上面有全体八一队队员签名的篮球，作为八一队球迷的小王一下子就被吸引了。在谈话中，他不时用目光去瞟那只篮球，好像篮球已经把他的眼睛吸引住了似的。老总都说了些什么，他根本没有印象，谈话结束离开时，他还不忘回头再去看上一眼。第二天，办公室通知他试用期满，不再留用，让他走人。(补充：实际上那只篮球是经理为他将要考大学的儿子准备的，他本人对体育没有任何兴趣)

请判定小王不被聘用的原因。

第6章

公关文书礼仪

学习目标

通过本章学习，你应该达到以下目标：

素质目标：具有通晓种类文书的内容、格式、收发都应符合礼仪规范要求的专业知识，能够自如地运用文书礼仪准确地传递人际交流信息。

知识目标：了解文书礼仪的概念和作用，种类文书的基本内容和特点，根据需要选择使用不同的文书礼仪。

技能目标：按照文书礼仪的基本要求和符合人际交往通行的礼仪标准，对各类文书分门别类，基本掌握撰写各类文书的方法和技巧。

能力目标：具有运用和掌握所学的文书礼仪的知识和方法进行正确的人际交往的能力。

引例　　云中谁寄锦书来——我与书信的故事

信者，人言也。言亲情，话友谊，语公事，诉私托，故有“见字（信）如晤”一说。

书信除称书翰、手札之外，亦雅谓鸿雁、青鸟和双鱼种种。它们源自诗家词客作品中的佳句：“若无鸿雁飞，生离即死别”“蓬山此去无多路，青鸟殷勤为探看”。杜甫的“烽火连三月，家书抵万金”人皆能颂，流传最广的或数李清照的那句“云中谁寄锦书来”了。

伴着历史的足音，当下社会已进入“云”时代数字化一统的天下。在一部手机能搞定人的衣食住行的今天，书信在不经意中淡出了我们的视野。电邮、短信、微信取代了书信，以至于有人慨叹当下书信是“奢侈品”，写信者是“最后的精神贵族”。

我自诩是个与信有缘者，勤于写乐于藏。因系编辑出身，写约稿信、退稿信、复读者信是我的本务。说穿了这三类信件都属“公事公办”类的公函，但我落笔颇费些心思，力求有人文气息。先说约稿信，我喜用毛笔书在花笺或八行书上。倘对方是年长者，我就把字写得大些。若是海外作者我就用繁体，有时记不得某个字的繁体写法，还备了一张汉字繁简对照表。遣词造句，也尽可能典雅、妥帖些，甚而连称谓、祝语也沿袭传统习俗，力求营造一种古韵，自嘲"附庸风雅"。若是初识或交浅者，忧其未必作复，我往往会写好回复的信封，贴足邮票，诱迫对方"就范"。凡此种种取悦受者的感情投资，目的唯求他能赐稿或回复。关于退稿信，我则拒用单位冷冰冰的印刷品，一律手写，有话则长，无话则短，让受者感觉到平等，有种"生意不成交情在"的温暖。至于回复读者函，我更不敢马虎。因他是带着问题（或鼓励、或质疑、或挑错）而来，下笔必须字斟句酌，直白中有婉约，中肯中有态度。

资料来源　张昌华.云中谁寄锦书来——我与书信的故事［N］. 解放日报，2017-03-09（15）.

口头语言、体态语言和书面语言三者构成人际总体交往语言，其中书面语言的人类特性更加明显。因为随着人类社会的不断发展，人际交往的空间愈加广阔，地球村的概念已经形成，所以对书面语言提出了新的要求，其不仅能广泛运用，而且能以人们都可以接受的方式，都能"读得懂"的行文，准确地传递人际交流信息。这就是讲求文书礼仪的必要性所在。

6.1 文书礼仪概述

1）文书礼仪的概念

文书是指借助文字而形成的书面材料，这种书面材料包括人际交往（含公务交往）所需的各类信件、柬帖、辞文及文件、文电、报表、通报、公告等。主要功能是以书面方式进行人际信息告知。

文书礼仪_是指各类文书的内容、格式、收发都应符合礼仪规范的要求，符合人际交往通行的礼仪标准。_

文书礼仪的目的是能将信息准确、全面、完整地传递给对方，达到最充分的沟通。如何才能让对方在"读"懂信息的同时，又能感受到发出方附加在文书中的情感交流信号呢？这就是文书礼仪的目的。正所谓文书交流也是社交的一种主要形式，在这种交流过程中必然伴随着人际情感交流的成分。

现代社会生活、工作节奏不断加快，许多信息不能仅用面对面的口头语言和体态语言来传达，而更多需要通过书面的方式，如邀请客人出席招待会、开业典礼、座谈会、宴会、沙龙、学术讨论会的柬帖；迎来送往、欢送告别、喜庆场合的欢迎词、答谢词、欢送词、祝酒词；向有关单位及公众宣布事项的启事；还有书信、名片、题词及婚丧寿诞方面的文书等。可以说，随着社会的不断发展，文书礼仪在人际交流中的作用会愈加突出。

2）文书礼仪的特点

（1）交际性。作为社会交往、礼仪活动的文体，文书礼仪主要体现交际双方（有时可能是多方）的愿望、喜好、情感，反映的是一种“双边”关系。只不过它是用书面的形式互相接触、互通信息、交流情感，以便能达到相互了解、彼此吸引的目的，为增进友谊、加强合作、促进人际关系的和谐起催化剂作用。所以，文书礼仪具有交际往来的特性。

（2）礼节性。文书礼仪注重“以礼相待”，强调因人、因事、因地、因时地待人接物。在对人生的各种美好祝愿上，多以全社会通行的礼仪方式进行，像婚嫁礼仪、生辰寿诞礼仪、丧祭礼仪、节日庆典礼仪；在日常交际应酬中的小礼如迎来送往、拜访、宴请聚会、答谢辞行、邀约请托、致谢道歉等，大多是用书面的文字材料加上礼仪活动，来充分地展示丰富的礼仪内容。

（3）规范性。文书礼仪一般都具有比较固定的格式和用语，是一种比较规范化的文体，运用时要特别注意。比如书信，不仅称谓语、开头结尾的应酬和问候祝颂语有很多讲究，而且要注意行文中书写的款式，如果用错了对象、场合或不合于情境名分，就会伤感情，影响交际效果。当然，对文书礼仪的写作要求，并非像机关正式公文一样有明确的规定，它一般是民间约定俗成的，习惯成自然，社会上都遵循它而已。

（4）地方性。文书礼仪首先是属于文化范畴，因此它就必然带有明显的地方性痕迹，许多文书内容是口头语言的书面化，如在我国内地称企业职工为“职工”“工人同志”“师傅”等，在港台地区就称其为“员工”“同仁”。再如对信封的写作要求，我国一般是收信人地址在前，寄信人地址在后，而在西方国家则是相反的，这就要求我们在具体操作时予以充分重视。

3）文书礼仪写作的基本特征

（1）文书礼仪的写作目的具有实用性。文书礼仪较多地用于日常交际、应酬，既可以处理私务，也可以涉及公务，但它不像公文那样完全以传达各级政府意图为目的，也不像学术论文那样完全以说服人为目的，更不像新闻和文学作品那样有教育、认知作用。文书礼仪主要以实用为目的，如书信、请柬、名片、启事、电报稿等，有直接的应用性。写请柬就必须突出“请”的目的；写启事就应突出“启”的目的，把所启之事说明白，让大家知道此事该不该自己办及怎样去办。所以必须注意：只要有用就可以写，而且只有有用才能够写。在写作时应注重每一种文书礼仪的不同用处；即使同一类别，也应明确其中的细微差别，比如写书信，在称谓、敬语上应根据不同的目的与要求而有的放矢，切忌张冠李戴。

（2）文书礼仪的写作内容具有针对性。文书礼仪写作时要有明确的对象，要注意对象的性别、年龄、职业、身份、学识、爱好、习惯、辈分等，如书信、柬帖、题词等，一定要弄清对象的详细情况，甚至其情感、打算及喜好。只有有针对性地写作，才能使内容名副其实，写得贴切、确切，恰到好处，再适当运用语气词，如题词还要注重音韵节律，从而使整体内容达到协调一致、烘托文内主旨的目的。

（3）文书礼仪的体式约定俗成。一般来说，文书礼仪在漫长的写作实践中逐渐形成了一套基本的定式、体式与款式，各种文书礼仪都有自身的规范化体式，我们在写作时已把它当成基本的定式。如：书信先要有问候，后面要有祝愿语；名片一般先写服务机关及职衔，再写上姓名（中间），最后写自己的地址、电话号码、邮政编码等。每一种基本体式，都是社会约定俗成的，一般在写作时既不能太随便，也不应墨守成规；既要熟识各种规范样式，又要跟上时代步伐，适当地推陈出新。

（4）文书礼仪的书写形式具有文化色彩。文书礼仪既讲究礼仪内容，也要体现出它的文化内涵。书写时不仅在文辞上，而且在书法款式、用笔用墨、书写材料上也要有文化意蕴。措辞要符合对象、场合、时令及情谊深浅；书写款式要大方、自然、得体；用纸、笔墨颜色也要有讲究，既美观又符合实际效用，并能从中体现出交际中的礼节、礼貌要求。像写信函，以蓝黑色墨水为宜，不要用其他颜色，否则会不严肃；若以红色墨水写信，就意味着绝交。制作时，书写材料一般都比较讲究质地与硬度，还配以一定的装饰，以反映文书礼仪内在的文化内涵。

4）文书礼仪写作的基本要求

（1）表达方式灵活多样，不拘一格。礼仪文书不像其他如公文、专用文书那样在语言表达方式上比较正规，其大多只注意在称呼、语气、祝颂语方面的礼貌、礼节。礼仪文书在具体写作中可用多种手法来表达，心之所思、兴之所至，均可自由发挥，叙事、明理、抒情、描写、评赞、议论任你使用，只要能准确、真诚地表达自己的情感即可。

（2）语体自由多样，心到笔随。礼仪文书的语体不受公文语体的束缚，白话、文言、文白相间均可。不论是古代还是现代，都可以根据对方的文化修养水平、双方交往程度、社交的场合氛围，以及作者本人的爱好与特长，自由选择。可以说，文书礼仪最能体现和反映作者的个性与才情。

（3）语言简洁精练，顺畅得体。礼仪文书的用语要求比公文要高，讲究语言的技巧，用词要简洁明了，言简意赅，用语应精练、准确，词意应通顺流畅、明快得体。不论是称谓、敬语还是文内用语，都必须能以礼相待、文雅得当、彬彬有礼，不能放任。要适合所述对象、所表之情、所达之意，达到相互沟通、相互交流、相互理解与体谅的目的。

（4）情感真挚恳切，情溢文中。礼仪文书大多以情感相衬，从心灵深处进行交流，加深情谊，处处体现出相互之间的感情，“无情不是好文章”，动之以情才能使交往变得真诚、恳切。因之，礼仪文书的字里行间就处处洋溢着作者的真挚情感。一篇好的礼仪函电或致辞，常常欢快时喜形于色，悲恸时催人泪下，庄重时令人肃然，情溢文中是对文书礼仪的根本要求。

总之，文书礼仪的写作既要遵守书面文字材料固有的规范，也要体现礼仪的要求。不能像正式公文那样严肃，而要讲究亲和力，使文书礼仪能真正“讨人喜欢”。

文书礼仪就材料范围而言，可以涵盖几乎所有的书面人际交流材料（包括各类公文）。本章着重介绍几种常用文书礼仪。

观念应用6-1

宋代欧阳修奉命修《唐史》的时候，有一天，他和那些担任助理的翰林学士外出散步，看到一匹马在狂奔，踩死了路上的一条狗。欧阳修想试一下他们写史稿做文章的手法，于是请大家就眼前的事写出一个提要——大标题。一个说："有犬卧于通衢，逸马蹄而杀之。"又一个说："马逸于街衢，卧犬遭之而毙。"欧阳修说，照这样做文章写一部历史，恐怕要写一万本也写不完，众人问该怎么写，欧阳修说："逸马杀犬于道"，六个字就清楚了。

观念应用6-1

分析提示

6.2　信函礼仪

信函礼仪指的是人们以信函的方式进行文字信息交流时应遵守的礼仪规范。信函作为文书礼仪中最为常用的载体，其礼仪规范也有自身的特点，从内容到结构，从信封到落款都有一定的礼仪要求，需要我们了解并按规范操作。

信函包括一般书信和商业信函，其中商业信函又包括介绍信、推荐求职信、辞职信、感谢信、慰问信等。

6.2.1　一般书信礼仪

书信是人们在日常生活、社会交往及工作中用来传递信息、交流思想感情的应用文书，也是社交礼仪的一种基本方法。书信能帮助人们与异地的亲朋好友取得联系，联络情感，问候起居，能互相沟通、互相交流、互相帮助。因而，正确掌握书信的基本构成及其写法，就很有必要。

书信一般由笺文和封文两部分组成。

笺文是写在信笺上的文字，也称信瓤，包括寄信人对收信人的称呼、问候、对话、祝颂等。笺文是书信内容的主体，它决定书信的雅俗、繁简及风格。

封文就是写在信封上的文字，包括收信人的邮政编码、地址、姓名和寄信人的地址、姓名及邮政编码等。封文是写给邮递员看的，使邮递员知道信的来源地及送达地，若找不到投递地的收信人，仍可将信退给寄信人。

1）笺文

笺文是书信的主要部分。旧时对其礼仪要求很复杂，要用专用的"八行"纸写，必须写满两页，而且不能一行一字，折叠时文字还须向外。现在已经不这样烦琐，但也应注意基本格式。笺文一般包括称谓、问候、正文、结尾、署名和日期这几部分，分别介绍如下：

（1）称谓，或称抬头，指写信人对收信人的称呼。称呼应顶格，要单独成行，之后加上冒号。使用称呼要了解地域习俗，注意礼节礼貌，使之合乎身份、地位，同时表现出写信人的真诚。使用称谓时，有以下几种情况要加以注意：

夫妻之间，写名字或写一个字；对长辈一般不写姓名，而写称谓，如"伯父""叔父”等；兄弟姐妹之间，大对小可以写名字。

收信人如果是朋友、同事、同学等，熟悉的可写名字；关系一般的，在名字后加上“同志”“同学”“战友”等；不熟悉或初次通信的人，姓名后一般应加上“同志”“先生”等。

对德高望重的老人，在姓之后加上“老”字，如“叶老”，以示尊敬；对领导，往往写姓加职务，如“高局长”；对自己的老师、师傅，应在姓后加“老师”“师傅”，如“王老师”“李师傅”。

在称谓前还可加上“尊敬的”“亲爱的”“敬爱的”等。

（2）问候，又称启辞。旧时书信常将这一部分作为正文的开场白，主要是寒暄客套，或者说明写信原委。现今书信也有沿用，如“久疏通问，时在念中”等。现在比较习惯用简单的问候语，表示关心、惦念，同时作为正文前的过渡。

常用的问候语有“您好”。如恰逢节日，可作针对性问候，如“春节好”“新年好”等。也可问候对方的身体状况或学习情况等。问候语应写在称呼下一行的空两格处，可以单独成行，也可后接正文。

（3）正文，要另起一行，前面空两格。这是书信的核心，一般包括缘由、主体、总括三部分。

缘由即说明写这封信的原因。如果是写回信，应注明“来信已于×月×日收到”，然后回答对方提出的问题。

主体要求准确清楚地表达写信人的意图。

总括放在主体之后，对主体内容加以概括总结，或对重点加以强调。

（4）结尾，又称祝辞，也就是在正文之后，表示祝愿。如给长辈，应写“敬颂崇祺”“敬请康安”等；给平辈，一般用“顺颂安好”；给晚辈，用“即问日佳”；对知识界人士，可用“敬请教安”“顺颂撰安”“敬颂编安”等，还可根据时令，用“顺颂夏安”等；还有通俗化的，如“敬祝健康长寿”“此致敬礼”“祝学习进步”等。具体应根据与对方的关系、写信的季节、时日等考虑。

（5）署名和日期。署名放在祝辞之下。署名之下写日期，可以写上年月日，也可只写月日或只写日，还可加上具体时辰和写信地点，如“8月6日晚7时于甬三江口”。

（6）补遗。所有内容都写完后，将书信再阅一遍，如有别字或不通顺之处，要加以修正。如果发现有遗漏的内容，可以补写。方法是，提行在开头处写“另外”“另”“又及”“还有”等字样，再加补写的内容。

2）封文

（1）要使用规范信封，不能用铅笔或红色墨水书写。旧时用的是竖式信封，写法从右往左，右上方写收信人地址，左下方写寄信人地址。这种信封现在已不多见，常见的是横式信封，如图6-1所示。

100820
北京市西城区三里河东路八号
　　国家市场监督管理总局执法稽查局
　　　　胡××　女士收
浙江省宁波市三市路1号 陈寄
315012

图6-1　横式信封写法

图6-1中，信封左上角为收信人所在地区的邮政编码，在6个小方格中分别填上6个数字，邮政编码后边或下一行为收信人地址，要写清收信人所在省（区、市）、县（区）、城区、街和门牌号码，以及高层建筑的房号。农村要写清省、县、乡、村（街）等。发往单位的信件，不要只写单位名称，而应在单位名称前写上详细地址。

在收信人地址的下方即信封中部，写收信人的姓名（或单位），为了醒目，更为表示对收信人的尊重，可将字写大一些并且落笔略靠左一些。姓名之后空一到两格写“先生”“女士”“同志”等，之后写“收”“启”“鉴”，也可以不写。不要使用写信人对收信人的亲属称谓或者收信人的行政职务，如“×××姨妈”“×××局长”，因为信封主要是给投递人员看的，这样写对投递人员是不礼貌的。写姓名时，要注意连名带姓，表示尊敬。

信封的右下方应写明寄信人的详细地址，如果是挂号信，应写上姓名。因为没有详细地址，一旦信未送到收信人手中，那么这封信将成为“死信”，无法退还。最后在信封右下角的六个小方格中填上寄信人所在地区的邮政编码。

（2）如果是托人转交的信，信封一般不封口，也可以让受托人封口，以示礼貌。如果捎信人熟悉收信人的地址，信封上就不用写地址，只写“烦交”“面交”“呈交”就可以了（如果不熟悉，应把详细地址写下）。然后在信封中间写收信人姓名。最后在右下角写上“×××托”或“×××拜托”，如图6-2所示。

烦交
方晓华　小姐
林敏托

图6-2　托人转交信函的信封写法

注意事项：

• 地址应详写，不能用简称或简化的地名，如浙江省不能写成“浙”，“清华大学”不能简写成“清华”。

• 字体清晰，用标准简化字，不能用繁体字或不通行简化字，如“蔡”不能写成“艿”。

• 要贴足邮票或到邮局盖上“邮资已付”戳。

3）注意事项

（1）礼在先。书写要遵守礼仪规则，语言要有礼貌，尊称及敬语不能忘。

（2）忌潦草。收信人读不懂你的“狂草”会很尴尬，如果领会错了意思，则可能会酿出祸来。

（3）使用规范、整洁的信笺。不能随便用作业本、便条纸写信。冰心指出，不要用公家信封、信纸写私人信。这不仅是礼仪要求，也是人格修养的表现，而且是国际通行惯例。

（4）用笔应懂规矩。要知道，用红笔，意味着绝交；用铅笔，过于随意；用圆珠笔，不够慎重。

（5）落笔不可随意。写信不同于面谈，而是白纸黑字，容不得马虎，开不得玩笑。因此，态度要认真，语气要和缓，幽默语要慎用。尽量用规范和文明礼貌的词句，表达意思要一清二楚。

（6）及时回信。该回的信就要尽快回，拖得越久，让对方越焦急，于礼有亏。

此外，打印出来的信件，署名一定要手写，以示尊重，称谓最好也用手写，这也是一种礼节。

总之，书信是写信人性格、人品修养的一面镜子，要亲切、自然。

4）几种常见专用书信

（1）感谢信。它是为感谢单位或他人的关心、支持、帮助等所写的信函。它不仅有感谢的意思，而且有表扬的内涵。感谢信可以张贴，也可以邮寄。其格式与一般书信基本相同。

书写感谢信时应注意两个问题：一是要在第二行居中位置写上“感谢信”或“致×××的感谢信”之类的标题。二是正文内容首先要精练、概括地叙述对方的事迹，说明为什么要感谢，通过这种叙述表现出对方的优秀品格和优良作风。叙述时，要将事迹叙述清楚并有条理，但要精练，不宜过长。把人物、事件、时间、地点、原因、结果等要素说清楚即可，在此基础上可以做出恰如其分的评价。特别要叙说清楚因对方的关心、支持、帮助而产生的效果。另外要诚恳地表达自己的感激之情，表示自己要如何报答对方的热心帮助。

（2）慰问信。它是在节日期间或某些特殊情况下，向单位或个人表示问候、安慰或鼓励的一种专用书信，可以面交或邮寄，也可以刊登在报刊上，其格式与一般书信基本相同。

在书写慰问信时要注意以下三个问题：一是要在第一行中间写上“慰问信”或“×××致×××的慰问信”之类的标题。二是内容要根据写信的目的和对象而定，如慰问公安干警，可赞扬他们舍生忘死，为维护社会秩序、保卫人民生命财产所做出的贡献。一般先写发慰问信的背景、原因，接着表示深切慰问，再概括叙述对方的先进思想和先进事迹，最后向对方表示慰问或学习。三是慰问信的结尾往往要表达共同的愿望和决心。

（3）贺信。它是有关单位或个人有喜事时，写信向其表示祝贺的专用书信形式。祝贺的事项可以是婚嫁、寿辰一类的喜事，也可以是重大会议或重要的纪念活动，还可以是取得的优异成绩或国家元首任职等。

写贺信时一要做到感情饱满、充沛，语言表达要热情洋溢，令人振奋；二要实事求是，评价成绩要恰如其分，不可言过其实。

小资料6-1　　如何写一封商业信件

商业信件最重要的要求是简洁和明了。

• 酝酿。写信之前先整理一下你的思路，并列出信件的大体内容。如果你的时间比较充足，可以先把草稿搁置至少半个小时，经过反复酝酿，你表达的方式可以更完美。

• 保持简短。只写你要表达的最重要的内容，但是也不要太短以至于遗漏了可以支撑观点的最重要的材料。

• 以第一人称来写。

• 表达要自然。要让你的信件读起来就像你在说话一样，但是一定要用完整的句子来表达，不要使用感叹词，也不要过多地使用代词和缩写形式。

• 不要使用俚语和专业术语。如果一定要使用，首先要确保自己清楚知道其意思。

• 不要使用行话。一定不要使用行话和有特殊用途的语汇，除非你肯定收信人对这一领域很熟悉。

• 检查。写完之后一定要多读几遍，看是否有书写、语法、前后矛盾等错误。

6.2.2　商业信函礼仪

1）介绍信

介绍信在商务上的应用非常广泛。介绍信分为两种，即私人介绍信和正式介绍信。

私人介绍信写法与普通书信相同，是写信人向自己的亲戚朋友、老上级、老部下介绍第三者，语气比较亲切随意。私人介绍信一般都要写信封。

正式介绍信是写信人因公把自己的同事介绍给某单位或某人。因此，在写这种介绍信时要求语言和格式严谨、规范。

正式介绍信的内容包括：①简单介绍被介绍人的姓名、身份、职务；②接洽事项和要求；③对对方的帮助先行表示感谢。由于介绍信是面呈的，一般不写信封。

2）推荐信

推荐信主要用于向雇主推荐用人，以便被录用，一般是第三者写，也有自荐的。推荐信的写作要求：①介绍被推荐者的基本情况；②提及被推荐者的人品、才干以及就职的要求；③实事求是，不作过奖之辞，亦不要为了过于求实而将被推荐者的某些缺点写在信上。

3）邀请信

邀请信是以组织（单位或团体）或个人的名义就某次会议、聚会以及其他活动向某组织或个人发出邀请的专用书信。

邀请信比起请柬容量更大，更注意被邀请者的感情成分。尽管邀请信与请柬一样，带有务实性，即为某事而邀请对方在某时某地出席某个活动，但请柬虽然郑重、简洁，红底烫金，礼数在其表，字里行间却显干巴无味；邀请信则可以在字里行间传情达意，在更大的空间范围内倾注热情。因此，邀请信往往虚实相间、相得益彰，使被邀请者通过这种专用书信感受到亲切和热情，从而对被邀请一事采取更为积极、郑重的态度。

邀请信在格式上如问候、结语等与普通书信几乎没有什么不同，只是在内容上围绕邀请一事阐述背景、原因，交代时间、地点、人物，表示邀请人的态度。

4）礼仪电报

礼仪电报主要包括贺电、致敬电、唁电等形式。

贺电用于对取得巨大成绩、做出卓越贡献的集体或个人表示祝贺。贺电电文用字，大都有固定的语调。近年来，我国一些大城市电报局预先将这类电报的内容设计成一定的格式，发报人只要说明用途，缴付费用，电报局即可代客发报。贺电的写作格式与贺信基本相同，只是在第一行居中写“贺电”或“×××致×××的贺电”。

致敬电是一种表达敬意的方式，一般在重大事件发生时为表示敬意而发，常见的有在重要会议结束时，或在某项工作、战役、生产、科研取得重大成果时，向上级部门发出，兼有致敬与报喜的作用。重要的致敬电可以登报、广播，此时又具有新闻的作用。致敬电的写作格式基本与贺电相同，在第一行居中写“致敬电”或“×××给×××致敬电”。

唁电是对逝者表示悼念，对其家属表示问候与安慰的电报。唁电的语言必须朴实、亲切、沉痛。电文第一行正中写明“唁电”，格式与以上两种电报基本相同。

5）商业信函的一般常识

（1）信笺与笺文。商业信笺上的公司名称要求印刷清晰，纸张也要求用高质量的，设计和布局的选择要能反映商业特征——正式的还是非正式的，老式的还是新式的等。商业信笺应该印上公司的名称、地址、电话号码、注册的办公地址、传真号码等，写商业信函绝不可用有颜色的纸。若不清楚信件发给哪个具体的人时，可以用“敬启”之类。如果对男女两性都要称呼，可用“Gentleman/Lady”；寄到办公室的私人信笺要注上“亲收”；绝对私人的信，应该用私人的信笺。与外国人通信，第一封回信最好按照对方来信时的落款形式给对方回信。

商业信笺使用的语言比社交信要正规，用词也更严谨，内容上要力求简短。在写作顺序上，要先叙旧后谈近况，细节部分应准确明了地表达清楚，避免对方费解。对对方有参考价值的数据或情报，应尽可能引用、提供；与正题无关的闲话尽量省略。表示不满的信笺，要写得委婉，有礼有节地提出意见，寻求解决办法；一旦对方改正了错误，切莫忘记回信表示感谢。

（2）开头与结尾。写收信人的称呼，要单独成行，顶格书写，以示尊敬和礼貌。称呼之后加冒号，以示领起下文，平时对收信人如何称呼，信上就如何称呼。在国际商务信笺中，信的开头可用“Dear Sir”（亲爱的先生）称呼。如果知道对方的姓名，则应在“Dear Mr.”后边加上对方的姓，如“Dear Mr. Smith”（亲爱的史密斯先生）。

结尾的习惯写法有两种：

一是正文写完后，紧接着写“此致”，转一行顶格写或空两格写“敬礼”。

二是不写“此致”，只是另起一行空两格写“敬礼”“安好”“健康”“平安”等词。也可以在正文结尾下另起一行写“祝你”“敬祝”，再空两格写上“安好”“健康”等。

国际商务信笺的结尾一般以“Yours Sincerely”（忠诚于你的）结束，当然写给朋友的信结束语可自由选择。

（3）信笺的折叠。一般来说，信笺如何折叠大多顺其自然，但和海外人士书信交往时，还是有必要了解和掌握方法为好。折叠方法是文字向外，先直后横，顺折向上，以便收信人拆信后很容易看到自己的名字。而文字向内的折法，按传统风俗习惯的说法则是丧家凶信的折法。

小资料6-2

通过笔迹看性格

6.2.3　求职信礼仪

微课6-1

求职面试礼仪

求职信属于商业信函范畴，但因其写作要求较高，且往往与求职礼仪结合运用，在此作单独介绍。

求职应聘，应让对方尽可能了解自己的方方面面。求职应聘资料的内容应包括：本人所受的教育；应聘职位；曾经获得的荣誉和奖励；自己的兴趣和爱好；到所应聘的单位工作的理由以及所具备的能胜任这项工作的智慧和才能。求职应聘资料应用最简练的语言和最简洁的方式概括自己；根据不同性质的应聘单位，求职应聘材料也可以有不同的特征。

1）求职信（含个人简历）的写作原则

写求职信和个人简历关键是要遵循“诚实”的原则，不可大夸海口谎报自己的经历和文化程度，应如实地写出你选择某项工作的原因和你所具备的条件。讲真话不一定总能使你得到工作，但是谎言必定会使你丢掉工作，因为谎言总能被人找到破绽。

第一个原则：求职简历要“简”。招聘者面对许多简历，是不可能都仔细阅读的。内容简洁、易懂、清楚的简历最不易被漏掉，而长篇大论最不招人喜欢。设计简历时空行要宽，标题要用粗体，段落首行要缩进，或者使用粗圆点之类的标记，目的是能迅速引导招聘者的视线指向那些可能吸引他的内容。

第二个原则：求职简历要突出“经历”，用人单位最关心的是应聘者的经历，从经历来判断你的经验、能力和发展潜力。因此在简历中要重点写你学过的东西和做过的事情。学习经历包括学校学习经历和培训经历；实践经历要写明你经历过的单位、从事的主要工作，尤其是近期的经历要写得详细些。

第三个原则：求职简历要突出所应聘职位的要求。招聘者关心主要经历的目的是考察应聘者能否胜任拟聘职位，无论是经历还是自我评价，一定要抓住所应聘的职位要求来写，招聘者只对和职位相关的信息感兴趣。

此外，还要学会量体裁衣。用人单位最想知道应聘者可以为他们做什么。含糊笼统、毫无针对性的简历会使人失去很多机会，如果有多个目标，最好写上多份不同的简历。针对不同招聘单位的特点和要求，突出相应的重点，表明对用人单位的重视和热爱。

2）写作的格式与要求

求职信的开头要使用正确的称呼，抬头、启辞一定要准确、贴切而礼貌。抬头应有前置的修饰词，如“尊敬的××经理”“尊敬的经理先生”；如果称呼领导集体，不能称

“您们好”而应是“你们好”“大家好”；如对文言文熟知，可用“某先生台鉴/尊鉴”等。对于问候语，现代人多用“近来工作忙吧”作为启辞，也没什么不好，但给任何人写信都千篇一律，未免太呆板。应对不同人、不同组织灵活运用，如“久慕鸿才”“久闻贵公司大名”“向往尤深”等，应和正文文思相宜。

信件结尾部分的祝辞是对收信人表示祝愿、敬意、勉慰的短语，诸如“此致敬礼”“即颂近安”等。祝辞因对象的职业、年龄及关系的不同应有所选择。应聘信属于给上级、尊者的信件，应用“敬祝”“恭祝”等。

署名后可加启禀词，如“某某敬禀”“某某敬上”“谨启”等。

此外为了表示应聘者对对方的尊重，在求职信中应适当选用一些谦词、敬语，如“恳请”“敬请”“您”“贵公司”等。

书写求职信，一般用楷书或行书，不可用草书；要使用钢笔、毛笔书写，不可用圆珠笔书写，更不可用铅笔；不可使用红色墨水；字迹要工整，不可潦草马虎，不能有错别字，纸上不可出现污迹或明显的涂擦痕迹。求职信和个人简历写好后，一定要认真检查，准确无误后方可递交给用人单位。这不仅是对用人单位的尊重，也是一个优秀员工必备的品质之一。

求职信（有时个人简历附后）应使用白色信纸。写好的求职信应用信封套好，使用的信封应是正规的私人函件信封，如使用下边印有某单位字样的公函信封，则是对对方的不敬。

在个人简历写作中还要注意措辞，使用有影响力的词汇，并杜绝错字、别字。此外，结语要精练，附上简短的小结，小结可以写上自己最突出的几个优点，但最好与应聘的职位相称，告诉他们，我能做好这个工作，而不是能做好所有的工作。这是引起招聘者注意的好办法。

观念应用6-2

一份手写简历

观念应用6-2

分析提示

有这样一则新闻：大学毕业的小蔡，怎么也没想到，应聘好不容易进入复试阶段，竟因为一份手写的简历，直接被公司淘汰！

经询问后得知，原来，小蔡在400字的简历里，竟写了24个错别字，这也成了公司人事主管淘汰掉她的重要理由。

毕业于重庆一所二本大学的小蔡回忆起此事懊恼不已，“我自己都不知道怎么写出这么多错别字”。

上周五，她到新城区一装饰公司面试，应聘办公室文员，已经进入复试阶段，只要过关，即会被该公司录用。“月薪3 500元加提成。”对于这个机会，小蔡发誓一定要抓住。

当天复试的主要内容是和经理面谈。小蔡在交谈中，回答问题都比较得体，也赢得了经理的好感。交谈后，人事部工作人员拿出一张简历让她填写，最后有一部分是关于自我介绍的内容，要求400字左右，小蔡按要求填写后，回家等消息。

上周六，小蔡接到该公司的电话，说她没有被录取。经询问后得知，原来她400字的自我介绍里竟然有24个错别字，而且经理认为她字写得不好。对方表示，虽然公司一般用电脑作业，但还是比较看重书写方面，所以没有录取她。

6.3　名片与柬帖礼仪

6.3.1　名片使用礼仪

名片是在交往中用作简单自我介绍的小印刷品。名片在我国西汉时就已广为流行了，当时是削竹、木为片，刻上名字，供拜访者通报姓名用。这种竹、木片当时称为“谒”，东汉时改称“刺”，又称“名刺”。以后改用纸后，又叫“名纸”，现在普遍称为“名片”。

名片是当代社会不论私人交往还是公务往来中较为通用的介绍媒介，被称作自我的“介绍信”和社交的“联谊卡”，具有证明身份、广交朋友、联络感情、表达情谊等多种功能。

从款式分，名片有中式名片、西式名片和中西两用式名片三种。中式名片有正反两面，正面自上而下竖排，有的在中间直印姓名，无其他文字；有的分为三路，中路印姓名，右路印服务机关及职衔，左路印地址、电话号码、邮政编码。反面有的空白，有的印有正面内容的外文版。西式名片也分正反两面，正面自左至右横排，也分三路，中路为姓名，上路为服务机关及职衔（职衔亦可置于姓名之下），下路为地址、电话号码、邮政编码，反面用外文排印正面内容。中西两用式名片，即正面为中式，反面为西式的名片。

从名片用途来看，名片又有简式和详式之分。使用时，取详式还是取简式，视交际需要而定。如介绍、探询等交际活动，文字过简就难以达到交际目的，以详式为宜。而像求见一类的交际活动，只需通报姓名、身份和求见意愿，其他的话语都留待见面时谈，因此片文没有必要详写，自然是以简式为宜。

名片规格，根据国家、个人的习惯不尽相同，一般长9～10厘米，宽5.5～6厘米，其印刷有横式和竖式两种，以横排为最普遍。采用横式排版的名片，其行序由上而下，字序从左到右。第一行顶格书写持片人的单位名称，第二行是持片人的姓名，用较大字号写在名片正中，有职务、职称或学衔的，通常用小字标在姓名下右侧。第三行是持片人的详细地址、电话号码、邮政编码以及E-mail地址或网址等。采用竖式排版的名片，其列序由左到右，字序从上到下。第一列是持片人的单位名称，顶格写在名片左边。第二列是持片人的姓名，用较大字号写在名片正中，持片人的职务、职称、学衔等用小字标在姓名下右侧。第三列是持片人的详细地址及电话号码、邮政编码、E-mail地址或网址等。

印制名片的纸张多种多样，可根据自己的喜好选择。最考究的名片是用铜版纸印刷。随着名片使用的日益广泛，名片的版面设计也越来越新颖，如可以在片头上印一些装饰图案，还可以将单位徽标印在名片上，以宣传企业形象。

名片上的文字同其他应用文一样，应合乎规范，否则就会引起误解，影响交际效果。在合乎规范的前提下，可以讲究自己的风格，表现自己的个性。名片的风格、个性，主要表现在布局与字体选择的设计方面，就字体而言，行、草、篆、隶及各种美术字体均可。

为了对外交往的需要，我国印制的名片通常一面印中文，另一面印英文，英文要根据西方的习俗排列。只印姓名、职务与电话的名片为个人名片。除了个人名片外，还有商用名片和单位名片。商用名片除印有姓名、职务之外，还印有办公地点、电话、传真和邮政编码等；单位名片则往往只印有机关的名称。不论个人名片还是商用名片，上面罗列的职务都不要太多，不然会给人以华而不实之感。

1）名片的作用

• 在社交场合用作自我介绍，这是名片的主要用途。

• 名片可以使人们在初识时言行举止更自然得体，避免了既想了解对方的情况又怕触犯别人隐私的尴尬，也能消除自我标榜身份职位之嫌。

• 便于初识的人们交流思想感情，无须忙于记忆对方的有关信息。

除了上述作用，名片还有以下几种用途：

第一，它可以代替便条，用作简单的礼节性表示。常常有人在名片上用小字简单寄言，表达感谢、道别、慰问等内容。这种情况下，如果是本人亲自递交，要用铅笔写；投寄时，要用钢笔书写。书写部位没有特殊规定，但通常是在姓名的左下方，内容可以是几个字或简短的一句话，如“祝贺春节”“谨致谢意”等。

第二，西方人在送礼时通常附上一枚名片，而不书写礼单，这便等于自己亲自前往了。

第三，拜访生人或长辈时，可先请人递上名片，作为通报之用，让对方考虑是否接见。

第四，在名片上方写上“兹介绍××先生”（“Introducing Mr.…”“To introduce Mr.…”“P·P·Mr.…”）之类的话，名片就具有了介绍信的作用。这种情况下，介绍人比较礼貌的做法是先用电话等形式告知对方：有人将拿我的写有如何字样的名片去见您。否则，对方会因突然见此名片而摸不着头脑，持名片的被介绍者也会因对方没接到任何通知而感到尴尬。

第五，在业务往来中，名片还具有类似广告的作用，可以使他人对自己所从事的业务有所了解。

此外，在涉外交往中，拿不出名片还会招致对方对你身份的怀疑，而且，不随身携带名片也是一种不尊重他人的表现，因此名片不仅要随身携带，且放置位置也要讲究，应单独放置，取用便捷。

2）名片的交换礼仪

交换名片的顺序一般是“先客后主，先低后高”，即客人先把名片交给主人，地位低的先把名片给地位高的。不过，假如是对方先拿出来，自己也不必谦让，应该大方收下，然后再取出自己的名片来回赠。当与多人交换名片时，最好不要匆忙从事，应依一定顺序，如座次等来互换名片，这样便于记住对方的姓名和其他特征，以免将名片与人“张冠李戴”。

在交换名片前，要事先将名片准备好，放在上衣口袋里或专用名片夹里。否则在交换名片时忘记放在什么地方，左翻右找，会显得很不礼貌，又给人一种忙乱的感觉。

在单方递名片时，要用双手恭恭敬敬地把自己的名片递过去；双方互递名片时要用右手递。在此须强调的是，在我国，交换名片时一般是双手递、接；同外宾交换名片时，要先留意一下对方用什么方法递过来，然后再跟着模仿。西方人、阿拉伯人和印度人习惯用一只手与人交换名片；日本人则喜欢在一只手接过他人名片的同时，用另一只手递上自己的名片。无论哪种情况，都要求名片上的字体的正面朝向对方，目的是让对方能够直接读出来。同时，应用诚挚的语调附上一句“××先生，这是我的名片，以后请多多联系”，给对方一种谦逊大方的感觉。

许多人不重视接名片礼仪。对方递名片时，他却忙着拿烟倒水，一个劲地招呼对方“请坐、请坐”，或随手将名片往口袋一塞，然后又忙着接待。这虽然表现得很热情，但对方看到这样对待自己的名片，心里肯定不是滋味，可能还会心生反感。正确的做法是：对方递名片过来时，立即放下手头的事，双手接过来（如互递名片，要右手递，左手接），并点头致谢；不要立即收起来，也不要随便摆弄和放置，而应该当着对方的面，用30秒左右的时间，仔仔细细、认认真真地读一遍，有时还可以有意识地重复一下名片上所列对方的职务、学位以及其他尊贵的头衔，以示敬仰。有看不懂或理解不清的地方，可立即向对方讨教，然后再将名片郑重地收藏起来。这样做绝非有意做作，而是以一定的形式使对方感受到对他的尊重。如果接过他人名片后一眼不看，或是漫不经心地随手把它一丢，甚至揣进裤袋或裙兜里，则是失敬的表现。万一需要暂时把他人刚递过来的名片放在桌上，记住也不要在它的上面乱放东西。

3）名片的索取与存放礼仪

（1）名片的索取。不能像收集明信片似的，逢人便索要名片。其实过分热衷于名片的交换，反而有失礼貌，使人敬而远之，甚至遭人鄙视。索取他人名片的正确做法是把自己的名片先递给对方，以此来求得对方的回应。或略示自己的意愿，对长辈、嘉宾或地位、声望高于自己的人，可以说：“以后怎样才能向您请教？”对平辈和身份、地位相仿的人，可以问：“今后怎么和您保持联系？”这两种说法都带有“请留下一张名片”之意。

通常不论他人以何种方式索要名片都不宜拒绝，不过要是不想给对方，在措辞上一定要注意不伤害对方，如可以说：“不好意思，我忘了带名片。”或者说：“非常抱歉，我的名片用完了。”这些都比自己直言相告“不给”或盘问对方要高明得多。

（2）名片的存放。当我们向他人递过自己的名片之后，往往也会收到对方的名片，有些人接过他人递交的名片便顺手塞进衣袋或者公文包中，事后则会把它扔进抽屉里。这样做不仅不礼貌，而且查找和使用起来也很不方便，本来很有用的联络资源发挥不了作用，是很遗憾的事情。

正确存放他人名片的方法是：

首先，接过他人的名片并应酬之后，应当着对方的面郑重地将名片放入自己携带的名片盒或名片夹中，千万不要搞脏或弄皱。回到办公室之后，再将接受的名片取出来，放进专用的名片夹中。

其次，收到他人的名片越来越多，就需要分类存放，这样查找起来很方便。

最后，要经常在名片上记下对方的有关情况，如职务变动、工作调动等，让每一张名片都能起到小记事本的作用。

小资料6-3

日本人的名片礼仪

据报道，日本人平均一天的名片交换量为400万张。如此惊人的数字背后的原因基本有如下三点：①姓氏太多。日本繁杂的姓氏使得日本人的名字数量巨大，加上不规则的读音，使得很多日本人也未必能读对对方的姓名，要记住就更加辛苦了。②等级制度严明。美国一位学者曾经说过："等级制度是名片显得如此重要的一个重要原因。"日本是一个等级森严的国家，通过名片上的职务标示、递送名片的举止态度都可以体现出人际关系的等级制。③促进商务往来。名片能促进商务往来，便于对方记住自己和自己的工作领域、所属单位等，可以增进联系。

1.名片的内容

各个国家的名片内容差别不大。日本人的名片基本上简明清晰，但一定包含以下内容：①姓名。名片上最主要的就是姓名和罗马字。现代的名片上标注罗马字通常使用欧美的习惯，即名在前，姓在后，如山田春夫写成"HARUOYAMADA"。②公司和职务。名片在企业中的作用尤其重要，名片中必不可少的就是本人所属的公司和职务。③联系方式。为了能促进交流，联系方式也是必不可少的。

2.递送名片礼仪

名片是商务交际中极其重要的工具，它常被看作是公司或个人的广告，其目的是推销自己。名片在使用中要注意以下细节：

（1）在准备名片的时候，一般应使用名片夹，而不是随意摆放。不要将名片放在裤兜内，可以放在公文包或者上衣口袋内。

（2）递送名片要注意：下级或访问方先给，被介绍方先给。递名片时，适当说一些如"请多多关照"之类的寒暄语。

（3）接收名片时要注意：无论地位如何都应起身用双手接收，并应认真看一遍，遇到不认识的字虚心请教。不宜在名片上做记录，不能折叠名片、不能随意乱扔，应放在统一的名片夹内。

资料来源　俞纯.浅谈日本人的姓名和名片礼仪［J］.商业文化（下半月），2012（04）.

6.3.2 柬帖礼仪

柬帖，是人们在交往活动中用来知照对方的一种书面文体。通常为了表示对所告知事宜的重视和对被告知对象的尊重，不采用口头告知、电话电报告知、信函告知诸种形式，而运用柬帖这种形式。柬帖主要包括请柬、聘书、邀请书等。请柬、邀请书主要用于举行宴会、招待会、展览会的开幕式或闭幕式、庆祝会、隆重仪式等正式场合。

柬帖在形式上一般由标题和正文组成。标题一般只写“请柬”（或“请帖”）、“聘书”、“邀请书”、“通知书”等字样，要写在正文上面的中间，或单独占一页。有封面的，要在封面上印刷成鎏金艺术字样，以示醒目、庄重和美观。正文一般由称呼、内容、落款和日期组成。落款要署单位全称，并加盖公章。

从某种意义上说，柬帖跟交往信函有同样的作用，只是柬帖的语言形式更凝练，情感更含蓄。因此柬帖的语言要像交往信函一样真诚有礼，尤其要写得庄重典雅，给人一种庄严神圣之感。

柬帖的发送也是很有讲究的，即使近在咫尺，也需送请柬，这主要是对对方的尊敬，也表示邀请者对邀请本身的庄重态度。

柬帖的一般特点可归纳为：

• 篇幅短小，文字简洁。柬帖不像普通信函，一张纸写不下，可以多写几张纸，它只能在一张卡片的一面或两面的篇幅上做文章。篇幅有限，必然要求文字简洁，不能有废话，只要把事情、感情表达清楚就行了。

• 语言婉转，用字典雅。柬帖用的是书面语言，不能用口语、俗语。为了显示柬帖的庄重得体，用字还应典雅，避免太直白，如吃饭喝酒要写“赴宴”，准备了一点茶水、糖果招待要写“敬备茶点”，死亡要写“逝世”，特此通知要写“谨此奉达”，准时出席要写“恭请光临”等。

• 装帧精美，印制得体。柬帖所用材料多是有一定厚度、耐折的纸，手感平滑，质地优良。柬帖讲究整体格调、文字布局与装帧的美观，看起来比较精致，甚至像一件艺术品。柬帖的色彩一般与内容相称，喜庆的内容，要有红色，或作底纸，或作字；还可有烫金，或作字，或作边。悲伤的内容如讣告，色彩要朴素，白底黑字，可以加黑边。除了这两极的内容外，其他诸如各种特别会议的柬帖，可视情况用粉红色纸；中性内容的柬帖也可白底黑字等。字迹要大方、秀丽。

1）请柬礼仪

请柬又称请帖，是邀请客人在预定时间和地点，参加某项活动的专用文书，多用于会议、典礼、仪式、婚礼、寿诞等。用请柬的形式邀请宾客，是为了表示郑重和对对方的尊重。有的请柬还可以作为会议入场券和到会的凭据。若请看戏、看电影、参观展览会等，还要附上入场券。

请柬的主要作用有三：一是表示对客人的尊重；二是表明邀请者对此事的郑重态度；三是对客人起提醒、备忘之用。

（1）请柬的格式。请柬有一定的书写格式，一般由名称、称呼、正文、习惯结尾语和落款五部分构成。

• 名称。在封面或第一行中间写上“请柬”或“请帖”。

• 称呼。抬头顶格写清被邀请的单位名称，如邀请的是个人，则应写清其姓名、职衔和职称。

• 正文。交代活动内容，如开座谈会、联欢晚会、过生日等；交代举行活动的时间和地点。

• 习惯结尾语。在正文后另起一行空两格写“敬请”二字，然后再另起一行顶格写“光临”二字。

• 落款。署上邀请单位的全称或邀请者的姓名，以及发出请柬的时间。如是单位邀请须盖上公章。

（2）请柬的礼仪。主要表现在请柬的制作、写作和发送环节上，具体内容包括：

• 请柬的款式和装潢要设计美观、制作精良，既庄重，又大方；既要使人感到亲切快乐，又具有一定的观赏保存价值。

• 请柬的书写要规范，按照请柬的基本格式和内容要求来书写。在语言上要力求达、雅兼备，所谓达，即语言通顺明白，不过分堆砌华丽辞藻或套用公式化的语言；所谓雅，即文字典雅、热情友好，但又不显浮华。

• 请柬的发送也需要认真斟酌。一般发送请柬在时间安排上要根据活动的内容和日程来确定，要让客人做好准备，有所安排。发送太早，容易被人遗忘；发送太晚，又容易贻误时间，因而请柬的发送工作最好由专人负责。

2）聘书礼仪

聘书是指社会组织聘请有关人员担任本单位某一职务或承担某项任务时所制发的一种特殊的应用性文书，也称聘请书或聘任书。

（1）聘书的格式。聘书在结构上分为标题、称谓、正文、落款和时间四部分。

• 标题。写上“聘书”或“聘请（任）书”字样，一般位于聘书内页正中位置，字号略大。

• 称谓。写受聘人的姓名，也可加上职务或职称，在标题下一行顶格写。

• 正文。主要写聘请担任何职务或做何工作，也有写任期、权限、待遇，以及对聘请对象的期望等内容。

• 落款和时间。在正文下一行的右侧注明聘请单位的名称或法人代表的姓名并加盖公章。然后再另起一行在落款的下方写明聘书发出的具体日期。

（2）聘书的礼仪。其具体要求为：首先，聘书的制作要正规、庄重，能给人增添荣誉感和责任感。其次，聘书的写作用语要适当，如在称呼被聘请人时要谦恭，有礼貌；正文内容要明确、简洁，既要避免拖沓繁杂，又要避免模糊不清。最后，聘书的发送和授予要选择庄重的场合和有意义的时间。

聘书仅是一种礼仪的概念，具体聘请内容如到何地、在何期限内、任何职以及报酬方式等都应在聘书发送之前双方协商一致，这样才能使双方在喜悦的心情中共同完成这个礼节。

6.4　其他文书礼仪

6.4.1　启事礼仪

启事是指在需要向众人公开说明某事或希望协助办理某事时所写的简短文字稿，一般采用广播、电视、报刊或张贴于公共场合等形式广为宣告。其传达对象极为广泛，是社会大众；其目的是既求广，又求快，通过多种媒介来传达要求。任何单位或个人都可以发出启事，任何启事的对象都可以参与，也可以不参与，它不像通知、通告那样具有一定的强制性。其主要作用是广而告之，使事情让更多的人知晓，能较快地得到解决。启事所涉及的内容应有尽有、千变万化。

1）启事的种类与特点

启事适用范围广，涉及内容多，根据不同标准、不同角度，可分为多种类别。

（1）从所涉及的事务看，启事有公务启事和私务启事两大类：

• 公务启事。其在机关、企事业单位、人民团体向部分公众宣布或知照有关事宜时使用。比如招聘启事、租房启事、迁址启事、开业启事、征稿启事、征询意见启事等。

• 私务启事。他一般在个人向公众声明、要求、征询有关问题时使用。比如寻人启事、寻物启事、征婚启事、家教启事等。

（2）从启事涉及事项的性质看，有征招类启事、声明类启事和寻找类启事三种：

• 征招类启事。它是征求某些对象做某事或招收某些人员的启事。比如征文启事、招工启事、招生启事、招标启事、征订启事、征集启事等。

• 声明类启事。它是声明某证件作废，辨别真伪，告知地址迁移、名称改变、提前或延期、开业或停业等情况的启事。

• 寻找类启事。它主要是寻人或寻物启事。

此外，还有不同目的与内容的其他启事，如道歉类、鸣谢类、辞行类、陈情类、喜庆类、丧祭类等礼仪色彩浓重的启事。

启事是一种较独特的社交礼仪文书，有其自身特色：

• 知照性强。启事是用最大限度的传播媒介、最广的范围与传播空间、最快的时间、最大可能地将所陈述事项告知社会大众，以使社会各界人士在尽量短的时间里知晓启事内容，尽快解决有关事项。所以，启事的知照性特别强，就突出一个“启”字。

• 简洁明晰。启事因要求时间急、事项少，必须让人一看就明了有关事项。语言应简短有力，使公众一听或一望就明确所陈述之事。启事的用词要简洁、鲜明、清晰，内容简明扼要、文字精练，适用范围广而明确其所指。

2）启事的格式及写作要点

启事的格式由标题、正文、落款和时间三部分组成：

标题一般应写清楚启事的性质，如“征婚启事”“更正启事”“寻物启事”等。

正文是启事的主体，主要表明所陈述之事及该事的旨意，要求写作者直截了当地将具体内容、想法、意图告知社会公众。为了便于联系，应将时间、地点、事物名称（人物姓名）、年龄、职业、要求或征询事项写得明确、具体而简洁。

落款要写明启事人姓名或单位名称，以及启事发出的确切时间。在正文之后空一行右下方位置落款。报刊上的启事，可不写时间。

启事的写作要点主要有：

• 标题要简短醒目。启事标题要尽量简短，一般用简称，如寻人启事用“寻人”，招聘启事用“招聘”等。为了醒目，其字体应较正文的字体大得多。

• 内容要突出重点。启事一般应一事一启，讲求一文一个中心思想，使人一看就知道要做什么或怎样做。

• 陈述要简明扼要。启事一般用说明来表达主题，要求行文简短、明确，文字精练、准确，措辞郑重、严谨，不用比喻、夸张等修辞手法。切忌文字冗赘、语言晦涩、独出心裁。

• 行文要礼貌得体。启事是让社会各界了解、帮助做有关事情，或征求意见，在行文上讲究一定的体式，用语上力求文明礼貌、得体、恰当，以彬彬有礼的告白引起社会公众的普遍理解和同情。切忌在用词上虚张声势、蒙骗愚弄。

6.4.2 悼词礼仪

1）悼词的含义

现代悼词有广义和狭义之分。广义的悼词是指向死者表示哀悼、缅怀与敬意的悼念性文章；狭义的悼词专指在追悼会上对死者表示敬意与哀思的宣读式的专用哀悼文体。现代悼词是新文化运动时对传统的哀祭文加以改革后形成的。它的基本特征是：充分肯定死者对社会的贡献，真诚表达生者的悼念和敬意，以质朴无华的语言和多种多样的形式体现化悲痛为力量的积极内容。

2）悼词的写法

悼词的格式主要由标题、署名和正文三部分组成。按写作手法分，悼词有评述式、记叙式和抒情式三种。

（1）评述式悼词。它是以评述死者对社会的贡献为主的悼词。一般由单位撰写，在追悼会上宣读。

标题一般为“在×××同志的追悼会上的悼词”或“悼×××同志”。

标题下署上致悼词者的姓名。

正文一般分三层含义：开头以“我们以沉痛的心情悼念……（身份或名望）×××同志”开始，然后再简述去世原因、时间、地点、享年等，对死者表示深切哀悼，语气较沉痛。中心部分分别对死者的籍贯、学历、经历进行集中介绍，重点突出对人民、对社会的贡献，并给予总结性评价。结尾表示对死者的怀念、悼念及化悲痛为力量的决心；最后用“×××同志永垂不朽！”或“×××同志永远活在我们心中”等作结语。

（2）记叙式悼词。记叙式悼词是以记叙死者的生平事迹或业绩为主的悼词。多由死者的熟人、朋友所写，也包括报上发表的哀悼性回忆文章。

标题是一般记叙文的标题写法，如“难忘的回忆”，也可加一副题。

署名在标题下面。

正文同记叙文写法一样，形式多样，以记叙为主，要有记叙的六要素（时间、地点、人物、事件、原因、结果）及平时的具体细节。

（3）抒情式悼词。它是侧重抒发作者悼念之情的悼词，常以抒情散文或诗词形式出现。

标题不拘一格，如“写给×××”“哀×××”等。

署名在标题下面。

正文不受格式限制，结构安排多样，全篇要以“情”字为主，以抒发强烈、深沉的悼念之情。

3）撰写悼词的注意事项

- 悼词要具有概括性，不能变成流水账，要突出死者的高贵品质和贡献。
- 悼词中对死者的评价要公允，既不苛求，又不过分溢美。悼词一般不写死者的缺点、错误，在写作时最好能事先与领导和家属商量。
- 悼词的语言要简洁、朴实，并充满感情，做到哀而不伤，悲而不惨。
- 悼词可事先印制成文，也可用墨笔抄写在白纸上，悬挂于追悼会场。

6.4.3 电子邮件礼仪

随着互联网和电子邮件在商务领域中的普及，电子邮件礼仪已经成为日常礼仪的一部分，讲究电子邮件礼仪也是公关礼仪工作者面临的一个新课题。

电子邮件只是写信的另一种方式，也像是白纸黑字那样，可以被记录下来并很方便地进行复制。你发送的所有信息都有可能被接收者存储，也可随意转发，发送者无法控制它的去向。当然，对收件者而言也要注意：别把私人邮件公开发布，如果你收到一封私人邮件，随意把它发送给别人是失礼的。

因此，电子邮件礼仪不仅具有一般书信礼仪的基本要求，还有其特殊的规范。

1）电子邮件礼仪规范

（1）要让对方知道发送者的身份。写匿名信总给人以不够光明正大之感，有违书信礼仪，发电子邮件亦如此。虽然收件人可看到信件来自何方，但电子邮箱名称往往是五花八门的，与发送者的真名并不相同。因此，当发送者发出电子邮件时，别忘了署上真实姓名或公司、单位名称，别让对方费时、费力地去猜谜。当然，如果是经常联系、彼此熟悉的朋友，省略署名也未尝不可。

（2）不要强加于人。正如不速之客令主人尴尬一样，不请自到的信息不受欢迎。因此，在寄信前，要想到邮件会不会让收件人反感，尤其是广告信息，少发为佳。

如果必须发送邮件到素昧平生之人的邮箱里，应说明缘由并致以歉意。

发送较大的邮件要先进行压缩，以减少对他人信箱空间的占用。

（3）每天检查新邮件并尽快回复。应经常打开邮箱，最好每天检查新邮件并尽快回复，哪怕是简短的回信也好。

回复信件时适当附上原文，以便收件人能很快知道来信主旨。

（4）电子邮件应简洁。电子邮件的一大特点是便捷，可顷刻到达，快速回复。邮件的主题要明确、清晰，要言简意赅，不要加入过多无谓的客套词语，准确表达即可。

（5）邮件中不能全部用大写字母。在外语信件中全部用大写字母，这在互联网上被看作是在大声喊叫，是非常不礼貌的。

（6）提前通知收件人。尽量在发邮件以前得到对方的允许或者至少让他知道有邮件过来，确认你的邮件对他有价值。没有人会喜欢垃圾邮件。收件人对于满篇废话的不速之“件”，通常是作为垃圾邮件处理。

2）发送或接收电子邮件应注意的问题

（1）发送邮件前必须用杀毒软件扫描文件，以免不小心将“毒信”寄给对方。要是没有把握，不妨将要发送的内容剪贴到邮件正文中，避免使用附件发送的方式。

（2）来历不明的邮件必须谨慎处理，若不确定最好也要用杀毒软件扫描，以防万一。

（3）最好不要发送私人或者机密邮件。即使你选择“永久删除”，许多软件和网络服务仍然可以访问硬盘上备份的信息。在你发送以前，仔细考虑如果别人（比如老板）看到这封信会发生什么情况。你当然不想老板看到你的私人邮件或者冒着泄露客户机密的风险发送机密邮件。

（4）使用附件功能要小心。附件越大，下载时间就越长，占用收件人电脑空间就越多。有些附件可能毫无必要，也许收件人已经有了，应避免或尽可能少地传送那些冗长的附件。

（5）使用抄送功能要小心。不要滥用抄送功能，否则收件人会以处理垃圾邮件的方式一删了之。

（6）避免使用字符图释。你也许是网络专家，并且对各种专业术语和字符图释了如指掌，可是不要假设收件人和你一样专业。

小资料6-4

电子邮件写作要点

（7）注意电子信函的编码。这是电子信函自己独特的标识，也是联络成功与否的关键。我国内地与港、澳、台地区及国外一些国家的中文编码不尽相同，通信时乱码现象时有发生，因此，从内地向港、澳、台地区及国外发中文电子信函时，要用英文注明自己使用的中文编码系统，以确保通信成功。

思政园地

光明时评：互联网正在重建一种社交礼仪

据媒体报道，英国一所大学物理学系有位老师，同时兼任一宿舍管理员长达18年，去年3月，他因给学生或工作人员的短信中问号过多，被开除宿舍管理员身份。短信内容例如“你必须留下来吃晚饭么????”“你为什么不听话??????”等。该老师随后上诉，法院判定学校应赔偿他1.5万英镑。但法官认为他“罪有应得”，法官说，“使用多个符号使原本中立的文字令人生畏”。

一场问号引发的官司，让我们看到了网上社交规则对网下产生的影响。这在网络高速发展的中国尤为常见。截至2020年12月，我国网民规模为9.89亿，互联网普及率达70.4%。网络作为人们沟通交流的工具，具有效率高、速度快、成本低等优势，疫情之下，无接触的网络社交进一步发展，在现代生活中扮演着日益重要的角色。

而在网络社交中，标点符号、表情包、语气词等作为一种常规的表达方式，既是跨越不同年龄层、不同地域的通用语言，也在不断制造出分歧、衍生出特殊含义。

颇具代表性的就是神秘的“微笑”表情。对于网络环境浸泡下的年轻一代来说，“微笑”表情通常等同于“呵呵”，是一种嘲讽，而对于很多年龄较大的人来说，则是礼貌的微笑。网上流传的2020年郑州市高中骨干教师培训课件上也列着，在老师眼里，“微笑”表情=微笑、鼓励；在学生眼里，“微笑”表情=面对蠢货，只能尴尬而不失礼貌的微笑。

对同一个表情产生不同解读、不同认知，背后常常是年龄代沟、群体差异。在现实社交中，语言、表情、神态、动作等承载着人们的喜怒哀乐、传递着态度观点。在网络社交中，标点、表情包、语气词等网络符号成为人的延伸，对方可以从这些符号中“察言观色”。

互联网作为一个虚拟空间，相对包容、多元，但也在广泛认同基础上、在不断强化运用中，催生出了新的社交礼仪。这本身是一个对人重新社会化的过程，一个人若想生活在互联网上，就必须掌握各种各样的网络“潜规则”。

在网络中，年轻群体掌握着话语权，他们的认识形成了主流的认同，这要求其他群体在网络社交中多些互联网思维，入“网”随俗。使用表情包等符号能够达到“拈花微笑”的效果，需要的是一种高度默契、深度融入。

无论是友好地结束对话，幽默地表达诉求，真诚地表示感谢，这些符号都能起到四两拨千斤的作用。线上的礼仪到不到位，也影响着线下的关系。发什么表情，用不用问号，不能不慎重。

也要注意，这些符号不能代替一切，它更多是文字、语音等的一个补充。拿“OK”表情来说，写一个方案给领导审，领导回复了个“OK”表情，是“可以”的意思，还是“收到”的意思？媒体也曾报道，在已公布的一些判决书中，“OK”表情被解释出了“不认可”和“无异议”两种含义，产生了相反的法律效果。

可见，遵守网络社交礼仪，不仅可以提高沟通效果，还能避免纠纷和麻烦。认真学、好好用，OK？

资料来源　孤舟.互联网正在重建一种社交礼仪［EB/OL］.［2022-05-22］. https://politics.gmw.cn/2021-03/24/content_34713735.htm.

主要概念和观念

本章小结

○ 主要概念

文书礼仪　信函礼仪　名片　柬帖

○ 主要观念

书信写作礼仪　求职信的简练原则

基本训练

○ 知识题

▲ 简答题

1）文书礼仪写作的基本要求有哪些？

2）名片的用途有哪些？

▲ 选择题

1）文书礼仪的特点有交际性、（　　）。

A.广泛性　B.礼节性　C.地方性　D.规范性

2）书写书信不能用（　　）。

A.铅笔　B.蓝墨水　C.红墨水　D.墨汁

3）名片交换的一般顺序是（　　）。

A.先客后主　B.女士优先　C.先低后高　D.先己后人

4）悼词的写作方法有评述式和（　　）三种。

A.记事式　B.抒情式　C.歌颂式　D.记叙式

▲ 阅读理解

某公司办公大楼刚建成，公司总经理决定向A企业采购一批家具，恰巧接到对方电话，说要来拜访，老总随即与对方约定了碰面时间。不料，对方比预定时间提前了2个小时到达，原来对方听说这家公司的员工宿舍也将在近期内落成，希望员工宿舍里的家具也能向A公司购买。为了谈成这件事，销售负责人还带来了一大堆资料，摆满了台面。总经理没料到对方会提前到访，刚好手边又有事，便请秘书让对方等一会，这位销售负责人等了不到半小时，就开始不耐烦了，他一边收拾资料一边说："我还是改天再来拜访吧。"

这时，总经理发现对方在收拾资料准备离开时，将自己刚才递上的名片不小心掉在了地上，对方却没发觉，离去时还无意从名片上踩了过去。见此情景，总经理改变了自己原先的决定。

请评析该销售负责人的失当之处。

○ 技能题

▲ 单项操作训练

1）假设你是一个企业的负责人，你手下有名员工，其工作能力一般，对自身要求不严，表现也较为散漫，你不太欣赏他。有一天他来找你，说他找到了一个新的工作，想离职，并请你写一封推荐信，你该如何下笔？

2）现代社会名片使用已呈泛滥之势，且大多千篇一律，缺乏个性，往往接受名片者在事后一放了之，请你给自己设计一张名片，在合乎礼仪规范和实用性的同时，适当突出个性，加深接受者的印象。

▲ 综合操作训练

给自己班级就班团活动组织提一份合理化建议书，并结合本章内容，以电子邮件形式发给班主任。

观念应用

○ 案例题

虽然我学的是阿拉伯语，但大四前我并不为工作的事着急。大学前3年我都在一家贸易公司做兼职翻译，主管国际贸易的总经理曾对我许诺：毕业后直接来上班就行！在大四我们求职的高峰期，我与他联络，可他却含蓄地通知我，由于和埃及那边的合作取消，公司现已不需要阿拉伯语专业的人了。

看着手足无措的我，宿舍的姐妹们要我当即制作个人简历。好朋友陈蓝还叮嘱我一定要把简历做得华丽、漂亮些，哪怕数量少点也没关系，见到适合的公司一定要递上去，一定不能失去任何机会。没有求职经验的我点头称是，拿出1 000元钱做了10套包装华丽的简历，仅一套便是厚厚的一叠。

招聘会场热火朝天，要人的单位多，等着人要的大学生更多。我把简历一份份递上，可得到的答复不是专业不对口，就是需要有2年以上工作经验。虽然我竭力解释我有3年贸易公司兼职翻译的经历，却因招聘会上过分喧嚷而淹没在翻涌的人声里。我看中了一家大集团的海外贸易部并递上简历。负责招聘的大姐快速翻着我的简历，皱着眉头说："你什么专业的，到底要应聘什么职位，有什么特长啊，写这么多干什么！等电话吧！"说完"啪"的一声把简历扔进一大摞简历堆里，高声叫道："下一个！"

来回走了一圈，工作的事仍没着落，可简历却一份也不剩。就在我懊恼地准备离开时，却意外看到会场角落里的环亚旅行公司。这家从事境外旅行的公司招聘栏上清楚地写着：阿拉伯语。我兴奋地走过去，负责招聘的中年男子笑着问我："小姐，你的简历呢？"我才意识到我手里一份简历都没了，便匆忙把姓名、学校、专业、特长填在一张白纸上递给负责人，他皱着眉头收下，挤出笑容说："好的，那你等通知吧。"

一个星期过去了，我没接到任何面试的电话。打电话到环亚旅行公司，耐心报了我的学校、专业和姓名，可电话那头却冷着嗓子说："我们从来没收到过你的简历！"而此时和我一个专业的男生却成功应聘到我心仪的那家大集团海外贸易部。他告诉我，他的简历只做了两页，一页介绍自己的基本情况（包括各科成绩），一页是大学4年的社会活动简介。他一说完我顿时傻眼了。

结合以上材料分析，简历的制作和投递应注意哪些要点？

提示：(1) 简历制作应简略明晰，突出重点和优势。(2) 投简历时应留心专业是否对口。(3) 递简历后若对方明确表示专业不对口不提供面试机遇，或自己对对方公司不感兴趣时，可以把简历要回。

○ 实训题

求职是每位大学生走上社会必须经历的环节，求职信也是你的第一张没有答案的"试卷"。试围绕你的专业、求职要求，写一封求职信，并请你周边的老师、同学给予评议。

○ 讨论题

朱福来含泪致信克林顿

1999年5月，以美国为首的北约在对南斯拉夫的轰炸中，炸毁了我驻南使馆，朱颖烈士光荣牺牲。其父亲朱福来致信美国总统克林顿，悲愤控诉美国的恶劣行径，质问克林顿人权何在！他在信的最后没忘记写上："祝您和您的夫人、女儿合家幸福。"

请从网络上搜索此信件，并从礼仪角度给予评析。

第7章

公关社交礼仪

学习目标

通过本章学习，你应该达到以下目标：

素质目标：具有拜访、接待、迎送、探视、馈赠等公关社交礼仪的理论知识，在公关活动中，能够自觉地按照礼仪规范的要求行事。

知识目标：了解公关社交礼仪相关的概念和作用，拜访、探视、迎送、待客、馈赠的基本内容与要点，认识公关社交礼仪的基本要求和注意事项。

技能目标：按照公关社交礼仪的基本要求和原则，区分公关礼仪的正确做法与错误做法，基本掌握公关社交礼仪操作要领。

能力目标：具有正确运用公关社交礼仪知识、原理和方法进行人际交往的能力。

引例

总理的礼仪风范

注重诚信，讲究礼仪，表现在大事上，也表现在小事上，比如用餐。在饭桌上，周总理同样十分注意礼仪，凡是他会见或宴请对方，上菜、上毛巾或其他用品，都要先给客人。开始时，有些工作人员总是先给首长，周总理说，这是不对的，要先给客人，才合乎礼仪。

外事工作经常有宴请，在宴会上斟酒时，工作人员出于对领导健康的考虑，偶尔会给他们倒水。对此，周总理却坚决反对，他认为这是对客人的不尊重。敬酒时，他从来不作假，说要敬酒就要真敬酒、敬真酒。

关于周总理喝酒的故事很多，“空杯敬酒”是流传很广的一段佳话。1954年，周总理访问波兰即将结束时，我驻波兰使馆以周总理的名义举行辞行招待会。当周总理致辞结束，举杯敬酒时，发现酒杯竟然是空的。见此情景，我们的工作人员急忙跑去提醒波兰的服务员斟酒。为什么会发生这样的事情呢？原来，当周总理陪同波方贵宾入场时，人们的注意力完全被他的翩翩风度所吸引，服务员们只顾得看、鼓掌，竟然忘记了斟酒。

资料来源 作者根据相关资料整理.

拜访、接待、迎送、探视，这是人类社会最基本、最经常的人际交往活动。它体现着人类群体性、社会性的特点，也与我们的日常工作、生活密切相关，是社交活动的基础。但也正是在这些基本社交活动中，蕴含着人际交往的许多礼仪规范。它是一面镜子，能照出每位社交活动者的品德、涵养和人生修养。同时，它也是一个标尺，衡量着每个人的社交水平和人际关系能力，了解掌握日常社交活动的一般礼仪规范，对于提高每个公关礼仪工作者自身礼仪修养，塑造组织主体良好形象都有直接影响。

7.1 拜访、探视礼仪

7.1.1 拜访礼仪

拜访<u>*又称作拜会、拜见，是指前往他人的工作单位或住所，去会晤、探望对方，进行接触与沟通。*</u>不论是公务交往还是私人往来，拜访都是人们在社交中最经常采用的一种方式。

拜访根据不同的目的可分为事务性拜访和礼节性拜访。所谓事务性拜访是指为了某一具体的事务而进行的有特定目的的拜访，这个事务可以是公务，也可以是私事。这类拜访一般没有特定的时间，可根据事务的性质选择双方都合适的时间。

礼节性拜访是指亲朋好友或熟人之间为了巩固原有的关系、发展已有的情谊而进行的没有特定目的的拜访。亲戚、朋友、熟人之间好久没有见面了，就需互相走走、问个好。根据人际关系的一般规律，人际关系的维系需要一定的接触频率。即使是亲朋好友，长期不来往关系也会淡漠，最后甚至可能中断联系。

礼节性拜访往往具有比较固定的拜访时机，如节假日、对方本人或家庭重大事件发生日，如婚丧嫁娶等。

事务性拜访与礼节性拜访在人际交往中所起的作用是明显不同的。礼节性拜访是建立和维持良好人际关系的关键。礼节性拜访是没有具体事务或目的，注重情感交流的活动，而建立在情感基础上的人际关系总是更具持久性。事务性拜访是有具体的需解决的事务，事务解决了，双方的交往也很可能随之失去动力。所以，礼节性拜访是人际交往中更为重要的活动方式。无论是组织关系还是私人关系，礼节性拜访都是必不可少的。

按拜访的地点不同，拜访可分为居室拜访、工作场所拜访和其他场所拜访，其礼仪要求也各不相同，我们在下面分别介绍。

1）拜访的准备

（1）事先预约，守时守约。事实上，很少有人会从心底欢迎不速之客，除非你是主人盼望已久的亲友或是适逢主人闲来无事，正需要有人与他一起打发时间。随着生活节奏的加快以及人们对生活空间的日益重视，不速之客越来越不受欢迎，所以不管是何种拜访，最好都能提前预约。这既是对对方的尊重，也是为自己方便（避免吃闭门羹）。

只有在以下几种特殊的情况下可以不预约：事情紧急，来不及预约；没有可供预约的手段；关系密切的亲朋好友熟悉对方的生活节奏，且拜访时只准备短暂停留。

如果你在上述这些情况下未经预约登门拜访，还应注意采用恰当的做法，以免引起对方的不快。如果因事情紧急或无法预约而不得不突然造访，见面时应及时向对方说明事情原委，并表示歉意，而且拜访时间一般不宜超过10分钟；如果是第三种情况，见面后应留意一下对方是否有空，若对方正有事要忙，不妨只在门口问候对方，改天再登门拜访。预约方式有很多，电话是最常用、最方便的预约方式，也可写信，若是初次公务拜访，最好带上介绍信。

约定拜访的时间和地点应客随主便。若是家中拜访，不要约在吃饭和休息时间，最好安排在节假日下午或晚上；若是办公场所拜访，一般不要定在上班后半小时内和下班前半小时；若去异性朋友处做客，尤其要注意时间安排。此外，要注意约定人数，尤其在公务拜访中，还要约定参加的人员和身份，赴约时，切不可带主人预先不知道的人。

约好时间、地点后，就不可轻易变动，特殊原因不能如期赴约，务必尽快电话通知对方，说明情况并诚恳致歉，待见面时，应再次致歉。如公务拜访约定后，主要拜访人缺席，也应事先告诉对方并听取其建议；考虑到交通拥挤或其他影响因素，可约定一个较为灵活的拜访时间，如"我在七点半到八点之间到达"，以免给人留下不守时、不守信的印象。

拜访最好要准时到达，既不要早到，这时主人还没有准备好，让其措手不及；更不要晚到，让主人等待，浪费时间。

（2）悉心准备，考虑周到。一般拜访都有一定的目的性，需要商量什么事情，拟请对方做哪些工作，自己需要做些什么准备，如何同对方交谈等，事先都应认真设想和安排。正式拜访前，要准备好自己的服饰，注意仪容仪表，以表示对被拜访人的尊重，衣冠不整、蓬头垢面是失礼的。因为，自己的服饰让对方看了不舒服对交往不利，而且，万一主人家正好有其他客人来访，还会让主人感到难堪。所以，即使是老朋友之间或是邻居间的拜访，也应适当注意一下仪表，穿背心、拖鞋、睡衣、大裤衩更是不合适的。

拜访对方或看望亲朋好友，如需要带上适当的礼品，也要事先做好准备，以免"临时抱佛脚"。具体礼品的选择与馈赠，参见本章第3节。

初次公务拜访还要准备好名片。名片要放在容易拿出来的地方，男士可以放在西装口袋里，也可放在名片夹里，或是提包中；女士则可将名片放在提包中容易掏出来的地方。

2）居室拜访礼仪

（1）进门有礼，不可冒失。无论到别人家中还是办公场所拜访，都不可破门而入。有门铃的首先按门铃，时间2秒左右即可，若间隔十几秒未见反应，可按2～3次，切忌长时间连续不断按铃，吵得主人心烦；没有门铃的，先敲门，敲门时用中指与食指的指关节有节奏地轻叩房门2～3下，不可用整个手掌，更不能用拳头擂或用脚踢。在炎热的夏季，有的人习惯敞开着门，若在这时拜访，也应敲门告知主人。

数次按门铃或敲门后，主人还是没有来应门，就只能离去，即使你断定家里有人。主人不开门迎客，说明你此刻的拜访是不受欢迎的，主人不愿意被打扰，切不可连续不断地敲门或按门铃，也不要在门外高声喊叫，或在门前徘徊不走，或通过窗户向室内窥探，除非你确信屋内的人需要帮助。

如果主人在屋内以“谁啊”应门，你通常应通报自己的姓名或身份，而不能只回答一个“我”字，除非你与主人很熟，确信对方能听出你的声音。

如果为你开门的人是你不认识的，要先恭敬施礼，主动通报姓名，并说明来意，如果事先没有约好，还应礼貌致歉。若被访者不在，可留下姓名，并在名片上简单地写上自己的拜访事由，也可以告诉接待人，请他（她）为你转达。

如果对方仅仅是开门而并没有说“请进”，这并不表示你可以进去。每个人的家都是私人空间，没有主人的邀请，不能随便进入。如果有事，不妨在门口说；如果没有什么特别的事，在寒暄问候以后就应及时告辞。

只有当主人为你开门请你进屋时，你才可以进门。进门后随手将门带上，如果带着雨具，应放在门口或主人指定的地方，避免把水滴到房间内。在寒冷的冬季，进入主人家后，应在主人示意下脱下外套，摘下帽子、手套等随身物品，一起放在主人指定的地方。如果主人没有示意，则表示无意让你进屋，这时不可急匆匆地脱下衣帽。需要脱鞋时，应将鞋脱在门厅，穿拖鞋进屋；若无须脱鞋，应先将鞋在门外的擦鞋毡上擦干净后方可进屋。

（2）言谈有度，举止得当。与主人相见，要主动向主人问好，并同主人握手为礼。如果双方初次见面，还应对自己略作自我介绍。对主人的家人、亲属，应主动打招呼、问好，不能视而不见，不理不睬。如有礼品，可适时向主人奉上，不要道别时再送。

进入房间时，要主动跟随主人之后，而不要走在主人之前。入座时，要根据主人的邀请，坐在主人指定的座位上。如拜访对象是长者或身份高者，应待主人坐下或招呼坐下后再入座，不要抢先坐下，以免引起主人的反感。

没有得到主人示意，不能随意走动，特别是不能随意进入主人卧室，也不要乱动主人家的物品。主人端茶送水果，应欠身致谢，并双手捧接。上门做客最好不抽烟，非抽不可时，要征得主人同意；主人递烟时，可接过并主动为主人点烟。坐姿要端正，不要东倒西歪，不能把整个身体陷在沙发内，也不要双手抱膝，更不要跷二郎腿。若觉疲劳，可变换坐姿，但不能抖动两腿，女士应注意两膝并拢。

当主人询问客人喜欢何种食物或饮料时，应在主人所能提供的范围内做出明确的答复。如主人问客人喜欢茶还是咖啡，客人应根据自己的喜好明确告诉主人自己喜欢哪一种。当然，客人也可以选择对主人来说较为方便的一种，但如果客人只回答“随便”，会让主人觉得左右为难；如果客人要求主人一时无法提供的某种食品更会让主人难堪。

不要拒绝主人的建议。如果主人建议客人参与某项活动，客人一般不应拒绝。如果主人向客人介绍家里的某些特色物品，如工艺品、书画、花木等，客人应表现出兴趣和热情。

如果主人家里还有其他客人，应一一向他们点头致意。但若主人没有介绍，一般不要随意攀谈（如果是主人没有顾得上为客人介绍，那主动与其他客人攀谈则是礼貌的表现），更不应询问他们与主人的关系以及来访的原因。如果主人家里有你不太欣赏的旧识，你也要愉快地向他打招呼，不能因为个人原因使气氛变得紧张。

中途有客人来访，作为先到的客人并不一定要起身相迎。但如果屋内人数不多，仅两三个人，而且来访者是应向其表示敬重的长者或是主人的老朋友，客人最好起身相迎（这既是对来访者的尊重，也是对主人的尊重）。如果没有起身相迎，那么等对方进屋后，至少应点头致意；如果对方走到你身边，你还应起立（这表示"很高兴见到你"之意）。

中途有客人告辞，一般来说，其他客人应与主人一起起身相送（至少欠欠身，有送客的表示），等客人走后再回到座位上。作为先走的客人，在其他客人起身相送时，应礼貌地请大家不必起来。

主人招待的饮料、水果、点心，饮料可以全喝完，但水果、点心稍稍品尝就好。当主人为客人削水果时，应请主人不必麻烦，或是自己来削。如果自己并不喜欢主人准备的水果，最好及时告诉主人自己现在不想吃，免得削好的水果浪费。应主人之请在主人家吃便饭时，应先表示请主人与家人一同进餐，待主人入座进餐时自己再开始进餐。就餐前，第一件不应忘记的事情是打招呼，尤其要与女主人打招呼，并对主人的宴请说一些赞扬话，为就餐创造融洽、热烈的气氛；入席时要按既定次序入座，不要贸然坐下；坐在餐桌前要注意体态礼仪，主人祝酒时要专注地听，主人敬酒时要起立回敬，即使不会饮酒也应沾沾唇，以示尊敬，待主人招呼后再动筷夹菜；进餐中要注意饮食礼仪，席间谈笑应多谈些愉快、健康、轻松的话题，尽量避免中途离席，确实无奈应向主人说明歉意方可离去。

拜访交谈，要做到心中有数，适当寒暄后，尽快切入主题，不要东拉西扯，浪费时间。如果是请主人帮忙，应开门见山，把事情讲清楚，不要含混不清，令主人无从做起。如果主人帮忙有困难，就不能强人所难，切忌死乞白赖，令场面难堪。

交谈时，要尊重主人，不可反客为主，口若悬河，喋喋不休，更不可过多询问主人家的生活和家庭情况。要随时注意主人神情的变化，适时调整自己的谈话方式，必要时多提问，提一些主人爱好的问题，自己不妨做个听众。

（3）善解人意，适时告辞。拜访交谈时要注意掌握时间，要知道客走主安的道理。为了不影响主人的生活规律和打乱其原有计划，拜访时间一般不宜太长。事务性拜访的停留时间一般在20分钟到1小时，宾主双方谈完该谈的事，客人就应及时告辞。礼节性拜访可以根据当时的情景灵活把握，如果主人兴致很高，客人可以多留一会儿；如果发现主人另有安排（主人在看表或钟，或是有别的客人来了），或是到了主人休息、吃饭时间（原先计划留下来吃饭的除外），就应及时告辞。及时告辞是客人为主人着想的基本礼貌。

有时，可能很难确切判断主人到底是希望客人留下来多聊一会儿，还是有了其他安排，或是已到主人的休息时间。这时，不妨用提出告辞的方法去试探主人的意图，如"你们小孩要睡觉了吧，我该走了"，或是"您还有别的事情吧，我先告辞了"。倘若主人真诚挽留，你可以稍微再停留一些时间；如若主人只是礼节性挽留，你就应果断地起身告辞，免得耽误主人的时间。

告辞时，应选择交谈停顿的瞬间果断地起身。倘若在交谈时起身告辞很容易让主人误解为是对交谈的内容不感兴趣。一般是男客人先向男主人告辞，再向女主人及其他家人告辞；女客人先向女主人告辞，再向男主人及其他家人告辞。除了向主人及其家人作一一告辞外，还应向在座的其他客人告辞（通常是用简单致意的方式告辞），但对于那些没有注意到你起身的客人可以不必特意去告辞。其他客人如有起身相送之意，应及时说："别客气，请坐。"主人及其家人可以让他们送到门口，送至门口时，应主动劝主人留步，并主动伸手相握。

告别时应有恰当的寒暄。最为常见的寒暄是"再见""请留步"；如这次拜访是无预约的冒昧造访，可以对主人说"打扰了"；如果这次拜访是有求于人，不妨对主人说"谢谢了"或"麻烦您了"；如果是亲朋好友间的礼节性拜访，可以邀请对方回访，如"下次到我家来""有空过来玩"。

提出告辞后，就要态度坚决，不要犹豫，不要"走了"说过几次，却迟迟不动。即使主人有意挽留，也应坚辞而去，不要拖延时间，出门以后，就应主动请主人"留步"，并握手告别，表示感谢。不要任凭主人远送，也不要站在门口与主人恋恋不舍，东拉西扯说个没完，让起身相送的其他人只能陪站着。

握手告别后，告辞应算结束了。但是特别有礼貌的主人可能会站在原地目送客人，这时，作为客人应在第一个拐弯处或走出一段距离后，回头向主人挥挥手，以示最后的谢意，并请主人快回家。

远道的客人在返回后，还应给主人报个平安，并再次感谢主人的款待。

3）工作场所及其他场所拜访礼仪

（1）工作场所拜访礼仪。来到对方工作场所，应在门口看要找的人是否在。如果在，招呼了以后再进去；如果不在，可礼貌地找人打听。不能直接闯入别人的工作场所。

当对方正在开会或已有其他客人来访，应该自动退到门外等候，而不应进去站在一旁或在门口走来走去，妨碍他人。

见面时要互致问候，不认识的要自我介绍。

如果初次拜访，进门后应问候"你好"或"各位好"，并点头致意，然后自我介绍或向接待人员递名片，请求与会见者见面。如已事先约定，应提及双方约会的事，让接待者明白来意。

自我介绍后，待对方让座时，才大方稳重地坐下。座位通常由主人安排，尽量不要坐在办公人员的座位上，以免影响他人正常办公。坐的时候要端坐，因为是来谈公事，而不是闲聊，不能显露出懒散无聊的样子。

当对方站立说话时，也应该站立起来说话，以示尊重，站的时候不要斜靠在别人的办公桌上。

他人端茶递水敬烟时，要稍欠身子表示谢意。

讲究工作场所卫生，不乱磕烟灰、乱扔烟蒂、乱吐痰。

招呼、谈话时，嗓门不要太大，以免影响他人工作。

谈完公事，不要久坐，即可告辞。

拜访同样要注意仪容，穿戴要整洁大方，这既是对对方的尊重，同时也表明自己对拜访的重视程度。

到工作场所拜访，特别是一般性的工作访问，多数情况下不必准备什么礼物。但若是为了感谢对方单位的支持，就应准备相应的礼品，以一般的锦旗、牌匾之类的礼品为宜，条件许可的话可以带一些与拜访业务相关的礼品、小纪念品，价值不可太高，有纪念意义就行。

到工作场所拜访，一般都是在工作时间。所以，拜访时间不宜过长，一般15分钟至半小时即可。

告辞时可握手道别，也可说“拜托了”“谢谢了”“麻烦了”“留步”“再见”等礼貌用语。

（2）宾馆拜访礼仪。如果外地客人来到本地，住在某宾馆里，得知消息以后，应前去进行礼节性拜访。拜访前先约定时间，预约时必须问清宾馆的位置、楼层、房号、电话等。

到宾馆这样的公共场所，若是穿着不得体，有可能被拒之门外，即使不被阻挡，也会招来别人冷漠的眼光。

进入宾馆以后，应向保安或服务台人员说明来意，然后往房间打个电话，经客人允许后，方可到房间去。

进客房前，看清房间号码，先敲门，待客人开门后进行自我介绍，双方证实身份后，客人请进方可进入房间。

如果是星级宾馆，一般的房间都带有会客厅，不宜进入卧室交谈。到宾馆拜访大都属于礼节性的拜访，作为东道主，应热情地表示对客人到来的欢迎。同时询问客人生活、工作有何不便，需要提供什么帮助。拜访时间不宜太长，以15分钟左右为宜，到宾馆拜访，通常不必准备礼物。

若主人准备安排饭局为客人接风，则应当场告知地点、时间，并征得客人同意，到时再来宾馆接客人（也可派别人前来）。

在宾馆的前厅及走廊上不要急匆匆跑动，脚步要轻稳。与服务员讲话态度要和蔼，语气要平缓，对男子统称“先生”，对女子则统称“小姐”。

（3）遣人拜访礼仪。一般情况下，都是自己亲自拜访，但如果自己事务缠身又必须去拜访某人时，可以遣人拜访。

遣人拜访应注意的事项有：

• 所派遣的人员要口齿伶俐，否则会造成重要事情的误解或让对方觉得不受尊重。

• 遣人拜访可以写一封私人信件，一般不封口，交给拜访的人；还可以交给拜访人一张名片，以表明自己的诚意。信件上说明自己不能亲往的原因并致歉。

• 将拜访要说的问题向派遣的人讲清楚，并请对方复述一遍，以保证准确无误。

• 事后一定要抽身亲往致谢或修书一封，表示歉意。

7.1.2 探视礼仪及其他

探视是拜访的另一种形式，一般仅指生病探望和凭吊。

1）生病探视礼仪

当朋友、同僚因病住院时，适时探视有雪中送炭之功效，不仅能增进双方友情，体现出“患难见真情”的友谊，也能令病人得到莫大的心理安慰和情感上的满足。

躺在病榻上的病人，因为健康或生命受到威胁，容易产生一种自怜的心态，感情脆弱，情绪多变，往往比其他时候更渴望一份温情。这时，作为亲朋好友的你，去医院探望时，就更要注意自己的言行，如果方法得当，会增加病人战胜病魔的勇气，心中重新燃起对生活的热情；如果处理不好，结果则截然相反，事与愿违，好心办成坏事。

（1）探视前的准备工作。

• 了解患者情况。首先要了解得的是什么病、严重程度、治疗情况，病人目前的心理状态。如果病人得的是传染性疾病，医院一般禁止探视，应采用其他方式如写信等表示关心；如正急救或手术不久，贸然前往，使病人不能得到很好的休息，也是不好的。

• 了解医院情况。了解医院允许探视的时间、院规等，否则既影响了医院正常的工作秩序，又影响病人的治疗和休息。

• 准备慰问物品。如鲜花、水果、点心或营养品等。

（2）探视时应注意的问题。

①遵守医院规定。每个医院都有探视病人的时间规定，这样做，既是为了保证医院的正常秩序，也有利于病人的休息。因此，不要在医院不允许探视的时间探访病人。如吃了“闭门羹”，也不要与门卫发生口角，要做的就是耐心等待或另找时间。

②言行举止得当。探望病人是一种特殊的社交活动，言谈举止应谨慎得当。

• 进屋时敲门，让病人感受到你的尊重，同时，也让病人有时间在探病者进来之前整理一番衣冠或盖好被子。

• 神态平和。探病时穿着要日常化，不可过于华丽；进病房时，脚步要轻，表情要从容，切忌慌张、大惊小怪，以免给病人增加心理压力。

• 平视病人。到病床前，可主动与病人握手，这是无声胜有声的安慰；若有空椅子，可尽快落座，尽量与病人保持平视状态，避免居高临下地俯视，不要离病人远远地站着，眼睛东张西望，让人怀疑你的诚意。

• 了解病人治疗情况以及目前身体状况，关心治疗进展和身体康复问题，进行必要的安慰和劝解，表情自然、亲切。

• 如探访同事，应带去单位的关怀和慰问，谈一谈单位和同事的近况，转达有关人员的问候，讲述一些简单的新闻性事件，让病人从孤独、愁闷情绪中解脱出来。

• 避免谈及可能会使对方忧虑或忌讳的内容。对身患严重疾病的病人，在病情方面，应和医生、护士、病人家属的口径保持一致。

• 少问为佳。探视时要多安慰和鼓励，不要过多询问，不要说令人敏感的不吉利的话。

• 把握时间。探视时间不宜太长，一般不要超过半小时。如果病人需要照顾，你能留下陪伴，那就更好。

告别时，应谢绝病人送行，还要询问病人有何事相托，并希望病人好好养病，早日康复。

（3）携带礼物要合适。探望病人免不了带些礼物，送什么好呢？一束清香淡雅的鲜花，既高雅又时尚，很适合作为探视病人的礼物，当然也要看对象，病因与过敏有关的病人，如哮喘病等，就不宜送鲜花了；需要住院较长时间的病人，可以送些书及杂志供消遣之用；也有许多人喜欢送水果、营养品给病人，只要适于病人食用，都不失为好礼物。

2）吊唁礼仪

小资料7-1

探视病人送礼小百科

现代追悼逝者的仪式一般采用追悼会或遗体告别的形式。当接到讣告后，应亲自前往参加，以表示对逝者的怀念，并向逝者亲属表示慰问。如果逝者是自己的至亲好友，还应携家属一同前往，因有特殊情况不能前往，应给逝者亲属致唁电或唁函。

对企业内部职工或外部紧密客户的逝世，应表示沉痛哀悼之情，态度要严肃，感情要真挚。

召开追悼会时，有关领导可以出席，以表示组织和领导对职工或职业友人的关心。

参加追悼会时，服饰打扮要适合吊唁气氛。不管男士女士最好穿深色衣服或比较素雅的衣服，衣着庄重朴素，佩戴黑纱或白花。服饰忌红红绿绿、怪里怪气，使用色彩鲜艳的花手绢，化浓妆，与肃穆沉痛的气氛不协调，也是失礼的。

在追悼会进行时，要静心听取他人对逝者的悼念之词，虚心学习逝者的好品质。要按程序和要求，向逝者鞠躬施礼、向遗体告别等。表情要严肃、悲痛，三五成群谈笑风生、施礼时东张西望、中途早退都极不礼貌。

对逝者的家属要进行安慰，劝他们节哀、保重，如果有困难要尽力帮助解决。如与逝者生前关系密切还应主动帮助逝者亲属料理后事，以寄悲情。

7.2　迎送、待客礼仪

7.2.1　接待礼仪

接待是社会组织与外界沟通联系的第一环节，接待工作的好坏直接影响组织的形象以及组织与公众的关系。接待工作中应遵循的总的礼仪原则是“热情周到、宾至如归”。这个总的礼仪原则应具体体现在接待工作各个环节中。

1）接待的准备工作

（1）要做好环境的美化工作。整齐干净的环境会让客人感觉舒适，接待柜台、贵宾室要保持清洁，保证光线充足。欢迎宾客的海报一定要事先在显眼的地方张贴好，一般的标语、广告也要贴牢，室内的照片、字画注意摆正，这些都反映着本组织的精神风貌。

（2）接待人员要仪表整洁。保持头发特别是手部干净，因为手部的肢体语言仅次于脸部，与人握手，呈递公文，一伸手让人觉得健康干净，才会心情愉快。女性接待员要略施彩妆，给人的感觉会比较隆重、正式，用一点清淡的香水也是有礼节及有修养的表现。

（3）准备座位、茶水、企业介绍册、画报、镜子等。到办公室的来访者，都希望你能专心致志地听他谈话，谈话过程中最好能避免他人干扰。办公室最好挂一面镜子，它可以提醒接待人员随时整理自己的头发、衣饰，保持精神焕发。如果仪表不整，无精打采就会影响工作质量。

（4）接送客人的交通工具应事先准备好。

（5）客人需要住宿的，要在客人尚未抵达前就安排好，根据客人的民族、习俗、身份及要求，本着交通便利、就近安排、吃住方便的原则确定具体安排内容。并注意住宿布置是否整洁美观，通信、卫生设施是否正常使用，宣传、介绍材料是否备齐送到，茶叶、报纸、水果等细节问题也不可疏忽。

若客人来自外地或海外，接待人员应专程提前赶往机场、码头或车站，迎接客人到来。对外国来访的客人，通常均应视其身份和访问性质，以及两国关系等因素安排相应的迎送活动，无论是个人还是团体均应首先确定接待规格。按照国际惯例，主要迎送人通常都要同来宾的身份相当，也有从发展两国关系或从当前政治需要出发，破格接待，安排较大的迎送场面的。

如果是身份较高的客人，应事先在机场（车站、码头）安排好休息室、备好饮料。最好在客人到达前就把房间和乘车表告知客人，若做不到，应在客人到达后立即将住房和乘车信息告诉客人，或请对方联络人转达。如有必要，应指派专人按规定协助客人办理入境手续及行李提取等事宜。在迎候地点人声嘈杂或客人甚多，可事先准备好一块牌子，上书“欢迎光临”，也可以准备一些小旗子，这样可以使客人一目了然，便于寻找。

2）接待过程

（1）问候。如果接站的人与客人互相认识，那么在见到客人后应马上上前握手表示欢迎，问候他路上的情况（中国通常用“一路辛苦了”问候对方，而西方人则喜欢用“旅途愉快吧”问候对方），并对身份相当的主人没有前去接站表示歉意，如果还有其他的随行人员，也应一一握手问候。

如果接站的人与客人互相不认识，那么，当客人看到迎接的牌子后，一般会主动上前问话并作自我介绍（如“请问您是……”“我就是……”），这时，接站的人应马上与之握手问候，并作自我介绍。

如果有两个以上的人前去接站，当客人主动介绍身份后，一般由身份最高的人向客人伸手表示欢迎，同时由其他迎接人员向客人介绍迎接者的身份；然后其他迎接人员依次（主要按身份高低）与客人握手，并由身份最高者为客人作介绍。向客人介绍完迎接人员后，客人中身份最高者向迎接的主人依次介绍客人，并一一握手问候。

在握手问候以后，接站的人应主动询问客人的行李是否已随身携带，如有托运的行李，应主动帮助客人办理提取手续，并为客人提携行李包裹，但不用为客人拿公文包和手提包（因为里面装的往往是比较重要的个人物品）。

拿好行李后，就可以引客人上车。在上车时，迎接人员应为客人在右边开启车门，客人上车后随之关好车门，自己再绕到左边上车。下车时，迎接人员抢先下车，为客人开车门。如果客人年纪较大，还应上前搀扶。在车上，称职的主人应向客人介绍此次访问的日程安排，同时还可以介绍一些当地的风俗、气候、旅游景点、特产等客人比较感兴趣的内容。

（2）安顿。如果没有特别的安排，应先将客人送往住处（对于远道而来的客人一般不宜立刻安排活动）。到达住宿地点后，帮助客人办理好住宿登记手续，并把客人领进房间，同时向客人介绍住处的各项服务和有关设施，让客人有宾至如归的感觉。帮助客人安顿妥当后，一般不应久留，应及时告辞，以便让客人得到及时的休息，消除旅途的疲劳。

在安顿好并准备离开前应将事先安排的活动日程告诉客人，让他据此安排自己的私人活动，同时可再征求客人意见，尽量创造条件满足客人要求。留下联系电话，让客人随时可与你保持联系，再告知下次见面安排的时间和地点（如正式拜访或宴请、会晤）。

3）送别

（1）安排交通工具。了解来访宾客的返程时间后，要及早预订机票、车票和船票，安排送行人员和车辆。因为来访者可能身处异国他乡，人生地不熟，购票、乘车等比较麻烦，如果接待人员能代劳，来访者一定会感激万分。从接待工作来看，善始善终也是我们中国的传统礼仪。

（2）赠送或交换纪念品。接待过程中往往需要在适当的时候向对方赠送礼品以沟通感情，作为接待方一般选择客人即将动身离别前赠送纪念品。纪念品要价廉物美，过于贵重的礼品会有行贿的嫌疑，也会使受礼者心中不安，毕竟“无功不受禄”。一般选择当地特产作为礼品为佳，但要慎重选择、区分对象，以免引起对方误解。我国某地举办菊花展览时，邀请合作伙伴中的几位日方代表参观，结束时，我方代表将几盆名贵的黄菊花作为纪念品赠送客人，客人却再三推辞，直到面露怒色，我方人员才知把事情办砸了，原来黄色菊花在日本是皇室专用的。

（3）送行。根据车次、航班的时刻，及时与负责行李的人员约定提取行李时间，并向客人告知递交行李的时间；到达机场后，要安排好客人等候休息，办理好行李托运手续后将有关票证、证件等一齐交给客人。规格较高的来宾，还要在机场或车站举行送行仪式，致简短欢送词。

注意：在来宾临上飞机、轮船或火车之前，送行人员应按一定顺序同来宾一一握手话别，祝愿客人旅途平安并欢迎再次光临。不可以在外宾刚登上飞机、轮船或火车时，送行人员就立即离开。

在工作场所接待的程序比较简单，一般安排如下：

- 主动招呼。来访者进来时，应马上放下手头的工作，起身相迎，并招呼客人就座

（如“你好！请坐”）。

如客人进来时接待人员正在通电话，也应马上站起来，先跟通话方说一声“对不起，请稍停一下，我这儿来了客人”，然后捂住话筒，招呼客人入座，并请客人稍等（如“请您稍等，我马上就好”）。重新通话后，长话短说，尽快结束通话。

如果手头工作非常紧急，可以在起立让座后，请客人稍等（如“很抱歉，我手头上的工作急需完成，请您稍等”）。如无法在短时间内完成，应介绍其他人接待。

接待人员切忌对客人的来访熟视无睹，只顾自己与人闲聊或是在电话里说些无关紧要的事；也不应只顾埋头工作；或是只接待某些自己熟悉的或自认为重要的客人。

同时接待几位来访者时，应做到一视同仁，不应冷落其中的任何一位客人，应按客人到达的先后次序予以接待。客人坐定后，接待人员应为客人送上茶、咖啡等饮料。上茶时，要注意茶杯不能有污垢和破损；沏茶时，不能把茶沏得太满；为客人端茶时，一般不直接端到客人的手中，而应放在客人座位旁的茶几或桌子上（“端茶送客”在我国传统上是不成文的逐客令）。

• 及时介绍。当客人坐定后，就应询问客人的来意（如“请问您是……”）。这时客人一般会马上递上名片作自我介绍，并说明来意。接待人员接过名片后，请客人稍候，然后马上替客人联络被访者，联络妥当后，把客人领到会客室或被访者的办公室；为客人引路时，一般应走在客人的左前方；如被访者不在，可以请客人留言。

来访者与被访者见面后，如双方是第一次见面，接待人员应为双方介绍。

• 热情道别。当客人告辞时，接待人员应起身与客人握手道别。对于重要客人或年长者一般应陪同送行至门口，待客人远去后再回办公室。如果是乘车离去的客人，一般应走至车前，帮客人拉开车门，待其上车后轻轻关门，挥手道别，目送车远去后再离开。

4）接待禁忌

态度冷漠：使客人有受冷落感。

对象不分：未根据来宾身份，按地位对等原则安排主接待人。

准备不周：如接车脱班，住宿房间不如意，没有日程表。

以“利”取人：依照客人地位及影响力安排不同接待规格，冷落其他客人。

有头无尾：后续接待工作没有跟上，客人离去时产生抱怨。

日程不妥：日程安排应事先征求客人意见，日程表应得到大多数客人的许可。

错表感情：迎接、送别都应当按正常的礼仪方式进行，也应符合一般礼仪规范，不能任意逾越规范，以免令客人感到不自在。

言语失态：接待过程中应保持冷静，无论是会晤还是宴请，均不可言语失态，大话、空话、假话万万说不得。

身份混淆：主接待人不可经常更换，接待方的主要负责人不可从事与身份不称的服务工作。

其他禁忌：不拘小节、不守时，交谈中乱发议论、戴着手套握手等。

7.2.2　待客礼仪

我国作为礼仪之邦，对待客人礼仪非常讲究，“在家不会迎宾客，出门方知少主人”“江南人留客不说话，只有小雨悄悄下”，更是以景喻人，生动地表达出民间好客、待客、留客之情。

观念应用7-1　　**周公吐哺　天下归心**

周公是西周时期的著名政治家。他说：“吾文王之子，武王之弟，成王之叔父也，又相天下。吾于天下亦不轻矣，然吾一沐三握发，一饭三吐哺，起以待士，犹恐失天下之士。”位高权重的周公唯恐怠慢客人，曾三次中断洗浴、在吃饭时三次将来不及咽下的食物吐出来，立即出去迎客。周公堪称礼贤下士的待客典范，留下了“周公吐哺，天下归心”的千古佳话。

观念应用7-1
分析提示

1）迎客准备

首先要尽力布置一个令人愉悦的待客环境，其中整洁有序是最基本的要求；其次，备好烟、茶、果、点，以让客人感受到主人的热情；再次，不要忽视了仪容仪表，着装要整齐得体，女主人还可略化淡妆，这也是对客人的礼貌。穿睡衣待客或衣着不整、蓬头垢面都是一种失礼的表现。若是外地来客，可能还有膳食、住宿等需要，异地他乡，着实不便，应热情相助。

2）迎客

得知客人将要抵达，可根据具体情况迎接客人。对重要客人或初次来访的客人，应到大门口或楼下迎接；若是外地客人，需要时还要到车站、码头、机场迎接。客人来访，听到敲门声或电铃声，应立即起身开门迎接。客人进门后，主人应接过客人的鞋帽、雨具或示意其放置地点，但不要去接客人的手提包。将客人请入客厅在上座就座后，主人方可落座。如果此时主人正在听收音机或看电视，应立即关掉，不能一边接待客人一边听收音机或看电视，那样极不礼貌。

家里迎客最好夫妇一起到门口迎接，不宜在房中静候。如有客人突然临门，也要热情相待，若室内未整理，应致歉并适当收拾，但不宜立即打扫，这有逐客之意。

3）问候、介绍

见到客人，应热情招呼，女主人应主动伸手相握。如果客人手提重物，应主动帮忙，对长者或体弱者可上前搀扶，进入室内应把最佳位置让给客人坐；如果客人是初次来访，应向其他家人或客人作介绍。主人要面带微笑，步履轻松，不能有疲惫心烦之相。

4）敬茶点

一般情况下，如来宾是男士，一落座可马上敬烟，敬烟忌用手直接取烟，应打开烟盒弹出几支递到客人面前请客人自取，敬烟不能忘了敬火，点火一次不能超过两支烟，若主人也会吸，应先客后主。冲泡茶时首先要清洁茶具，冲多杯茶时应一字排开，每杯茶应倒入2/3为宜，“浅茶满酒”，敬茶时应双手捧茶，并将其放在客人的右手上方，尊长者先敬。

同时，应准备些果点，事先去皮切块，并备好牙签，以便客人食用。

5）交谈

有客人在，客人就是最重要的，要分清主次，一心一意地对待客人，不要冷落。同客人交谈时，应集中精力，表现出浓厚的兴趣，不要心不在焉。

接待客人时，忌讳在客人面前摆架子、爱搭不理、无精打采，或看书、看报、看电视、打电话，或忙家务、训斥孩子、与家人聊天、不停地看表、不停地起身，把客人冷落在一旁。若确有急事不能奉陪，应坦诚地向客人说明，取得客人的理解。如有宴请，则须遵守宴请礼仪规范。

6）送客

当客人散席或准备告辞时，主人应婉言相留，客人要走，应等其起身后，主人再起身相送，家人也应微笑起立，亲切告别。若客人来时带有礼物，应再一次提及对礼物的感谢或回赠礼物，并不忘提醒客人是否有东西遗忘，或有什么事需要帮忙，送客应送到大门口或街巷村口，切忌跨在门槛上向客人告别或客人前脚刚走就“啪”地关门。如果是初次来客应主动指路或安排车辆接送，远方来客则应送至火车站、机场或码头，并说些祝愿话或发出再来的邀请。

同客人告别时，要与之握手，对来访表示感谢并道“再见”。客人离去时，要挥手致意，目送客人远去。

7）招待小住宾客

有时客人来访可能要小住几天，更应注意如何使客人满意而来、乘兴而归。要做好心理准备、物品准备，了解客人需求，陪同游览购物等；并注意客人小住期间的家庭小节，以免客人有其他想法，尤其不能当着客人面训斥孩子或谈论近期家庭开支等经济问题。

7.3 馈赠礼仪

馈赠，*是指人们为了向他人表达自己的情意，而将某种物品不求报偿、毫无代价地送给对方。*馈赠也称赠送。

社会交往的过程中，礼尚往来是人之常情。对尊长送礼表敬重，走亲访友送孩子礼物表喜爱，朋友结婚时送上一份礼物可表庆贺与祝愿，升学毕业送礼表激励上进；节日里互赠贺卡可以共享快乐，亲友分别送礼物以资纪念，探望病人时携带礼物表关心。可以说，馈赠是联络感情、增进友谊的有效手段，也是人际交往的一种基本行为。

7.3.1 礼品的选择

最好的礼物是能让对方得到最意外的惊喜的礼物，当然也不要超出你的预算。因此，选择礼品时要注意三点。

1）受礼人的特点及爱好

所谓“宝剑赠侠士，红粉赠佳人”，送礼时一定要区分对象。比如：给学生送文具；给老师送书籍；新居落成送字画。不论是国际交流还是国内交往，是正式活动还是私人应酬，馈赠礼物的对象因国家、民族不同，年龄、性别、职业、兴趣各异，选择礼物时，务必根据不同的情况选择不同的礼品，满足不同的需要。

其一，要根据双方不同的关系。选择赠送的礼品时，要区分是公务交往还是私人应酬，是亲朋还是老友，是同性还是异性，是中国人还是外国人，是商务往来还是文化交流等；针对不同的关系要搭配不同的礼品。比如，许多国家认为红玫瑰是情人间的礼物，是表示爱情的，把一支红玫瑰送给自己的夫人或者女朋友，可以表示浓浓的爱意。但如果把它送给一位普通关系的异性朋友，就有问题了。

其二，要根据对方的兴趣爱好，投其所好。选择礼品，要站在受赠者的立场上，为受赠者考虑。如果礼品与受赠者的兴趣和爱好相适，它的作用就会倍增。否则，礼品反而会成为包袱，留之无用，弃之可惜，让人头疼。

其三，要根据不同的目的。是用于迎接客人，还是告别远行；是慰问看望，还是祝贺感谢；是用于节假良辰，还是婚丧喜庆等。目的不同、用途不同，选择的礼品也大不相同。比如，看望生病住院的病人，带一些滋补品可以表示慰问和关心，而如果祝贺年轻人过生日就不适合带这样的礼品。

2）以情相伴

送礼是为了表达一种情感，所以要讲真情。人们在选择礼品时，都是将其看作友情和敬意的物化，通过赠送礼品来表达对对方的情谊和尊重。礼品如果能融入并体现送礼人的情感，就是最好的礼品。

送礼不是为满足某个人的欲望，也不是为了显示本人的富有，而是为了表达祝贺、感谢、慰问、友好的情感，常言道“礼轻情意重”，就是这个道理。真正好的礼品不是用价格可以衡量的，送礼的心意是重于礼品本身价值的。因此，在选择礼品时，不能只着眼于礼品的价值，更要着眼于礼品所代表的情感和心意。

3）尊重禁忌

礼品选择不当是馈赠礼品的最大禁忌。由于受各国的历史、文化、风俗习惯的影响，再加上社会与宗教的压力，人们有时形容“不吉利的礼物如同一支会爆炸的雪茄一样危险”。倘若送礼不当，不如不送。

（1）要尊重由于风俗习惯、民族差异和宗教信仰等形成的禁忌。选择礼品时不要“想当然”，要自觉地、有意识地避开对方的礼品禁忌，注意礼品的品种、色彩、图案、形状、数目和包装等。比如说，在我国是绝不能把一台崭新的钟送给老年人的。

（2）要尊重个人的禁忌。每个人由于经历、兴趣和习惯的不同，可能形成个人的禁忌。选择礼品时，也要注意了解受礼对象的个人忌讳。比如，向一位丈夫刚刚去世的女士赠送一对情侣表，一定会勾起其伤心事，就不会有好的结果。

（3）要遵守国家的有关规定，不能选择违法违规的物品作礼品。比如，不能将涉黄、涉毒的物品作为礼品送人。许多国家对公务员接受礼品有明确的规定，送的礼品价值过重就有行贿之嫌。

4）考虑社会时尚及自身经济能力

所谓社会时尚就是社会潮流，是大众喜好趋向，这在礼品选择时也应考虑，如流行色、儿童流行玩具等。

自身经济能力也影响到礼品的选择，礼品的贵重与否是与价格直接相关的，人们只能在自身条件许可范围内进行选择。

总之，在礼品的具体选择上，要突出纪念性、象征性、独特性和适应性、时尚性的特点。

7.3.2 馈赠的时机与场合

送礼的时机是指什么时候应该送礼或是什么时候送礼比较合适。礼尚往来作为一种人际交往的方式，除了用来向对方表达友情外，还可以用来平衡双方之间的互惠关系。从某种意义上讲，任何一种人际关系，都是一种互惠互利的关系。因此，送礼的时机通常有以下两种情况：一是需要向对方表达自己的友情时；二是需对对方曾给予的恩惠进行回报时。归纳起来，馈赠主要有以下几个时机：

• 节假良辰。遇到我国传统节日如春节、端午节、中秋节等，还有法定节日如元旦、五一国际劳动节、六一儿童节、教师节、国庆节时，都可以送些适当的礼物表示祝贺。

• 喜庆嫁娶。乔迁新居、过生日、生小孩、庆祝寿诞、结婚等，遇到亲友家中这些喜庆日子，应考虑备礼相赠，以示庆贺。其他还有一些喜庆日子，如开业典礼、周年纪念、校庆、重大科技成果投产等，有关人士备礼相送表示祝贺与纪念，也可以增进人际关系。

• 探视病人。亲友、同学或同事生病，可以到医院或病人家中探望，顺便带去一些病人喜欢的水果、食品和营养品等，以示关心。

• 亲友远行。自己的亲友或共事多年的同事要调到其他岗位工作，甚至去异国他乡，为表示惜别之情，一般送些礼物，以表友谊地久天长。

• 拜访、做客。这种时候可以备些礼物送给主人，特别是女主人或小孩。

• 致谢感恩。当你在生活或工作中遇到困难得到别人的帮助时，为了表示感激之情，可以送些礼品酬谢。

赠礼的场合可以是公开的场合，也可以是私下场合，这主要看礼品的性质。如果赠送的礼品是实用价值不高却具有某种象征意义的东西，不妨在公开场合赠送。如一束鲜花、一枚徽章、一张贺卡等礼品就可以直接送到对方的办公室。这样，在向受礼者表达心意的同时，也可以向其同事展示受礼者的高雅和品位，使受礼者在感受送礼者的尊重的同时也产生一种精神上的圣洁感和崇高感。如果赠送的礼品是食品或其他实用品，即使是送亲朋好友的，也不宜在公开场合相赠，这容易引起旁人的误解，让人感觉有贿赂之嫌，使受礼者的形象受损，并可能招致他人的反感。

7.3.3　礼品的馈赠

选择一件满意的礼品，仅仅是馈赠活动的开始。如何把礼品合乎礼仪地赠送给对方，是整个馈赠行为取得成功不可缺少的重要环节。

1）精心包装

不少国人送礼只重货色，不重包装，将很多高档的礼品用报纸一包了事，这不符合礼仪规范。包装是礼品的外衣，精美的包装是礼品的组成部分，通过包装，可以反映出送礼者的情趣和心意，也可给人一种神秘感。不重视包装，会导致礼品本身的“贬值”，甚至使受礼人有被对方轻视的感觉。在国际交往中，尤其要加以注意。

有的礼物本身有包装，有的没有，可以选择自己喜爱的样式让营业员帮助包装或亲自包装。一定要讲究包装的精美，切不可把一堆乱七八糟的礼品放在一起，随便用一个袋子一装就送去了，这样是不会产生好的效果的。记得在包装之前，一定要除去礼物上的价格标签，同时要记得贴上写有自己祝词并签名的缎带或彩色卡片，以表示自己的诚意，同时还便于收礼者确认礼品的赠送人。

2）馈赠时的礼仪

送礼者一般应站着用双手把礼品递送到受礼者的手中，并说上一句得体的话。送礼时的寒暄一般应与送礼的目的相吻合，如送生日礼物时说一句“祝你生日快乐”，送结婚礼物时说一句“祝两位百年好合”等。中国人有自谦的习惯，这在送礼时也应有所表现，送礼时一般喜欢强调自己礼品的微薄，而不介绍所送礼品的稀罕、珍贵或其多种用途和性能，如“区区薄礼，不成敬意，请笑纳”“这是我特意为你选的”。总之，得体的寒暄，既可以表达送礼者的心意，又可以让受礼者受之心安。西方人在送礼时，喜欢向受礼者介绍礼品的独特意义和价值，以表示自己对对方的特别重视。

另外，对自己带去的礼品，不应自贬、自贱，说什么“是顺路买的”“随意买的”“没什么好东西，凑合着用吧”等，这既没有必要，又容易让对方产生不被重视的误会。

3）馈赠的几种技巧

之所以将送礼称为一门艺术，关键是一个“送”字。这是整个礼物馈赠的最后一环。送得好，方法得当，会皆大欢喜；送得不好，受礼者不愿接受，或严词拒绝，或婉言推却，或事后退回，都会令送礼者十分尴尬。常见的送礼技巧有：

- 借花献佛。如果你送的是土特产，你可以说是老家来人捎来的，分给朋友尝尝鲜，东西不多，又没花钱，不是单独给他买的，请他收下。一般来说，受礼者那种因盛情无法回报的拒礼心态可望缓和，会收下你的礼物。
- 暗度陈仓。如果你送给朋友的是酒一类的东西，不妨避谈“送”字，假借说是别人送你两瓶酒，来和朋友对饮共酌，请他准备点儿菜。这样喝一瓶送一瓶，关系也近了，礼也送了，还不露痕迹。当然，这是针对比较要好的朋友，一般人兴许还会认为你是要“蹭饭吃”，吃小亏占大便宜呢！
- 烘云托月。有时你想送礼给人，而受礼者又跟你有些过节儿，不便直接去送。你不妨选择受礼者的生辰婚日，邀上几位熟人一同去送礼祝贺，那样受礼者就不会拒绝了。事后他知道了这个主意是你出的，必将改变对你的看法，使关系和好如初。借助大家的力量达到送礼联情的目的，实为上策。

• 移花接木。例如，老张有事要托小刘代办，可是又怕小刘拒绝驳了自己的面子。老张的爱人跟小刘的对象很熟，老张搞起了夫人外交，让爱人带着礼物去拜访，一举成功——事也办了，礼也收了，两全其美。

• 醉翁之意。假如要给家庭困难者送些钱物，有时对方的自尊心很强，不肯轻易接受。送礼者不妨说，这东西在我家也是闲置，拿去先用，日后买了再还。受礼者会觉得你不是在施舍，日后可还，会乐意接受的。这样，送礼的目的也就达到了。

• 锦上添花。一位学生受老师恩惠颇多，一直想回报却苦无机会。一天，他偶然发现老师红木镜框里镶的字画竟是拓片，跟室内雅致的陈设不太协调。正好，他的叔父是位在全国小有名气的书法家，手头正有叔父赠他的画。这位学生马上把字画拿来，主动放在镜框里，老师不但不反对，而且非常喜爱，学生送礼回报的目的终于达到了。

• 异曲同工。有时送礼不一定自己掏钱去买，然后大包小包地去送。在某种情况下，人情也是一种礼物，比如，你能通过某些关系买到优惠的东西，当你为朋友或同事买了这些东西后，他们在拿到东西的同时，已将你的那份情当作礼物收下了。你分文未花，只不过搭上一点人情和时间，而收到的效果与送礼一般无二。受礼者因交了钱，收东西时心安理得，毫无顾虑；送“情”者无本万利，自得其乐。这种避嫌、实惠的送礼方法在上下级之间、关系密切者之间出现的频率极高。

7.3.4 回礼

“来而不往，非礼也”，在人际交往中，要讲究礼尚往来。虽然赠送者送人礼物，不应存有指望人回报的心理，但收到他人的礼品要及时回报，有所表示，这才是合乎礼仪的。

回礼时，其一是要把握好还礼时间。还礼时间过早，容易给人造成“等价交换”的感觉，但如果拖得时间过久，又显得诚意不够。因此还礼要把握好机会，或对方有喜庆活动，或节假日，或登门拜访、回访对方之时等。

其二是要把握好形式。还礼的形式也很讲究，有时还礼不当，不如不还。在所还礼品的选择上，可以是用对方赠送的同类礼作为还礼，也可以用与对方所赠物品价格大致相同的物品作为还礼。比如，你赠我一幅画，我可还你一套音响。还礼的价格也无须一定要超过赠送的礼品价格。另外，也可以其他的形式向对方还礼。比如，接受礼品后，可以写信或打电话向对方表示感谢，也可以在下次见面时表示感谢；或者告诉对方，自己十分喜欢他送的礼品等，都可以起到促进相互之间友好交往的作用。

7.3.5 礼品的接受与拒绝

1）接受礼仪

在一般情况下，他人诚心诚意赠送的礼品，只要不是违法、违规的物品，最好的方式应该是大大方方、欣然接受为好，当然接受前适当地表示谦让也未尝不可。

当赠送者向受赠者赠送礼品时，受赠者应中止正在做的事，起身站立，双手接受礼品；然后，伸出右手同对方握手，并向对方表示感谢。接受礼品时态度要从容大方，恭敬有礼，不可忸怩失态，或盯住礼品不放，或过早伸手去接，或拒不以手去接，推辞再三后才接下。

接过礼品后，应表示感谢，说几句“不要破费”之类的客套话。如果条件允许，受赠者可以当面打开欣赏一番，这种做法是符合国际惯例的。这表示看重对方，也很看重对方赠送的礼品，这样做比把礼品放在一旁，待他人走后再开封自己欣赏，确有许多好处。礼品启封时，要注意动作文雅，不要乱撕、乱扯，随手乱扔包装用品。开封后，赠送者还可以对礼品稍作介绍和说明，说明要恰到好处，不应过分炫耀。受赠者可以采取适当动作对礼品表示欣赏之意并加以称道，然后将礼品放置在适当之处，向赠送者再次道谢。切不可表示不敬之意或对礼品说三道四、吹毛求疵。

2）拒绝礼仪

一般情况下，拒收礼品应当场进行，最好不要在接受后再退还。当不能接受对方赠送的礼品时，一是应该对对方的心意表示感谢，二是要坦率地或者委婉地讲明不能接受的原因和理由，将礼品当场退还。

如果确因一些原因很难当场退还，也可以采取收下后再退回的办法。退还礼品时，一是要及时，最好在24小时之内将礼品退还本人；二是要保证礼品的完整，不要拆启封口后再退还或者试用过之后再退还。

如果送礼人不怀好意，则只需告诉他礼品不合适。为了自我保护，把退还礼品时写的信复印一份，保存起来，并注明退还礼品的日期以及退还方式和旁证人。

小资料7-2　　**国际交往中赠送礼品的禁忌**

在国际交往中，人们经常通过赠送礼品来表达谢意和祝贺，以加深友谊。给外国友人馈赠礼品要尽可能考虑受礼人的喜好。“投其所好”是赠送礼品最基本的原则。但是，由于各国习俗不同，赠送礼品也应该注意方式和一些禁忌。

送礼给日本客户时，不要选择人多的地方；而在阿拉伯国家，必须有其他人在场，送礼才不会有贿赂的嫌疑；在一些欧洲国家初次见面时不需要赠送礼品。与我国的习俗一样，外国人对数字也很敏感，9这个数字在中国寓意为长长久久、地久天长，是一个吉祥数字。但在日本，“9”与日语“苦”的发音相近，所以应尽量避免。日本人喜欢名牌货，但对装饰挂着狐狸和獾的东西很反感。他们认为，狐狸是贪婪的象征，獾则代表狡诈。

在一些有宗教信仰的国家更应注意自己的言行，在一些阿拉伯国家向女士赠礼，一定要通过她们的丈夫或父亲，向女士赠饰品则更是大忌。

在法国，赠送鲜花不可以把鲜花捆扎，黄色的花被认为是不忠诚的象征；菊花在意大利和南美洲各国被认为是妖花；在德国，郁金香被认为是没有感情的花，所以不少德国人不喜欢；日本人认为荷花是不祥之物；绛紫色的花在巴西一般用于葬礼。所以，涉外交往中应该注意。

资料来源　袁利宁.浅谈涉外礼仪中的礼品赠送［J］. 成功（教育），2011（12）.

7.3.6　送花礼仪

无论古今中外，鲜花都受到各界人士的赞颂和喜爱。正式活动中，向贵宾赠送鲜花是必不可少的礼节；日常应酬，以鲜花赠人也是一种时尚。赠送鲜花，已成为一种特殊的馈赠形式，并且是人们最为欢迎的。在人际交往中，人们普遍认为馈赠鲜花最有品位和境界，最高雅脱俗、温馨浪漫，也最有把握获得成功。

1）花语（花的寓意）

（1）我国常见的花语：牡丹——雍容、华贵；菊花——高洁、长寿；红玫瑰——我爱你；兰花——典雅、高洁；水仙——秀丽、脱俗；粉红玫瑰——初恋；桂花——美好、吉祥；桃花——美好、活力；白玫瑰——高贵；荷花——纯洁、清高；紫荆花——兄弟和睦；康乃馨——温馨、母爱；梅花——坚贞不屈；莲花——纯洁、清高；万年青——友谊长存；百合花——圣洁、幸福。

（2）西方花语：白百合——纯洁；红茶花——天生丽质；墨桑——生死与共；白茶花——天真；蓝紫罗兰——忠诚；野葡萄——慈善；紫藤——欢迎；薄荷——有德；翠菊——追念；杜鹃——节制；鸡冠花——爱情；大丽花——不诚实；万寿菊——健康、伤感；四叶丁香——属于我；红郁金香——宣布爱情；黄郁金香——爱得绝望；豆蔻——别离；野丁香——谦逊；水仙——尊敬和自爱；白菊花——悲伤；杏花——疑惑；兰花——热情；石竹——奔放、幻想；牡丹——拘谨和害羞。

（3）世界上部分国家的国花：以兰花为国花的国家——新加坡（卓锦·万代兰）、芬兰（铃兰）、肯尼亚（肯山兰）、塞舌尔（凤尾兰）、巴拿马（鸽子兰）、哥伦比亚（卡特兰）、委内瑞拉（五月兰）、巴西（毛蟹爪兰）；以玫瑰为国花的国家——叙利亚、伊拉克、保加利亚；以荷花为国花的国家——孟加拉国（睡莲）、泰国；以菊花为国花的国家——德国（矢车菊）；以茉莉为国花的国家——菲律宾；以郁金香为国花的国家——荷兰；以葵花为国花的国家——俄罗斯；以杜鹃花为国花的国家——朝鲜（金达莱）；以扶桑为国花的国家——马来西亚；以石榴花为国花的国家——西班牙；以橄榄花为国花的国家——希腊。

此外，其他国家的国花有：加拿大的枫叶、瑞士的火绒草、丹麦的冬青、奥地利的椿花、波兰的三色堇、巴基斯坦的素馨花、澳大利亚的金合欢花、坦桑尼亚的丁香、阿根廷的赛波花及日本的樱花等。

世界上许多国家除了有国花之外，还有自己的花节。例如日本的“樱花节”、保加利亚的“玫瑰节”、加拿大的“枫糖节”、斐济的“红花节”等。

2）送花的讲究

赠送鲜花的形式可以是多种多样的。比如，可以送花束、花篮、盆花、插花和花环。日常生活中，还可以送头花和胸花。男士可以放在西服上衣的左胸上装饰用。还可以做成花圈，在缅怀、悼念逝者的场合使用。

送花，一般情况要赠送鲜花，尽量不要用干花、纸花或者发蔫凋零的花送人。在国际交往中要更加注意。

送花要讲究技巧，合乎礼仪，要注意不同对象、不同场合中花的不同寓意。比如，看望长辈或拜访尊敬的名人、长者时，可送兰花；因为兰花在花草中为风雅之首，它品质高洁，花开幽香清远，被人们推崇为“天下第一香”，还有“正人君子”之称。还可以送水仙花，祝愿长者吉祥如意。

看望父母，可以买几枝代表着健康的剑兰花，送给母亲最适宜的花是康乃馨。

恋人相会时，可以送玫瑰花，表示爱情；送蔷薇花，表示热恋；送丁香花，表示对爱情的坚贞不渝。

参加婚礼或者看望新婚夫妻时，送海棠花，表示祝君新婚快乐；送并蒂莲，祝愿夫妻恩爱、白头偕老；送月季花，表示甜蜜爱情永不衰。

朋友远行，比如出国学习时，可以送芍药花，表示依依惜别之情；送红豆，表示相思与怀念；也可以用杉枝、香罗勒和胭脂花组成花束相赠，表示“再见，祝您一切美好！”等意。

3）送花的禁忌

由于同一种花在不同的国家、不同的民族往往会被赋予大不相同的寓意，所以在送花时，必须了解交往对象的风俗习惯和花的不同寓意，避免出现笑话甚至更为严重的后果。我们可以从花的品种、色彩、数量三个方面注意送花的禁忌。

（1）花的品种。同一品种的鲜花，在不同国家和地区寓意不同，甚至相反。比如，中国人喜欢荷花，是因为其“出淤泥而不染，濯清涟而不妖”，可是日本人忌荷花，认为荷花同死亡相连，所以不要送荷花给日本人。

中国人喜欢菊花，许多地方每年秋季还举办菊花展。但是菊花绝不能送给西方人，在西方不少国家，菊花寓意死亡，是只能在丧葬活动中使用的。

在一些西方人眼里，白百合花和大丽花也只能在丧礼上用，平时是不能送人的；认为石竹花有招致不幸的意思；红玫瑰只能是恋人和情人的专利，把红玫瑰送给女主人是会令人难堪的。在英国，一些美丽的花，却被赋予不吉祥的花语：例如，天竺葵表示悲哀、忧愁；大丽花象征不稳定、变化无常；鸡冠花象征纨绔子弟；金鱼草表示冒昧、无礼；八仙花象征无情与残忍。

（2）花的色彩。鲜花万紫千红、艳丽多彩，让人喜爱。但是不同的国家和民族对鲜花的色彩却有不同的理解。比如，中国人喜欢红色，根据中国的传统民俗，认为红色才大吉大利。新人结婚时，也是大红“囍”字、红色鲜花、红色的衣服和环境布置。在西方人眼里，白色的鲜花象征着纯洁无瑕，新人的衣裙也是白色的。但是在老一代中国人眼里，送给新人白色的花儿象征着“不吉利”。

在西方国家，送黄色的花意味着变节、不忠诚或者分道扬镳，纯红色的花儿送人则意味着向对方求爱。所以西方人送花时，多以多种颜色的鲜花组成一束赠送，很少送清一色黄色或红色。另外，送花给住在医院里的病人，切勿送红白相间的花，在西方，这被看成是病房中将有人死亡的征兆。另外，英国人不喜欢除玫瑰外的其他白色或红色的花，加拿大人更忌讳白色百合花。

（3）花的数量。送花的数量，也有不同的讲究。比如在中国，参加喜庆活动时往往要送双数，意味着“好事成双”。而在丧葬仪式上则应送单数，以免“祸不单行”。

在西方国家，送人鲜花要送单数。他们认为，自然的美是不对称的，花是自然的一部分，选择偶数的花缺乏审美感和鉴赏力。所以送花一、三、五、七者可以，奇数是吉利的象征；当然应注意，送13枝则是不吉利的，应当避免。

在日本、韩国、朝鲜和中国南方的一些地区，由于发音或其他的原因，认为“4”不吉利，送鲜花时，数目不能是“4”枝。日本人还忌讳送花数目为“9”，认为送他们“9”枝花，是将其视为强盗，也不能送日本人有16瓣的菊花，因为这是日本皇室纹章的标记。

小资料7-3

送礼的技巧

送礼送的是心意，送的是对方的喜好。你要让收礼的人收到你的礼物后感到很惊喜，又要让自己感觉没那么“肉疼”。

送长辈，就建议送一些健康产品，对于同辈，去许久不见的老友家吃饭，可以象征性地送上几斤水果。对于小辈，可以送个小红包、玩具等。

送礼的技巧如下：

（1）了解对方的兴趣喜好，送到心坎里。我们可以从对方的言谈举止中，了解对方的兴趣爱好，从对方的房间摆设、经济情况，判断对方的行为习惯。从其亲朋好友中了解对方的生活习惯，以及忌讳的地方。

通过研究收礼人的个人需求，然后投其所好，让他一眼就看出你是花了心思的，而不是随便拎了点东西敷衍了事。

比如，若发现受礼者的孩子准备考大学，则可以关心一下孩子的情况，送一些孩子当前需要的东西。

（2）送出新意，别出心裁，给对方留下深刻印象。对于一些经济条件不错的人来说，一般的礼物很难引起他们的兴趣，所以这个时候，就不要只注重价格，要切入对方的喜好，要多花心思，送一些新奇的产品。

精美的包装可以让你的礼物脱颖而出，一下子吸引到收礼人的注意力。适当的时候还可以定制一些包装。给上司、长辈送礼一定要大方一些。

（3）如何送礼才能让人无法拒绝?要善于利用节假日，和对方的喜事、丧事的时机，这样对方也不好拒绝。

适当的时候，还可以剑走偏锋，走老人和小孩的路线。这两类人群也算是一个很好的切入点。

（4）把握送礼的时机。怎样让自己送礼显得不唐突？送礼需要有理由。理由可以有很多，例如对方有喜事、对方患病、过生日、生小孩、子女升学、恰逢节日等都是很好的送礼的切入点，这样送礼送得也比较自然。

（5）送礼的场合。对于一些价值不高但是有象征意义的东西，可以在公开场合送，如鲜花、奖牌、锦旗、贺卡等，可以送到对方的办公室，至少可以满足一下对方的虚荣心。而对于烟酒之类的东西就比较适合往对方的家里送。

送礼最好选择对方在家的时候，这样双方能见到面、说上话，容易达到送礼的目的。

思政园地

揭秘厦门金砖国家峰会国宴上的待客之礼

中国一直是礼仪之邦，自古崇礼好客。2017年金砖国家峰会汇聚多国领导人，对待这场含金量十足的会议，作为东道主的中国的待客之道引人好奇。

■ 五道主菜配49头国礼餐具

2017年9月3日，金砖国家峰会正式在厦门召开，参加金砖国家峰会的主要有中国、印度、俄罗斯、巴西、南非5个国家元首以及20多名其他国家首脑和国际组织领导人，共同就"深化金砖伙伴关系，开辟更加光明未来"的主题进行商讨。

中国作为2017年轮值主席国以及大会东道主，本次厦门峰会从礼仪接待到晚宴内容，每个细节都具有礼制，以彰显中国辉煌的文化历史和大国风貌。

单就国宴一项，一个冷盘四个小菜五道主菜等配备大大小小49头国礼餐具，造型精美绝伦，寓意丰富深刻，餐具摆放方式间距均有详细规定，使用顺序有礼有据，以中华国礼款待各国来宾。

■ 国宴四美：环境美、菜品美、器皿美、服务美

陶瓷是中国的特色，也是中国传统文化延续的载体。在国宴上不仅是作为餐具，其表面上的所书所画也是对中国文化的展示，精美品质体现了中国高超工艺，设计美感则代表了中国当代艺术水准。于一杯一盏间尽显中国风范。

为此，作为峰会主宴会用瓷的"先生瓷·海上明珠"从立意到执行都经过反复思考，由中央美术学院陶瓷设计工作室主任、深圳国瓷永丰源陶瓷股份有限公司设计总监黄春茂担纲设计。在此之前，黄春茂曾多次承接国家级峰会宴会用瓷设计，其作品完美演绎了国宴用瓷的仪式感、庄重感、层次感等美学感受。

此次厦门金砖国家峰会主宴会用瓷"先生瓷·海上明珠"在纹饰上，以"中国浪、世界情"为题，撷取厦门地方特色和中国时代青花元素，中国浪大气平和，海贝壳意境清新，青花与海蓝交相呼应，金色小岛和万国建筑相互映衬，向世界传递出中国热情好客的情谊。

工艺上，据国瓷永丰源相关负责人介绍，每件餐具历经设计、配料、成型、烧成、装饰等近百道工序，运用最先进技术展现中国高端瓷器工艺技术的最高水准。

形制上，瓷虽然是国粹，是中国传统审美的延续，却从来不是一成不变的，创新才是真正的传承。此次国瓷永丰源所提供的"先生瓷·海上明珠"系列餐具造型简约厚重，图案有力量，极具时尚感和国际范儿，既彰显国与国之间的重视和礼遇，也符合中国从中国制造走向中国创造的创新之路。

除了器皿的精美，中国的待客之礼更体现用心。中式菜点讲究配备器皿，"美味还须美器盛"，国宴上热菜、冷盘、甜品均配备特制瓷器进行搭配，同时根据不同领导人

的餐饮习惯，宴会菜品和餐具可随时调整。

国宴上的一套瓷器上桌背后往往是无数次的修改调整，和上百套备用瓷器的准备。一切皆因国宴将宾客的礼遇放在首要位置。

资料来源　佚名. 揭秘厦门金砖国家峰会国宴上的待客之礼［EB/OL］.［2017-09-05］. https://item.btime.com/03o5g31h9phheam999218ggv0v9?from=haoz1t3p1.

主要概念和观念

本章小结

○ 主要概念

拜访　馈赠

○ 主要观念

花语

基本训练

○ 知识题

▲ 简答题

1）为什么说拜访前的准备是拜访成功与否的关键？

2）如果你准备去探望病人，要注意哪些事项？

▲ 选择题

1）到主人家中进行事务性拜访，一般停留时间以（　　）为宜。

A.10分钟以内　　B.20分钟以内

C.20分钟到1小时　　D.1至2小时

2）拜访必须预约，但在下列（　　）情况下可以不预约。

A.拜访很亲密的朋友　　B.事情紧急来不及预约

C.没有可供预约的手段　　D.给对方送礼

3）拒绝对方赠送的礼品应当场进行，如收下后再退还，也应在（　　）之内。

A.1天　　B.3天　　C.1周　　D.1个月

4）日本人送花忌讳的数字是（　　）。

A.8　　B.9　　C.11　　D.13

▲ 阅读理解

请查阅“倒屣相迎”的故事，故事试图告诉我们什么？

○ 技能题

▲ 单项操作训练

远在异地旅游的父母要你代他们去看望出差到本地的一位长辈，你该做哪些准备（假设这位长辈是你从未见过的）？

▲ 综合操作训练

你单位的同事（异性，未婚）过生日，他（她）请你参加生日派对，请结合本章内容详细列出注意事项。

观念应用

○ 案例题

献上一束玫瑰花

乔伊·吉拉德，被《吉尼斯世界纪录大全》誉为“全世界最伟大的销售商”，创造了12年推销出1.3万辆汽车的最高纪录。

他始终认为人品重于商品，一个成功的推销商，首先要有一个爱人的心。

有一天，一位中年妇女从对面的福特汽车销售商场，走进了吉拉德的汽车展销室。她说自己很想买一辆白色的福特车，就像她表姐开的那辆。可是在福特车行，推销商让她过一个小时之后再去，于是先到这儿来瞧一瞧。

“夫人，欢迎您来看我的车。”吉拉德微笑着说。

夫人兴奋地告诉他：“今天是我55岁的生日，想买一辆白色的福特车送给自己作为生日礼物。”

“夫人，祝您生日快乐！”吉拉德热情地祝贺道。随后，他轻声地向身边的助手交代了几句。

吉拉德领着夫人从一辆辆新车面前慢慢走过，边看边介绍。在来到一辆雪佛兰车前时，他说：“夫人，您对白色情有独钟，瞧这辆双门式轿车，也是白色的。”

就在这时，助手走了进来，把一束鲜花交给了吉拉德。他把这束漂亮的花送给夫人，再次对她的生日表示祝贺。夫人感动得热泪盈眶，非常激动地说：“先生，太感谢您了，已经很久没有人给我送礼物了，刚才那位福特车的推销商看到我开着一辆旧车，一定以为我买不起新车，所以在我提出要看一看车时，他就推辞说要出去收一笔钱，我只好上您这儿来等他。现在想一想，也不一定非买福特车不可。”后来，这位妇女就在吉拉德那儿买下了那辆白色的雪佛兰轿车。

○ 实训题

请选择一个合适的时间（注意提前告知对方），到你的同事（或者上司）家中进行一次礼节性拜访，请事先就礼品、到达时间、停留过程、话题等做好策划，并在事后将你的感想写下来。

○ 讨论题

美国前总统肯尼迪访问印度前，工作人员为他准备了六打总统照片作为礼品，并用牛皮包边作镜框。到印度后，发现这些礼品不能赠送，否则要犯大忌。为什么？

第8章

群体活动礼仪

学习目标

通过本章学习，你应该达到以下目标：

素质目标：具有比较完整的群体活动礼仪方面的知识，能够在聚会、舞会、会议等群体活动中正确地展示自身魅力，树立个人形象。

知识目标：了解聚会、舞会、会议等群体活动的概念和作用，以及这些群体活动礼仪的基础知识和基本内容，认识在这些公关活动中“有礼”与“无礼”之处。

技能目标：按照群体活动礼仪的基本要求，运用群体活动礼仪的理念，沟通人与人之间的联系，基本掌握群体活动礼仪的方法和技巧。

能力目标：具有区分群体活动礼仪规范与否的能力，掌握所学的群体活动礼仪基本知识、方法，在聚会、舞会、会议活动中做到礼仪规范。

引例　“大朋友”习近平和孩子们在一起

一个月后，杨涵茁、郭昊南还记得这番对话。

“你们是哪个学校的？”“延庆区第二小学。”“上几年级了？”“五年级，我们俩都是六班的。”……

问话的，是他们口中的“习爷爷”——习近平总书记。4月28日这天，杨涵茁、郭昊南跟同学们一起，分别装扮成北京世园会吉祥物“小萌花”“小萌芽”。在这些孩子们的簇拥下，习近平和彭丽媛同外方领导人夫妇走向户外草坪，共同出席“共培友谊绿洲”仪式。

在那之前不久，4月8日，北京通州区的几位少先队员同样感受过习近平的关心。那天一起参加义务植树活动时，在美丽的春光中，习近平祝福他们像小树苗一样茁壮成长。

这些年，习近平被许多孩子称作“大朋友”或者“习爷爷”。在孩子们中间时，他总是笑容满面。

资料来源　刘少华．“大朋友”习近平和孩子们在一起［N］．人民日报（海外版），2019-05-31（1）．

或朋友相约，或同僚小聚，在酒席间周旋、在舞池里潇洒，所有的群体性社交活动都有着各自不同的“游戏规则”；只有熟悉和掌握相应的礼仪规范，才能自如地扮演好自己的“角色”，充分展示自身魅力，拉近与所有参与者的心理距离，让彼此从陌生走向认同，从防备走向理解，进而树立起良好的组织形象和个人形象。

群体性社交活动形式多样，有朋友间的聚会，有各种规模的宴请以及舞会、茶话会等。从某种意义上讲，会议也是群体性社交活动的一种，只不过它的形式更正规、目的更明确。现代社会中，人们的工作节奏不断加快，工作压力越来越大，迫切需要一种轻松、休闲的群体性活动，让紧张的心情得到缓和，充分地宣泄压力，进而以轻松愉快的心态迎接第二天的到来。

8.1　聚会礼仪

8.1.1　聚会的类型

聚会也称“沙龙”，“沙龙”是法语salon的译音，意思是“会客室”“客厅”。从17世纪起，西欧的贵族和一些资产阶级知名人士常常借某些私人客厅谈论文学、艺术、政治等话题，实际上，这是社会集会的一种形式。从此，“沙龙”就成了社交集会的代名词。现今，我们将扩大交际范围的各种各样的室内聚会也称为“沙龙”。

在社交活动中，聚会是一种经常举行的、极为流行的交际形式。由于聚会的形式多种多样，内容丰富灵活，可以广泛地交流信息、沟通感情、结识朋友和增进友谊，所以深受各阶层人士的喜爱和欢迎，并已成为现代社会主要的人际交往形式。

聚会一般无任何具体明确的主题或活动目的，只是为大家提供一个相互认识、相互交流、相互联系的机会和场所。其比较常见的有以下几种形式：

(1) 社交性聚会。由比较熟识的朋友、同事举行的定期或不定期的社交聚会。

(2) 学术性聚会。由职业、志趣相同或相近的人组成，以探讨某一学术或理论问题为主要目的的聚会。

(3) 联谊性聚会。以接待来访者、谋求增进了解和友谊为目的的聚会，也叫应酬性聚会。

(4) 文艺性聚会。以联络感情和相聚娱乐为目的的聚会。

(5) 综合性聚会。参加人数较多，兼有上述多种目的的综合性聚会形式。

按社交礼仪的要求程度不同，也可以将聚会分为交际型聚会和休闲型聚会两种。相比较而言，前者的社交礼仪要求高于后者。

无论是上述何种性质的聚会，通常采用的形式有：讨论会、专题座谈会、茶话会、冷餐会、联欢会、酒会、家庭晚宴、节日晚会等。

8.1.2 聚会的基本礼仪

1）聚会前的准备

（1）确定聚会的时间、地点、形式及参加者范围。一般聚会由某个主办单位或主办人（发起人）发起，可以事先成立一个筹备小组，商议确定聚会的具体计划和部署，并承担起会务工作：如落实参加者（正规的聚会还应发请柬），拟定聚会中心议题（学术性聚会尤其应注意此点），起草聚会邀请函，必要的话还要落实特别客人（如同学会中的老校长、老班主任；学术聚会中的主讲专家；同僚聚会中的单位领导）。要注意，邀请特别客人务必经大部分参加者同意，否则可能会使聚会气氛变得紧张，失去聚会的意义。

（2）场地及物品准备。不管在何处聚会，场地准备是不可少的，即便是租借专用场地也要适当布置，如准备横幅、座椅、音响、鲜花等。物品方面，应备好活动安排表、必需物品（如野餐活动的餐具、食物；茶话会的茶水、糕点、水果等）及应急物品（如急救药品、应急灯、备用车辆）。

（3）其他准备。有外地客人参与的聚会还应准备接站，需要安排住宿的则要事先选好住宿地，还有视聚会规格需准备的礼品、纪念品；如事后要发纪念册的，还要安排好摄影。

（4）参加者准备。作为参加者，在参加活动前，要根据不同活动形式的要求，对自己的仪容仪表和服饰进行必要的修饰。男士应理发、剃须，换好西服套装或休闲装；女士应做发型、化妆，换上时装套裙或休闲装。如果是夫妻或情侣两人一起参加活动，两人的衣着打扮也要协调一致。如果需要，还应做参加活动项目的准备和参加聚会所需物品的准备，以免届时措手不及。

2）守约、守时

遵守约定、遵守时间，也意味着尊重他人，在任何场合都是如此。这就要求参加者准时赴约，不迟到、不早退，更不能爽约。

一般聚会通常不宜过早到达，准时到场或迟到三五分钟是比较规范的。万一临时有事难以准点到达或不能前往，需提前通知主人，并向大家表示歉意。迟到太久了，一定要向主人和大家说“对不起”，切忌以任何理由为自己辩解。

3）讲究聚会礼仪

（1）开朗、乐观、豁达。聚会本以放松、休闲为目的，应保持一种轻松、活泼的气氛，即使心中有烦闷之事，亦应暂时忘却。保持聚会的良好氛围，是每个参与者的义务。即便聚会中有你在观念上不认同的其他参与者，也应抱着“既来之，则安之”的态度，注意必要的礼节，不可当众发难，令主人和其他人难堪。

（2）准备充分，慎重发言。讨论会和专题座谈会这类较为严肃的学术性聚会应事先准备发言提纲，考虑成熟，对提出的观点进行认真的推敲；既不能无的放矢、文不对题、条理不清、离题甚远，白白浪费大家宝贵的时间，也不能为了哗众取宠而故弄玄虚，结果言不及义，或使讲话内容过分出格；更不能旁若无人，以自我为中心，对他人的发言充耳不闻，甚至连讨论的问题尚未搞清就与他人争论不休。

(3) 语言简练，切忌争论。发言时间要严格控制，不能话题一出去就收不回来，影响其他人发言；提出新观点应以谦虚的措辞开头，如“我个人的浅见是……”“我粗略的想法为……”。对于别人的不同观点和不一致的看法，应抱着“我不同意你的观点，但我誓死捍卫你保留自己观点的权利”这种态度；尤其不能进行无谓的非学术性的口舌之争，伤及双方的面子。

(4) 多听少说，多看少议。兼听则明，偏听则暗。世事百态，全当看戏，况且做一个忠实听众也是人际交往的技巧之一。

(5) 新朋老友主动结识。聚会是一个最佳社交场所，在轻松的气氛中，人人心情愉快，对他人的防备心理甚低，此时应主动扩大自己的交际范围，更多地认识新朋友。同人交谈要诚恳虚心，既要主动发表自己的见解和主张，也要善于向他人学习和请教，以开阔视野，增长见识。

(6) 言行文明，举止得体。言谈讲话应注意文明，音量、音调、语速应适中，不可手舞足蹈，唾沫横飞。行为举止要自信，唯唯诺诺、东顾西盼也不符合礼仪要求，应保持自然，给参加者留下良好印象，赢得大家的信任。

(7) 尊重女士和长者。首先，语言要文明，不可在女士和长者面前胡言乱语、行为嚣张；不应在女士、长者面前说“脏字”，开无聊的玩笑，不准把“小妞”“漂亮姐”“老头儿”“老太太”之类失敬俗语挂在嘴上；笑话、幽默不应带“黄色”；抽烟前应先请示同意；更不允许对女士和长者动手动脚，打打闹闹。亲切与放肆、平等与辈分之间的界限，是永远不能忽视的。其次，与他们相处时，要尽可能地体谅、帮助、照顾他们。行走时，应请其先走；就座时，应让其为尊；携带物品时，应为其代劳；安排活动时，应首先考虑他们的状况。

(8) 体谅主人。应当设身处地地多替主人着想，尽可能地对其施以援手。至少也应做到不给主人忙中添乱、雪上加霜。

参加聚会之初，不要忘了去问候主人；在举办期间，可以找机会向主人询问一下“我能做些什么”。早到者应承担起部分主人职责，替客人续茶、递烟，帮主人运送物品，也能使自己尽快地让他人认同。

对于聚会中出现的一些不愉快现象，如准备不足、物品短缺、食物不佳等，切不可说三道四，对主人指手画脚。

聚会结束时，应主动问主人“我能帮一些什么忙”，在主人谢绝后，主动向其道别，并表示谢意后方可离去。

8.1.3 交际型聚会要求

交际型聚会主要有座谈会、校友会、同乡会、联欢会、生日派对、节日晚会等，其目的是让参加者之间保持经常交流与接触。

1) 地点、时间、形式的确定

地点应当选择条件较好的个人家客厅、庭院或是宾馆、饭店、餐馆、写字楼的某一专用房间，要求面积大、通风好、温度适中、照明正常、环境幽雅、没有噪声，尽量不受外界的干扰。

时间一般以2~4小时为宜，在具体执行上，则不必过分地“严守规章”，如果大家意犹未尽，适当地延长一些时间也未尝不可。通常，为了不影响正常工作，交际型聚会以在周末下午或晚间举行为好。

形式应根据具体目的而加以选择：如果大家只想见一见或是聚一聚，那么就应当选择较为轻松、随便的同乡会、聚餐会、联欢会、节日晚会或家庭舞会；要是打算好好地“读一读”或是聊一聊，则不妨选择不宜跑题分神的咖啡会、座谈会、讨论会等形式。当然，在具体操作时，这几种形式也可以彼此交叉，或同时使用。有时，事先不确定交际型聚会的程序或具体“议题”，让参与者们自由发挥，也是可行的。

2）参加者

一般聚会的参加者彼此之间熟识，才有助于大家多交流、少拘束。当然，它也不绝对地排斥新人加入。只不过新人的加入，应提前征得主人的首肯。既定参加者按规定可以携带家人或秘书出席，临时邀请其他人同往，则是不适宜的。若无明确要求，未成年的家人，尤其是幼童、婴儿，最好不要随大人去“见世面”。

3）注意事项

(1) 在主人家中参加聚会时，不要自以为与主人过从甚密，便可以不讲公德。例如，无论主人有无要求，都不可吸烟、随地吐痰或乱扔东西；不可擅自闯入非活动区域，如书房、卧室、阳台、储藏室等处“参观”，乱拿或乱动主人的物品。

(2) 在交往中，不要使自己的交往对象“一成不变”，特别是不能一味地盯住熟人、上司、嘉宾不放，又不准其他人介入。

(3) 介入异性的交际圈时，不应不邀而至。

(4) 赴家庭型聚会应准备适当的礼物，一瓶酒、一束鲜花均可。

8.1.4 休闲型聚会要求

休闲型聚会常见的有游园联欢会、远足郊游会、家庭音乐会、小型运动会、俱乐部聚会等。与交际型聚会相比，休闲型聚会同样具有社交功能，只不过休闲性、娱乐性相对来说较为突出罢了。

1）应突出休闲的特点

参加休闲型聚会，应脱下西装套装、西装套裙、时装、礼服和磨人夹脚的皮鞋，卸下表明地位与身份的首饰，洗去脸上厚重的铅华，换上与休闲型聚会的具体环境相般配的牛仔装、运动装、休闲装，穿上舒适的运动鞋，实实在在地融入休闲环境中。

2）表现得善于休闲

休闲的内容应当既高雅脱俗，又令人感觉轻松、愉快；要又能玩、又好玩，而且要力争做到大多数人都会玩。一般来讲，打桥牌、下象棋、打网球、打高尔夫球，或是举办小型音乐演奏会，都是休闲型聚会优先选择的内容。

注意：一方面，休闲内容的选择必须遵守国家法律，严守社会公德，绝不可与

“黄、赌、毒”沾边，应体现品位且合乎身份；另一方面，要具备一定的休闲技能，即不仅要会“玩”，还能“玩”得有水平。

3）以休闲为主体

不能以交际、事务、应酬掩盖了休闲本色，要懂得该工作时就要工作，该休息时就要休息，“不懂得休息，就不懂得工作”。因此，参加休闲型聚会时，切勿忘记应当以休闲为主，以交际为辅，不要将两者倒置；否则，就会败了他人的雅兴。

小资料8-1 **日本的茶道文化**

日本的茶道文化是日本文化的结晶，是日本文化的代表，是日本人生活的礼仪，也是日本人心灵的寄托。如今，有500多年历史的日本茶道文化迎来了空前的繁荣期。茶室、茶亭遍及日本各地；茶会已成为各种文化活动中的一个主要项目；千姿百态的茶具成为日本茶道文化的象征。有关日本茶道文化的电影、电视片、美术展、著述比比皆是；从事日本茶道文化活动的人口达500万之多。

日本最早的“茶道法”是在公元1443—1473年间颁布的。到了1586年日本丰臣秀吉执政时代，千利休成为日本茶道第一人，被誉为茶圣。在日本，茶道是一种通过品茶艺术来接待宾客、交谊、恳亲的特殊礼节。日本茶道不仅要求有幽雅自然的环境，而且规定了一整套煮茶、泡茶、品茶的程序。日本人把茶道视为一种修身养性、提高文化素养和进行社交的手段。

茶道有“四规”和“七则”。“四规”，即“和、敬、清、寂”：“和”即平安和谐的气氛；“敬”是尊敬长者、友人；“清”是环境清静；“寂”是达到幽闲境界。“七则”包括：茶的浓淡、水的质地、水温的高低、火候的大小、炉式和方法、煮茶的燃料和茶室的布置、插花等。

茶道有着烦琐的规程，茶叶要碾得精细，茶具要擦得干净，主持人的动作要规范，既要有舞蹈般的节奏感和飘逸感，又要准确到位。品茶很讲究场所，一般均选择在茶室中。接待宾客时，待客人入座后，由主持仪式的茶师按规定动作点炭火、煮开水、冲茶或抹茶，然后依次献给宾客。客人按规定需恭敬地双手接茶，先致谢，而后三转茶碗，轻品、慢饮、奉还。点茶、煮茶、冲茶、献茶，是茶道仪式的主要部分，需要专门的技术和训练。饮茶完毕，按照习惯，客人要对各种茶具进行鉴赏、赞美一番。最后，客人向主人跪拜告别，主人热情相送。

日本茶道是在“日常茶饭事”的基础上发展起来的，它将日常生活与宗教、哲学、伦理和美学联系起来，成为一种综合性的文化艺术活动。它主要是通过茶会和学习茶礼来达到陶冶性情、培养人的审美观和道德观的目的。茶道已从单纯的趣味、娱乐性活动，升级为一种表现日本人日常生活的文化规范和理想的活动。

8.2 舞会礼仪

舞会是人们增进交往和友谊的一种社交活动。参加舞会，可以锻炼身体，陶冶情趣，结识朋友，扩大交际，沟通信息。它是集娱乐与交往于一体的活动。舞场，是高雅文明的场所，也是主要的社交活动场所。因此，参加舞会者必须懂得舞会礼仪，讲究礼节。

8.2.1 舞会前的准备

1）舞会组织者的准备

（1）确定时间、地点。举办舞会的时间最好在晚上，一般以晚7点至11点较为适宜，舞会时间控制在3小时左右，过迟则会影响休息。

考虑到舞会中的活动并不仅仅跳舞一项，还包括休息、交谈甚至吃喝，因此，应选择附带酒吧或休息厅的场所，使客人们有一个交谈的地方。在酒吧或休息室里，客人们可以边喝饮料边交谈。

舞场的大小应视参加舞会的人数多少而定。另外，舞厅应该设有寄存处，以便客人寄存箱包或衣物，有时，还应考虑舞厅外要有足够大的停车场。

（2）客人邀请。舞会准备工作中有一个重要的问题是决定邀请哪些客人参加。通常，应邀请一两位客人作为舞会的主宾，然后，围绕这一两位主宾，合理安排其他客人。由于跳舞这一活动通常由一男一女共同完成，而舞会中按惯例应该是男士主动邀请女士（在正规的舞会上，绝对不应出现两位男士或两位女士共舞的现象），因此举办者对男女人数的比例需要精心考虑。一个合适的比例应该是男女各半，根据具体情况，可使男宾数量更多些，以保证每位女士都有机会被邀请，不致受到冷落。

在选择来宾时，还应考虑到来宾的个人情况。例如，客人之间是否熟悉，客人是否喜欢跳舞，是否具备幽默的谈吐，是否自带舞伴等。可将这些情况加以综合平衡，准备适当的对策，让每位客人都能跳得尽兴。

客人确定后，应事先向客人发出邀请，可以是通告（如是单位组织的话），也可以通过电话联系，正规的舞会以发请柬为宜。

（3）音乐选择。音乐的安排往往会起到调节客人情绪的作用，也是舞会能否成功的重要影响因素。举办者可以采用乐队伴奏，也可以播放唱片，如果舞会进行的时间较长，应考虑请两支乐队，以使乐师们能轮流休息。播放唱片的舞会，需要有专门的音响师进行音响管理，以保证舞会的顺利进行。在具体的音乐选择上，要考虑到以下两方面：

第一，客人的喜好。客人对音乐的喜好是趋于古典的还是现代的，是舒缓的还是热烈的，要尽量做到投其所好。

第二，音乐与舞会各阶段的和谐。举办者要根据舞会的情况适时调节音乐的播放。

发现冷场时，可播放一些欢快的乐曲鼓动情绪；当舞会进入高潮后，可适当播放一些平缓优雅的舞曲，让客人兴奋的神经能够松弛一下。有时，也可在舞会进行过程中安排一些即兴节目，让客人们自娱自乐。

(4) 其他物品准备。对于时间持续较久的舞会，必须供应合适的食品，如甜食、水果、点心等。点心不要太油腻，并应备有餐巾纸。

考虑到舞会多在晚饭后进行，故充足的茶水和饮料是必须备好的。舞会饮料的选择面要广，如各种果汁、汽水等软饮料，也可适当备一些酒精度很低的酒类，如葡萄酒等，增添兴致；但不要供应烈性酒，以免客人醉酒失态。

2）参加者的准备

(1) 保持良好的精神状态。参加舞会时，一定要保持良好的精神状态，切忌面带倦意和愁容，那样会影响整个舞会的气氛，如果身体确有不适，则应谢绝参加舞会。在舞会上，参加者要时刻注意自己的言谈举止，要态度和蔼，与人跳舞自然得体，谈吐文雅，不说脏话；跳舞时不吸烟，不戴口罩和墨镜。

(2) 保持整洁的仪容。由于跳舞时舞者距离比较近，一定要清洁自身，不能有异味。因此，在参加舞会前最好洗澡，男士要刮胡子；不要吃葱、蒜等有异味的食物，也不要饮酒。如果吃了这些食物，应漱口，或嚼一点茶叶、口香糖以去味。女士要化妆，舞会妆应比日妆浓一些，可加重眼影、腮红、粉底、口红的颜色，并与服装、首饰搭配，但也不能过于浓妆艳抹，以免给人轻浮之感。

(3) 选择合适的服装。在西方，对舞会服装的要求比较高，如果是正式舞会，请柬上一般都会注明服饰要求。在我国，虽然没有太严格的限制，但一般讲求端庄、得体。男士应穿西装或高档便装，不要穿牛仔服、运动衣、背心等；鞋子要选择皮鞋，不要穿旅游鞋、布鞋，更不能穿拖鞋。女士服装可多姿多彩，但一般应以裙装为宜。舞会上不要穿过紧、过露、过短的衣服，要系好衣扣，不要当众更衣或脱下外衣。

如果你有一些小物品要随身带，可以备一小包，放在寄存物品处。有些人喜欢将一大串钥匙别在裤腰上，“叮当”作响，这与舞会的气氛不协调，应注意避免。

8.2.2 舞会的礼仪

1）邀舞礼仪

正式的舞会，第一支舞曲是主人夫妇、主宾夫妇共舞；第二支舞曲是男主人与女主宾、女主人和男主宾共舞。接下来，男主人需依次按照礼宾顺序，邀请第二、第三位男宾的女伴共舞，而这些女士的男伴应适时邀请女主人共舞。男宾也应主动邀请女主人和主人方的其他女士共舞。

男女结伴参加舞会，依惯例第一支舞曲应一起跳；舞会的最后一支舞曲，如有机会两人也应同跳。但是在整个舞会期间，同舞次数应以两次为限，不能两人从舞会开始一直跳到结束，而应有意地交换舞伴，以扩大自己的交际面。

在舞会中，男宾要注意至少应邀请女主人跳一次舞，如果女主人还有女伴、女儿等在场，在礼节上也该一一邀舞。若能做到有礼貌地邀请受冷落的女士共舞，无疑这位男宾将是舞会中最受欢迎的，主人也会对他十分感激，因为主人并不希望看到舞会中有客人受到冷落。

（1）在舞会上，一般都是男士邀请女士跳舞。在关系很好、很熟的情况下，也可以女士邀请男士。

（2）男士如有意邀请一位素不相识的女士跳舞，必须先认真观察她是否已有未婚男友舞伴。如有，一般不宜前去邀请，以免发生误会。

（3）邀请时，男士应庄重地走到女士面前，弯腰鞠躬，同时轻声微笑地说："想请您跳个舞，可以吗？"弯腰以15度左右为宜，否则反而有不雅之嫌。

（4）在正常情况下，两个女性可以同舞，这意味着她们在现场没有舞伴。但两个男性却不能同舞，因为这意味着他们不愿意向在场的女士邀舞，这是对女性的不尊重。所以，只有当两位女士已在舞池内起舞时，两位男士才可采取同舞的方式，追随到她们身边，然后共同向她们邀舞，再分别组成新的两对舞伴。

（5）如果是女士邀请男士，男士一般不得拒绝。音乐结束时，男士应将女士送到其原来的座位，待其落座后，说一声"谢谢，再会！"然后离去；切忌在跳完舞后，不予理睬。

（6）在邀请别人跳舞时，邀请者的表情应自然、谦恭、有修养，不要紧张做作，更不能流于粗俗。如果叼着香烟去请人跳舞，会招致女士的拒绝，也会影响舞会的良好气氛。

（7）男士邀请女士跳舞时，如果女士不想跳，不能勉强。对于那些单独坐在远离人群的地方的男士或女士，尽量不要去打扰他们。如果对方坐在一群人中间，则可以走过去邀请对方跳舞。

（8）邀请舞伴时，要观察一下对方的情况，不要几个人同时抢邀一个舞伴，更不能为邀舞伴而发生争吵，在舞会上争夺舞伴是十分不礼貌的。

（9）男士如果邀请女舞伴同赴舞会，不应让舞伴独坐，而自己邀请别人起舞。男士要记住，在第一支舞曲和最后一支舞曲时邀自己的女伴同舞。

（10）在朋友相聚的舞会上，男士应避免全场只与一位女士跳舞。男士只和妻子跳舞也是不礼貌的。如果有人把一位女士介绍给一位男士，这位男士就必须请她跳一次舞。

如果你邀请的女士有男伴（或其丈夫、父亲等）在座，应先向其男伴微笑致意，简短地问一声"可以吗"，得到对方的允诺后，再邀其女伴，这是礼节，不要以为有失身份。如果是初次相识，不可握着女伴的手导入舞池，只能或前或后相伴入舞池。

在西方社会，男士还可以中途拦下别人的舞伴，他只要走过去轻轻拍一下那位男士的肩膀，说一声"我可以吗"或"请让一下"就可以了。如果对方是长者，一般先走过去，等他看见你时，鞠躬问："我可以接着跳完这一曲吗？"但在中国，这种做法不太能被人接受。

2）拒邀礼仪

小资料8-2

国标舞知识

舞会过程中，邀请者应当彬彬有礼，受邀者也应当落落大方，彼此都应表现出良好的修养和高雅的素质。如果决定拒绝他人的邀请，要注意礼貌待人。

（1）一般情况下，女方最好不要拒绝他人的邀舞。如果决定谢绝，应说“对不起，我想休息一下”，或说“真对不起，我不会跳舞”，以此来求得对方的谅解。

（2）如果女士已经答应与他人跳这一场舞了，应向其他前来邀请者表示歉意：“对不起，已经有人邀我了，等下一曲好吗？”

（3）婉言谢绝他人的邀请后，在一曲未了时，女士不应与其他男士共舞；否则，会被认为是对前一位邀请者的蔑视，是不礼貌的表现。

（4）如果有两位男士同时邀请一位女士跳舞，女士最好有礼貌地谢绝。如果已接受其中一位的邀请，对另一位应表示歉意，应礼貌地说：“对不起，请等下一曲，好吗？”

（5）当女士已经拒绝一次男士的邀请后，这位男士再次前来邀请，在确无特殊情况下，不应再次拒绝，女方应愉快地接受邀请。

（6）如果自带舞伴，两个人多跳几场当然可以，但如果别人来请，不能一概拒绝，更不能说一些不礼貌的话。

（7）如果夫妇二人同去参加舞会，跳过一曲后，有人前来邀请夫人，先生应按礼节促请夫人接受，绝不能代夫人回绝对方，这也是有失礼节的表现。

3）共舞礼仪

（1）步入舞池时，要尊重女舞伴，女在前，男在后，由女士选择跳舞的具体位置；跳舞时一般男士领舞引导在先，女士配合于后；一曲终了，应立于原处，面向乐队或主持人鼓掌表示感谢，然后男士将女伴送回原处。

（2）舞姿要端庄、大方、活泼，整个身体应始终保持平、正、直、稳，保持好重心，身体不要摇晃。跳舞时，男女双方都应面带微笑，说话要和气，声音要轻细，不要旁若无人地大声谈笑。

（3）神情、姿态要轻盈自若，给人以欢乐感。表情应谦和悦目，动作要协调舒展，男士不要强拉硬拽，女士不挂、扑、靠、扭。

（4）跳舞时，男方的右手应手心向下向外，用大拇指的背面轻轻将女方挽住，而不应用右手手掌心紧贴女方腰部，左手使左臂以弧形向上与肩部呈水平线举起，掌心向上，拇指平腰，只将女伴的右掌轻轻托住。女方的左手应轻轻地放在男士的右肩上，右手轻轻地搭在男士的左手上。跳舞时，双方握得或搂得过紧，也是有失风度的。

（5）跳舞时，双方的身体应保持一定的距离。跳四步舞时，舞步可稍大些，表现出庄重、典雅和明快的姿态；跳三步舞时，双方应保持一步的距离，让身躯略微昂起向后，使旋转时重心适当，表现出热情、舒展、轻快和流畅的情绪和节奏；跳探戈舞时，随着乐曲中切分音所含节拍的弹性跳跃，男女双方的舞姿与步法变化较多，舞步可稍大些；跳伦巴舞时，男女双方可随着音乐节奏轻轻扭动腿部及脚踝，臀部不应大幅度地摆动。

（6）跳三步舞时，应考虑女方的身体状况，不宜一味地旋转，应适当穿插一些不转圈的交叉步或简单的进退步。这样一来不使舞伴过累，二来显得舞步变换有致。

（7）行进中如触碰了舞伴脚部或冲撞了他人，要有礼貌地向对方颔首致歉。

（8）不要目不转睛地凝视舞伴，以免引起误会和反感。即使是夫妻或热恋中的情侣，在舞会上也不应表现得过分亲昵。

（9）在双方共舞的过程中，一般不可以中途退场或一方任意离去。实在非中止不可时，应向对方道歉，并陪对方走出舞池。无论双方的舞步多么不合，都应尽可能坚持到曲终。实在无法合作，双方都礼貌地下场也是可以的。一曲终了，男士应向女士表示感谢，并陪同女士走回其座位上，女士也应对男士点头致意。

（10）要按逆时针方向行进，不要旁若无人，横冲直撞。

4）其他应注意的礼节

（1）邀请舞伴时，无论是男士还是女士，若其一个人单独在远离人群的地方，则最好不要去打扰。

（2）舞间休息时，不要吸烟、乱扔果皮，不宜高声谈笑、随意喧哗。对于自己不熟悉的舞伴，除非对方主动致意，否则不宜向其问长问短，闲聊不止。如果对方已同他人谈话，应主动回避。舞会开始时，不宜穿越舞场，应该顺边绕行。

（3）舞会结束后离开，或舞会中途退场，都应向主人辞行。辞行时应向主人表示舞会举办得很成功，玩得很愉快，并向主人表示感谢。有时还可在一两天后寄上一封简短的感谢信表示谢意。这对主人来说，是莫大的肯定和回报。

除了向主人辞行外，对于在舞会上结识的新朋友或旧相识，若方便的话，也均应向他们道别，并说些客套话："真高兴认识您""有机会的话再好好聊聊"等。

（4）舞会结束后，男士一般应送自己的舞伴回家，除非对方已有人送或是不愿意让自己送。女士在拒绝男伴送行时，可以简单地说："谢谢，已经有人送我了。"如果女士想要男伴送自己回家，她随时有权利要求对方这么做。即便舞会没有结束，女士如果觉得自己玩得不痛快想早点回去，也可以跟男伴说自己"累了"或是"不舒服"，请对方送自己回家。

5）避免舞会尴尬小常识

（1）参加舞会时，所有的男士、女士都必须穿着整洁得体。灯芯绒或格子呢、肘部打补丁的休闲西装不宜出现在正规的舞会上。即使是夏天，男士也应穿长裤参加舞会；穿西装短裤、沙滩裤跳舞是不礼貌的。

（2）不管是否为正式的舞会，都应穿舞鞋，不要穿运动鞋或任何胶底鞋，因为它有可能粘在地板上，当你旋转时会导致膝盖受伤。

（3）如果参加"迪斯科专场"舞会，装扮就不必受以上约束。T恤、牛仔裤、超短裙、运动鞋都可以穿，人们只求在扭摆中宣泄得酣畅淋漓，领带、高跟鞋反倒成了累赘。

（4）避免穿无袖或吊带的衣服，在较活跃的舞会中尤其如此，因为触摸到舞伴湿漉漉的肌肤不是件愉悦的事。

（5）女士的佩件如大耳环、手表、胸针、长项链，在舞池中都是危险物品，它们都可能勾到舞伴的衣服或刮伤对方。

（6）袖口低于腋窝的衣着并不适宜，尤其拉丁舞中男士常扶着女士的背部，不小心就会抓到宽松的衣袖。

（7）女士长发应往上盘好或梳理服帖，否则在转圈时头发甩到男士的脸上会很尴尬。

（8）无论参加什么舞会，舞会前都不要吃蒜、韭菜等带刺激气味的食品，也不要喝酒或大量吸烟。最好提前漱一下口或嚼几片口香糖，否则满口异味会使舞伴难以忍受。舞会前沐浴，能避免体味带来的尴尬。

（9）舞会开始后，如果女士不愿意与某位邀请者跳舞，或不熟悉某种舞步而不想出丑，或确实想休息一会儿，可以借一些理由推托。例如："对不起，我觉得有些累，想坐一会儿""谢谢，不过我的朋友正找我，我只好失陪了"。面对男士的邀请，女士千万不要不声不响，无论是出于腼腆还是傲慢，男士都会觉得尴尬。

（10）最好不要邀请恋人中的一方跳舞，因为恋人大都不愿被他人打扰。但当自己的恋人被他人邀请时，要大度一些，不要阻止，也不要一脸不悦。

（11）当你想邀请的舞伴在一群人当中，邀舞时可用视线接触，确定对象，以免每个人都以为自己是被邀请的对象。

（12）对于拟邀请的对象，应确定当时他（她）正想跳舞。当然这并不是很明显，要凭个人经验及常识来判断，当对方正与人密谈或耳语时不适合去打断他们。

（13）当两位男士不约而同地去邀请同一女士共舞时，切勿自打退堂鼓，说："您先，您先……"那可能令女士感到不悦。较理想的做法是，让女士自己选择这支曲与谁共舞，而有风度的女士应该把下一支曲保留给另一位男士。

（14）男士不要因为紧张而把舞伴搂得太近，或把舞伴的手握得太牢，这样容易引起误会。女士也要放松，不要把全身的重量都压在舞伴身上。如果女士发现舞伴故意搂紧自己，或某支舞曲放个没完没了，使自己很不耐烦，可以不失礼貌地说："我累了，想回座位上去。"

8.3　会议礼仪

会议属于工作性群体聚会，是为实现一定的组织目标，由会议组织者召集一定规模的公众共同参与的一项事务性活动。由于它的形式较为规范，也有明确的目的，所以无论是组织者还是参加者，都必须遵守相应的礼仪，这是会议成功的重要保证。

据载，会议起源于原始社会晚期的部落民主议事制度。古希腊、古罗马时期，会议已有了一定的发展，并且形式繁多，如百人团会议、元老院会议、平民会议、法庭论辩会议、胜利庆功会议、体育竞赛会议等。近代以来，还有各种类型的纪念性会议、新闻发布会、记者招待会、产品博览会、订货会以及座谈会、茶话会、报告会、联欢会等。会议本身是与会人员之间交流、沟通、认识、了解的一种形式，故也形成了自身所特有的礼仪。

8.3.1 会议筹备礼仪

做好会议的前期工作是会议达成预期目标的首要条件。

1）确定会议主题与目标

所谓主题，就是本次会议的核心议题。主题应鲜明、具体，避免造成任何歧义或误解。任何会议都有一定的目的，或是就某个主题征求各方意见，或是寻求一个统一的解决方案，也有的是通过会议形成或落实某个决策方案，会议的主持者应牢牢把握这个目标，使会议有序进行。

2）确认时间、地点

应按照主题及会议的目的要求确定会期，有些综合性带有休闲性质的会议需充分考虑休闲的时间要求（如订货暨客户答谢年会）。

会议地点也同样重要。小型意见碰头会、讨论会等可以座谈的方式展开，对会场的要求不高；正规性会议则要有专用的会场。当然，会议地点选择的关键还是参加者人数。如果在异地开会，应兼顾会议主题、与会者交通便利程度及休闲三方面要求。

3）人员确认

参会人员应与会议主题密切相关，或者是会议主题的解答者，或者是会议主题的接受者，或者是会议主题的相关感兴趣者。

与会人员名单应紧紧围绕会议目的来确定。开放性议题的会议可以邀请一些持不同意见者，以取得集思广益的效果；需形成决议的会议，则只能限制具备职权级别者参会。

涉及企业重大决策的，则应以核心层人员参与为宜。参会名单也与会议成本预算相关，应尽量精简与会人员，降低会议成本。

4）议程确认

“议程”一词来源于拉丁文，意为“必须做的事”，会议议程的定义为：“在会议上要考虑的事务”。

制定会议议程是大会主席的职责，要求在会议举行前就将讨论的事务内容和顺序做出决定。在确定议程时，必须有所需讨论事务的有关材料。会议议程上应标明会议的时间和地点、目的、议题的顺序。

美国通用汽车公司前总裁托马斯·默菲说：“会议的议程必须事先准备妥当，并分发给与会者，这样可以使他们心中有数，做好倾听、发言的准备。必要时还可以向与讨论论题有关的部门收集信息，以便会上提出准确的数据和资料。”确实，花些时间准备一份议程，有利于达到会议目的，提高会议效率，使每一个与会者聚精会神。

5）准备有关资料

准备资料包括：会议日程安排（含会议具体时点、场所及食宿规定）；会议议程；重要会议应有领导讲话相关文字资料；需要与会者讨论、学习的有关资料；需要使用的幻灯片、投影仪、录像设备等。

6）确定会议主持人

重要会议由最高领导兼任会议主持；一般会议应设主持人，领导以发言人或成员身份参与；主持人的关键职责是控制会议议程，把握会议气氛，掌握会议进度及时间；会议结束时，主持人应请指定发言人作总结性发言，或者由主持人自己作概略性总结发言（如讨论会、商议会、茶话会等）。

7）其他准备工作

其他准备工作包括：①后勤、会务、安保、服务礼仪人员准备；②食宿、茶水、交通、器材设备及与会者需要的笔、纸、本等办公用品准备；③礼品、赠品准备。

8）详细编制会议费用预算

对于所需的总费用应有一个大致的估算，并有计划地分配会议的各项费用，防止超支和浪费。商务会议的费用通常包括场地租金、设计费用、工作人员费用、联络及交际费用、差旅费、住宿费、宣传费用、器材租金、运输和保险费用等。企业要根据会议欲取得的效果来考虑这些费用的标准。

9）发出会议通知

如果是书面通知，要注意对与会人员的正确称呼；发给个人的通知，不要写错姓名和职务。会议通知上要写明以下事项：会议名称、会议召开或预定时间、会议目标、会议议题、会议场所（附导向图）、请对方答复是否出席的期限、主办者、联系方式、会议有无停车场和其他事项（如有无会议资料、有无就餐安排等）。

张贴通知也要讲究称呼的准确性，要用“请”等礼貌用语。口头通知，包括电话通知、微信通知、面对面地跟他人讲话更要礼貌称呼，“请”字当先。通知时要做到“充分”：一是与会成员都要通知到，二是开会内容、时间、地点无一遗漏，否则会使漏掉的人感觉你对他轻慢。如果通知事项不全，事后又来问询，给他人增加麻烦，也是失礼的。此外，会议通知一定要提前发出。

8.3.2 会场布置

会场布置一方面直观传达着本次会议的主题、主办方对本次会议的重视程度；另一方面营造一定的会议氛围，督促与会者集中精神参加会议。因此，会场布置工作也是会议礼仪的重要内容。

1）会场选择与场内设备检查

（1）会场选择。选择会场时，既要考虑与会者的人数，又要考虑与会者到会是否方便。另外，选择会场时还要考虑以下因素：会场地点对与会者来说交通是否便利、停车是否方便；会场能否保证必要的使用时间；会场是否有噪声，照明、空调设备是否完好；会场是否符合与会者的身份、等级；会场外的其他服务条件如何等。

（2）场内设备检查。这是会议进行的必要程序，包括：会场的桌椅及装饰设备，会场的通风条件，会场的冷、暖气设备或空调设备，讲话扩音设备；主席台或讲台，会场的采光或灯光条件，银幕、放映室或投影仪、幻灯设备；电源、电线、粗笔及书写用笔、闭路电视系统；姓名牌、记录纸、烟灰缸、大衣架及其他有关设备。

2）会场的具体布置

（1）标记布置。主题横幅应悬挂在主席台正上方。会标应在主席台正背上方，按照要求可在两侧或四周张贴一些带有鼓动性、号召性的口号。大型会议可在会场外悬挂彩球、直幅，以示隆重。

（2）座位布置。会场座位布置最好能适合会议的主题风格和气氛。其主要有以下三种方式：

• 剧场式。这种方式因酷似戏院、剧场而得名，即设一个主席台，少数人在主席台上，绝大多数人在台下，类似观众。这种方式适合与会人数较多的正式会议。

• 教室式。这种方式类似于学校的教室，适合讲解、说明的场合，也便于与会者做记录。

• 讨论式。它可分为设主席台的和不设主席台的，有反“U”形、“V”形等多种形式。

（3）席次安排。它会对会议产生一定影响。比如，让与会者坐在一张桌的两旁，即面对面相向而坐，虽然氛围不一定会从友好转变成敌对，可是容易使意见相左。通常，坐在主席旁边是一种荣誉和信任的象征，尤其是当主席坐在一张狭长的桌子首座上时，这种意味更为明显。因为距离主席愈远者，身份愈低。

座次包括主席台座次和其他与会者座次。主席台座次按主席台上人员的职务（或社会地位、声望等）高低排列，最高的排在主席台第一排的正中间（预留翻译人员席位），其余按高低顺序，以正中间座位为点，面向会场，依左为上、右为下的原则排列。若有多排，其他各排的座位可灵活掌握。座位上要摆姓名牌，座次需报领导审定；其他与会者面对主席台，座次排列既要服从会议目的，又要体现平等精神，一般有以下三种排列方法：

• 按汉字笔画排列。如召开全国性会议，可按各省（自治区、直辖市）名称的笔画排列座次区域，但不要把一个省的座位排得过宽，而要沿着一条适当的直线由前向后排列。

• 按地理位置排列。如召开全省性会议，可按统一的市、县排列顺序安排各市、县与会人员的座次。

• 按行业系统排列。如召开全市性会议，可把同一个系统的单位集中排列在一起。

观念应用8-1

观念应用8-1

会议成本

澳大利亚有不少企业的会议室里不设座椅，每逢开会，与会者都站着。他们还在会议室的墙上写上节约会议成本、提高会议效率的字样，他们认为有些会议是必需的，但会议的成本应该控制。

分析提示

8.3.3 主持人礼仪

主持人是整个会议的中心。他（她）应像宴会中的主人一样，很好地控制会议的气氛和进程，并促使与会者齐心协力，使会议达到预期目标。

主持人一般都是由具有一定职位的人担任。不管是什么性质、什么规模的会议，主持人都应承担起以下几方面职责：①事先准备好会议议程，并严格按照议程进行；②提请与会者注意本次会议的目的，并使会议始终不偏离主题；③请与会者轮流发言，并保持会场的秩序；④确定会议的时间，按时开始，按时结束。

1）主持人的基本礼仪

主持人的服装、修饰、走姿、落座、发言等都应符合身份，自然大方。主持人一般应着工作装，男士以西装、中山装、衬衫、长裤与皮鞋为主，女士以连衣裙、套裙、套装为主；颜色、式样要搭配得体，让人感觉稳重、沉着，不奢侈；男士梳发剃须，女士化工作淡妆，工作场合不宜戴首饰（戒指除外）。会议主持人走向主持位置时，应表现出沉稳、自信的风度，步伐均匀有力、稳健庄严，视会议性质决定步伐的缓急、步幅的大小，如紧急会议、重要会议可加快步伐；而纪念、悼念类会议则应步幅略小、节奏放慢。应明白，这是主持人营造会场气氛的一种方式。

重要会议开始前，主持人步入主持位置过程中不要与熟人打招呼，一般工作会议例外。主持人一般应在会议开始前5分钟左右抵达会场，如果因故来迟，不要匆忙小跑、大喘粗气，应推门快步入位，落座后首先向等候者致歉并说明原因，然后立即开始会议。

会议主持人由于其特定身份，他（她）的仪态将直接影响与会者对会议的看法。因此，主持人在整个会议中的坐姿、站姿和谈吐必须表现得令人信服。从坐姿看，应保持上身端正，腰要挺直；面部表情从容冷静，目视前方，余光兼顾全场；双腿自然下垂，不要跷腿或抖动；双手在会议桌上对称平摆呈“八”字形；不要频繁乱动，如喝水、搓手、搔头等。站立时，应双腿并拢，挺胸直背，身体不可晃动；若是持稿主持，以右手或双手持稿，与胸等高，在读讲稿的同时，目光应间隔性地扫视与会者。主持人与讲话者不同，一般不要有手势，即使有，动作也不可过大；讲话应口齿清晰，内容明确，能够把握会议进程，思维敏捷，善于引导，并能使会议不空场、冷场。

2）主持人的主持技巧

（1）遵守会议的时间规定，按时开始，按时结束。如有人迟到且迟到者的议程已过，就直接留到最后，看是否有时间让其补充发言。

（2）采取措施尽可能减少干扰。例如，把会议举行的场所选定在一个远离办公室穿梭的人群的房间，提醒与会者手机静音等。

（3）按照主次先后安排会议议程。留意先讨论紧急事项，而把较为次要议题的讨论安排在会议后期。这样可以保证优先处理紧急事项，而那些次要问题，如果时间不够的话，则可留待以后再说。同时，应限定讨论事项，要估计到每一个议题讨论的时间总要比你预想的长。

（4）事先分发会议议程表。在会议开始前及早地让会议出席者知晓会议的议题。如果与会者需要早做准备，他们就必须事先知道会议议程。

（5）针对每一个议程设定时间限度。估计一下讨论每一个议题所需要的时间，就能掌握整个会议的进程，适时地引导与会者归纳、总结并做出决议。这样主持会议才能避免无休止的讨论，营造出一个富有建设性成果的环境。

（6）不要偏离议题，使会议各项目的讨论循序渐进。通常，每一项议程都能在会议上逐一讨论，然而总会有人提出一些非会议议程中的议题。在这种时候，主持人需要礼貌又坚决地把与会者的讨论引回主题。比如，主持人可以说："这确实是一个重要问题，可以放在以后的会议上讨论。现在让我们接着进行刚才议题的讨论。"

（7）言谈要根据不同的会议气氛或庄重，或幽默。要处处尊重他人的发言和提问，口齿清楚，思维敏捷；调节、控制会议气氛和议题，会议出现僵局、冷场后要及时引导，不以动作、表情或语言对不同意见者表示不满。

（8）应该以一种鼓励所有与会者都参与的方式主持会议。主持人尤其应该要求那些腼腆的会议成员谈谈他们对一些问题的看法，同时提醒那些发言过多的人应该把时间让给别人。主持人应该像催化剂那样使会议气氛活跃起来，自己的发言时间不要超过整个会议时间的25%。

（9）做会议记录的任务应该由与会者轮流承担。一些主持人或许认为自己做记录更方便，但不应该这样做。与会者轮流做会议记录意味着不会有人因抄写所有会议的文件而感到苦恼，并使那些想学习商业写作的与会者获得实践机会。会议记录必须明确讨论的要点、已经达成的决议、将要采取的行动及定下的最后期限。每个与会者会后都应该有一份会议纪要。

（10）应尽量避免让会议成员进行投票表决。每个与会者在最后的决议形成以前都有足够的机会发表自己的见解，当投票表决时，总会有赢者和输者，输者通常都具有报复心理，而且一个存在着赢者和输者的集体可能会人心不齐。

（11）会议结束后，应组织人员将会议期间所做的记录或录音编写成会议简报，并将其分发给所有与会者。

8.3.4 与会者礼仪

1）与会者一般礼仪

参加会议应懂得并遵守必要的礼仪，会议本身也包含了一定的礼仪内容，带有一定的礼仪色彩。不同类型的会议，礼仪要求也不同。一般而言，参加会议应遵守如下礼仪要求：

（1）准时到会，不迟到，不早退。遵守会议各项准则和要求，尽力参与，把会议开得圆满、成功。

（2）服饰得体，注意仪容、仪表、仪态，举止大方自然，待人彬彬有礼。

（3）虚心听取别人的发言，不随便打断别人的谈话，万不得已要插话时，应使用礼貌用语。

（4）讲话应顾及全体在场人员，力求突出重点，简洁明快，不能乱发议论，耽误他人的时间。

（5）营造民主、自由、平等的会风，以协调、讨论、沟通为要旨，切忌死气沉沉、以势压人和偏离会议主题。

（6）不能随便在会议进行过程中离开会议室。当会议进行过程中有来访者和电话时，当事人应先与会议主持人打招呼，然后再离开会议室。打招呼不妨用耳语或便条等形式，以不引起大家的注意、不影响会议进行为原则。离开会议室后，应尽快简单地处理完事务，然后及时返回会议室。

（7）集中注意力，不交头接耳，不打瞌睡，不翻阅无关资料，保持会场安静，严禁大声喧哗。

（8）有序就座。一般来讲，开会都有组织者座位和其他与会者座位，这种座位不一定是刻意安排的（正式会议除外），有时是自然形成的。例如，几位组织者自然地坐在了一起，之后经常这样坐，那么这几个位置就成了相对的组织者座位，即通常所说的“主席台”，其他座位就成了一般与会者的座位了。一旦形成了相对的座位，就应约定俗成，各自坐开，不要乱坐；打乱秩序，反而会使人不习惯，把组织者挤在某个角落是不得体的；分散组织者的座位，也不利于会议的组织工作。

（9）积极发言。如果有讨论，最好不要保持沉默，这会让人感觉你对议题漠不关心；想反驳别人时不要打断对方，应等对方讲完再阐述自己的见解；别人反驳你时要虚心听取，不要急于争辩。不要在别人发言时说话、随意走动、打呵欠等，这是失礼的行为。表决性会议要求与会人员对议题发表赞成或反对的意见时，态度要明确，不能含糊，不能给别人留下无主见、无魄力的印象。

如果要发言，应在主持人给予的发言时间内或所有正常议题结束后争取发言机会；发言要先举手，以引起主持人的注意，经主持人示意后再站起来说。

（10）尊重主人。与会者作为客人，应服从会议组织者的安排。在会场，与会者应该听从主持人的安排，并对主持人的提议做出积极的响应；报告结束，与会者应报以热烈的掌声，以此对演讲人表示赞赏和感谢。

2）与会者应注意的两个问题

（1）切忌缺席和迟到。会议成员缺席对会议有一定的负面影响，会使其他会议成员的精力不再集中于完成会议目标上，而转移到在一些成员缺席的情况下会议如何进行下去的问题上。每次会议都保证无人缺席是不可能的，但是，应该保证让那些对议事日程上安排的项目有浓厚兴趣的人参加会议。

不得不缺席或迟到的会议成员应尽可能打电话通知另一位会议成员或打电话到开会

地点，以免拖延会议时间。在没有事先通知会议主持人的情况下，迟到是不允许的。

（2）应将会议视为一次难得的自我展示机会。对与会者来说，应将参加会议视为一次“充电”的机会，借此你可以：①展示你的专业才能。如果你一向给人以害羞的印象，你可以借此提出有用或具创意的建议，改变别人对你的成见。②看同事竞相辩论，观察他们之间如何以理相驳，这是很好的思维训练。③让主管经理知道你的潜能，但不要夸耀自己的业绩。

思政园地

改革国事访问欢迎仪式　新礼仪尽展新时代大国风采

2018年6月6日下午，国家主席习近平在人民大会堂东门外广场举行仪式，欢迎吉尔吉斯斯坦总统热恩别科夫对中国进行国事访问。庄严肃穆、英姿飒爽，首次亮相的三军仪仗队女兵方阵一出场就引人注目。与之前相比，国事访问欢迎仪式诸多内容从这一天起发生了新变化：新的欢迎仪式充分展现了新时代中国自信昂扬、威武庄严的大国风采，在崇礼尚仪的同时，提升人民的国家荣誉感。

■ 展现新气象

据外交部礼宾司负责人介绍，此次国事访问仪式改革包含调整外宾主车抵达路线，并在沿途增加持旗仪仗兵、增加吹奏小号次数、改进仪仗队、改进军乐团队列行进吹奏表演等多项措施；新增了1名小号手和1名军鼓手，在中国国家主席（夫妇）步出人民大会堂东门时，演奏仪式号角，以增强现场仪式感，更加庄严大气。

外宾主车沿着天安门广场西侧路进入人民大会堂东门外广场，沿途增设了80名手持红旗的仪仗兵。对此，清华大学礼学研究中心主任彭林认为，新路线途经天安门广场这一重要地标，“庄严肃穆，既代表了北京的厚重底蕴，又展现出中国改革发展的新气象”。

军乐团也进行了行进队列换装、吹奏队形的重新编排。改革后的军乐团行进队统一着装为藏蓝色上衣、白色长裤、白色皮鞋、白色腰带和佩章，吹奏表演队形重新编排，队列人数增至61人，演奏乐器也有变化。

中国人民解放军军乐团团长张海峰表示，新表演将更能展现当代军人的蓬勃朝气和新时代人民军队的风采。“配上重新编排的《歌唱祖国》和新的演出服装，整个表演更富时代感，从视觉和听觉上都让人耳目一新。”张海峰说。

值得一提的是，三军仪仗队中首次增加了女兵方阵。此前仪仗队中的女兵与男兵混合编队，现在女兵人数大幅增加，陆、海、空军共55名女兵单独编成方阵，位于3个男兵方阵之后压轴出场。仪仗队总人数也扩充为224人。中国人民解放军仪仗队大队长韩捷介绍，增加女兵方阵正是顺应中国女军人地位逐渐提高的时代潮流，“更好地展现女兵巾帼不让须眉的飒爽英姿，全面彰显国威和军威”。

■ 顺应新发展

党的十八大以来，外交礼宾工作适应新要求进行了多次改革，不断与时俱进，发展创新。此次全新亮相的欢迎仪式也是之前改革进程的延续。

2013年6月9日，越南国家主席访华，欢迎仪式首次增加吹奏迎宾号角，还首次恢复了少年儿童欢迎队伍。

2014年5月12日，土库曼斯坦总统访华，解放军三军仪仗队首次增加女兵队员，军乐团增加行进吹奏表演。

2014年10月21日，坦桑尼亚总统访华，国宾车队摩托车护卫首次恢复。

2014年11月，北京亚太经合组织领导人非正式会议（APEC）期间，国宾抵京时在机场高速沿线开始悬挂中外国旗。

2015年11月2日，法国总统访华，恢复举行室内欢迎仪式时在天安门广场鸣放礼炮的传统。

当前，中国致力于同各国发展友好关系，中国的朋友圈越来越大。本次全新呈现的欢迎仪式庄重大气，更具仪式感。

“此次国事访问欢迎仪式礼宾改革不仅顺应了时代发展的需求，还展现了中国特色大国外交理念，意义重大。”中国前驻瑞士大使董津义说。

“在欢迎来访国元首时增加东道国特色是各国的普遍做法，可以营造出热情友好的氛围，为两国领导人建立个人和工作友谊提供契机。”彭林认为。

资料来源 李涛. 改革国事访问欢迎仪式 新礼仪尽展新时代大国风采［EB/OL］.［2018-06-13］. https://baijiahao.baidu.com/s?id=1603113250713251037&wfr=spider&for=pc.

主要概念和观念

本章小结

○ 主要概念

会议

○ 主要观念

邀舞的顺序

基本训练

○ 知识题

▲ 简答题

1）何谓休闲型聚会？其特点有哪些？

2）会议主持人应掌握哪些主持技巧？

▲ 选择题

1）常见的聚会形式有社交性聚会、文艺性聚会、综合性聚会和（　　）。

A.开放性聚会　　B.团队内部聚会　　C.学术性聚会　　D.联谊性聚会

2）男女结伴参加舞会，在整个舞会中，同舞应以（　　）为限。

A.1次　　B.2次　　C.3次　　D.4次

3）交谊舞中的布鲁斯舞又称（　　）。

A.快三步　　B.慢三步　　C.中四步　　D.慢四步

4）会场布置应体现出会议的主题风格和气氛，其方式主要有（　　）。

A.舞台式　　　　B.剧场式　　　　C.教室式　　　　D.讨论式

▲ 阅读理解

办公室里不宜说的六种话

(1) 薪水是需要回避的话题。很多公司都不喜欢职员之间打听薪水，因为同事之间工资往往有不小的差别，所以发薪水时财务往往不公开数额。很多公司对“包打听”之类的人总是格外防备。

(2) 不谈公司里的人和事。公司里人事关系最微妙，有人升迁，有人被炒，不知原委就免开尊口。同样，不应在同事之间讲类似“公司福利不好”“公司老让加班，不给加班费”的话，因为万一被人添油加醋地传播，可能让你连解释的机会都没有。

(3) 家庭财产之类的私人秘密不要张扬。无论是露富还是哭穷，在办公室里都显得做作，与其讨人嫌，不如知趣一点，不该说的话不说。

(4) 在办公室不谈私人生活。无论是失恋还是热恋，别把情绪带到工作中来，更别把故事带进来。办公室里聊天，容易说起来只图痛快，不看对象，事后往往懊悔不迭。可惜说出口的话像泼出去的水，再也收不回来了。千万别聊私人问题，也别议论公司里的是非长短。你以为议论别人没关系，用不了几个来回就能绕到你自己头上。

(5) 别拿现单位和原单位比。即使老板不在场，同事其实也不爱听你回忆昔日荣光。每个员工对自己供职的公司多少都会有心理归属感，贬损公司很容易会让其他员工感觉你在看低他。

(6) 野心可以有但不可露。你公开自己的进取心，就等于公开向公司里的同僚挑战。僧多粥少，树大招风，何苦被人处处提防，被同事或上司看成威胁。做人低姿态一点，是自我保护的好方法。你的价值体现在做多少事上，在该表现时表现，不该表现时就算韬晦一点也没什么不好，能人能在做大事上，而不在说大话上。

请对此做出评析，并提出自己的想法。

○ 技能题

▲ 单项操作训练

单位组织舞会，你的女上司也参加了，事先同事告诉你，她对跳舞兴趣不大，且舞技也很一般，此时你应该怎么办？

▲ 综合操作训练

单位老总组织了一次小范围的交际型聚会，邀请你参加，你该如何准备？到了现场你发现参加的不仅有公司骨干，还有几个你不认识的人（老总的朋友），此时，你又该如何应对？

观念应用

○ 案例题

政协委员拱手行礼传为美谈，如何打招呼既安全又有礼貌？

最近，一段全国政协十三届三次会议开幕大会前，委员们佩戴着口罩，拱手行礼、互致敬意的视频被传为美谈。网友纷纷评论用其他打招呼的礼仪替代握手的画面：“中国就是礼仪之邦，礼仪满分。”

此前，《光明日报》也曾讨论过是否可能以拱手代替握手。文章写道，“社交礼仪是随着人类社会活动的开展应运而生的，握手这一社交礼仪最早源于西方，现已逐渐成为被世界各国无论是外交还是日常生活普遍接受的见面礼仪。但当下新冠肺炎疫情在世界蔓延，握手可能会传播疾病……双手拱于胸前，不仅体现了我国古时的文明礼仪，也构成了一道无形的屏障。从现代科学和文明的角度考量，见面时施拱手礼，只需‘握’自己的手，不必去握别人的手，既能保护自己，也是健康他人。”

那么，如何行一个标准的拱手礼呢？据《人民日报》（海外版）报道，拱手礼的基本姿势是：并步站立，上身挺直或微前倾，两臂成合抱举起，双手相握，左手四指并拢伸直、握空拳，拇指屈拢；右手四指成拳或半成拳，拇指在上；左掌心掩贴右拳面，两拇指指尖交叠，左上右下；拳掌与胸相距20～30厘米，自上而下或自内而外，向对方有节奏地晃动两三次。向对方表示敬意越深，双手上举越高，至高可达额前。值得注意的是，按照古人的习惯，男士行拱手礼，必用左手扶抱右手，而女士则正好相反；若为丧事行拱手礼，男士则为左手握拳在内，右手在外，女士则正好相反。

资料来源　佚名．政协委员拱手行礼传为美谈，如何打招呼既安全又有礼貌？[EB/OL]．[2020-05-22]．https：//wenhui.whb.cn/third/baidu/202005/22/349558.html.

问题：疫情当下，如何打招呼既安全又礼貌？

○ 实训题

你单位准备召开销售业务研讨会，时间半天，老总要你这个年度销售冠军主持这次会议，公司领导层和全体业务员都参加，请你准备一份主持计划。

○ 讨论题

某外商考察团到一个城市调研投资环境，提出了四点希望：一是希望有麦当劳餐厅；二是希望有香格里拉酒店；三是希望有高尔夫球场；四是希望有一位“星期天能休息”的市长。他们认为，有一个“星期天能休息”的市长是一个硬标志。请针对该问题进行讨论。（提示：一方面从休息好才能工作好的角度分析；另一方面从管理的效率原则角度分析）

第9章

宴请礼仪

学习目标

通过本章的学习，你应该达到以下目标：

素质目标：具有比较全面的宴请礼仪方面的知识，在宴请活动中符合礼仪的标准。

知识目标：了解宴请礼仪的概念和作用、中国宴席和西方宴席的基本内容和特点，知晓不同宴请的礼仪规范。

技能目标：按照宴请礼仪的要求，运用中国和西方不同的宴请礼仪原则，在人际交往中基本合乎礼仪。

能力目标：具有根据各种宴会提出并做出不同礼仪规范的能力。

引例　　这样的酒桌陋习何来“文化”

近来，“酒桌文化”受到了密集批判。酒，当然是有文化的。古代中国的酒也和祭祀相关，有一官职就叫“祭酒”，现在出土的文物里还能发现古人所酿的酒。这种悠久的历史，本身足以说明酒嵌入人类文明的程度之深。

围绕酒，确实也有很多文化轶事。杜甫有一首《饮中八仙歌》，记下了斗酒诗百篇的李白、醉后写狂草的张旭、酒后掉到井里的贺知章等。酒的神经刺激与麻痹作用确实在某种程度上参与到文化创造中。酒是有文化内涵的，但文化概念不能泛化。具体到酒桌，很多时候并不能简单冠以“文化”之名。

“文化”二字，自带一种温润感。然而在酒桌上的权力行使、对他人的强迫，实在与文化相去甚远。李白也好，杜甫也罢，他们与酒相关的文化创造，无不来自自由支配下的个体书写，与在酒桌上强弱关系的赤裸展示有着天壤之别。有些事是不适合被称为“文化”的，如裹脚，就不能说是“裹脚文化”。这种强制之下的身不由己，再说“文化”，恐怕是对野蛮的涂脂抹粉。

进入现代的我们，更需要用一种文明的眼光去观照流传已久的习惯。从某起女员工酒后被侵害的案件就能看到，哪怕是充满着科技意味的互联网企业，依然在遵循一种前现代的权力规则，依然存在着对女性的物化利用。

从日常生活中也能感受到，这种所谓的“酒桌文化”，大部分人都明知不好、不胜其烦，却也无可奈何，真的解脱出来并不容易。人们之所以下意识地还在把“文化”二字放在“酒桌”之后，事实上也意味着向现实让步，承认某种“合理性”。

酒桌上对女性的强迫，显示着权力等级、男女关系的双重压制，实在是龌龊至极。因此，不必将其雅化为“酒桌文化”，就直白称为酒桌陋习吧。这种本该进入劳动法、治安管理处罚法乃至刑法等法律视野的行为，如果再轻描淡写地披上“文化”外衣，也是对其恶劣性质的淡化。

改变陋习并不容易，需要社会达成一致的精神觉悟与行为约束，这可能是个漫长的过程。首先需要的就是在认知上给一些行为明确定义，激发社会成员的内在耻辱感。回到酒桌陋习这事，“感情深，一口闷；感情浅，舔一舔”“五两六两不是酒，七两八两漱漱口，九两十两好朋友”这种吆五喝六、虚情假意的酒桌陋习，就别再美其名曰“文化”了。

资料来源　夏妍. 这样的酒桌陋习何来“文化”[EB/OL].[2021-08-12]. https://new.qq.com/rain/a/20210812A09CUR00.

9.1　宴会的组织礼仪

9.1.1　宴请的形式

有组织的、有规范礼仪要求的群体性饮食活动称为宴请。它是社交活动的主要方式，是人们传递友谊、沟通感情的基本形式。

宴请按礼仪规范要求档次不同可分为正式宴会和便宴两种。其中，便宴按组织形式又可分为家宴、冷餐会、鸡尾酒会、茶会等。

1）正式宴会

正式宴会是指按照一定的规格正式摆设的对参加人及席间礼仪有严格规定的筵席。

官方举行的国宴是最隆重的正式宴会，往往规模庞大，参加人数众多，且接待规格极高。近年来，许多国家宴请贵宾时的备菜都讲究少而精，气氛显得亲切热烈。宴请，已逐渐变成领导人之间加深友情的礼节性活动。

正式宴会要事先安排好座位，并设座位卡；使用讲究的餐具；由服务员用大托盘上菜，让客人自己取用；进餐前先喝餐前酒，进餐后再喝餐后酒……这种宴会通常都在晚上举行，偶尔也在午间举行。有时，宴会对穿着还有一定的要求。出席宴会的客人总是双数，一般都是邀请夫妇一同出席。单身的宾客可以携同自己的异性朋友出席，也可以单独出席。席间一般有正式的致辞和祝酒。

2）便宴

便宴，也称非正式宴会。这类宴会的安排比较简单，通常不预先安排席位，对来宾的服饰也没有严格要求，菜肴的数量和酒水可根据主人的实力和客人的喜好而定。此外，席间礼仪要求也不如正式宴会严格。

（1）家宴，即在家中设宴招待客人，是便宴的一种形式。家宴往往由主妇亲自下厨烹调，家人共同招待客人，显得亲切、自然，让客人产生“宾至如归”的感觉。西方人喜欢采用这种方式，以示友好、融洽。

以家宴招待客人时，主人不能因在厨房里忙碌而冷落客人，最好的办法是多选一些可预先炖或蒸的菜，少选一些现炒的菜。

（2）**冷餐会**，实际上就是自助餐招待会。在冷餐会中，一般是不排席位的，食物放在餐厅或客厅中央的一张大餐桌或长条桌上，让客人们环绕着走动自己取菜。有的冷餐会有服务员站在那里为客人们服务，客人可以从桌上拿一个餐盘，一副刀、叉，自己挑选愿意吃的食物放在盘中，然后用餐。冷餐会又有两种不同的方式：一种是客人选取食物之后，都坐在餐桌旁进餐；一种是客人选取食物之后，分散坐在椅子、凳子、沙发上或站立着进食。冷餐会以冷食为主，但也常有热菜，用保温的托盘使其保持热度。

冷餐会一般在中午12时至下午2时、下午5时至7时举行，它较适用于人数众多的宴请。

冷餐会对场地的要求不高，这种自助餐会可以在家里的客厅、院子和花园里举行，也可以在餐馆、宾馆的大餐厅里以及其他比较宽敞的室内举行。

冷餐会的特别礼仪要求有：

• 比较正式的自助餐多半是站着吃；如果主人准备很多椅子，坐着吃也无妨；如果准备不够，就需将椅子让给老年人或身体较弱者。

• 年轻的男士应多为女士服务，替她们端菜，但女士不能从头到尾都像个女王似的，让男士服务到底。

• 桌上的菜，可自由夹取，但是不要一口气夹太多，各式各样的菜都拣取少量，放置于盘中，并排列成好看的样子。

• 取菜时，还是要依全餐的顺序，即自开胃菜开始，其次是鱼、肉、沙拉、水果等，这是自助餐取餐的规矩。

• 无须等客人到齐，可先后自由进食，以避免主人因所请客人临时因故不能到来，致使有一部分座位空着的尴尬。

自助餐最大的优点是，能随心所欲地拒绝和选择各色菜肴。但一味地取用价格昂贵的，或是盘中的菜肴明明已经堆积如山，吃不完又再取菜，取用完还霸占在桌旁不肯离去，甚至为了取食而推挤他人，是极不礼貌的。

除此之外，不要将菜取好，就坐在一旁与朋友聊天；或是选好菜后，独自坐在角落埋头大吃，这些都是不合乎礼仪的行为。

（3）**鸡尾酒会**，*也称酒会，源自西方，通常以酒类、饮料为主招待客人。*一般酒会酒的品种较多，并配以各种果汁，还备有小吃，如三明治、面包、小香肠、炸春卷等。

鸡尾酒会是一种比较简单，但规格可高可低的款待客人的方式。规格高的要发请柬，规格低的可以用电话邀请。在接到酒会邀请后，可以不必回复，在着装上也不用太讲究，只要穿便服就可以了。酒会时间要求也较宴会更宽松，可以适当迟到，但一般以不超出30分钟为限度，过迟便会对主人有不敬之嫌了。

若严格区分，西方人的酒会通常有两种形式：正餐前的酒会（或称鸡尾酒会，cocktail parties）和正餐后的酒会（after-dinner parties）。

鸡尾酒会的时间一般在晚餐前2小时。由于在晚餐前举行，参加完酒会的人都要赶回家吃晚饭，有的可能还要赴晚宴，因此它有非常明确的时间限制。参加酒会的人要准时到达，也需在规定的时间内离去，逗留太久是失礼的。

正餐后的酒会通常在晚饭后的8点至9点开始，没有具体规定客人告辞的时间。这种酒会除了喝酒外，还有音乐和跳舞，客人如果兴致很高，还可以通宵不归。正因为如此，这种酒会一般在周末举行。事实上，它就是一种聚会或“家庭招待会”。

酒会的特点是比较自由活泼，便于客人们广泛接触。客人可以拿着酒杯四处走动，与其他客人交谈，大家都可以充分利用这个机会进行社交。酒会与宴会相比，其目标和风格都截然不同。在宴会上，主人和客人们需要在相当长的时间内一起围坐在餐桌旁，大家尽可能寻找共同感兴趣的话题。宴会的目的主要是在原来相识的基础上进一步加深彼此的了解、增进相互的好感，从而深化已有的关系。而酒会则不同，主人与客人们不必集中在一起，他们可以各自去找感兴趣的人，去结识新的朋友，它的主要目的是建立新的联系以及加深那些乐于时常见面的人的交情。

第一，酒会的布置。

场地：举办酒会时，寻找大小合适的场地非常重要。场地太小显得嘈杂，而场地太大则显得冷清，无法营造酒会的气氛。为了避免酒会过于嘈杂和过于冷清，最理想的场地是可以自动调节人群密度、由一间大的主厅和几间毗邻的小间组合而成的场地。喜欢热闹的人可以留在大厅里享受酒会的热闹，而喜欢清静的人则可以去小房间享受小范围聊天的乐趣。

由于参加酒会的人通常比较多，因而场地的通风很重要。

酒会一般不需要椅子，客人大都是站着喝酒聊天的。但由于总会有些需要坐着的客人，特别是年纪大的客人，因此，在四周最好能放些椅子。

饮品：关于酒，应准备数种酒品，由客人自由选择。如果不想花费太多，可以只备两三种酒，同时另备两三种饮料给那些不喝酒的客人饮用。

普通的鸡尾酒会一般给每人预备三杯酒。在一些特殊场合，最上等的是香槟鸡尾酒。

搅拌鸡尾酒的器具必须备齐，包括：鸡尾酒搅拌器、刀（用来切柠檬或柑橙）、过滤器、冰、混酒用玻璃棒、柠檬、柑橙及樱桃。

点心：鸡尾酒会也要准备些点心，简单即可。为求新鲜起见，果仁、脆薯片等可以在酒会开始时摆放出来，其他的则需在数小时前准备妥当。普通的食品包括各式三明治、热香肠、饼干等，有时也可摆些中式点心。

在酒会上，一般有服务人员专门为客人调酒和斟酒，而食品可以让客人自己取或由服务人员送到各位客人面前供他们选用。

第二，酒会特别礼仪要求。

• 主人的礼仪：主人在酒会开始之初应站在离门较近的地方，便于迎接客人。主人有义务为彼此不相识的客人作介绍，并保证不让任何一位客人孤独地待在某个角落。如果人太多，无法为客人一一作介绍，可以拜托几个好朋友做这件事。另外，主人还应尽量同每一位客人交谈几句。

由于客人可能会迟到，所以必须有专人负责留意门口。在规模较大的酒会上，男女主人都是分工合作的：男主人照顾酒水的供应，欢迎客人并给他们安放衣物；女主人则留在会场中欢迎来客，和他们应酬寒暄。

鸡尾酒会如举行的时间不长，可不必另外预备房间让女客人存放衣物。但在较正式的场合下，这个房间是必需的，同时灯应一直亮着，以便女宾可以直接在那里化妆等。

在宾客众多的场合，女主人应经常留意大门，看有无客人到来，并上前欢迎，把他们介绍给可能喜欢结识的朋友。

在酒会进行过程中，主人要随时注意观察烟灰缸是否太满、酒和食品是否充足。

当酒会快结束时，主人应站在离门较近的地方，便于客人告辞。

• 客人的礼仪：客人应当在会场中四处行走，同时自我介绍或为别的朋友介绍。如一群朋友正在谈天，有一个人后来加入了，此时认识他的人便应主动把他介绍给其他不认识他的人，然后继续他们的话题。考虑周到的人还会对他略述一下他们正在交谈的内容，使他易于进入状态，成为他们之中的一员。

客人可以随意选取自己合意的食物，不过要注意，狼吞虎咽是十分失礼的。自始至终地一个人坐着喝酒或只跟一个人交谈，是不合时宜的，醉酒当然就更不合时宜了。

鸡尾酒会允许客人半途离开正在和他谈话的人，而去跟别的朋友会面，但态度方面亦应讲究些，免得使人有突兀之感。

中途要离去的客人需与男主人道别。

观念应用9-1

小细节大文明丨外出就餐礼仪篇

随着人们生活水平的不断提高，外出就餐的频率越来越高，冬季新冠肺炎疫情形势复杂，在外出就餐时需要注意哪些文明礼仪呢？

（1）预约餐厅，绿色出行。挑选卫生条件好的餐厅，提前预约；尽量错峰出行，选择绿色低碳的出行方式；按照预定时间到达，到店后主动出示健康码，配合商家做好疫情防控相关工作。

（2）有序排队，保持距离。到店及取餐时有序排队，保持安全社交距离，避免扎堆拥挤；等候过程中规范佩戴口罩，减少与陌生人的交谈，提高自我防护意识。

（3）饭前洗手，注意清洁。养成良好的卫生习惯，饭前双手清洁消毒，以免病从口入；就餐实行分餐制，使用公筷公勺，保证干净卫生，避免交叉感染。

(4) 尊敬长辈，礼貌入座。尊敬长辈及宾客，相互礼让，依次就座；尊重、体谅餐厅服务人员，礼貌对待，友好互动，保持感恩态度，使用文明用语。

(5) 电子支付减少接触。尽量通过线上或者扫码的方式进行点餐和付费，减少拿取现金等直接接触；量力点餐，节约粮食，拒绝浪费，践行光盘行动。

观念应用9-1

分析提示

资料来源 佚名. 小细节大文明/外出就餐礼仪篇［EB/OL］.［2021-11-29］. https://www.sohu.com/a/504289868_121106991.

(4) 茶会。**茶会***是一种更为简单的招待形式，一般只邀请三五个朋友参加，其风格比酒会更为清新淡雅。*茶会的时间既可以在上午，也可以在下午，一般持续1～2个小时。

茶会的场地可以选择在专业茶馆，这样就可由专业茶艺师操作；也可以选择在家里举行，通常设在客厅里，厅内设茶几、座椅，不排座位。每位客人应有一个茶杯（配有杯托和茶匙）以及一个小碟。客厅里除了茶几外，还应有一张用来放茶壶、茶杯、热水瓶、牛奶壶、糖罐以及食品的大桌子。

茶会以招待客人喝茶为主，辅以一些水果、糕点。茶具和茶叶通常是比较考究的。客人到了，主人招呼客人入座后就可以起身去泡茶了。

客人喝茶时，应一手持茶托，一手拿茶杯；吃点心时也一样，一手拿碟子，一手取食物。大家一边喝茶，一边聊天。

第一，茶具选择。茶具一般选择陶质器皿，以江西景德镇“青花”茶具为最佳。“宜陶”和“景瓷”被称为茶具艺苑中的两朵奇葩。一般不宜用玻璃杯沏茶，也不要用热水瓶代替茶壶。

第二，茶叶选择。主人应尊重客人的饮茶习惯，外国人一般饮红茶，并在茶中添加糖、牛奶等。我国由于幅员辽阔、气候各异，各地的饮茶习惯也不尽相同：广东、福建、广西、云南一带习惯饮红茶，近几年由于受港澳台的影响，饮乌龙茶的人渐渐多起来；江南一带饮绿茶比较普遍；北方人一般习惯饮花茶；西藏、新疆、内蒙古地区的少数民族，则大多习惯饮浓郁的砖茶。

喝茶时对茶的评价标准主要是色、香、味。色，即水色，以液艳色秀、水底明净为上；味，即滋味，以味醇甘鲜、苦而不涩为妙；香，即香气，以甘香清郁为佳。

有外国人参加的茶会还可以准备咖啡和冷饮。

第三，饮茶礼仪。为客人沏茶前，要先洗手，并洗净茶杯或茶碗，要特别注意茶杯或茶碗有无破损或裂纹，残破的茶杯、茶碗是不能用来待客的。此外，一定要清洗掉茶杯、茶碗里的茶锈。

沏茶前，可事先征求客人的意见，是喜欢红茶、绿茶还是花茶。通常，美国人爱喝袋泡茶，欧洲人爱喝红茶，日本人爱喝乌龙茶。

茶水不要沏得太浓或太淡，每一杯茶斟得八成满就可以了。正规的饮茶，讲究把茶杯放在茶托上，一同敬给客人，杯把要放在左边。若是饮用红茶，可准备好方糖，请客人自取。喝茶时，不允许用茶匙舀着喝，而应直接端起茶杯、茶碗喝。

上茶时可由主人向客人献茶，或由服务人员给客人上茶。主人向客人献茶时，应起立，用双手把茶杯递给客人，然后说一声“请”；客人亦应起立，以双手接过茶杯，道以“谢谢”，不要坐着不动，任主人为自己张罗，添水时亦应如此。

服务人员上茶时，要先给客人，而后再给己方上茶。若客人较多，应先给主宾上茶。上茶的具体步骤是：先把茶盘放在茶几上，从客人右侧递过茶杯，右手拿着茶托，左手轻附在茶托旁边。若茶盘无处可放，应以左手拿着茶盘，用右手递茶。注意不要把手指搭在茶杯边上，也不要让茶杯撞在客人手上，或洒客人一身。妨碍了客人的工作或交谈的话，服务人员要说一声“对不起”；客人应对服务人员的服务表示感谢。

如果用茶水和点心一同招待客人，应先上点心，点心应给每人上一小盘，或几个人上一大盘。点心盘应用右手从客人的右侧送上，待其用毕，即可从右侧撤下。

不论是主人还是客人，喝茶时只宜小口仔细品尝，切忌大口吞咽，发出声响。遇到漂浮在水面上的茶叶，可用杯盖拂去，或轻轻吹开，不可用手从杯中捞出扔地上，也不要吃茶叶。

我国旧时有“再三请茶”提醒客人应当告辞的做法，因此在招待老年人或海外华人时要注意，不要一而再、再而三地劝其饮茶。尽管不少国家有饮茶的习惯，但饮茶的讲究是各不相同的。比如，日本人崇尚茶道，作为陶冶人性情的一种艺术，以茶道招待客人，重在渲染一种气氛，至于茶则每人小小的一碗，这与我国的饮茶礼节有所不同。

小资料9-1　　宋代斗茶

宋代是极讲究茶道的朝代，上起皇帝，下至士大夫，无不好此。茶道的地位和象征相比前朝有了明显的提高。它有一套比较完善的礼仪制度，而礼仪制度向来是儒家思想的表现。斗茶中的规则就可以体现，如点茶技艺中的程序：炙茶、碾茶、罗茶。这些程序都有一定的章程，都要讲究“礼”，这是礼仪的体现。

在这种斗茶活动中，每一个环节都流淌着茶道精神，这种茶道精神其实就是儒家精神的表现。茶道中包含了“清、寂、廉、美、静、俭、洁、和、敬”等内容，这些内容都是由儒家精神演变而来的。斗茶中自然也包含了这种精神，每一次斗茶都是重温一次茶道，每一次斗茶都是亲身经历一次儒家的教诲，斗茶自然而然就有了教化的作用。

9.1.2　宴请组织礼仪

一旦确定要举行宴会，就必须保证能成功，并达到预期目的。由此，宴会举行前的计划与准备就显得十分重要，它是宴会能否圆满的前提。

1）明确宴请的目的、名义、对象和形式

（1）宴请的目的。其一般有两类：一是为某个人而举行的，如为某人接风、送行；二是为某件事而举行的，这件事可以是公事（如为庆祝某一节日、为展览馆的开幕、为某项工程的动工或竣工等），也可以是私事（如结婚、寿辰、添子、乔迁等）。

明确宴请的目的，一方面有利于组织方确定形式、规模及参加对象；另一方面便于被邀请者事先准备，包括礼品选择。

（2）宴请的名义，即以谁的名义发出宴会邀请，如果是为某人而举行的宴请，一般以个人名义发出邀请；以主人名义出面邀请，其身份和地位应与主宾相符。特别是在官方宴请中，主人与主宾身份的对等非常重要，无论是以低级官员邀请对方高级人士，还是以高级官员邀请对方低级人士都是不礼貌的。前者会让对方感受到怠慢，而后者会让对方感受到压力。如果是为某事而举行较大规模的宴请，以组织的名义邀请比较合适，而较小范围的宴请以相关部门主管领导的名义邀请为宜。

如邀请主宾偕夫人出席，则主人应以夫妇的名义共同发出邀请。

（3）宴请对象。如果是为某人而举行的宴请，一般需考虑邀请什么人作陪，通常不能邀请与主宾有矛盾的人出席。如果是为某件事而设的宴请，需考虑与此事有关的方方面面的人士，请到哪一级别以及请多少人，可以先列出一份邀请名单，明确邀请人数，同时依据主宾级别确定主办方作陪人数。

排列名单时，一定要仔细核对有无疏漏，事务性宴请切勿遗漏关键人物。此外，以夫妻名义邀请宾客时，要搞清对方是否单身，以免届时出现尴尬场面。

（4）宴请形式。宴请采用何种形式，很大程度上取决于习惯做法。一般来说，比较正式的、隆重的、人数不多的宴请以宴会的形式较为适宜；不太正式的、人数较多的宴请以冷餐会较为适合；简单但较注重情趣的宴请可以选择茶会或烧烤聚会；具有某种庆祝意义的宴请也可以选择酒会。

2）选择宴请的时间和地点

宴请的时间应对主、宾双方都合适，尤其要照顾来宾方面。按照国际惯例，晚宴被认为是规格最高的，安排宴会的时间要注意避开重要的节假日、重要的活动日和双方或一方的禁忌日。如对西方人士，不要选在13日，更不要选在13日且为星期五。伊斯兰教徒在斋月内白天禁食，宴请宜在日落后举行。宴请活动时间要与主宾商量，主宾同意并确定时间后，再约请其他宾客。

一般小型宴请的时间可事先与其他参加人商定后再确定。

宴请的地点要根据活动的性质、规模、宴请的形式、主人的意愿以及实际可能而定。越是隆重的活动，越要讲究环境和条件，因为它体现了对对方的礼遇。官方正式的宴会，应安排在政府大楼、议会大厦或高级宾馆内；民间的宴请既可以安排在酒店内，也可以安排在特色餐馆中；至于小型的亲密型宴请，如家中场地许可，也可安排在家里举行。

3）发出邀请

各种正式的宴请活动一般均应发出请柬。这是一种礼貌，亦对客人起提醒之用。如果被邀请的是有很高身份的人，往往还需单独发出邀请信，以示诚意。一般的便宴可以不发请柬，而用电话邀请；工作进餐还可以口头邀请。请柬一般应提前1～2周发出，以便被邀请人事先做好安排。

请柬上要将宴请的目的、名义、邀请范围、时间、地点等写清楚，重大活动还要注明着装的要求及其他附加条件。口头约妥的宴请，仍应补送请柬，并在请柬右上方或左下方注上“备忘”字样。需要安排座位的宴请活动，要确切掌握出席情况，要求被邀请者答复是否出席，请柬上一般注明“请答复”字样。如只需要不出席者答复，则需注明“如不能出席请答复”字样，并注明电话号码，以备联系。请柬发出后，也可以用电话询问对方能否到席。主办方要及时落实出席情况，以调整、安排好席位。

在请柬的信封上，被邀请人的单位、姓名、职务要书写清楚、准确。国际上习惯给夫妇两人发一张请柬；在国内需要凭请柬入场的场合，要注意给每人发一张请柬。

如果宴请的形式是宴会，那么请柬发出后，还应打电话给被邀请人进一步确认（询问对方请柬是否收到并请对方届时一定出席）。这样做一是为了表示邀请的诚意；二是可以及时落实出席情况，以便安排和调整席位。

4）确定菜单

主办方应按照预算安排菜肴档次、规格，充分尊重来宾的口味、喜好及禁忌，如伊斯兰教徒用清真席、不喝酒；印度教徒不吃牛肉等。不要以主人的喜好为准，也不要认为中国人喜欢的或是名贵的菜肴也都适合外国人，如海参、动物内脏，许多欧洲人都不喜欢。

此外，要注意营养、荤素搭配；要突出地方特色，尤其对异地客人，可在征求其意见的基础上，适当突出本地特色。

菜单确定后，即可印制。正式的宴会上，菜单至少每桌一份，印刷应力求精美；讲究的可以每人一份，以便大家用餐时心中有数，各取所需，菜单也可留作纪念。

5）席位安排

安排席位时首先得确定席位的高低，即哪里是首位，哪里是末位。中餐宴请席次的确定以门为依据：正对门的、离门最远的是首位，离门最近、背靠门的是末位。其他位置的席次是：离首位越近，位置越高；距离相等的右高左低。席位如图9-1和图9-2所示。

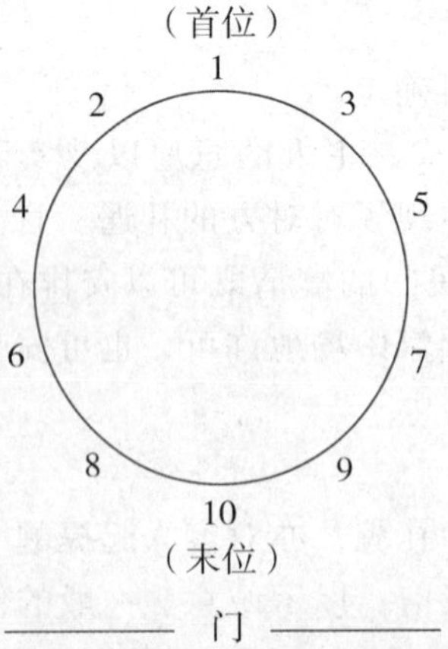

图9-1　首位、末位席位高低确定（1）

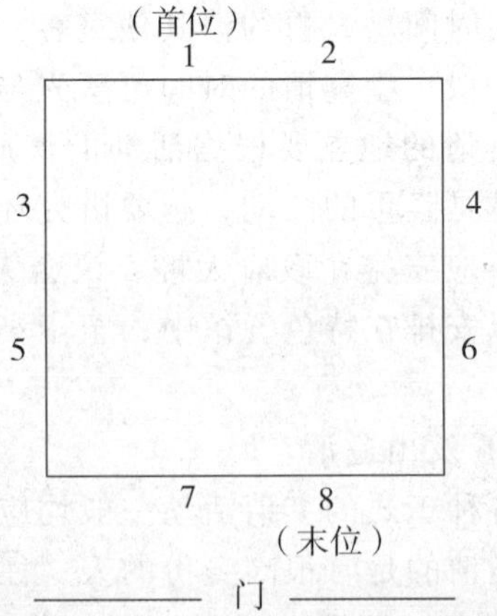

图9-2　首位、末位席位高低确定（2）

西餐宴请席次的确定主要依据主人的位置，即离主人越近席位越高，离主人越远席位越低；距离相等，右高左低（如图9-3和图9-4所示）。另外，西餐宴请席位的排法是男女客人隔着坐（因此，西餐宴请要求男女宾客人数相同），而且在席位安排上有两个首位、两个末位，分别由男女宾、主坐。

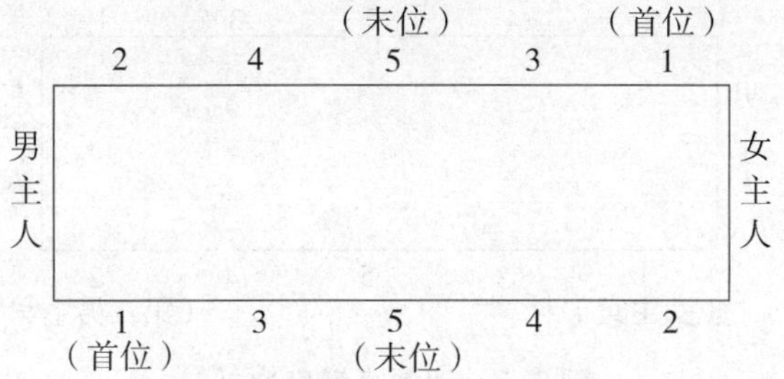

图9-3　西餐宴请席次确定（1）

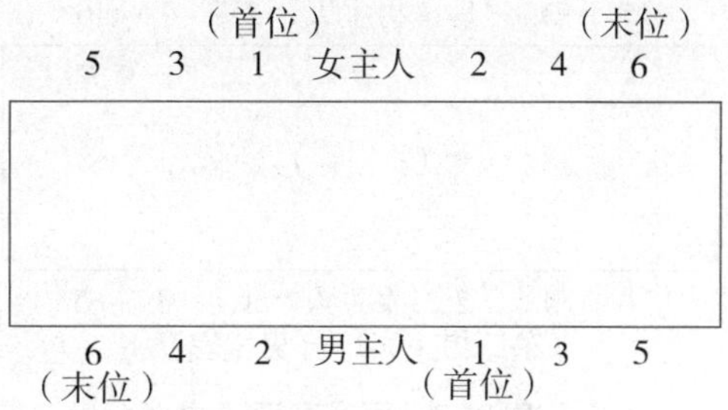

图9-4　西餐宴请席次确定（2）

说明：这里席位图上的数字由小到大代表席次的高低。

排定了席次后，就可以确定主人和主宾的位置了。如果是中餐的私人宴请，一般是主宾坐首席，主人坐末席，如图9-5所示。如果是中餐的工作宴请，一般是主宾坐首席，主人坐在主宾的右侧，如图9-6所示。但如果主人的身份比主宾明显要高，主宾一般会把首席推让给主人坐。

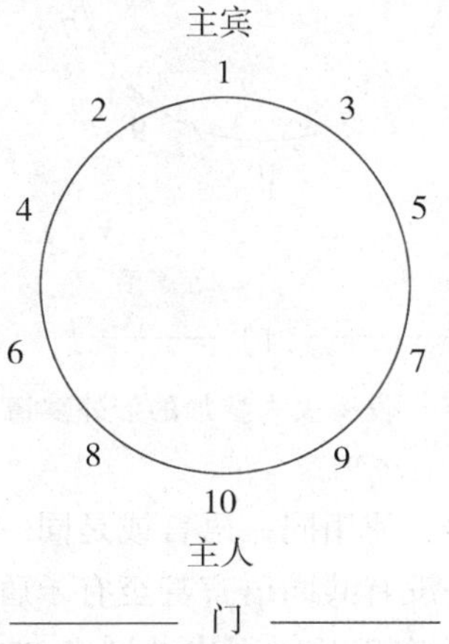

图9-5　中餐的私人宴请席次

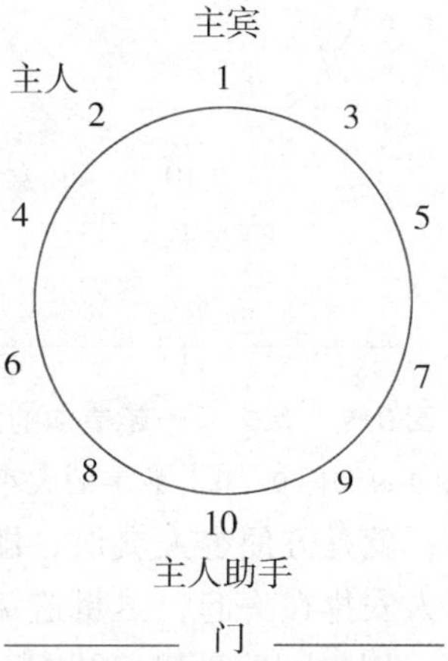

图9-6　中餐的工作宴请席次

私人宴请与工作宴请往往没有明确的界限，私人宴请中带有工作的性质，而在工作宴请中又掺杂着个人的关系和情感。因此，中餐宴请中，主人与主宾的位置并不是非常确定的。但大多数宴请都会依据宾、主身份的高低来确定席次，即由身份最高者坐首席。

西餐宴请中，主人与主宾的位置是非常确定的。男女主人坐餐桌的两端，男主宾坐女主人的右侧，女主宾坐男主人的右侧，如图9-7和图9-8所示。

如果是中餐宴请外国客人，席位的排法通常是中西结合。1号位由男主人坐，男主宾坐在主人的右侧，男主人的正对面坐女主人，女主人的右侧坐女主宾。如图9-9所示。如果主宾没有偕夫人，男主人与男主宾的位置照旧，即1号位由主人坐，2号位由主宾坐，如图9-10所示。

在确定了主人与主宾的位置后，其他宾客的位置主要依据礼宾次序安排。另外，还

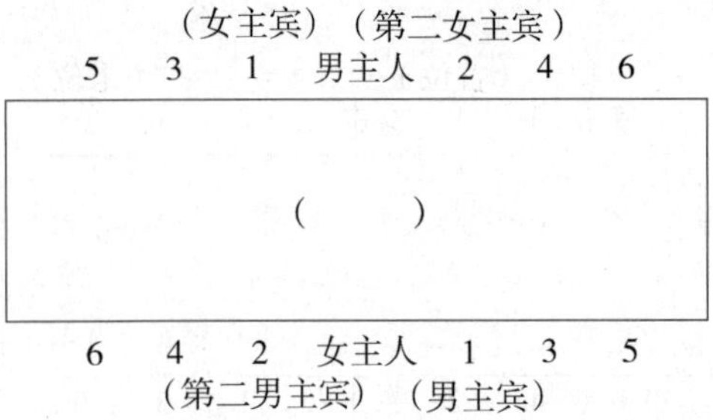

图9-7 西餐宴请席次（1）

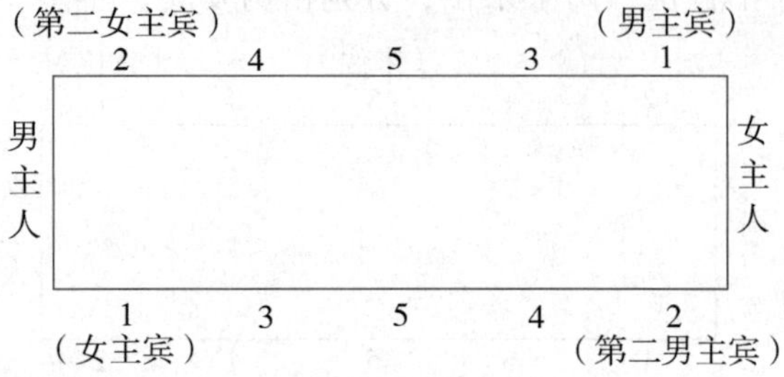

图9-8 西餐宴请席次（2）

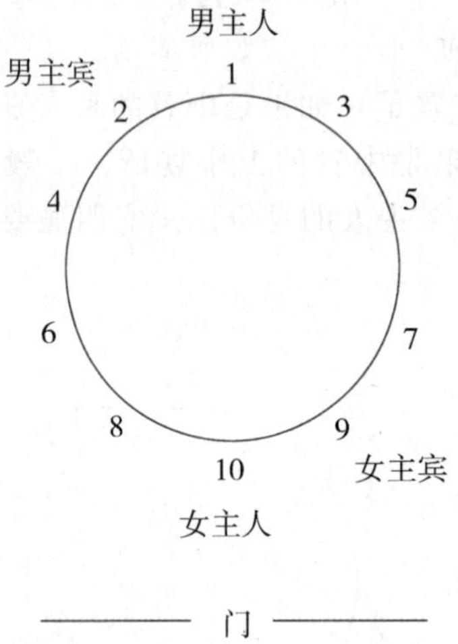

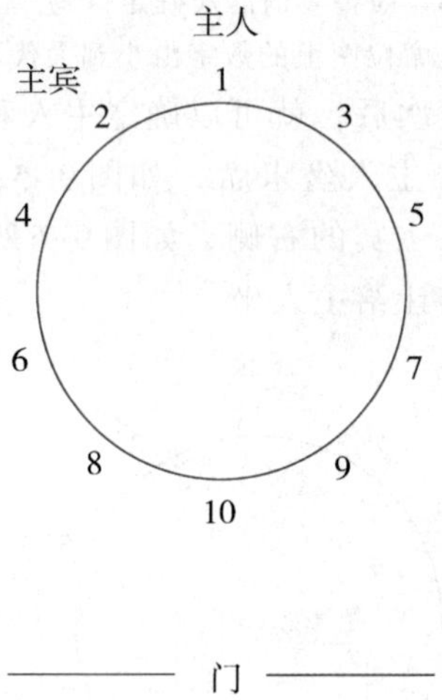

图9-9 有夫人一起参加的涉外宴请　图9-10 没有夫人参加的涉外宴请

说明：图9-9和图9-10上数字的大小并不完全对应席次的高低。

有一个依据，就是方便客人交谈，即把身份大致相同、使用同一语言或是同一专业、比较谈得来的客人安排在一起，尽量避免把不认识的或是没有共同语言甚至有矛盾冲突的客人安排在一起。因为，前面已经讲到过，宴会需要客人在较长时间内共同进食、共同交谈，如果让没有话题可谈的客人坐在一起，会使客人感到索然无味，偏离了宴请的初衷。

席位排定后就可以着手写座位卡。如果是涉外宴请，座位卡应写中文、外文两种文字，中文写在上面，外文写在下面。

值得一提的是，家宴和便宴通常不需要座位卡，但主人对客人的位置要预先有所安排，因此，作为客人不能随意入座，而应听从主人的安排。

注意：除上述安排外，按照国际惯例，应将男女穿插安排，第一主人的右侧和左侧安排主宾夫妇，第二主人的右侧和左侧安排副主宾夫妇，依此类推。我国的习惯是按个人职务排列，以方便谈话。如夫人出席，常把女方安排在一起，主宾夫人坐女主人的右侧。如遇一些特殊情况，便要灵活掌握。比如，主宾身份高于主人，为表示对他的敬重，可以把主宾排在第一主人的位置，而主人则坐在主宾的位置上，第二主人坐在主宾的左侧。假如需要配译员，一般应将译员安排在主宾的右侧；同一桌上需安排第二译员时，可将其安排在第二主人右侧与第三宾客隔开的座位上。

6）桌次的排法

如果宴请的客人不止一桌的话，往往还需要排桌次。排桌次也需先确定主桌，主桌通常正对门、离门最远，或是处于场地的中间。其他桌次则依据离主桌的远近确定高低，即离主桌越近的位置越高；位置相同的，右高左低。两桌的桌次排法通常如图9-11和图9-12所示；三桌的桌次排法通常如图9-13和图9-14所示；四桌的桌次排法通常如图9-15和图9-16所示；五桌的桌次排法通常如图9-17和图9-18所示；六桌的桌次排法通常如图9-19和图9-20所示。其他桌次的排法均按照此法类推。

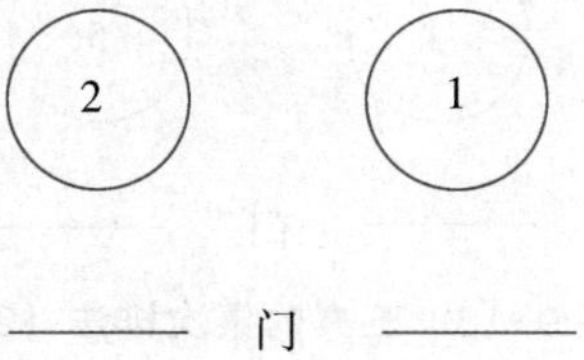

图9-11　两桌的桌次排法（1）

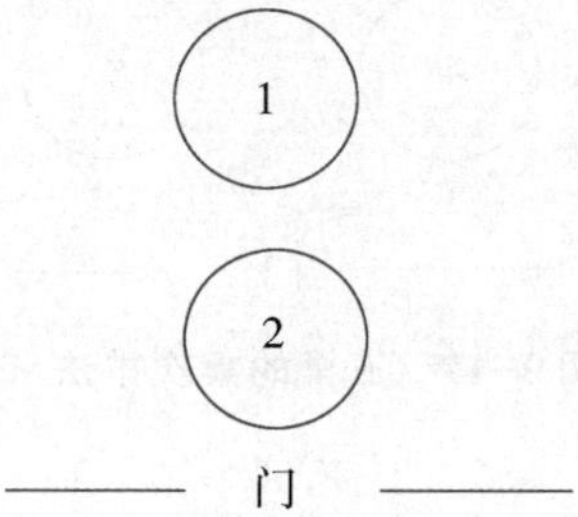

图9-12　两桌的桌次排法（2）

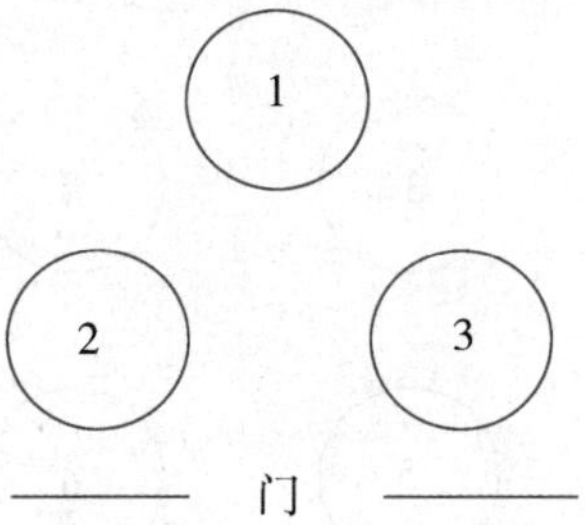

图9-13　三桌的桌次排法（1）

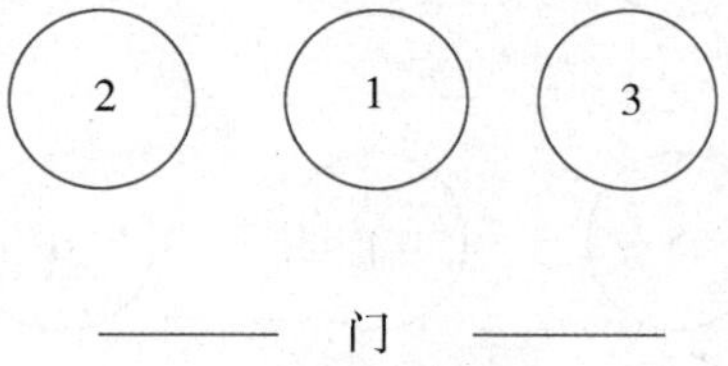

图9-14　三桌的桌次排法（2）

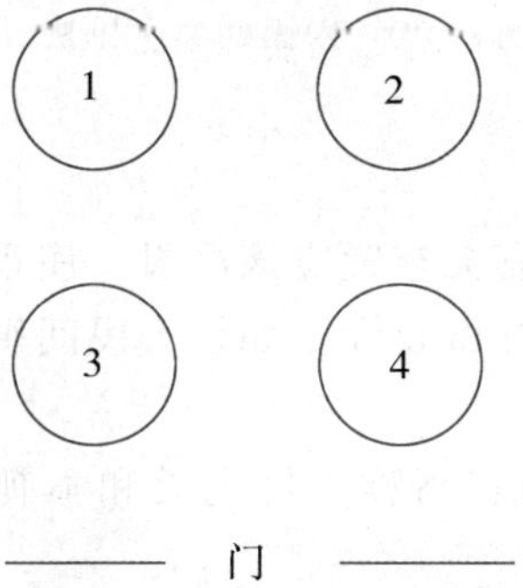

图9-15　四桌的桌次排法（1）

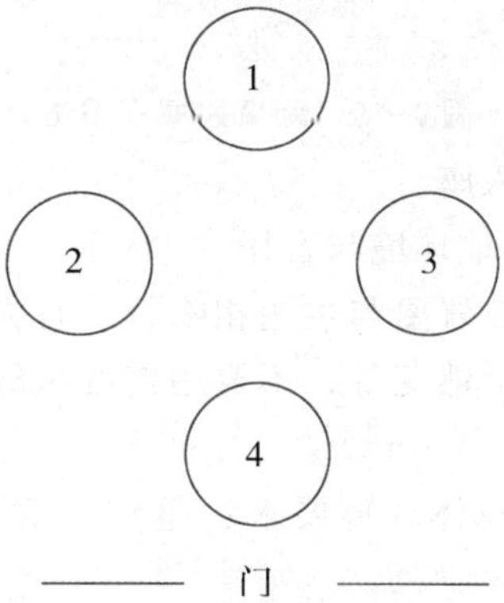

图9-16　四桌的桌次排法（2）

如果在宴请之前有仪式的（如婚宴之前有婚礼仪式），那么，越靠前台的位置越高；位置相等的，则右高左低。

为了保证全体赴宴者临场不乱，都能迅速找到自己的席位，应在请柬上注明桌次；还可以在宴会现场悬挂桌次图，在每张桌上放置桌次牌、座次牌或姓名牌。宾客入场

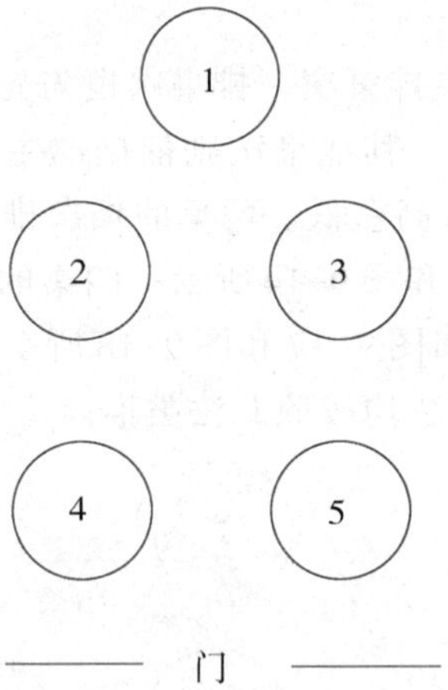

图9-17　五桌的桌次排法（1）

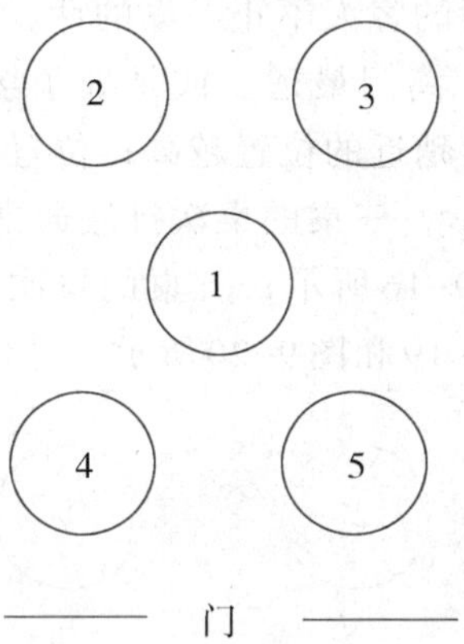

图9-18　五桌的桌次排法（2）

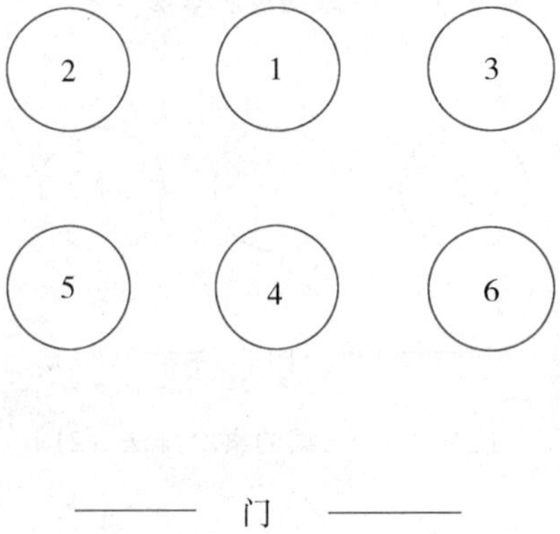

图9-19　六桌的桌次排法（1）

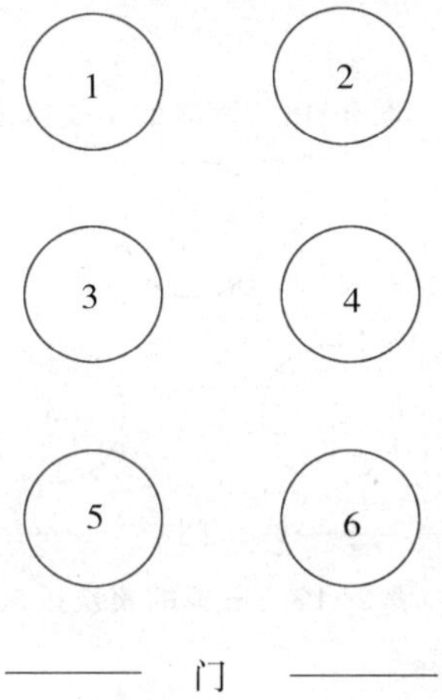

图9-20　六桌的桌次排法（2）

时，引导客人入座。

7）宴会场地环境与音乐

场地环境布置要与主题相吻合，官方的正式宴会布置应该严肃、庄重、大方，可以少量点缀鲜花、雕花等，不要用红红绿绿的霓虹灯做装饰。如果为民间婚宴，其要求就大不相同了。

宴会场地总体环境要求：整洁、卫生；安静、高雅；灯光柔和不刺眼；充满文化气息。

音乐是宴会环境中的重要添加剂，它对调节宴会氛围、增进客人就餐兴趣具有重要作用。

席间音乐可以有小乐队，如西乐的小提琴、中提琴、大提琴、钢琴；中国音乐的扬琴、琵琶、笛子、二胡等，都可以进行独奏或合奏，也可以播放音频。音乐要求是：轻快、愉悦、抒情，注意音量宜轻。

8）宴会程序

小资料9-2

主人的餐前准备

宴会程序一般是：迎宾—等候—入席—致辞—就餐—结束—送客。

（1）迎宾。宴请开始，主人应在门口迎候来宾，有时还可由少数其他主要人员陪同主人列队欢迎客人。客人抵达后，宾主相互握手问候，随即由工作人员将客人引进休息厅。有些国家官方的隆重场合，客人到达时设有专人负责唱名。

（2）等候。在主宾到来之前，客人应走进休息厅等候，休息厅里应有相应身份的人照应客人，并有服务人员为客人递送饮料。如果没有休息厅，客人可直接进入宴会厅，但不入座。

主宾到达后，迎宾线上的主人就从迎宾线上撤下来，陪同主宾一同进休息室与其他客人见面。如其他客人还未全部到齐，迎宾线上的其他迎接人员应继续留在迎宾线上迎接客人的到来。

等客人到齐后，主人或礼宾人员就可以邀请众宾客入席进餐。

（3）入席。主人应陪同主宾一道入席。待全体客人入座后，宴会即开始。也有一般宾客先坐好，主人陪同主宾最后就座的，此时其他宾客应起立致意。

（4）致辞。宴会开始一般由主人致祝酒词。祝酒词的主要内容是欢迎宾客的光临，也可随带一些有关宴会的事由，总的要求是简洁、明快、热情洋溢。致辞的长短，需视宴会的性质和规模而定，一般来说宜短不宜长，切忌讲些不相干的内容。

致辞的时间，各国的安排不尽相同。我国的习惯是，客人入座坐定后，主持人宣布宴会正式开始即可致辞，也有的在第一道菜上来之后正式致辞。主人致辞后，主宾可以接着致辞。

（5）就餐。宾主双方致辞完毕，宴会即进入比较放松、自由的就餐阶段，此时宾主间可以相互敬酒、交谈，但相关礼仪还是要注意。

第一，敬酒礼仪。敬酒可使宴会气氛更趋热烈。在高朋满座的宴会上，觥筹交错、相互敬酒，更有着礼貌、友好、活跃气氛的作用。因此，宴请的主人一方，特别是公关人员，应设法寻找各种由头，向各位宾客敬酒，或促使他人之间相互敬酒。

敬酒一般应是比较年轻的、身份较低者主动向较年长、尊贵的宾客敬酒。但宴会进行到中间阶段，后者也可向前者敬酒，以示自己随和、大方。

宴请桌数较多时，主人或主宾在主桌敬完酒后，往往要到其他各桌敬酒，此时，公关人员应紧随其后进行照料，或作些必要的介绍等。

第二，交谈礼仪。其包括以下几点：

• 提出共同关心的话题。不时提出一些能引发共同兴趣的话题，可以使进餐过程有一定的节奏感。但要注意，任何一个话题都不要谈得太久，因为任何一个话题都会有人非常感兴趣或非常擅长，也有人不太感兴趣或不太擅长，长时间议论某一话题，势必会冷落一部分人。

• 注意引发更多人的谈话兴趣。公关人员特别要关心说话很少甚至没有说话的客人，应根据对其背景的了解，设法提出一些他们熟悉并感兴趣的话题。必要时，可以故意出些题目向他们提问，让他们有机会开口说话。

• 应与同桌的所有宾客交谈。不要只同几个熟人或只同一两个人说话，邻座如果不相识，可以主动自我介绍。谈话要掌握时机，内容要看具体对象。

• 始终保持热烈气氛。随着宴席时间的推移，人们的精力会发生变化，并呈下降状态。因此，进餐过程的后半段，往往会出现“降温现象”。此时，公关人员应注意，要始终精神饱满，有说有笑，使热烈的气氛保持始终。

（6）结束。水果端上来了，往往是宴会接近尾声的标志。吃完水果后，通常由主宾先起身离席，宴会即告结束。

（7）送客。宴会结束后，主宾告辞，主人送至门口；主宾离去后，原迎宾人员依顺序排列，与其他客人握手告别。

宴请礼仪方面的工作不仅限于上述方面，其他诸如司机安排、车辆调度、送客以及意外情况的处置等，都要考虑周到。总之，只有十分精心地组织，才能保证宴会万无一失。

观念应用9-2　善意的谎言

一天中午在某五星级酒店天堂鸟包厢，常客周先生组织了一场私人宴请。服务员小王进行餐前准备时，已经按周先生的习惯和喜好配好了菜单，当然少不了他爱吃的椒盐花生和水果沙拉。客人到后，周先生很快确认了菜单，并点好了酒水和饮料。此时，小王听到有客人提议说，宴会的主宾刘先生今年刚好49岁，所以今天喝酒一定要喝到49瓶才能尽兴！小王暗暗吃惊，虽然客人有10位，但49瓶酒，这可怎么喝啊！

席间，客人们你敬我、我敬你，好不热闹，很快就喝到30瓶、31瓶、32瓶……已经34瓶了，客人们喝酒的速度明显慢了下来，而且小王看到有几位客人已经满面通红，醉态可掬了！小王看在眼里，急在心里，她的内心非常矛盾：一边是关系到酒店的利益，一边是关系到客人的身体健康。小王犹豫了一下，不过很快她的心里就有了一个主意。

在喝到35瓶的时候，小王走到周先生身边，她拿着酒瓶满面笑容地说：“这就是第49瓶酒，现在我为各位分一下，让我们一起举杯为刘总祝福吧！”客人们听后很高兴，纷纷向刘总表示了祝贺，大家同时举杯一饮而尽，便结束了宴会。在陪周先生去收银处结账的时候，周先生看到账单上打的酒水消费是35瓶酒，他狐疑地看了看小王。小王红着脸解释说：“周先生，我看你们今晚都喝得很尽兴，但为了你们的身体着想，我刚才就撒了个小谎，说你们已经喝到49瓶了，请您原谅！”周先生听后非常感动，一再表示感谢，他连声说今后所有私人宴请一定都会选择该酒店。

观念应用9-2

分析提示

资料来源　作者根据相关资料整理而得.

9.2　赴宴礼仪

9.2.1　应邀与准备

1）应邀

接到宴会的邀请后，应该做的第一件事就是尽快回复主人能否出席，以便主人做出安排。对于朋友的邀请，最好不要拒绝，因为任何形式的宴请都是友好和尊重的表示。

英文格式的请柬上，在左下角通常有“R.S.V.P”或“To remind”或“Regret only”等字样。“R.S.V.P”的意思是请答复，“To remind”的意思是备忘，而“Regret only”的意思是不能出席请答复。因此，如果请柬上有“R.S.V.P”字样，你不管是否出席都应给对方答复；如果请柬上有“Regret only”字样，只有当你不能出席时才需要答复对方；如果请柬上有“To remind”字样，表示你不需要答复，只是提醒你别忘了赴宴。

中文格式的请柬没有类似提示，但邀请人通常会打电话来进一步确认，这时被邀请人除了要表示感谢外，还要给对方明确的是否出席的答复。

应邀后，一般不要随意改变。若有困难，应尽量自己克服解决。如确有变化，不能出席，应尽量向对方做出解释，并致以歉意，必要时，应亲自登门致歉。

参加宴会之前，还要核实宴请的主人是谁，活动举办的时间、地点，活动的性质，是否邀请配偶参加，服饰上有什么要求，是否需要准备礼物等，提前做好各项准备，防止出现差错。

2）仪容与服装修饰

出席正式的宴会，要注意修饰个人的仪容仪表，做到整洁、优雅。参加涉外宴会或西餐宴会，要穿正式的服装，男士穿深色西服套装，女士穿裙装或旗袍并化淡妆。如果不加任何修饰，仪容不整，着装不雅，既会被人轻视，也会被认为不尊重主人，不重视此次宴请活动。

宴会进行中，无论天气如何，都不能当众解开衣扣，脱下衣服。如小型宴会，主人请客人宽衣时，男宾可脱下外衣，搭在椅背上。

3）准时出席

出席宴会，最好能按请柬上规定的时间准时出席，抵达时间过早或过迟都是失礼的。过早到达，主人的准备工作可能还没有做好；而过迟则可能会打乱主人的整个宴请计划。一般来说，比规定时间早到或迟到5～10分钟，不算失礼。如果迟到时间估计超过15分钟，就应事先打电话给主人，请他不必等候，按时开宴。根据中国人的习惯，客人宁可提前到，也不应迟到；而西方人的习惯是宁可迟几分钟到，也不要提前到达。

根据中国人的习惯，主宾通常比一般客人要迟到一步（告辞时却要比其他客人早一步）。但在西方的正式宴请活动中，主宾通常要比其他客人早到，以便在门口与主人一起迎接客人。

到达后，应主动前往主人迎宾处，向主人招呼问好；同时，对在场的其他人，不管相识与否，均应点头示意，笑脸相对，并互相问好或握手寒暄，使其他赴宴者对你有“互不见外，情同一家”之感。

如果你到达时，宴会已经开始了，应悄悄入席，不要惊动其他客人，免得干扰宴会的进行。

4）其他

送花：参加庆贺活动，可按当地习俗以及主客双方之间的关系，准备赠送的花篮或花束。参加家庭宴会，可酌情给女主人准备一束鲜花。赠花时一定要注意对方的禁忌。

赠礼：应邀赴宴，有时需要准备一定的礼品，在宴席开始前送给主人。注意：礼品价值不见得很高，有意义即可。

9.2.2 入座礼仪

当主人或礼宾人员宣布“请各位来宾入席”时，宾客们就可以依次入席了。中餐宴请通常是主人陪同主宾最先步入宴会厅，其他宾客随后依次进入。西餐宴会则是由女主人挽着男主宾的手臂最先进入餐厅，然后是由女主宾挽着男主人的手臂走进餐厅，接着是其他客人双双依次进入餐厅。

进入餐厅后，应先找到自己的位置。正式的宴会通常在餐厅门口贴有席位排列图，或是在休息室时工作人员给每位宾客发一张绘有席位图的信封卡。找到自己的位置后，应先站在椅子的左边，等主人和主宾入座后才可入座。

入座时不要“捷足先登”，急于就座，即使桌次、席位均相符，也应听从主人的招呼和安排。如一时无人引座，可选择较下的位置先行坐下，待主人招呼时再正式入座。如邻座是长者或女士，应主动为其拉开座椅，协助他们先坐好。

在西餐宴会上，男宾有照顾女宾入座的义务，即在女宾要进入座位时把椅子拉出来，等女宾进入合适位置要坐下时再替她们把椅子推进去。

入座后，坐姿要端正，不可以手托腮或将双肘支于台面上。脚应踏在自己座位下，不要乱伸，以免影响他人，更不可架起“二郎腿”乱颤。不可玩弄桌上的酒杯、刀叉、筷子等餐具，不要用餐巾或纸擦拭餐具、酒杯，以免使人误认为餐具不洁。

在餐桌上保持舒适而优雅的姿态，既是为了用餐的愉快，也是为了对其他客人表示尊重。餐桌上的正确姿态应是轻松而不懒散。具体来说，腰背挺直，尽量不靠椅子背；身体与餐桌保持一拳距离（10～15厘米）；两手臂尽量贴近自己的身体（免得妨碍旁人就餐）；不吃东西时，可以将手放在大腿上，或是将手放在桌沿上（如大腿上没有餐巾，在清洁双手后最好是放在桌沿上）。

坐定后，如已有茶，可端茶轻轻啜饮。此时即可与同桌交谈，如互相不认识，可主动先作自我介绍，互相交换名片。

注意：谈话的题目要注意对象和场合，不要一个人夸夸其谈引人不悦，也不要一言不发，好像专为吃饭而来。

9.2.3　进餐礼仪

微课9-1

中餐宴请礼仪

中餐宴请通常应等主宾先动筷子，其他客人才能动筷进餐，不可抢先于主宾前动筷。

西餐宴请通常要等每个人的菜上齐后，女主人开始进餐了，大家才可以开始进餐。如果女主人说“请先吃，别等了”，先拿到食物的客人也可以先进餐。

取菜时，不要盛得过多，也不要一看不喜欢，就一点也不拿。正式宴会上，不应表现出厌恶某种食物，因为社交用餐有特定的意义，吃下去意味着接受了主人的情意，通常拒绝一道菜是不礼貌的。当摆上本人不能吃或不爱吃的菜时，可取少量放在盘里，并表示“谢谢，够了”，不要露出难堪的表情，更不能说三道四。

在比较正式的宴会上，主人和主宾一般都要祝酒致词（国内的习惯通常是宴会一开始就致词）。当主人和主宾致词时，所有宾客都要暂停进食与交谈，注意倾听。如果你是主宾，应事先准备好祝酒词，免得措手不及。祝酒词通常讲一些自己的感受以及对对方的感谢，应尽量简洁，点到为止。当主人和主宾向大家祝酒时，所有宾客都应起立举杯。

主桌未祝酒，其他桌不可先起立或串桌祝酒。客人不宜先提议为主人干杯，以免喧宾夺主。相互碰杯祝酒，可以表示友好，活跃宴会气氛，但注意不要交叉碰杯，女士不宜提议为男士干杯。人多时，可同时举杯示意，不一定碰杯。

大部分宴会都是借用餐的名义沟通信息和交流情感。因此，在宴会上，吃应放在第二位，而交谈则应排在第一位。每个参加宴会的人都需要准备几个话题。无论是主人还是宾客，都应与同桌的人进行交谈，使宴会的气氛轻松愉快。在餐桌上，交谈除了要遵循交谈礼仪外，还应注意以下三点：不能在讲话时挥舞手中的餐具；讲话时应先咽下嘴里的食物（满含食物时不宜说话）；不要选择可能会影响食欲和心情的话题。

1）餐巾使用礼仪

餐巾本是西餐用的，现也普遍适用于中餐。用餐之前，应把餐巾打开铺在腿上。吃中餐时，也常把餐巾铺在桌沿上（通常由服务员替客人铺上）。吃西餐用的餐巾还有午餐巾和晚餐巾之分，午餐巾是全部打开后铺在腿上，而晚餐巾是对折后再铺在腿上。

餐巾的用途主要有两点：一是避免菜汁滴在衣服上；二是用来擦嘴和手上的油污。中餐由于有毛巾可以用来擦抹，餐巾的用途是避免用餐时弄脏衣服。

已经启用的餐巾应将它一直放在腿上。中途离席时，可把餐巾放在椅子上；用餐完毕，应把餐巾大致叠一下，再放在餐桌上。

中餐宴请除了餐巾之外还有湿毛巾，它可以预先放在每位客人的位置上，也可以由服务员在必要时送上来。湿毛巾的用途也有两方面：一是用餐前清洁双手；二是用餐中擦嘴和手上的油污。

不论是餐巾还是毛巾，都不能用来抹桌子，或是揩拭眼镜、擦汗、擤鼻涕甚至擦脖子。

2）餐具使用礼仪

（1）餐具的摆设。中餐的餐具主要有杯、盘、碗、碟、筷、匙等。在正式宴会上，水杯放在菜盘上方，酒杯放在右上方。筷子与汤匙放在专用的座上，公用的筷子与汤匙最好也放在专用的座上。酱油、醋、辣椒油等佐料应一桌一份，并要备好牙签和烟灰缸。宴请外宾时，还应备好刀叉，供不会使用筷子者使用。餐具的摆放如图9-21所示。

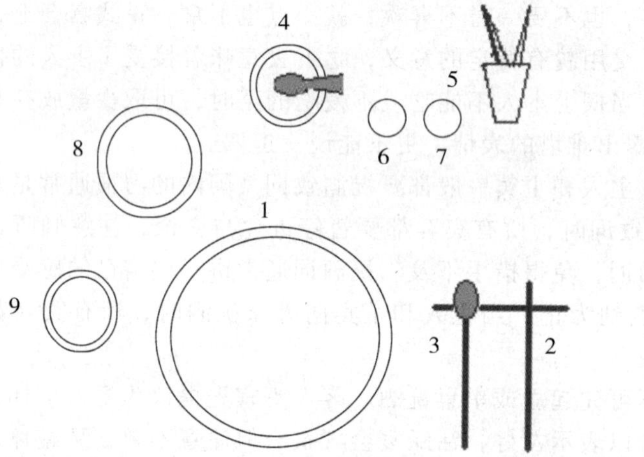

注：1．餐盘
2．筷子
3．取菜公匙
4．汤匙
5．水杯、餐巾
6．葡萄酒杯
7．白酒杯
8．汤碗
9．味碟

图9-21　标准中餐餐具摆放

（2）餐具的使用。

•筷。筷，又叫筷子，是中餐必不可少的餐具。筷子的主要功能是用餐时夹取食物或菜肴。使用筷子，首先要方法正确。一般应以右手持筷，以其拇指、食指、中指三指前部共同捏住筷子的上部约1/3处。通常，筷子必须成双使用，而不可只用单根。使用筷子取菜、用餐时，需要注意以下问题：

一是不"品尝"筷子。不论筷子上是否残留着食物，都不要去舔它。在取菜前切不可这样做，长时间把筷子含在嘴里也不合适。

二是不"跨放"筷子。当暂时不用筷子时，可将它放在筷子座上，或支放在自己所用的碗、碟边缘。不要把它直接放在餐桌上，更不要把它横放在碗、盘尤其是公用的碗、盘上。掉到地上的筷子不要再用。

三是不"插放"筷子。不用筷子时，将其"立正"插放在食物、菜肴之上尤为不可。根据民俗，只有祭祀先祖时才可以这样做。另外，也不要把筷子当叉子，去叉取食物。

四是不"舞动"筷子。与人交谈时，应暂时放下筷子。切不可以其敲击碗、盘，指点对方，或是拿着它停在半空中，好像迫不及待地要去夹菜。

五是不"滥用"筷子。不要以筷子代劳他事，如剔牙、挠痒、梳头，或是夹取菜肴、食物之外的东西。

小资料9-3

民间用筷忌讳

• 匙。匙，又叫勺子。用中餐时，它的主要作用是舀取食物，尤其是流质的羹、汤。有时，以筷子取食时，亦可以勺子加以辅助。

一般情况下，尽量不要单用勺子去取菜。以其取食时，不宜过满，免得溢出来弄脏餐桌或自己的衣服。必要时，可在舀取食物后，在其原处"暂停"片刻，待其汤汁不再流时，再移向自己享用。

使用勺子，有以下四点注意事项：①暂且不用勺子时，应置于自己的食碟上，不要把它直接放在餐桌上，或让它在食物之中"立正"。②用勺子取用食物后，应立即食用，不要把它再倒回原处。③若取用的食物过烫，不可用勺子将其折来折去，也不要用嘴对它吹来吹去。④食用勺子里盛放的食物时，尽量不要把勺子塞入口中，或反复吮吸它。

• 碗。碗，在中餐里，主要用来盛放主食、羹汤。在正式场合用餐时，用碗的注意事项主要有以下五点：①不要端起来进食，尤其是不要双手端起碗来进食。②食用碗内盛放的食物时，应以筷、匙加以辅助，切勿直接下手取用，或不用任何餐具以嘴吸食。③碗内若有食物剩余，不可将其直接倒入口中，也不能用舌头乱舔。④暂且不用的碗内不宜乱扔东西。⑤不能把碗倒扣过来放在餐桌上。

• 盘。盘，又叫盘子，稍小一些的盘子被称作碟子。盘子在中餐中主要用以盛放食物，其使用方面的讲究与碗类似。盘子在餐桌上一般应保持原位，不被挪动，而且不宜多个摞放在一起。

需要着重介绍的是一种用途较为特殊的被称为食碟的盘子。食碟的主要作用是用来暂放从公用的菜盘里取来享用的菜肴。使用食碟时，要注意的问题有：

一次取放的菜肴不要过多，否则看起来既杂乱不堪，又有欲壑难填之嫌；不要将多种菜肴堆放在一起，弄不好它们会彼此"相克"，相互"串味儿"，既不好看，也不好吃。

不宜入口的残渣、骨、刺不要吐在地上、桌上，而应将其轻轻取放在食碟前端，必要时再由侍者取走、换新。要注意，不要让"废物"与菜肴交错，搞得杯盘狼藉。

中餐的辅餐具，指的是进餐时可有可无、时有时无的餐具。最常见的中餐辅餐具有：水杯、湿毛巾、水盂、牙签等。下面对它们分别加以介绍：

• 水杯。中餐所用的水杯主要供盛放清水、汽水、果汁、可乐等软饮料时使用。需要注意：一是不要用它盛酒，二是不要倒扣水杯，三是喝入口中的东西不能再吐回去。

• 湿毛巾。在中餐用餐前，比较讲究的话，会为每位用餐者上一块湿毛巾。它只能用来擦手，绝对不可用来擦脸、擦嘴、擦汗。擦手之后，应将其放回盘中，由侍者取回。有时，在正式宴会结束前，会再上一块湿毛巾。与前者不同的是，它只能用来擦嘴，不能揩脸、抹汗。

• 水盂。有时，品尝中餐需要手持食物进食。侍者往往会在餐桌上摆一个水盂，也就是盛放清水的水盆。它里面的水并不能喝，只能用来洗手。在水盂里洗手时，不要乱甩、乱抖。得体的做法是两手轮流沾湿指尖，然后轻轻浸入水中刷洗。洗毕，应将手置于餐桌之下，用纸巾擦干。

• 牙签。其主要用来剔牙。用中餐时，尽量不要当众剔牙。非剔不可时，应以另一只手掩住口部，切勿面朝众人张口。剔出来的东西，切勿当众观赏或再次入口，也不要随手乱弹、乱吐。剔牙之后，不要长时间叼着牙签。

3）吃相要文雅

文雅的吃相是指在餐桌上进餐时应具有的合适举止。这主要体现在以下几个方面：

（1）用餐的速度应与他人保持一致，过快或过慢都不太合适。速度太快难免显得狼吞虎咽，而太慢就有可能吃不饱（主宾若已停筷结束用餐了，其他宾客也应结束用餐）。

（2）进餐时，注意不要发出很响的咀嚼声，最好闭着嘴巴轻轻地咀嚼食物。喝汤时，也尽量不要呼呼作响。如果是吃西餐，注意不要让金属餐具发出很响的碰撞声。

进餐时，如有骨头、鱼刺和核之类的残渣，应先吐在自己的手中或勺中，再放在自己的碟子或盘子里。不能把残渣放在餐桌上（除非餐桌上铺的是一次性台布），也不能把残渣直接吐在盘子里。

（3）当一道菜端上来时，不要急着取食，应等主人邀请、主宾动筷后方可取食。也不要老吃自己喜欢的菜，应随着餐桌上转盘的转动就近取食。取食要适量，不可挑挑拣拣，夹起又放下。

（4）喝汤要用汤匙，不能端起碗来喝。第一次舀汤宜少，浅尝测试温度。汤匙由内向外舀出，而不是由外向内舀。汤舀起来不能一次分几口喝，不要搅和或用嘴吹热汤，喝汤不要发出声音，喝完应把汤匙搁在汤盘或汤杯的碟子上。

食物太热时，可稍凉后再吃，不要用嘴吹。

4）敬酒文明，饮酒有度

宴会上，酒是必不可少的，所谓“无酒不成宴”。的确，在酒宴上彼此敬酒致意，可以融洽感情，营造轻松、友好的气氛。人们经常用为其他客人斟酒或向他人敬酒的方式来向对方表示敬意。

斟酒通常由主人为客人斟，有时身份较低的客人也可以主动为大家斟酒来表示自己的敬意。斟酒应从主宾开始，然后沿顺时针方向依次为每位客人斟上，自己的酒杯要最后斟，也可以不斟。当有人为你斟酒时应表示感谢。最常见的方式是行叩指礼，即把食指、中指和拇指捏在一起轻轻地敲几下桌子。如果不想添酒，也可以拒绝。

敬酒是以自己喝酒来向对方表示敬意的方式。宴会开始时，主人一般都会先向大家敬酒，并简单地说几句祝酒词。这时，大家应端起酒杯站起来，互相碰一碰，然后象征性地喝一口，不一定要喝干，除非主人提议要干杯。在比较随意的场合，大家也可以坐着碰杯，如互相碰不到，可以象征性地拿酒杯碰碰桌子。主人敬酒后，客人们就可以互相敬酒，也可以回敬主人，或向同桌的其他客人敬酒，来表达自己对对方的感谢和敬意。一般来说，敬酒者自己应把酒喝干，这样才显得有诚意。如果知道对方酒量不错，可以提议与对方干杯。敬酒时，一般不能勉强被敬者喝酒，特别是当对方为长者时。只有当双方很熟悉，又知道对方有酒量时，才可以敬酒的方式向对方劝酒。这也是中餐宴请比较热闹的地方。

敬酒应讲究分寸，那种恶作剧式的、全然不顾对方感受的过分劝酒，强人所难，甚至言语粗俗，会令人深感不悦，使他人赴宴的好心情荡然无存。在酒宴上，还要讲究敬酒的次序，应根据身份自高而低逐个敬酒，如果对客人的身份不能确定，可自右首开始以逆时针方向依次敬酒。

宴会中饮酒一般要控制在自己酒量的1/3左右。饮酒时要慢酌细饮，显得文雅，尽量不一饮而尽。切不可因饮酒过量而失言失态，乃至醉酒出丑。那样不仅会破坏宴会气氛，也是有失礼仪、缺乏修养的行为，是宴会中最忌讳的。

饮酒时应把握的一些礼节如下：①主人说“请用”或举杯后，客人才能端杯饮酒。②喝酒的速度尽可能不要超过主人；除非主人特别关照你，让你尽情地喝。③女士要小口慢慢地饮酒，以免让人误认为是酒鬼。④一些酒是不适合干杯的，如鸡尾酒、加冰块的酒；否则，一来显得你粗俗，二来也说明你不懂品酒。慢慢喝酒，也可有效地防止喝醉。

5）席间吸烟礼仪

中餐宴请时，免不了要吸烟。当菜上得慢一点，或是吃到一个阶段，主人就会向客人一一敬烟，然后，会吸烟的客人一边吸烟，一边喝酒，一边吃菜，一边谈天。这是中餐宴请的一大特色，尽管不是科学的进食方式。

西餐宴请时，一般是不允许吸烟的。不管是主人还是客人，都不可以边进餐边吸烟，在两道菜之间的间隙也不能吸烟。只有等到宴会结束，主人请客人到客厅喝咖啡或餐后酒时，才可以吸烟。在非正式的便宴上，如果餐桌上放着烟和烟灰缸，表明在吃完主菜后可以点烟；但如果餐桌上没有烟和烟灰缸，即便是便宴也只能等到餐后再吸。

中餐允许吸烟的话，吸烟者在吸烟之前，亦应顾及周边人特别是女士、儿童和年长者，应先请示以示礼貌。

6）“六不”规范

（1）不含物说话。嘴里食物没咽下去不能与他人说话。

（2）不清嗓子。用餐时，千万不要当众表演“吐故纳新”的“废物清理”节目，如清嗓子、擤鼻涕、吐痰等。此类举止不但有碍观瞻，而且倒人胃口。

（3）不乱挑菜。取食菜肴要稳、准、快，不要左顾右盼、翻来覆去，在菜盘内挑挑拣拣。夹起菜来发现不合意后再放回去，则更是失礼之举。

（4）不乱劝菜。席间可以替别人取菜，即劝菜、让菜，但切记不要用自己的筷子或汤勺替别人夹菜，尽管热情，却是失礼的。劝菜必须事先征求对方的同意，切勿不由分说擅作主张，让人为难。

（5）不起身夹菜。菜夹不到可以请人帮助，但不能起身去夹。

（6）不违食俗。要尊重不同的食俗。各国的餐饮都有自己的传统习惯，要注意尊重。如中餐，有的地方吃鱼，忌讳把鱼翻身，餐桌上要注意。还要注意民俗中的宴席禁忌，如在婚宴或丧宴上，不可将餐碗、盘子叠在一起，以避有重婚和再发生不幸之嫌。

7）进餐时意外事情的处理

在餐桌上总会发生一些意外的事，如打翻盘子、跌落餐具等。遇到任何意外，应付的原则都是不要惊动他人，不要大声嚷嚷，也不要不知所措，应冷静而不露声色地把意外事情处理好。

（1）如果不小心打翻了盘子，应尽快把倒翻的食物拾起来放在自己的盘子里。如果需要擦桌子，应让服务员或女主人帮你拿一块抹布来，不能随意用餐巾擦桌子。

（2）如果菜汁弄脏了衣服，不要过于在意（特别是当别人弄脏你的衣服时），只要稍微擦拭一下便可。如果你弄脏了别人的衣服，应向对方表示歉意。

（3）如果发现餐具不够清洁，不要大惊小怪，也不要自己动手擦拭，让服务员替你换一副就可以了。

（4）如果不小心喝了一口很烫的汤，不可当众吐出来，应赶紧喝口凉水吞下去。

（5）如果不小心被鱼刺卡住，最好到卫生间去处理。

（6）如果其他客人（或服务员）无意中给你带来麻烦，应表现得有风度，不能过于计较，更不能横加指责。

9.2.4 退席礼仪

当吃完水果后（西餐宴请是在吃甜食后），主宾在与主人示意后便最先离席，其他客人也随之离席（西餐宴请是由女主人邀请女宾先离席，这时男宾应照顾女宾离席，然后自己起身离席）。离席时，应将餐巾稍稍折一下放在桌子上，然后从椅子的左侧走出，再把椅子推回原处（西餐宴请则是由男宾替女宾拉椅子和推椅子）。

对于公务宴请或是较大规模的私人宴请，主人若没有其他安排，在用餐结束后便可告辞。

一般情况下，客人不要在宴会尚未结束时就中途退席。如有特殊情况，应同主人事先打好招呼，届时离席。告辞时，应悄悄地向主人告辞，不要惊动其他客人，以免破坏气氛。

退席不要选择在席间他人谈兴正浓时或刚刚讲完话时。这样会使人误认为你对他的讲话不耐烦。告辞时也不要说诸如“我还有另一个约会”之类的话，这样意味着你对这个宴会不感兴趣。

有的主人会为每位出席者准备小纪念品或一束鲜花，宴会结束时，主人招呼客人带上。遇此情况，可说上一两句赞扬礼品的话，并表示谢意，但不必郑重致谢。有时，外国客人往往会把宴会菜单作为纪念品带走，有时还会请同席者在菜单上签名留念，此时不要拒绝。除主人特别示意可以作为纪念品的东西之外，各种招待用品，包括香烟、水果等，均不要带走。

9.2.5 告辞与致谢

如果是小范围的私人宴请（特别是家宴），在宴会结束后，客人至少应停留1小时左右。告辞时，通常由主宾先告辞，主宾告辞后，其他宾客便可陆续告辞。在向主人告辞时，客人们应感谢主人的盛情款待。

对主人的致谢，除了在宴会结束告辞时表达外，如果是正式宴会，还可在2~3日内致送印有“致谢”或“P.R.”（法语Pour Remercier的缩写）字样的名片或便函表示感谢。有时私人宴请也需如此致谢。名片可寄出或亲自送达。

9.3 西餐礼仪

吃西餐讲究“4M”，即Menu（精美的菜单）、Mood（迷人的气氛）、Music（动听的音乐）和Manner（优雅的进餐礼节）。西餐又分法式、英美式和国际式，不同国家的民族习俗和用餐规格、摆台样式也有所不同，但其基本要领还是一致的。

9.3.1 西餐的席位排列

1）排列规则

在绝大多数情况下，西餐宴会席位排列主要是位次问题。除了极其盛大的宴会，一般不涉及桌次。了解西餐席位排列的常规及同中餐席位排列的差别，就能够较好地处理具体的席位排列问题。

（1）女士优先。西餐礼仪往往体现女士优先原则。排列用餐席位时，一般女主人为第一主人，在主位就坐；而男主人为第二主人，坐在第二主人位置上。

（2）距离定位。西餐桌上席位的尊卑，是根据其距离主位的远近决定的，距主位近的位置要高于距主位远的位置。

（3）以右为尊。排定席位时，以右为尊是基本原则。就某一具体位置而言，按礼仪规范，其右侧之位要高于左侧。西餐排列席位时，男主宾要排在女主人的右侧，女主宾要排在男主人的右侧，按此原则依次排列。

（4）面向门为上。在餐厅内，以餐厅门作为参照物时，按礼仪要求，面对餐厅正门的位子要高于背对餐厅正门的位子。

（5）交叉排列。西餐排列席位时，讲究异性交叉排列，此外熟人和生人也交叉排列。一位就餐者的对面和两侧往往是异性或不熟悉的人，这样可以广交朋友。

2）席位排列

（1）长桌的排列。最正规的西餐桌是长桌，在长桌上排位，一般有下列情形：

一是男、女主人在长桌的中央相对而坐，餐桌的两端可以坐人，也可以不坐人，如图9-22和图9-23所示。

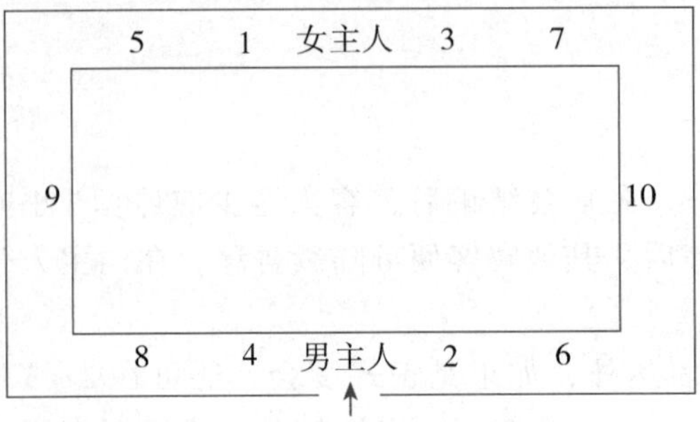

图 9-22 西餐长桌席位排列（1）

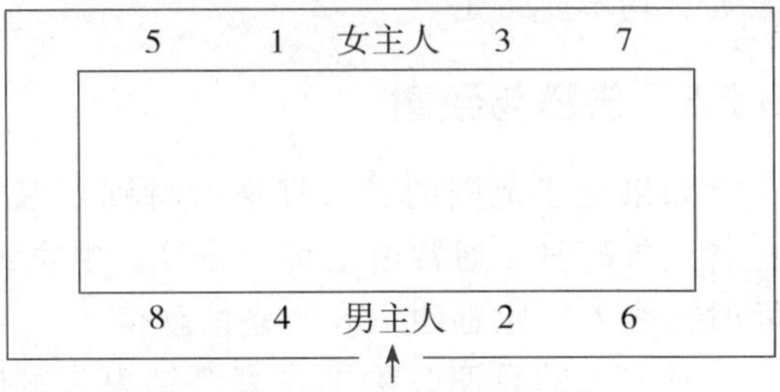

图 9-23 西餐长桌席位排列（2）

二是男、女主人分别坐在长桌的两端，如图 9-24 所示。

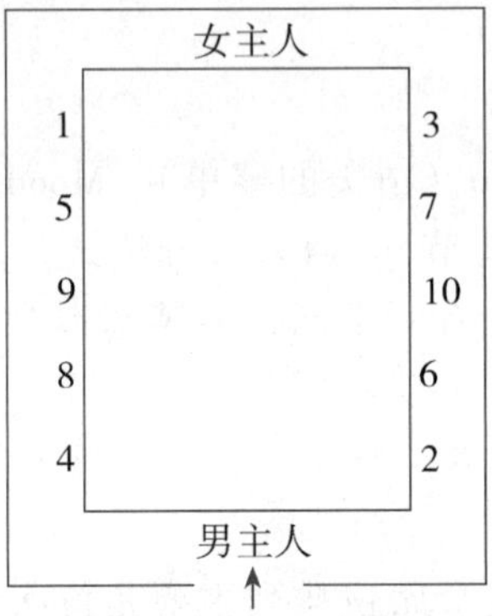

图 9-24 西餐长桌席位排列（3）

三是用餐人数较多时，可以把长桌拼成其他图案，以便大家能一道用餐。如图 9-25 所示。

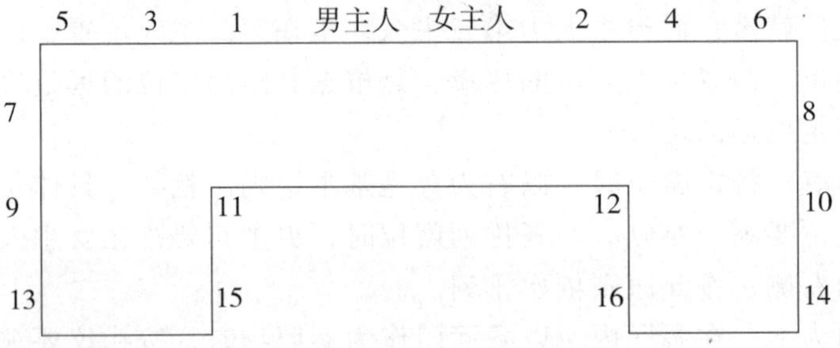

图 9-25 西餐长桌席位排列（4）

需要注意的是，长桌的两端应尽可能安排举办方的男士坐。

（2）圆桌的排列。西餐宴会一般不用圆桌，如用圆桌，排列如图 9-26 所示。

（3）方桌的排列。用方桌排列席位，就座于餐桌四面的人数应相等，并使男、女主人与男、女主宾相对而坐，所有人各自与自己的恋人或配偶坐成斜对角，如图 9-27 所示。

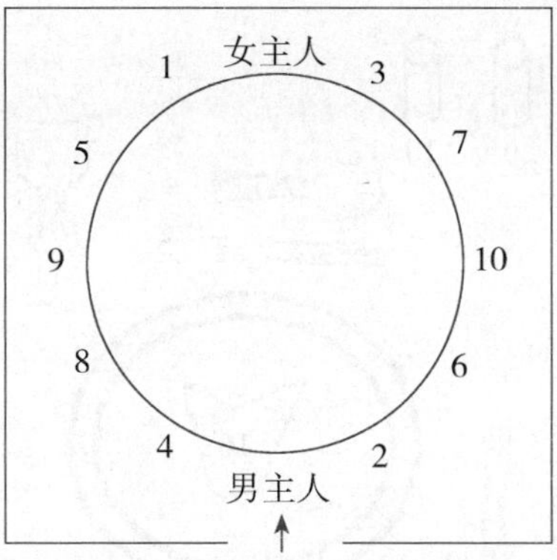

图9-26　西餐圆桌席位排列

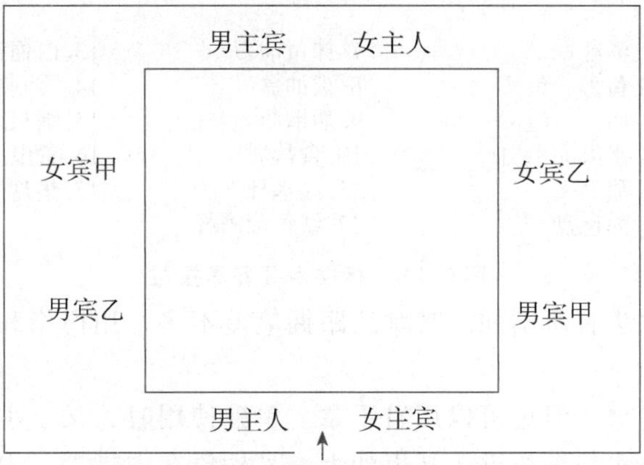

图9-27　西餐方桌席位排列

9.3.2　西餐的餐具

1）餐具的摆放

西餐的餐具主要有刀、叉、匙、盘、碟、杯等，讲究吃不同的菜用不同的刀叉，饮不同的酒用不同的酒杯。其摆法为：正面放汤盘，左手放叉，右手放刀，汤盘前方放匙，右前方放酒杯。餐巾放在汤盘上或插在水杯里，面包奶油盘摆放在左前方，如图9-28所示。

2）餐具的使用

用刀叉进餐是西餐的最重要特征之一。此外，西餐的主要餐具还有餐匙和餐巾，用法也有讲究。至于西餐桌上的盘、碟、杯、水盂、牙签等餐具，其用法同中餐相似，此处不再赘述。

(1) 刀叉。如同筷子是中餐餐具的主角一样，刀叉是西餐餐具的主角。刀叉既可以分开使用，也可以共同使用。由于在很多情况下，二者要共同使用，因此，人们在提到西餐餐具时，往往将二者相提并论。

刀叉的握法：刀始终是用右手拿的。将刀柄顶端置于手掌之中，用大拇指抵住刀柄的一侧，食指摁在刀背上，其余三指则顺势弯曲握住刀柄。这种持刀的方法通常用来切肉和青菜。

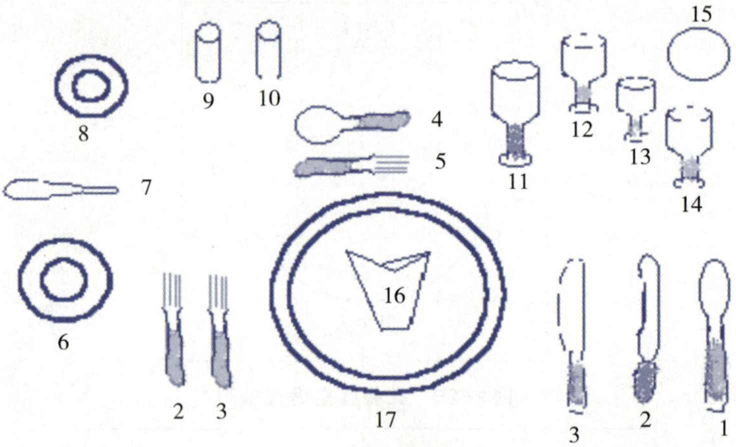

1. 汤匙
2. 鱼刀、鱼叉
3. 肉刀、肉叉
4. 水果冻用勺
5. 甜品叉
6. 面包盘
7. 抹黄油刀
8. 黄油盒
9. 胡椒瓶
10. 食盐瓶
11. 冰水杯
12. 红葡萄酒杯
13. 白葡萄酒杯
14. 雪利酒杯
15. 烟灰缸
16. 餐巾
17. 垫盘

图 9-28 标准西餐餐具摆放

切鱼时，刀的拿法有所不同。其拿法跟握笔差不多，用拇指和食指握住刀柄，中指协助食指切割鱼肉。

叉子通常用左手拿，但也可以用右手拿。单独使用时，叉子主要用来将食物送进嘴里，这时，叉子的拿法与匙相近，叉齿朝上，叉柄倚在中指上，中指则以外面的无名指和小指作支撑，大拇指压在叉柄上，食指贴在叉柄的外侧。大部分食物都是用叉子送进嘴里的，只有叉子无法叉起的食物才用匙。在用叉子送食物时，应注意不要在叉子上堆满食物，每一次只叉起一口的量，叉子从嘴里拿出来时，不应带有食物，而且也不能将整个叉子送入嘴里（这同样适用于用匙送食物）。

正确地使用刀叉，要做到以下几点：

第一，要正确区分刀叉。在正规西餐宴会上，讲究吃一道菜换一副刀叉。吃每道菜，都要使用专门的刀叉，既不能乱拿乱用，也不能从头到尾仅使用一副刀叉。

吃西餐正餐时，摆在每位就餐者面前的刀叉有：抹黄油的餐刀，吃鱼用的刀叉，吃肉用的刀叉，吃甜品、水果用的刀叉等。各种刀叉形状各异，摆放的位置也不一样。

抹黄油用的餐刀，一般应横放在就餐者左手的正前方，距主食面包不远处。

吃鱼和肉用的刀叉，应当餐刀在右，餐叉在左，分别纵放在就餐者面前的餐盘两侧。由于刀叉的数目同上菜的道数是相等的，有时餐盘两侧分别摆放的刀叉会有三副之多。取用刀叉的基本原则是：每上一道菜依次从两边由外侧到内侧取用刀叉。如果没有经验、把握不准，不妨比别人慢半拍，看一下别人怎样使用。

吃甜品用的刀叉，一般横放在就餐者餐盘的正前方。

第二，通用的刀叉使用方法主要有两种：一种是英国式的，要求在进餐时，始终右手持刀，左手持叉，一边切割，一边用叉食之，叉背朝着嘴的方向进餐，这种方式比较文雅；另一种是美国式的，先右手刀左手叉，把餐盘的食物全部切割好，然后把右手的餐刀斜放在餐盘的前方，将左手的餐叉换到右手，再品尝，这种方式比较省事。

刀可以用来切食物，也可以用来把食物拨到叉上。叉子用来取食物，也可以用它摁住食物，使之用刀切割时不滑脱。

使用刀叉时要注意：不要动作过大，影响他人；切割食物时，不要弄出声响；切下的食物要刚好一口吃下，不要叉起来再一口一口咬着吃；不要挥动刀叉讲话，也不要用刀叉指点他人。

第三，要知道刀叉摆放形状的暗示。如果就餐过程中需暂时离开一下，或与他人攀谈，应放下手中的刀叉，刀右、叉左，刀口向内、叉齿向下，呈“八”字形状摆放在餐盘上，这表示此菜尚未用毕。

如果吃完了，或者不想再吃了，可以刀口向外、叉齿向上，刀右、叉左并排放在餐盘上。它表示：不再吃了，可以连刀叉带餐盘一起收走。

注意：不要把刀叉摆放在桌面上，尤其不要将刀叉交叉摆成“十”字形，这在西方人看来，是令人晦气的图案。

（2）匙子。匙子主要有三种：汤匙、布丁匙、茶匙或咖啡匙。大的汤匙用来喝大碗的汤，摆放在刀具的右边（如果汤是用小杯子盛的，汤匙是放在汤里与汤碟一起端上来的）。布丁匙是用来吃甜食的，摆放在刀具的左边。茶匙或咖啡匙在上茶或咖啡时一道送上，是用于搅拌饮料的。在尝味时，可以用小匙喝几口饮料或汤，但尝完后就应把它放在托碟上，不能再用于喝饮料或汤了。使用匙子还应注意以下几个问题：

小资料9-3

西餐餐具的正确使用方法

第一，餐匙除了可以饮汤、吃甜品之外，绝对不要直接舀取任何主食、菜肴。

第二，已经使用的餐匙，切不可再放回原处，也不可将其插入菜肴、主食，或是令其“直立”于甜品、汤盘或茶杯之中。

第三，使用餐匙时，要尽量保持其周身的干净清洁，不要把它弄得“色彩缤纷”。

第四，用餐匙取食时，动作应干净利落，勿在甜品、汤或红茶之中搅来搅去。

第五，用餐匙取食时，务必不要过量，而且一旦入口，就要一次性将其用完。

（3）杯子。在正式的西餐宴会上，每一道菜都会配一种不同的酒（通常是鱼配白葡萄酒，甜食配香槟酒），而每一种酒又需配置一个不同的玻璃酒杯。酒杯通常摆放在主菜盘的右上方，按使用顺序从右到左摆放（但有时也会从左向右摆放）。需要特别记住：配上一道菜的酒不能在下一道时再喝。

西餐上的杯子主要有两类：一是盛汤的带耳朵的杯子；二是喝酒的玻璃杯。

带耳朵的杯子可以用食指和大拇指勾住杯子的耳朵；如耳朵太小，可用食指、拇指捏住杯子的下半部分，其余三个手指扶住杯脚来平衡杯子。如果是碗形的带脚玻璃杯，可以用食指与中指夹住杯脚，用手掌托住杯身。如果玻璃杯里盛的是冰镇的葡萄酒，那就要用大拇指和食指捏住杯脚，手不触及杯身，以免手上的体温把酒弄热了。每次喝完酒，应把酒杯放回原处。

(4) 盘子。摆放在全套餐具中间的是用来盛主菜的主菜盘。如果有两道主菜，就会有两个主菜盘，在主菜盘上通常会放一个稍小的备用盘。它有三种用途：一是可以用来盛开胃小吃（在汤之前上）；二是可以用作汤碗的托碟；三是可以用来放鱼骨头。当然，在一次宴会上它不会同时具有上述三种用途，使用完毕，备用碟就会被撤走。有时，在主菜盘的左边还会有一个色拉盘，很多时候色拉往往与主菜放在同一个盘里。在主菜盘的左上方，有一只盛面包和黄油的小碟。甜食盘是在主菜盘撤走后再摆上的。

(5) 餐巾。

• 餐巾的铺放。西餐中所用的餐巾，通常会被叠成一定的图案。它的面积有大、中、小之分，形状上也有正方形与长方形之别。

不论是大还是小，还是哪一种形状，餐巾都应平铺于自己并拢的腿上。使用正方形餐巾时，应将它折成等腰三角形，并将直角朝向膝盖方向；若使用长方形餐巾，则可将其对折，然后折口向外平铺。折放的整个过程应悄然于桌下进行，切勿凌空一抖，吸引他人注意。尤其要注意，在外用餐时，一定不要把餐巾掖于领口、围在脖子上、塞进衣襟内。

• 餐巾的用途。在正餐中，餐巾的作用主要有如下几条：

第一，防止弄脏衣服。将餐巾平铺于腿上，是为了“迎接”进餐时掉落下来的菜肴、汤汁。

第二，用来揩拭口部。在用餐期间与人交谈之前，应先用餐巾轻轻地揩一下嘴，但不要乱涂乱抹。女士进餐前，亦可用餐巾轻印一下口部，以除去唇膏。以餐巾揩口时，其部位应大体固定，最好只用其内侧。通常，不应以餐巾擦汗、擦脸，擦手也要尽量避免。特别要注意，不要用餐巾去擦餐具，那样做等于向主人暗示餐具不洁。

第三，用来掩口遮羞。在进餐时，尽量不要当众剔牙，也不要随口乱吐东西。万一非做不可时，应以左手拿起餐巾挡住口部，然后以右手去剔牙，或是以右手持餐叉接住吐出的异物，再将其移到餐盘前端。倘若这些过程没有遮掩，是颇为失态的。

第四，用来进行暗示。在用餐时，餐巾可用来进行多种特殊暗示。最常见的有三种：其一，暗示用餐开始。西餐大都以女主人为“带路人”。当女主人铺开餐巾时，就等于是在宣布用餐可以开始了。其二，暗示用餐结束。当主人尤其是女主人把餐巾放到餐桌上时，意在宣告用餐结束，请各位告退。其他用餐者吃完了的话，亦可以此法示意。其三，暗示暂时离开。若中途暂时离开，一会儿还要回来继续用餐，可将餐巾放置于本人座椅的椅面上。见到这种暗示，服务员就不会马上动手“撤席”，而是维持现状不变。

9.3.3 西餐的上菜顺序

正规的西餐宴会，菜序既复杂又非常讲究。一般情况下，完整的西餐正餐由下列八道菜肴组成：

(1) 开胃菜。其就是打开胃口的菜，也叫头盆、前菜，一般是由蔬菜、水果、海鲜、肉食所组成的拼盘。

（2）面包。西餐正餐面包一般是切片面包。吃面包时，可根据个人口味，涂抹上黄油、果酱或奶酪。

（3）汤。汤有两大类，即浓汤和清汤，有一定的开胃作用。喝汤时才算正式开始吃西餐。

（4）主菜。其内容十分广泛，包括水产类菜肴、畜肉类菜肴、禽肉类菜肴和蔬菜类菜肴。在正式的西餐宴会上，大体要上一个冷菜、两个热菜。两个热菜中，一般先上一个鱼菜，由鱼或虾以及蔬菜组成（也称副菜）。另一个是肉菜，为西餐中的大菜，是必不可少的。其多用烤肉，最有代表性的是牛肉或牛排，往往代表着此次用餐的最高档次和水平。

（5）点心。吃过主菜后，一般要上蛋糕、饼干、吐司、三明治等西式点心。

（6）甜品。点心之后，接着上甜品，最常见的有冰淇淋、布丁等。

（7）水果。吃完甜品，一般还要摆上干鲜果品。

（8）热饮。在宴会结束前，还要为用餐者提供热饮，一般为红茶或咖啡，以帮助消化。热饮可以在餐桌上饮用，也可以换个地方，到休息室或客厅去喝。

通常，遵循方便、从简的原则，一顿西式便餐由下列五道菜肴构成：开胃菜、汤、主菜、甜品、咖啡。

小资料9-4

喝咖啡的礼仪

（1）端杯手指不从杯耳过。餐后饮用的咖啡，一般都用袖珍型杯子盛出。这种杯子的杯耳很小，手指是无法穿过的，所以无须担心在众目睽睽之下出丑。倒是在遇上大杯子时，千万要记得，不要用手指穿过杯耳来端杯子。正确的姿势是，用拇指和食指捏住杯把端起杯子。

（2）加糖后不用费力搅拌。加糖时，砂糖可用咖啡匙舀取，直接加入杯内；也可先用糖夹把方糖夹在咖啡碟的近身一侧，再用咖啡匙把方糖加进杯子里。不可直接用糖夹或手把方糖放入杯内，这是为了避免咖啡溅出，弄脏衣服或台布。加糖后，无须用力搅拌咖啡，因为糖和牛奶溶化的速度很快。

（3）咖啡匙不用来舀咖啡。加糖和搅咖啡才是咖啡匙的“专职”，用它舀着咖啡一口一口地喝是件失礼的事，也不要用它“帮忙”捣碎杯中的方糖。饮用时将它从杯中取出，放在碟子上。

（4）用嘴吹凉咖啡不够文雅。咖啡趁热喝才好，如果太热，可用咖啡匙轻轻搅拌使其冷却，或者等待自然冷却后再饮用。不要试图用嘴吹凉咖啡，记住这是不文雅的动作。

（5）饮用时仅需端着咖啡杯就好。一般而言，喝咖啡时只需端起杯子。端起碟子或托住杯底喝咖啡，都是失礼行为。除非是在没有餐桌可以依托的情况下，可以用左手端碟子，右手持咖啡杯慢慢品尝。还要注意的是，不能满把握杯、大口吞咽，也不要低头去够咖啡杯。添加咖啡时，不要把咖啡杯从碟子中拿起来。

（6）喝咖啡吃点心“错时”进行。饮咖啡时可以吃点心，但是不能一手端咖啡杯，一手拿点心，吃一口喝一口地交替进行。饮咖啡时应放下点心，吃点心时则放下咖啡杯。

(7) 家中请客和做客的特别提醒。在家里请客人喝咖啡时，身为主人不要一手包办，尤其客人正好是咖啡爱好者的时候，让他们自己动手加奶和糖就好了，因为他们对此十分讲究。

在朋友家里做客喝咖啡时，不必客气，可将咖啡趁热喝完，这才显得有礼貌。不过，不要一口气把咖啡喝完，而要慢慢啜饮。如果只顾聊天，冷落咖啡使它冷却，那是浪费主人的一番心意。

资料来源 佚名. 喝咖啡的礼仪［EB/OL］.［2012-04-20］. http://style.sina.com.cn/col/collectibles/2012-04-20/071894994.shtml.

9.3.4 西餐的吃法

1）开胃菜

一般情况下，开胃菜多以色拉为主。在个别时候，也会上一些海鲜或果盘。

(1) 色拉。吃色拉时，通常只宜使用餐叉，这是因为色拉在上桌前，均已被切割完毕，故不应再持刀切。

(2) 海鲜。开胃菜里的海鲜，主要有鲜虾、牡蛎、蜗牛。吃小虾时，可以叉取食。吃大虾的话，则应先用手剥壳，再送入口内。有时亦可以叉取食，但不必切割。

吃牡蛎时，应采用专门的餐叉，一只一只地吃。吃带壳的蜗牛时，可先用专门的夹子将肉夹出食用，然后吮吸壳内的汤汁。若蜗牛已去壳，则可直接以餐叉取用。

2）面包

西餐中的面包主要有鲜面包、烤面包两种。两者在吃法上小有差别，对此应予以注意。

(1) 鲜面包。吃未烤过的鲜面包，不可一下拿得过多。正确的吃法是，用左手拿大小适当、刚好可以一次入口的一小块，涂上黄油、果酱或蜂蜜后，再送入口中。不要像吃汉堡包那样双手捧着吃，或是拿着一大块，一口接一口地咬着吃。吃未烤过的切片面包，也可以一小块、一小块地撕着吃。

(2) 烤面包。已烤过的面包是不能撕食的，否则将使面包屑乱飞。在吃的时候，可慢慢地咬着吃。吃的时候，可配以黄油、鱼子酱。挤些柠檬，味道会更好。

不论吃哪种面包，都不能用它沾汤或擦盘子。

黄油用黄油刀涂抹。没有黄油刀时，可用其他刀。涂黄油时，把面包放在餐碟上，而不要放到手掌上。

3）汤

在西餐中，汤也是一道菜，故对其不可忽视。

(1) 正确食法。喝汤时，讲究以右手持握汤匙，由近而远，向外侧将汤舀起，然后送嘴里食用。

倘若以盘盛汤，盘内之汤所剩无几时，可以左手由内侧托起盘子，使其外倾，然后以右手持匙舀取。

若汤用有手柄的杯子捧出时，先用匙尝两口（不是一口），温度适中，则端起杯子喝；匙可在取杯底的碎块或蔬菜时用，喝完后，再放到皿里或托盘上。

（2）错误食法。在喝汤时，要做到三不：第一，不端起来喝；第二，不趴到汤盆、汤盘上吸食；第三，不用嘴吹汤，或是用盆、盘或汤匙去反复折汤降温。

4）主菜

西餐的主菜花样甚多。冷菜里的冻、泥子，热菜里的鱼、鸡、肉最为多见，下面对其分别加以介绍。

（1）冻，即用煮熟的食物和汤汁冷却凝结而成的一种菜肴。最常见的冻有肉冻、鱼冻和果冻。吃冻时，需以刀切割，以叉取食。

（2）泥子，通常指的是以虾、蟹或动物的肝、脑为主料，配以鸡蛋、芹菜，加上佐料，搅拌而成的一种菜肴。吃泥子时，主要使用餐叉。

（3）鱼。西餐中所吃的鱼，往往骨、刺很多。必要的时候，可先用餐刀将其切开，轻轻将骨、刺剥出后，再把鱼肉切成小块食用。

（4）肉。在西餐中，肉菜往往指的是猪、牛、羊肉。平常所说的主菜，往往只与肉菜画等号。在肉菜中，牛排、羊排、猪排都很重要，尤其是牛排，处于“重中之重”的位置。吃肉菜时，一般要从左往右，以一次入口大小为宜，将其以刀叉切割进食。

如果吃带肉的骨头，不能用手抓住骨头来吃，但这个传统规则现在已逐渐受到动摇。一般来说，对这条规则可以适当灵活运用。那就是，在餐厅中不能用手取，其他的场合就没有问题，但应注意要斯文一点。

把肉汁洒满在食物上是不文雅的，需要把食物（如马铃薯等）蘸肉汁时，不是在其上洒肉汁，而是一口一口地蘸肉汁吃。

吃牛排时，可以按自己的喜好决定生熟程度。一般来说，牛排有以下5种烧法：rare（生）、medium rare（生与半生熟之间）、medium（半生熟）、medium well done（熟与半生熟之间）和well done（熟）。薄身的牛排一般有生、半生熟、熟三种烧法。

5）点心

在西餐中，经常吃的点心有饼干、馅饼、三明治、通心粉、土豆片、烤土豆等。

（1）饼干。吃饼干时，应当用右手单独拿着吃。吃蛋糕时也需如此。

（2）馅饼。吃馅饼时，应当先用刀叉切成大小适当的小块，然后用右手托着吃。

（3）三明治。吃三明治时，一般应当用双手捧着吃。如果它不太大，则可仅用右手捏着吃。

（4）通心粉。它又称意大利面，吃的时候，不应一根一根挑着吃。标准的方法是右手握叉，在左手所握的汤匙的帮助下，把它缠绕在餐叉上，然后食用；吸食是不对的。

（5）土豆片。油炸土豆片，在西餐里多被用作点心。吃它的时候，应以手取食。但数量不要过大，也不要先捏碎再吃。

（6）烤土豆。烤土豆大都是连皮一起上桌。吃的时候，应用左手轻轻按住它，右手持刀先在上面切个小口，令其散热。过一会儿，再用餐叉从小口中取食。必要的话，还可略作切割再吃。吃烤土豆时，还可浇上一些专用的肉汁。

6）甜品

西餐里最常见、最受欢迎的甜品有布丁、冰淇淋等。其食用方法分别为：

（1）布丁。西餐中上桌的布丁一般是流质的，故不应直接以手取食，或以刀叉助餐，正确方法是以专用的餐匙取食。

（2）冰淇淋。在西方国家，冰淇淋是正餐必备的甜品，而非可有可无的一种冷饮。冰淇淋上桌时，通常被置于专用的高脚玻璃杯内，应以餐匙取食。

7）果品

吃西餐时，所提供的水果有干果、鲜果之分，鲜果是最常见的。下面分别介绍草莓、菠萝、苹果、香蕉、橙子、葡萄等最受喜爱的水果的食用方法。

（1）草莓。普通的草莓可用手取食，沾些糖或酸奶油也可以。吃带调味汁的草莓，则必须使用餐匙。

（2）菠萝。吃菠萝时，应当将其切割成小块，然后以餐叉取食，不要用手抓或举着咬食。

（3）苹果。最正规的吃苹果方法是取一个苹果，先切成大小相仿的四块，然后逐块去皮，再以刀叉食用。不过，现在绝大多数人都是用手拿着去皮的小块苹果直接吃。

（4）香蕉。对整只香蕉，应先剥除其外皮，再用刀叉切成小段，逐段食用；一般不应一边用手拿着剥皮，一边慢慢咬着吃。

（5）橙子。吃橙子有两种方法：正规的吃法是先用刀除去其外皮，再用刀叉将其内皮剥离，然后用刀叉分瓣而食。大众的吃法则是在用刀去皮后，切成几小块，然后用手取食。

（6）葡萄。吃葡萄时，可取一小串，一粒一粒用手揪下来吃。其皮、核可先悄然吐入手中，再转移至餐盘内。吃果盘内不成串的单粒葡萄时，则宜用餐叉相助取食。

9.3.5 西餐的酒水搭配

西餐中非常讲究酒与菜的搭配。西餐中的酒分为以下三种：

（1）开胃酒：通常是具有强烈辣味的酒，如鸡尾酒（Cocktail）、苦艾酒（Vermouth）、雪利酒（Sherry）、苏格兰威士忌（Scotch）、马丁尼（Martini）等。

（2）佐餐酒：多选用葡萄酒。一般白葡萄酒（White Wine）配海鲜；红葡萄酒（Red Wine）配牛肉、猪肉、鸡鸭肉等；粉红葡萄酒（Rose Wine）可配任何食物。红葡萄酒适于在18℃左右饮用，白葡萄酒和粉红葡萄酒则要冰冻后（7℃）饮用，香槟则需冷冻至4℃～5℃饮用为佳。

（3）餐后酒：也称消化酒，是和全餐的最后一道咖啡一起喝的。其通常选用白兰地，如勃艮第（Burgundy）、波尔图酒（Port）、利口酒（Liquard）以提神，缓解吃饱后的疲倦感。

在西方一些酒的酒瓶包装上，常常会有一些特定符号，如Hennessy XO，XO是什么意思呢？原来，酒瓶上的这些符号表示该酒酿造出来后窖存的年代。年代越久远，酒越醇香，因此也就越名贵。酒龄符号与年代的对应关系见表9-1。

表9-1　　酒龄符号与年代的对应关系

☆	3年
☆☆	4年
☆☆☆	5年
V.O.	10～12年
V.S.O.	12～17年
V.S.O.P.	20～25年
V.U.S.O.P.	40年
X.O.	40年以上

当然，不同牌号的酒，某些符号代表的年代是不尽相同的，如拿破仑酒，一个☆代表的酒龄是8年。上表仅供读者参考。

饮用不同的酒水，还要配不同的专用酒杯。通常在每位就餐者餐桌的右边、餐刀的前方，都会横排着三四个酒水杯，它们分别为香槟酒杯、白葡萄酒杯、红葡萄酒杯及水杯。取用时，要按照由外侧向内侧的顺序依次取用，也可根据女主人的选择而紧随其后。

要求注酒时，把杯子依原样放在桌子上；不想再喝时，只需将右手掌按在杯子上，而不必说“我不再要酒了”。这不仅限于葡萄酒，对其他饮料也适用。

饮酒时，不要把酒杯斟得太满，也不要向别人劝酒（这些都不同于中餐）。如刚吃完油腻食物，最好先擦一下嘴再去喝酒，免得让嘴上的油渍将杯子弄得油乎乎的。干杯时，即使不喝，也应该将酒杯在嘴唇边碰一下，以示礼貌。

9.3.6　西餐用餐礼仪

1）用餐基本礼仪要求

（1）举止高雅。

• 进食禁声。用餐之际，不论是有意还是无意，吃东西还是喝东西，都不要发出声来，更不要弄得铿锵作响。西方人认为，缺乏教养者才会在进餐时出声作响。

• 防止异响。除用餐外，体内的任何声响，不管是咳嗽、打喷嚏还是打嗝，都应自觉控制，不要当众出丑。另外，在就座、用餐时，也不要把座椅、餐桌、餐具弄出怪异之声。

• 慎用餐具。用餐时，务必要正确使用各种餐具，不懂可以现场观摩（尤其是女主人的做法），不要贻笑大方；不要把餐具移作他用，尤其是不要用餐具相互敲击，或指点别人。

• 正襟危坐。就座时，应从左侧进入，并使身体与餐桌保持两拳左右的距离。上身挺拔，不要东倒西歪。双手不要支在桌上，或藏于桌下，而应扶住桌沿。双腿切勿乱伸，自己的对面与两侧可能皆为异性。

• 用餐时，要维护环境卫生，并注意个人卫生。

（2）衣着讲究。

• 礼服。对于西式礼服，男装通常为黑色燕尾服，扎领结；女装则为拖地长裙，并配长筒薄纱手套。其他国家的人士，可以穿本民族的盛装代替西式礼服，如我国的中山装、旗袍。目前，在隆重的宴会上，往往要求穿礼服。

• 正装。在普通的宴会上，通常要求穿正装。一般情况下，正装指的是深色（特别是黑色或藏蓝色）套装或套裙。需要注意，男装不要色彩过淡、过艳，女装则切勿过短、过小。

• 便装。一般性聚餐可以穿便装。这里的便装是有严格界定的，即男士可以穿浅色西装，或仅穿单件的西装上衣；女士则可以穿时装，或是以长西裤代替裙装。但是，绝不能随心所欲地乱穿一通。

不管穿什么服装，用餐时都不允许当众整理衣饰。例如，不准脱外套、换衣服、松领带、解腰带、拉袜子、脱鞋子等。

（3）尊重女士。

• 礼待女主人。在西餐宴请活动中，女主人往往处于“第一位”。其具体表现是：女主人要坐主位，由女主人“宣布”用餐开始或结束等。用西餐时，女主人忙里忙外、到处张罗甚至难以入席的情况，是绝对见不到的。

• 照顾女宾客。吃西餐时，不论是否相识，男士都有扮演“护花使者”的义务，要处处积极、主动地对女士予以照顾。比如，在用餐之前，要帮助其放外套，或寻位就座；在用餐期间，要帮助女士取菜，拿调味品，并陪其交谈等。

• 不用女侍者。正规的西餐馆里，绝对讲究“女尊男卑”，所以在那里只能见到清一色的男侍者迎来送往，忙忙碌碌，却难以见到一名女侍者。

2）实际用餐要则

（1）进餐时，除用刀、叉、匙取送食物外，有时还可用手取。在吃鸡、龙虾时，经主人示意，可以用手撕着吃；吃饼干、薯片或小粒水果时，可以用手取食；面包则一律用手取，注意取自己左手前面的，不可取错。取面包时，左手拿取，右手撕开，再把奶油涂上去，一小块一小块撕着吃；不可用面包蘸汤，也不可一整块咬着吃。

（2）喝汤时不要啜，吃东西时要闭嘴咀嚼，不要舔嘴唇或咂嘴发出声音。如汤菜过热，可待稍凉后再吃，不要用嘴吹；喝汤时，汤勺从里向外舀，吃完汤菜后，将汤匙留在汤盘（碗）中，匙把指向自己。

（3）如盘内剩余少量菜肴，不要用叉子刮盘底，更不要用手指相助，应以小块面包或叉子相助食用。吃面条时，要用叉子先将面条卷起，然后送入口中。

（4）吃鸡腿时，应先用刀将骨去掉，不要用手拿着吃。吃鱼时不要将鱼翻身，要吃完上层后再用刀叉将鱼骨剔掉后吃下层。

（5）吃有骨头的肉时，可以用手拿着吃。若想吃得更优雅，还是用刀较好。可用叉子将整片肉固定（可将叉子朝上，用叉子背部压住肉），再用刀沿骨头插入，把肉切开。最好是边切边吃。必须用手吃时，会附上洗手水，当洗手水和带骨头的肉一起端上来时，意味着“请用手吃”。吃一般的菜时，如果把手指弄脏，也可请侍者端洗手水来，注意洗手时要轻轻地洗。

（6）有不好吃的食物或异物入口时，必须注意不要引起一同吃饭人的不快，但也不必勉强自己把不好的东西吃下。可避开他人，用叉子将其从口中取出来，放在盘子一边，用盘子等眼前的东西遮住。

（7）食物太热时，不能吐出来，可以马上喝一点水（口里含着东西喝水，也只是在这种情况下才许可）。

（8）用匙送进口中的骨头等东西，尽可能在吃干净肉后，用唇弄至匙上，放在皿一边。用手放入口中的食物，如樱桃等，在吃干净果肉后，用手取出核。从口中取鱼骨一类的东西时，也可用手。

（9）喝咖啡要添加牛奶或糖时，添加后要用小勺搅拌均匀，然后将小勺放在咖啡的垫碟上。喝时应右手拿杯把，左手端垫碟，直接用嘴喝，不要用小勺舀着喝。吃水果时，不要拿着水果整个去咬，应先用水果刀切成几瓣再用刀去掉皮、核，用叉子叉着吃。

3）用餐社交礼仪

（1）坐姿要正，身体要直，脊背不要紧靠椅背，一般坐于座椅的3/4即可。不可伸腿，不能跷二郎腿，也不要将胳臂肘放到桌面上。

（2）吃西餐时相互交谈是很正常的现象，但切不可大声喧哗，放声大笑；也不要抽烟；吃东西时应细嚼慢咽，嘴里不要发出很大的声响，更不能把刀叉伸进嘴里。

（3）咳嗽或擤鼻子时，要用手或用毛巾（自己的毛巾，而不是餐巾）盖住。

（4）在别人家里，不要提自己不喜欢吃的食物。假如端出自己不想吃的食物，可以委婉地推辞。此外，在女主人自己烹饪的场合，评论某道菜特别好吃时，对女主人并非恭维，而是批评。

（5）菜肴端出来时，不需要说“Thank you”，但不要时，就必须说“No, thank you”，只用摇头拒绝是不礼貌的。

（6）餐桌上的佐料，通常已经备好，如果距离太远，可以请别人递给你，不能自己站起来伸手去拿，这会很难看。

（7）不要向侍者要求任何个性化的东西，这是女主人的工作。没有叉子，可以告诉女主人，由她吩咐侍者。

小资料 9-5

最重要的十条餐桌禁忌

思政园地

人情宴请 点餐适度

“你们一共13个人，点6个凉菜6个炒菜外加2个‘大件’估计就够吃了。如果不够，到时咱再加。”8月13日晚上，葛思奇一家到餐馆用餐，点菜时服务员善意提醒不要点太多。

葛思齐的母亲司女士介绍，女儿2020年考上了江苏警官学院，家里响应市里的号召不办升学宴、谢师宴，就想着自家人到饭店吃顿“大餐”庆祝一下。“在点菜时，老板没有使劲推销菜，而是在了解了就餐人数后，主动帮我们去掉2道菜，提醒我们点餐要适度。”

餐馆老板的劝说，得到了全家人的支持和肯定。尽管没有大操大办，但升学的喜悦并未丝毫减少，女儿也上了深受启发的“行前一课”。司女士观察到，在该酒店内，随处可见“浪费可耻、节约为荣”“光盘行动”“谁知盘中餐、粒粒皆辛苦”等宣传标语，每张餐桌上都有光盘行动提示牌。

2020年1月，宿迁市发布了“人情新风宿9条”，将厉行节约、反对餐饮浪费作为一项重要内容，提出“请客要适度，宴席不铺张”的文明倡导。

宿迁还将2020年作为“人情消费减负年”，策划开展了“推进人情减负、助力乡村振兴”“新时代、新青年、新风尚”等一系列有声势、有特色、有影响的新时代文明实践主题活动，进一步引导群众以文明节俭为荣，抵制大操大办，为弘扬人情新风、促进社会文明营造良好环境。

8月7日，宿迁市宿豫区成立了“人情新风酒店联盟”，6家酒店率先推出平价菜单。宿迁市餐饮食品安全协会会长宋苏北说：“我们向餐饮烹饪行业发出倡议，杜绝‘餐桌上的铺张’‘舌尖上的浪费’；用餐时做到按需点餐、按量取食；外出用餐时，养成剩菜打包、杜绝浪费的好习惯。”

据统计，2020年上半年宿迁市各地人情事项同比减少31.2%，户均人情支出降低43.1%，不必要的大操大办、聚餐聚会活动明显减少，全市近90%村居(社区)将“人情新风宿9条”相关内容整合进村规民约，除陋习、树新风。

资料来源　佚名. 人情宴请　点餐适度［EB/OL］.［2020-08-27］. https://baijiahao.baidu.com/s?id=1676129257041898705&wfr=spider&for=pc.

主要概念和观念

本章小结

○ 主要概念

正式宴会　鸡尾酒会　冷餐会　茶会

○ 主要观念

4M原则

基本训练

○ 知识题

▲ 简答题

1）宴席间应如何注意交谈的礼仪？

2）西餐用餐的基本礼仪要求有哪些？

▲ 选择题

1）正式宴会邀请书的发出应以提前（　　）为宜。

A.3天　　B.1周　　C.1～2周　　D.1个月

2）中餐进餐，“六不”规范是指不含物说话、不清嗓子、不夹起身菜以及（　　）。

A.不乱挑菜　　B.不违食俗　　C.不乱劝菜　　D.不对菜肴妄加评议

3）对于西餐正餐，席位前应有（　　）副刀叉。

A.2　　B.3　　C.4　　D.5

4）完整的西餐正餐由八道菜肴组成，其中最后一道是（　　）。

A.热饮　　B.水果　　C.甜品　　D.点心

▲ 阅读理解

在某地一家餐厅的午餐期间，来自中国台湾的旅游团正在此用餐，当服务员发现一位70多岁的老人面前是空的饭碗时，就轻步走上前，柔声说道：“请问老先生，您还要饭吗？”那位老先生摇了摇头。服务员又问道：“那先生您完了吗？”只见那位老先生冷冷一笑，说：“小姐，我今年70多岁了，自食其力，这辈子还没落到要饭吃的地步，怎么会要饭呢？而且我的身体还硬朗着呢，不会一下子完了的。”

请点评该服务员的失当之处。

○ 技能题

▲ 单项操作训练

1）你打算在家中宴请几位客人，共有7位来宾：1位是你的老师，1位是你的部门经理（顶头上司），2位是你的同事（其中1位与你的上司曾是中学同学），还有3位是你的朋友，他们与你的关系都不错。7人中最年长的是你的上司，其次是你的老师，其他人的年龄都比较接近。试排列一下就餐时的席位（圆桌），并说明理由（说明：都是同性）。

2）你到主人家去参加便宴，主人家的小孩特别调皮、好动，要你和他玩，否则他就会在你身上搞恶作剧。试问你该如何应对？

▲ 综合操作训练

当意外情况出现时

在就餐过程中，随时会出现意外情况，只有事先做好充分准备才不至于在事发时举措失当。

- 食物不是同时上来的该怎么办（分餐制场合下）？
- 刀叉或杯子不干净该怎么办（在酒店里或在主人家里）？
- 食物里有头发或昆虫该怎么办？
- 看到同桌的人脸上有饭粒该怎么办？
- 有青菜粘在牙齿上该怎么办？
- 吃饱了但是食物没有吃完该怎么办？
- 就餐过程中隐形眼镜突然让你感觉不舒服该怎么办？
- 如果不喜欢这种口味该怎么办？

- 上错了菜该怎么办？

观念应用

○ 案例题

以疫情为契机倡导“分餐制”

“合餐制”是中华文化的一种习俗礼仪。然而，合餐制在营造人们亲密温馨气氛的同时，因“同餐桌、同碗盘、同筷勺”的餐饮习惯，为疾病的传播埋下了隐患。笔者认为，在经历过新冠肺炎疫情以后，我们要重新思考如何把好餐桌安全关，倡导科学饮食健康文化，树立合餐制向分餐制转化的餐桌革命新食尚。

餐桌文化一直是中国的传统文化之一。但是，合餐制就意味着许多熟悉或不熟悉的人同吃一桌饭菜，人员相互接触的频率较高，更容易给病菌可乘之机。在共同就餐时，就餐者有可能成为病菌的传播者，如幽门螺旋杆菌、甲肝等病菌，都有可能通过共同就餐而传播。因此，分餐制就成为防范餐者传染病菌的可行方式。

分餐是将一份或几份菜肴分配到餐者自己的餐具中由其独自享用，避免筷子、勺子等餐具的交互接触。我国早在商周时期就有分餐的记载，但其显著的特征是对层级地位的彰显，是一种礼制。《周礼》有载：“设席之法，先设者皆言筵，后加者为席。筵长席短，筵铺陈于下，席在上，为人所坐藉。”这便是针对筵宴的规格标准。

在2003年“非典”疫情之后，社会上曾兴起分餐热。伴随着“非典”的退却，分餐制便鲜有人提及。《中国居民膳食指南（2016）》明确提出分餐制的建议，健康中国行动也再一次强调在集体用餐中采取分餐制，对合理膳食、平衡营养、控制食量以及预防疾病传播等具有深远意义。需要强调的是，如果就餐者知晓自己患有可传染的疾病，应严格避免与他人共餐，注意守护就餐者的健康，确保其身体安全。事实上，饮食习俗的变迁正呈现出“分久必合，合久必分”的趋势：人类社会初期，以采摘为主的饮食方式就造成了人类的分餐制；随着生活水平的提高、食物的丰富，人们聚在一起共享美食，形成了合餐制；如今，面临不断出现的公共卫生问题和疾病隐患，分餐制需要“再出江湖”。

除了提倡分餐外，还要注意防控餐食沾染病菌。取于自然的食材，是大自然给我们的馈赠。但自然界在养育人类的同时，也养育了寄生虫、细菌、病毒等。就饮食安全而言，从源头上控制病菌沾染就显得格外重要，尤其是在合餐时，餐食种类多，涉及环节广，容易给病菌可乘之机。

在人类漫长的进化发展史上，饮食也随之进化发展，以野果、野物为主的饮食已成为过去，然而，仍有部分人为了一时的口腹之欲，食用野生动植物，每年都会有因采食野生蘑菇而中毒死亡的事件出现。需要强调的是，野生动植物容易携带不明病菌、毒素，会引发中毒、疾病传播，还会危害野生动植物的生存，甚至导致其灭绝。2020年2月24日，十三届全国人大常委会第十六次会议审议通过了《全国人民代表大会常务委员会关于全面禁止非法野生动物交易、革除滥食野生动物陋习、切实保障人民群众生命健康安全的决定》，旨在全面禁止和惩治非法野生动物交易行为，革除滥食野生动物的陋习，维护生物安全和生态安全，有效防范重大公共卫生风险，切实保障人民群众的生命健康安全。

随着温室培育及粮食储存技术的进步，我们的餐桌上每天都能吃到新鲜的餐食，然而我们仍然不能忽视这些食材沾染病菌。我们主食的主要来源水稻、小麦、玉米都有着巨大的需求量，在储存、运输过程中容易变质发霉，滋生曲霉菌等致癌菌群。蔬菜瓜果等已经可以直接从农田到餐桌，极大地改善和丰富了我们的日常生活，但是蔬菜瓜果容易携带寄生虫、残留农药等有害物质，处理不当就会侵袭人体。食材处理是食材到餐桌的最后一步，更是阻击餐食病菌侵袭人体的重要一环。不同的食材有着不同的处理方式，涉及的“油盐酱醋茶”等调料、配料也是繁多复杂，应谨慎处理每一个环节，防控餐食沾染病菌。

另外，餐食从锅中到口中离不了餐具，这一过程使得病菌容易混入进而侵袭人体。大部分中国家庭都是统一的碗盘筷，也不具备消毒条件，所以在清洗上就需要格外注意。餐具在彻底清洗的同时要及时晾干，防止病菌滋生，有条件的家庭可以采用消毒柜通过紫外线或高温进行灭菌。

新冠肺炎疫情是提升“舌尖上的文明”的一次契机。倡导形成集体饮食分餐制、拒食野生动物、自带便携餐具的新型生活方式，引领健康就餐新风尚，既是实现健康中国的需要，更是健康民族未来的需要。

资料来源 王立祥. 以疫情为契机倡导“分餐制”[EB/OL].[2020-05-03]. https://baijiahao.baidu.com/s?id=1665622494846389910&wfr=spider&for=pc.

问题：为什么要倡导分餐制？

○ 实训题

请将全套西餐用具放置到位，并熟练地掌握西餐用具的使用知识。

○ 讨论题

作为新人，你有幸得到上司邀请，陪同一起招待重要客户。按惯例，饮酒是免不了的，如何做到既陪好上司与客户，又不违背饮酒礼仪却是一个问题。请组织三五名同学献计献策，提出至少六条新人饮酒礼仪与技巧。

第10章

涉外礼仪

学习目标

通过本章学习，你应该达到以下目标：

素质目标：具有比较全面的涉外礼仪知识，在对外交往中能够正确把握涉外礼仪规范以及各国的习俗禁忌。

知识目标：了解涉外礼仪的基本概念、作用以及涉外礼仪的基础知识与理论依据，根据各国的实际，正确地选择不同的涉外礼仪。

技能目标：按照涉外礼仪的基本要求，运用涉外礼仪的基本原则；在涉外活动中，基本掌握选择不同的涉外礼仪的方法和技巧。

能力目标：具有区分不同的涉外礼仪和运用所学的涉外礼仪的原理、方法开展对外交往、维护自身形象和国家尊严的能力。

引例　法国纪录片曝光法俄领导人会谈内容，俄外长：违反外交礼仪

当地时间7月6日，俄罗斯外长拉夫罗夫称，法国方面曝光俄罗斯总统普京和法国总统马克龙会谈内容的行为“违反了外交礼仪”。

据美国政治新闻网站Politico 7月6日报道，拉夫罗夫表示，“根据外交礼仪，此类录音不该被单方面泄露。原则上，我们永远不会对我们谈判的方式感到羞愧。我们总是说出我们的想法，准备好回答相应问题，并解释我们的立场。”俄罗斯外交部发言人扎哈罗娃日前表示，法方的做法违反了两国总统会谈的保密原则。此外，扎哈罗娃谴责了普京和马克龙举行闭门会谈时，有摄制组在场的行为。

俄新社报道称，被披露的会谈内容显示，普京和马克龙谈到了有关明斯克协议的问题。扎哈罗娃批评称，法国在“诺曼底模式”的框架内就明斯克协议开展工作，有8年时间能“展现其专业能力的奇迹”，但“正如你们所见，法国取得的结果为零”。根据诺曼底模式，俄罗斯、乌克兰、法国和德国领导人将一起寻求乌克兰冲突的解决方案。法国爱丽舍宫尚未回应置评请求。

Politico指出，今年6月底，法国电视二台播出了一部有关马克龙处理俄乌冲突的纪录片，内容包括马克龙与普京在2月20日，也就是俄乌冲突爆发前的一次通话细节。根据通话，马克龙曾在冲突爆发前试图与普京进行谈判。除了此次会谈内容被泄露外，2021年11月，法国方面指责澳大利亚公布了法澳两国领导人的短信内容，当时澳方突然取消与法国的潜艇合同，让法方感到“被骗了”。

资料来源　南博一. 法国纪录片曝光法俄领导人会谈内容 俄外长：违反外交礼仪［EB/OL］.［2022-07-07］. https：//baijiahao.baidu.com/s?id=1737672016823360241&wfr=spider&for=pc.

在国际性交往活动中，无论是国家间的交往，还是民间往来都存在着一个礼仪问题，礼仪的地域性特点又影响到礼仪在不同国家、不同地区的不同规范要求及不同使用方法。这就需要我们了解世界各国的礼仪标准，同时遵守国际礼仪惯例，尊重对方的礼仪习性（做到互相理解、互相尊重），以便更好地开展对外交往工作，维护我国“礼仪之邦”的国家形象和国家尊严。

10.1　涉外礼仪概述

10.1.1　涉外礼仪的含义与渊源

1）涉外礼仪的含义

涉外礼仪是指国家或个人在对外交往和涉外工作中，在维护国家及个人形象的前提下，所执行的向交往国或个人表示尊重、友好与礼貌的礼仪规范。

涉外礼仪是在长期的国际交往中逐步形成的，属于国际通行的专用性礼仪规范。

涉外礼仪按主体不同可分为外交礼仪（即国与国之间）和个人涉外礼仪两部分。相比较而言，前者的礼仪规范要求更严、更细，在礼节、礼貌各方面要求也更高。

外交礼仪是指外交活动中一整套交往的仪式标准与程序和行为的礼仪规范与准则。其中，外交官是具体礼仪规范的实施者和代表者。古希腊演说家德谟斯芬曾说过：“大使没有战舰，没有重兵，没有碉堡，他的武器就是语言和机遇。”这段话较深刻地揭示了交际能力在外交礼仪中的作用。外交礼仪的主要作用是维护每一个独立国家或地区的发言权和自由生活的权利。

2）外交礼仪溯源

在古代，各个国家的统治者为了维持相互间的和平关系，都会制定一些各国在国际交往中的言行举止准则，明确各国代表在进行官方接触时必须遵守的一些形式，以及国与国之间必须互相尊重的行为规范。

相关研究表明，世界上最早的一部关于外交礼节的书籍是大约公元前2350年在埃及写成的，其书名为《行为举止守则》。然而，有关此书内容的资料却未能保存下来。

19世纪末考古发掘出来的文献资料表明，人类历史上的第一份书面礼仪协议是由埃及法老拉美西斯二世（公元前1303年—公元前1213年）和赫梯（公元前2000年—公元前1000年小亚细亚东部和叙利亚北部的古代部落）国王哈图希尔三世（公元前13世纪前半期赫梯王国国王）于公元前1278年签署的。为了证实刻在长条银板上的文件准确无误，赫梯国王令人在银板的一面绘出自己同风神坐在一起的画面，而在另一面雕刻上王后同太阳女神在一起的图像。拉美西斯二世亦照此办理，如法炮制了刻有类似图像的长条银板。同时准备两份完全相同的协议文本，而后进行交换——这种习俗一直沿用至今，已成为国际交往中的惯例。

在人类文明史的前期，为了同其他国家进行正式的交往，古埃及挑选出了一批专职工作人员——使者。在古埃及的一份文件中曾有这样一段记载："在使者动身前往陌生国度的时候，要为孩子们立下一份遗嘱，使他们不畏惧狮子和野蛮人……当他离开的时候，要在腰间挂上一块砖形物。""腰间的砖形物"就是用楔形文字刻写的表示使者拥有全权的一种黏土制的标志牌。

古希腊时期，为了同其他国家进行正式交往，会让使者持有写在两张对折的卡片或标志牌上的委任状——外交文书。从那时起，"外交"一词就进入了日常生活。

在共和国时期的古罗马（指公元前509年—公元前30年期间的罗马），派遣使者的仪式是庄严隆重的。使者通常以3人或10人为一批组成使团被派出去。这种多人使团中的每一名成员都会得到一枚镶嵌宝石的金戒指。这枚戒指赋予他们免税运送行李物品出境的权利。在海上旅行时，使者们由军舰组成的仪仗护航队护送。

饶有兴趣的是，为了组织接见外国使者的仪式，古罗马还设立了一个专门的职位——"礼仪首领"。这一职位颇像现在的"礼宾司长"。为了对外国贵宾表示尊敬，常常举行群众性的庆祝和娱乐活动。元老院要召开隆重的会议接见来宾，并指定专门委员会同他们进行谈判。在客人动身回国时双方要互赠礼品，这些礼品常常价值连城。譬如，叙利亚国王安提奥克三世（公元前242年—公元前187年）的使者给罗马带去的礼物竟是一只重达500磅的金质花瓶。

拜占庭帝国（公元395年—1453年，东罗马帝国在中世纪史上的别称）高度发展和完善的制度给了中世纪国际交往的礼仪以重大影响。拜占庭帝国隆重豪华、大肆铺张地接待外国使者，其目的是给外宾留下深刻的印象，使他们对拜占庭帝国的强盛深信不疑。外交礼仪的目的有时同自身的使命截然相反——不是为了表达友好的情感，而是为了炫耀武力和优势地位。这种倾向之后在不同程度上为一些君主国家所承袭。

到了中世纪，国际交往中讲究礼仪的范围进一步扩大。不仅各国外交人员的相互交往日益频繁，而且王室成员、贵族、商人、学者和旅游的学生等各界人士之间的交往也日渐增多。在中世纪早期和中期，国际交往礼节规范的倡导者是教会，而在中世纪后期则是巴黎、伦敦和欧洲其他一些国家的宫廷。

中世纪关于行为举止方面最著名的书籍是1204年出版的《教徒戒律》，此书是西班牙神父佩德罗·阿尔丰沙专为神职人员和修道士编著的。后来在该书的基础上，英国、荷兰、法国以及日耳曼和意大利又相继出版了一些礼节方面的参考书。这些书的内容多半是用餐的举止准则，其中也涉及其他一些问题，如交谈的顺序、接待客人的方式方法等。这些准则对外交人员同样适用。

国际交际礼仪是在长期的国际交往中逐渐形成的，受到各国的普遍重视与广泛运用，无论是在官方还是民间的友好往来中，都发挥相当重要的作用。官方的礼宾工作主要是根据本国的对外方针政策，组织安排对外礼仪活动与交际活动，尽管活动形式各有差异，但归根结底礼宾工作是为本国的对外政策服务的。外交礼仪与非外交的平民百姓的礼节之间的区别，大概仅仅是隆重的程度不同而已。

当然，许多国家往往结合本国的实际情况来应用外交礼仪，不少国家则保持着传统的形式与礼节，使其更富有民族特色。因此，外交礼仪也在一定程度上反映了一个国家的文明、文化和社会风尚。

此外，随着国际交往的日益密切，各国的礼仪形式与内容都在不同程度地发生变化。其趋势是逐步简化，更加灵活，更注重实效。

从总体上讲，外交礼仪具有以下三个特征：

其一，规范性。外交礼仪的规范性在各类礼仪中是最突出的。因其事关一个国家所给予其他国家来宾的礼遇，因此各国政府大都对此有明文规定，以免无“礼”可依，失礼于外国来宾。

其二，严肃性。外交礼仪的严肃性，是指它往往在形式上显得庄严与崇高，借以维护国家的尊严，并且使人对国家产生敬畏之心。就外交礼仪而言，轻松、活泼往往与其整体风格是格格不入的。

其三，礼宾性。外交礼仪的礼宾性，意味着它所关注的重点主要是各国政府之间官方交往中的外宾接待，即如何以礼待客、给予来宾以适当的礼遇。

此外还有对等性，即交往国之间所给予的外交礼遇是对等的。当一方对来宾采取某种标准的礼仪形式时，对方国一般也会给己方以相应的外交礼遇，如目前外来接待中的接待人员级别对等原则。例如，2004年年初，美国以防止国际恐怖为由对一些国家的入境人员进行留指纹检查，不少国家如古巴也对美国的入境者采取针对措施，我国也宣布取消给美方人员的入境落地签证待遇。

周恩来总理在谈到涉外工作时，曾谆谆教导我国的外事干部：外事无小事，事事是大事，事事要重视。确实，在外交礼仪方面，任何一个细节的疏忽都有可能酿成大错。

周恩来总理在国际外交方面创造性地提出和平共处五项原则，早已被世界各国所认同，成为国与国之间交往的“必要条件”。

10.1.2 涉外礼仪的原则

1）不卑不亢，互相尊重

外交礼仪的第一条基本原则是不卑不亢。外交礼仪在一定程度上反映着一个国家的文明程度和社会风尚，也体现着一个国家对其他国家的基本态度。在国际政治交往中，国与国之间的关系都应当是平等和相互尊重的。在外交礼仪上，既不能唯我独尊、盛气凌人、以强欺弱，也不应卑躬屈膝、妄自菲薄、丧失民族气节，这就是不卑不亢的原则。在应用外交礼仪时，倘若置这项原则于不顾，就必然会给国家和政府的形象带来损害。一味地“亢”并不一定总会使自己扬眉吐气，反而会给人以虚张声势之感，甚至会伤害交往对象的自尊心；一味地“卑”，也并不一定真能委曲求全，讨好交往对象，反而有可能使对方得寸进尺，欲壑难填，同时也会严重地危害自己国家的利益。唯有不卑不亢，才是自尊自爱、平等待人的正确做法。

中国人待人接物一般讲究含蓄和委婉，还特别客套、热情，而西方人一般较外向且讲究实事求是。因此在涉外交往中，我们要把握好热情友好的分寸，以使对方感到亲切、自然，否则，事与愿违，过犹不及。“过头”了就会给人一种卑躬屈膝、低三下四的感觉；“不及”，又可能给人留下自大狂傲、放肆嚣张的印象。交往应本着互相尊重的原则，包括尊重对方和捍卫自尊两个方面。尊重对方就是不论对方的国家、民族大小，企业实力强弱，或者风俗习惯、宗教、法律等是否和我们相同，都不能歧视对方，做到在人格上平等相待；但同时更要明白，尊重他人的前提是要学会自尊，要敢于和善于对自己进行正面的评价和肯定，在言行举止方面做到从容得体。

2）平等相待，礼尚往来

在涉外交往过程中，我们应该特别注意对任何交往对象都要一视同仁，给予平等的尊重与友好，对大国和小国、强国和弱国、富国和穷国不能厚此薄彼，也不应对大人物和普通人有薄有厚。杨雄在《法言义疏·修身》中说“上交不谄，下交不骄”，就是告诫人们不能以权取人，谁位高权重就巴结逢迎谁，谁位卑无权就瞧不起谁，这种做法是非常庸俗和失礼的。除此之外，还应做到不以貌取人，不能根据对方的外貌与衣着来决定自己的态度。

人与人之间、企业与企业之间、国与国之间只有多接触、多了解、多沟通、平等相待，才能相互理解，从而建立起稳定和良好的关系，取得双赢的效果。《礼记·曲礼》中谓：“礼尚往来，往而不来，非礼也；来而不往，亦非礼也。”如果只有单方面的热情，另一方反应冷淡，唯我独尊，不予理睬，甚至冷嘲热讽，是非常失礼的表现，严重的还有可能导致双方断交，产生敌对情绪。

3）尚礼好客，客随主便

在对外交往中，作为主人，应热情好客，待客彬彬有礼，讲究规格。当发现我们的接待方式不适合客人时，可适当地采用对方习惯的礼节、礼仪，让客人感觉舒服自在，有“宾至如归”的感觉，以表示对客人的体贴和尊重。

当我们作为客人参加涉外活动时，不能我行我素，给主人增添麻烦，或让主人无所适从，而应客随主便，做到入乡随俗，这才是真正体现“礼仪之邦”应有的风范，也只有这样，才能成为受欢迎的客人。

4）遵守外事纪律，注重礼仪礼节

遵守外事纪律就是要在外事接待工作中维护国家主权和民族尊严，不得失密泄密；不利用工作之便营私牟利、索要礼品；不背着组织与外国机构及个人私下交往；不私自主张或答应外国客人提出的不合理要求；参加外事活动，要严格按规章制度办事。

我国对外政策也要求交际礼仪与之相适应，做到礼仪周到而不烦琐，热情接待而不铺张，活动内容丰富而不累赘。接待外宾的人员应仪容整洁，仪表大方，表情亲切、自然，熟悉各国、各民族的风俗习惯；陪同外宾时要注意自己的身份，言行举止要符合礼仪要求，坐立姿势应端庄，对外宾的穿着不品头论足，使来宾真正有“宾至如归”之感。

5）尊重礼俗，求同存异

由于世界各国的社会制度、文化背景各不相同，礼仪习俗存在着一定程度的差异，在对外交往时，应理解对方、尊重对方。特别是对那些并无恶意，但观点、立场、态度与自己不同的人，要做到和平共处、求同存异，做到“不伤主人之雅，不损客人之尊”，有宽广的胸怀和外交家的风度。既要遵守国际通行的礼仪惯例（即各国礼仪的“共性”），也要尊重交往对象所在国的特殊礼仪与习俗（即各国礼仪的“个性”），尤其要尊重宗教礼仪。在外事活动中经常会接触到外国宗教信仰者所遵守的宗教礼仪，对他们表达信仰所举行的活动和仪式，以及特殊的讲究和禁忌，都要给予尊重和正确对待。体现国家宗教自由的政策，也是对有宗教信仰者表达友好和尊重。对外国人的宗教礼仪，不要装懂，也不要随意模仿，更不能干涉。到访外宾参加宗教活动，要以不违反有关法律、不妨碍公务活动、不影响人民群众的生活、不危及社会稳定和国家尊严为限。

小资料10-1　**涉外礼仪中的行为禁忌**

在与新加坡人交谈时，不要谈论有关宗教和政治方面的话题。如果要与日本友人合影，忌三人一排，因为他们认为夹在中间的人将会有厄运。印度教徒最忌讳众人在同一盘中取食，也不吃别人接触过的食物。与英国人站着谈话时，不可以把手插入口袋中，不能当着英国人的面耳语或拍打其肩部。与意大利人不要谈政治、经济等敏感话题；意大利足球闻名于世，他们不屑于谈论美式橄榄球。看见美国老人上楼或者爬山时，不要随便上前搀扶，他们可不希望别人认为自己已经年迈无用了。

6）慎重表态，信守约定

古今中外人们都推崇做人应该“言必信、行必果”。特别是在对外交往中，言行一定要谨慎，表态要慎重，切不可说大话、空话，更不能信口开河，作不负责任的承诺。

在社交场合有两种人是最不受欢迎的：第一种是失约并且未事先打招呼的人，在西方的上流社会，这种人不大可能被再次邀请；第二种是那些不守时的人，尤其是常常迟到的人，他们不珍惜他人的时间，没有礼貌，所以也不受欢迎。在我国，由于长期受小农经济的影响，人们日出而作，日落而息，在时间概念上不是特别精确。这使得一些人对迟到、改约、失约甚至违约习以为常，认为这些都是小事，算不上什么失礼。但是在今天这个生活和工作节奏越来越快、国际交往越来越频繁的新时代，这种落后的观念必须改变。在一切涉外交往中，都必须认真而严格地遵守自己的所有承诺，做到言而有信。如果言而无信，有约不守或守约不严，不仅是不尊重对方，更是缺乏文明教养的表现，会使个人形象、企业形象、国家形象受损。

10.1.3 涉外礼仪须知

1）遵守时间，不得失约

这是国际交往中非常重要的礼节。参加各种外事活动，都要按时抵达。过早抵达，会使主人因准备未毕而难堪；过迟到达，会使主人与客人空等过久而失礼。确因故迟到时，应诚恳地向主人和客人致歉并说明原因。万一因故不能应邀赴约，要提前礼貌地告知主人，并表示歉意。

遵守时间的原则，重要的是要做好以下几点：一是在有关时间问题上，不可以吞吞吐吐、含含糊糊、模棱两可；二是与他人约好的时间一旦确定，就应认真遵守，而不宜随便变动或取消；三是在涉外交往中不允许早退；四是万一失约，务必要向对方尽早通报，解释缘由，并为此而向对方致歉。

2）注重形象，仪表得体

当今世界，尽管各国社会形态各不相同，经济发展水平不一，民族人口有多寡之别，国家也有大小之分，但有一点是共同的，即文明的民族都很注重礼貌礼节。一个文明程度越高的国家或民族，其国民就越讲礼貌、懂礼节，其国际形象也越佳。在国际交往中，人们普遍对交往对象的个人形象倍加关注，不仅因为个人形象真实地体现着个人的教养、品德、精神风貌和生活态度，还因为个人形象总是与国家形象、民族形象、企业形象密切相关，个人形象可以如实地体现出对交往对象的重视程度。在对外交往中，一般的外国人对中国的了解和看法，主要来自他有机会接触到的某些中国人。一个中国人在对外交往中，要是不注意维护自身形象，在某种程度上就有可能损害国家的形象和你所在企业的形象。

其具体要求有：注意个人卫生。衣着要整洁美观，衣领袖口要干净，皮鞋要上油擦亮，穿西装要打好领带，穿中山装要扣好领扣、领钩，梳理好头发，刮净胡子，修剪好指甲。

举止要落落大方，端庄稳重，表现自然，和蔼可亲，站有站相，坐有坐相。另外，参加活动前不能吃葱、蒜等带有刺激性气味的食物，公共场所禁止吸烟。

言谈的态度要诚恳、自然、大方，语气要和蔼可亲，表达要得体，谈话内容要事先有所准备，要留给别人说话的机会，言谈中手势不要过大，讲求倾听的艺术。不要询问女士的年龄、婚否、收入等私人生活方面的问题，不要随意谈论当事国的内政、外交、宗教等问题。

要养成在公共场所遵守公共秩序、自觉礼让的习惯，以不妨碍他人、不打扰他人为基本行为规范。如在车站、机场、港口、商店、餐厅、俱乐部、体育馆、图书馆这类与陌生人相处的公共场所，说话的声音宜小到不引起他人的注意为宜，手势也不宜过多。那种高谈阔论、指手画脚的行为是自身修养不够的体现，也是对他人的轻视。

3）尊重老幼，尊重女士

尊重老幼、尊重女士是我国的一项传统美德，也是涉外交往中应遵守的基本礼仪。其中，在西方社会更突出“女士优先”，这被认为是男士具有高雅风度的表现。有人认为讲究女士优先是华而不实的形式主义，这实际上是一种偏见。从根本上说，女人是人类的母亲，尊重女性就是尊重人类的过去与未来。

尊重女士的具体体现有：在任何时候、任何情况下，男士要从各个方面尊重女士、照顾女士、保护女士、体谅女士，尽心尽力地为女士排忧解难。比如，在社交场合做介绍时，先把男士介绍给女士；参加社交聚会时，见到站在一起的男女主人时，应先与女主人打招呼；而女士进入聚会场所时，先到的男士应站起来迎接；当介绍来宾时，应先把男士介绍给女士；当男女双方握手时，只有等女士伸出手之后，男士方可与之相握；上下车、进出电梯时，均让女士先行；在旅途中，遇到携带行李的女士时，男士应帮助提携并放好行李；如果男女并排行走，男士应当自觉请女士走在人行道的内侧，自己走在外侧；在同时需要称呼多人时，合乎礼仪的称呼方法是“女士们，先生们”；男士不得当着女士的面讲粗话、脏话或开低级下流的玩笑，言辞必须文明高雅、表达分寸得当等。

4）通晓习俗，知书达理

在涉外交往中，人们总认为语言不通是交往中的唯一障碍，其实在某些时候，对交往对象所在国的风尚习俗不了解才是最大的障碍。当你欲往国外访问、经商、探亲或旅游观光时，当你要在国内接待外宾、与外宾洽谈生意或共同工作时，事先了解对方的习俗礼仪尤为重要。当你预先了解了对方的习惯禁忌，就可以尽量遵从对方的行为习惯，避免误会，从而表现出对对方的最大尊重，成为一个彬彬有礼、受人欢迎的客人或是一个知书达理、体贴周到的主人。

许多国外礼仪习俗让我们费解，实际上，外国人同样也对我们的礼仪习俗感到不理解。“您吃了吗?”在外国客人听来就觉得很奇怪：“我吃不吃饭，与你有什么关系”“为什么打听我吃没吃饭”。此外，朋友间讲究以诚相待，对于朋友的一些不合适的举止，我们会主动地提出来，这在西方人际交往中是不允许的，因为他们更讲究礼仪中的面子。由此可见，国内外人士在许多问题的看法上，“是”“非”的界限是不一致的。再者，在涉外交往中，讲究的是互相尊重，以自己的标准去评判他人的做法，当众指出对方过失，会让人难以下台，受到伤害，也显得自己做人过于刻薄。

5）小心慎言，不得犯忌

国际礼仪强调以人为本，要求尊重个人隐私，维护人格尊严，并以此作为一个人在社交活动中有无教养、能否尊重和体谅交往对象的重要标志。对西方人来讲，凡涉及经历、收入、年龄、婚恋、健康状况、政治见解等话题均属于个人隐私，他人不应查问。西方人特别是女士，一般不把自己的年龄告诉别人；询问年龄，打听异性婚否，会让人觉得讨厌。西方人还不喜欢随便给人留自己的家庭住址，也不随便请人到家里做客。关于宗教信仰和政治派别，在西方人看来是非常严肃的事，不可随便谈论。因此，自觉地、有意识地回避对方的隐私至关重要。

因此，在与外国人打交道时，千万不要没话找话，信口打探对方的个人情况，尤其是发现对方不愿意回答时，就应当适可而止。必要时，可以谈一些天气、交通、体育之类的中性话题，也有助于营造良好的谈话气氛。

6）保护环境，爱护动物

环境，通常是指人类生存的外部条件，是人类社会赖以生存和发展的基础，与人类的生活质量息息相关。爱惜和保护环境，从本质上讲，就是对整个人类的爱惜和保护，因此每个人都有义务对环境加以爱惜和保护，不论是为了发展经济还是为了提高生活质量，都不能以牺牲环境为代价。注重环保作为涉外礼仪的主要原则之一，是国际舞台上受关注的焦点话题。在日常生活中，能否以实际行动爱护环境，也被视为一个人有没有教养、讲不讲社会公德的重要标志。

保护环境的原则，具体讲包括三重含义：其一是要求保护人类的生存环境；其二是要求保护地球的自然环境；其三是要求维护公共场所的卫生环境。作为与环境荣辱与共、唇齿相依的人类社会的一名成员，保护环境是责无旁贷的。

在日常生活中，我们不仅要有保护环境的意识，还要严格要求自己。不在他人面前吸烟，不随手乱丢废弃物品，不采折花卉等，都是保护环境的具体表现。

另外，在对外交往中，还应当爱护动物。动物是自然界生态平衡不可缺少的成员，它与农、林、牧、渔、医等各方面的关系都非常密切，为人类衣食住行提供了宝贵的资源，也为美化人们的生活提供了丰富的内容。所以，我们应当爱护动物，遵守各国有关动物保护的规定或条例。

在西方，狗、猫一类的宠物，是受青睐的。与西方人交谈时，"狗肉味道好极了"一类话语，是很不合适的。此外，还要尊重主人的宠物，不能称为"母狗""懒猫"等。

10.2 礼宾次序与国旗悬挂礼仪

10.2.1 礼宾次序

1）礼宾次序的含义

外事活动中的**礼宾次序**是指在国际交往中对出席活动的国家团体以及各国人士按某些规则和惯例排列出的先后次序。礼宾次序往往是在各种外事活动中安排出席人员位次的依据。它是东道主国家给予其他各国来宾的一种礼遇，合理的礼宾次序是对参加活动的各国平等主权的尊重。如果礼宾次序排列不符合国际通行规则和惯例，就会被认为是对来宾的不尊重，并会因此影响正常的国际交往。

2）官式礼节与礼宾次序

官式礼节指确定官方人士的地位和待遇的强制性的有关规定。官式礼节规定一国之内的各级官员的正式礼宾次序，没有官衔的人不包括在内。排列礼宾次序，必须首先熟悉各国官式礼节的规定。

官式礼节的作用，是在每一个行政区划的范围内维护行使职权的官方人士以及因执行公务路过的公职人员的等级关系。它涉及官方的典礼，在场的人之所以出席，是因为他们在国家的各种活动中起一定的作用。因此，官式礼节所规定的礼宾次序是带有强制性的，不遵守礼宾规则意味着破坏该国家机构的内部秩序。

在外交场合，对东道主来讲，弄清楚客人的地位高低是一个令人头痛的问题。如宴会中将一位外国代表安排在不起眼的位置，或是对其官阶不够重视，都足以影响到两国间的外交关系。

例如，法国现行的官方礼宾的基本规则来自共和国历12年的法令。这一法令所确定的行政机关组织至今仍是法国政治和行政等级制的基础。由于大使代表国家元首，因此在法国的外国大使先于两院议长，而在外国大使处，总理、两院议长和外交部长先于大使。

再如，武装力量一般分为陆、海、空三军。军官之间，以军阶定先后次序，军阶相同则依军龄，军龄相同，就以年岁为依据。按法国传统，陆军居首位，海空军次之。在英国，居第一位的则是海军。

所以官式礼节不考虑社交生活中通行的某些做法：既不考虑男女之别，也不考虑长幼之分，荣誉称号也不起作用。

知名人士在官方礼宾次序中没有地位，这不意味着他们不能出席官方典礼，但他们的位置只能按一般礼遇排列。当然，这不是一成不变的，其取决于典礼的实际情况，以及其他参加者的地位和声望。曾经担任过官职，后因辞职、任期届满或退休不再任职者（撤职者不在此列，他们丧失了列入礼宾次序的资格），原则上位居同级现职之后，列较低一级者之前。

3）礼宾次序的要求

在中国古代，通常以左为尊，就座时，主人左面位置为大。而在国际交往中，一般遵循“以右为尊”的原则，这是国际惯例，无论是国旗悬挂、座次安排，还是坐车、行走都以右为尊。

（1）社交场合的一般要求。在一般社交场合，约定俗成的做法为：凡涉及位次顺序时，国际上都讲究右贵左贱，即以右为大、为长、为尊；以左为小、为次、为偏。行走时，应请外宾走在内侧，即右侧，而我方人员则走在外侧，即左侧；进餐时，主人应请客人坐在自己的右边。

（2）不同场合的特殊要求。其包括：①同行时：两人同行，以前者、右者为尊；三人行，并行以中者为尊，前后行，以前者为尊。②进门、上车时：进门时应让尊者先行。上车时低位者应让尊者由右边上车，然后从车后绕到左边上车。③坐轿车时：以后排中间为尊位，右边次之，左边又次之，前排最低。④迎宾引路时：迎宾，主人走在前；送客，主人走在后。⑤上楼时：尊者、女士在前；下楼时则相反，位低者在前，尊者、女士在后。⑥在室内：以朝南或对门的座位为尊位。

（3）重大宴会上的礼宾次序要求。重大宴会上的礼宾次序主要体现在桌、席位的安排上。

国际上的一般习惯为：桌次高低以离主桌位置远近而定，主宾或主宾夫人坐在主人右侧。我国习惯上按客人的职务、社会地位来排序；外国习惯上男女穿插安排，以女主人为准，主宾在女主人右上方，主宾夫人在男主人右上方。如果是两桌以上的宴会，其他各桌第一主人的位置可以与主桌主人的位置同向，亦可以面对主桌的位置为主位。

4）礼宾次序的排列方法

（1）按身份与职位的高低排列。如按国家元首、副元首、政府总理（首相）、副总理（副首相）、部长、副部长等顺序排列。由于各国的国家体制不同，部门之间的职位高低不尽一致，所以，首先要熟悉各国的规定，然后按相应的级别和官衔进行安排。

（2）按字母顺序排列。多边活动中的礼宾次序有时按参加国国名字母顺序排列，一般以按英文字母顺序排列居多，少数情况下也按其他语种的字母顺序排列。这种排列方法多见于国际会议、体育比赛等。例如，在奥运会开幕式上，体育代表团的出场顺序按国名字母顺序排列（东道国一般排在最后）；而代表团观礼或召开理事会、委员会会议等时，则按出席的代表团团长的身份高低排列。

（3）按通知代表团组成的日期先后排列。有时在国家间举行的多边活动中，采用通知代表团组成的日期先后排列礼宾次序的方法。东道国对同等身份的外国代表团，按派遣国通知代表团组成的日期排定次序，或按代表团抵达活动地点的时间先后排定次序。

采用何种排列方法，东道国在致各国的邀请书中，一般会加以注明。如秘鲁1980年7月举行了共和国总统权力移交仪式，在邀请各国派遣代表团的注意事项中指出："在级别相同的情况下，代表团团长的礼宾次序将按通知代表团组成的日期先后确定。如果同时接到两个或两个以上的代表团的组成通知，将按其字母顺序确定先后。"在实际工作中遇到的情况往往是复杂的，所以礼宾次序的排列常常不能采用一种排列方法，而是几种方法交叉，并考虑其他因素。

影响礼宾次序排列的其他因素有：①政治因素。在多边活动中，礼宾次序的排列需尽可能考虑客人之间的政治关系。若双方政见分歧大、两国关系紧张，就要尽量避免安排在一起。②身份、语言、专业的因素。席位主要依据礼宾次序来排，在排席位前，要将经落实能出席的主、宾双方名单分别按礼宾次序开列出来，并考虑语言习惯、专业对口等因素，以便于在宴席上交谈与沟通。

5）礼宾次序排列中应注意的问题

在实际操作时，礼宾次序是一个政策性和敏感性均较强的问题，若礼宾次序不符合国际惯例及安排不当，就会引起不必要的误解。

（1）席位安排的忌讳。安排宴会的席位时，有些国家忌讳以背向人，特别是安排长桌席位时，主宾席背向群众的一边和正面第一排桌背后主宾的座位，均不宜安排坐人。一些国家的陪同、译员一般不上席，为便于交谈，译员坐在主人和主宾的背后。

（2）外事、礼宾部门的指导。为了做到礼宾次序排列的准确无误，重大的、涉外的礼宾次序排列一定要在外事、礼宾部门的指导下慎重、细致地进行。

（3）选择礼宾次序的最佳方案。礼宾次序的安排应慎之又慎，应尽量避免因礼宾次序安排不周而产生的矛盾，可多拟订几种方案，从中选择最佳或最满意的方案。

（4）努力做好善后工作。如果由于安排、考虑不周或其他原因而引起礼宾次序上的风波，组织单位、部门和主管人员要努力做好善后工作，主人应做出解释，尽量缓和"一人向隅，举桌不欢"的气氛，并使这种情形的影响缩减到最小的范围和降到最低的程度。

总之，在外事交往中，外事接待人员和其他有关成员必须了解礼仪、礼宾方面的基本知识与社交规范，遵循外事工作的基本原则，掌握礼宾次序的基本要求，更好地为对外交往做出努力与贡献。

10.2.2　国旗悬挂

国旗，是指各国由宪法规定的代表国家的旗帜，是国家的标志和象征，代表着一个国家的尊严。国旗能够唤起国民的爱国热情、对国家的责任感和荣誉感。

人们往往通过悬挂国旗表示对本国的热爱或对他国的尊重。在一个主权国家的领土上，一般不随意悬挂他国国旗。许多国家对悬挂外国国旗都有专门规定。在国际交往中，还形成了悬挂国旗的一些惯例，为各国所公认。

1）悬挂国旗的场所

（1）根据国际关系准则，一国元首、政府首脑在他国进行访问时，有权在其住所及交通工具上悬挂本国国旗。一个国家的外交代表在接受国境内，有权在其办公处、寓邸及交通工具上悬挂本国国旗。东道国在接待来访的外国元首、政府首脑时，在其下榻的宾馆、乘坐的汽车上以及隆重的场合悬挂对方的国旗，是对来宾的礼遇。

（2）2020年10月17日，十三届全国人大常委会第二十二次会议表决通过关于修改《中华人民共和国国旗法》的决定，自2021年1月1日起施行。根据《中华人民共和国国旗法》的有关规定，为确定涉外升挂和使用国旗的范围和办法，基于外交工作实践，外交部修订了《中华人民共和国外交部关于涉外升挂和使用国旗的规定》。根据《中华人民共和国外交部关于涉外升挂和使用国旗的规定》（征求意见稿），下列外国贵宾以本人担任公职的身份单独或率领代表团来华进行正式访问时应升挂国旗：国家元首、副元首；政府首脑、副首脑；议长、副议长；外交部长和国防部长、总司令或总参谋长；率领代表团的正部长；国家元首或政府首脑派遣的特使；重要政府间国际和地区组织的主要负责人。在重大的礼仪活动场所，如欢迎仪式、正式会谈、签字仪式、欢迎宴会等，升挂中国国旗和来访国国旗；在贵宾的住地升挂、在贵宾乘坐的交通工具上悬挂来访国国旗或组织旗。

（3）其他。具体包括：①国际组织一般需悬挂会员国国旗。②在国际条约和重要协定的签字仪式上，可以悬挂中国国旗和有关签约国国旗。③举行国际会议、文化体育活动、展览会、博览会等时，可以升挂中国国旗和有关国家的国旗；外国政府经援项目以及外商投资企业的奠基、开业、落成典礼及重大庆祝活动，可以同时升挂中国国旗和相关国国旗。④民间团体在双边和多边交往中举行重大庆祝活动时，可以同时升挂中国国旗和相关国国旗。⑤外国公民在中国境内逢其国籍的国庆日时，可以在室外或公共场所悬挂其国籍国国旗（平时不得在室外和公共场所升挂国籍国国旗），但必须同时悬挂中国国旗。

2）悬挂国旗的要求

（1）制旗规范。旗面完好、整洁；各国国旗的图案、式样、颜色、比例均按本国宪法规定。不同国家的国旗，有时长、宽比例是不同的，因此在并排悬挂时，应按同一规格略放大或缩小，使旗的面积大致相等。不能使用有污损的国旗。

（2）在建筑物上、室外悬挂国旗，一般应日出升旗、日落降旗。如需悬旗致哀，通常的做法是降半旗，即先将旗升至杆顶，再下降至离杆顶1/3的地方。也有一些国家不降半旗，而是在国旗上方挂黑纱志哀。担负升降国旗职责的人员，服装要整齐，要立正脱帽行注目礼。国旗一定要升至杆顶。

（3）悬挂双方国旗，按国际惯例，面向国旗左为上。两国国旗并挂，以旗本身面向为准，右挂客方国旗，左挂本国国旗。汽车上挂旗，则以汽车前进方向为准，驾驶员左手为主方，右手为客方。所谓主客，不以活动举行所在国为依据，而以举办活动的主人为依据。例如，外国代表团来访，在东道国举行的欢迎宴会上，东道国为主人；在答谢宴会上，外国代表团为主人。

（4）国旗不得倒挂、反挂。一个国家的国旗由于文字和图案等的原因，不能竖挂、反挂。因此，正式场合悬挂国旗宜以正面（即旗套在旗的右方）面向观众，不用反面。如挂在墙壁上，应避免交叉挂和竖挂。

（5）多国国旗并列升挂时，旗杆高度应划一。根据联合国的规定，和平时期，任何一国的国旗不能高过他国的国旗，而且同一旗杆不能升挂两个国家的国旗。

（6）并列升挂多国国旗时，应先升挂本国国旗；降落时最后降本国国旗。

（7）遇有需要夜间在室外悬挂国旗时，国旗必须置于灯光照射之下。

3）国旗的具体悬挂方法

（1）两面国旗并挂（如图10-1所示）。

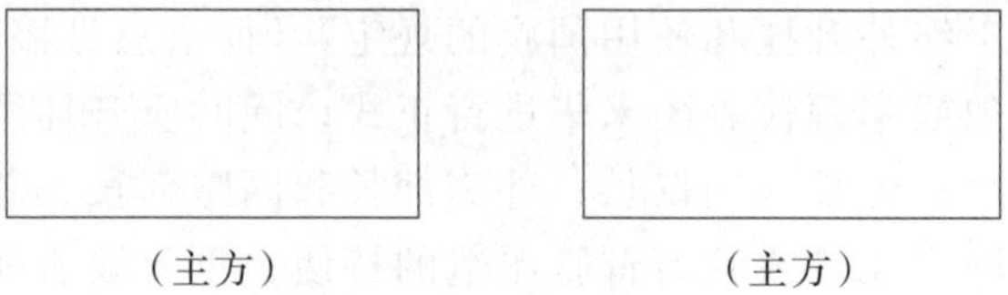

图10-1　两面国旗并挂

（2）三面以上国旗并挂（如图10-2所示）。多面国旗并挂时，主方在最后。如系国际会议，无主客之分，则国旗按会议规定之礼宾顺序排列。

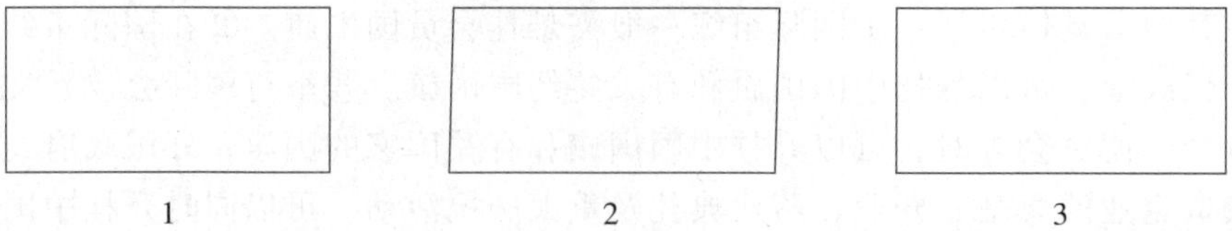

图10-2　三面国旗并挂

（3）并列悬挂（如图10-3所示）。

（4）交叉悬挂（如图10-4所示）。

（5）交叉挂（如图10-5所示）。

（6）竖挂一（客方为反面，主方为正面），如图10-6所示。

（7）竖挂二（双方均为正面），如图10-7所示。

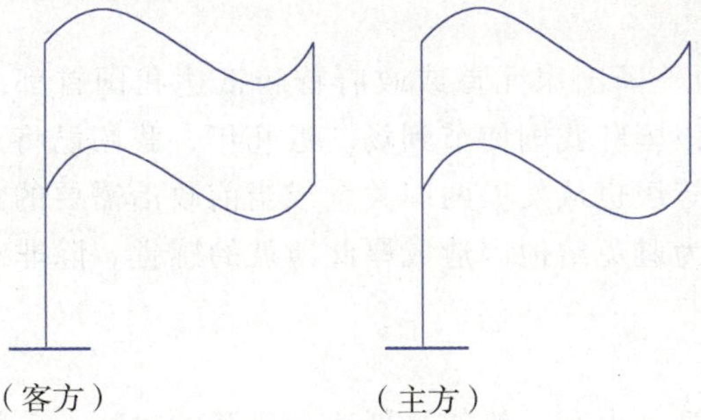

图10-3　并列悬挂

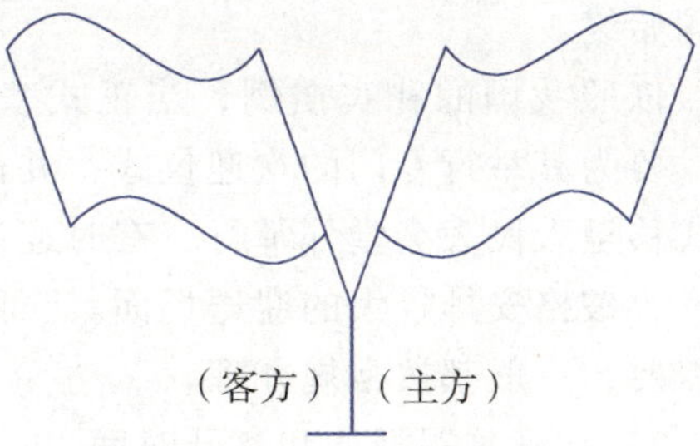

图10-4　交叉悬挂

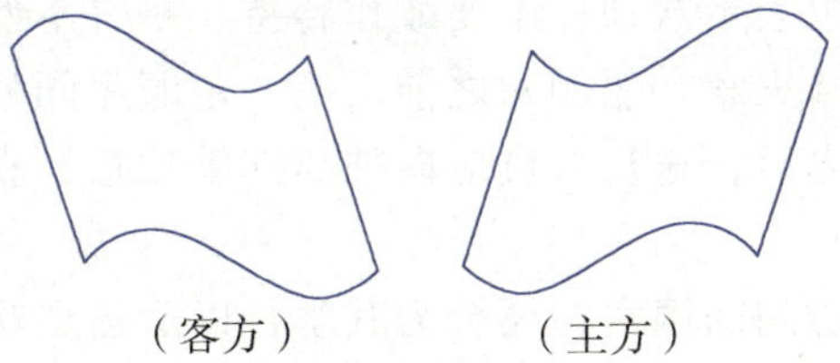

图10-5　交叉挂

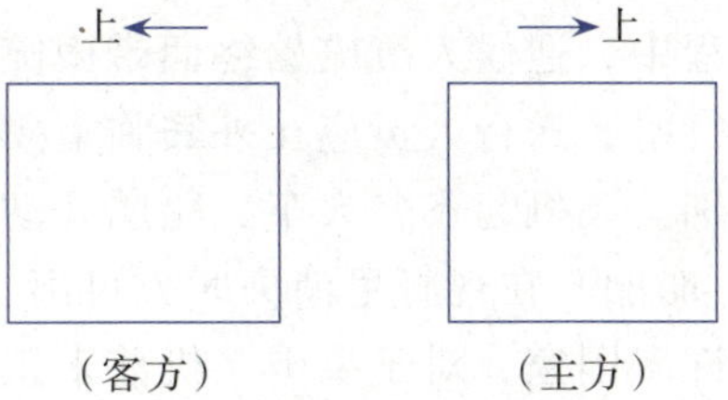

图10-6　竖挂一

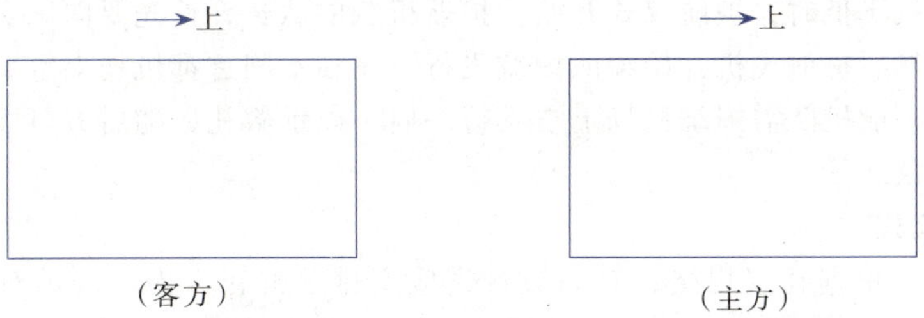

图10-7　竖挂二

10.3　涉外礼仪实务

10.3.1　外事迎送礼仪

在外事迎送中，因为涉及访问者身份和对其所代表国家的尊重，有非常多的礼仪讲究，除了遵守国际惯例外，还会因两国间的关系及所处的特殊时期而异。

1）确定迎送规格

所谓国宾，一般是指在任的、正式前来我国进行访问的国家元首或者政府首脑。迎送国宾时，先要确定迎送规格。我国现行的做法，主要是根据国宾来访的性质、目的、两国关系的现状以及主宾的身份加以确定。一般而言，迎送国宾的主要人员应与对方的身份相称。遇到特殊情况时，也可由职位相当者或是对口部门的副职出面。例如，在我国首都举行欢迎某国政府首脑的正式仪式时，应由我国国务院总理出席。当外国政府首脑前往外地参观访问时，应由当地的省长、市长，或者是分别代表省长、市长的副省长、副市长出面接待，同时还应由担任我国政府陪同团团长的某位国务院部长或副部长陪同始终。

依照我国的礼宾惯例，当正式来访的外国国家元首或政府首脑抵达我国首都北京时，要为其举行专门的欢迎仪式，并邀请该国驻我国使节到场。近几年，我国已将正式仪式移至人民大会堂外举行。有时迎送的等级也从发展两国关系或当前政治需要的角度出发，破格安排较大的迎送场面。当然，为避免给他国造成厚此薄彼的感觉，除非有特殊需要，一般都按常规办理。

2）准确掌握抵达和离开时间

迎送人员必须准确掌握外宾乘坐的飞机（火车、船舶）抵达及离开的时间，在外宾抵达之前或临行前到机场（车站、码头）迎接或送行，不可迟到、早退。在迎候外宾的整个过程中，迎候人员应始终面带微笑，以表示欢迎；不要故作矜持、一言不发。在为外宾送行时，送行人员应在外宾临上飞机（火车、船舶）之前，按一定顺序同外宾一一握手告别。飞机起飞（火车、船舶开动）之后，送行人员应向外宾挥手致意，直到飞机（火车、船舶）在视野里消失时方可离去。

在许多国家，对于乘坐飞机前来正式访问的国宾，还会为其举行以示热烈欢迎的护航仪式。为国宾护航的是若干架战斗机。它们通常飞到距本国首都100公里处迎宾。当国宾乘坐的专机飞抵时，护航仪式开始。护航机队的队长，首先要向国宾乘坐的专机发出致敬信号，然后护航飞机开始编队护航飞行，飞临本国首都机场上空。待国宾所乘的专机着陆后，护航机队需围绕机场上空飞行一周，以示敬礼，随后方可飞离。目前，我国不举行护航仪式。

3）迎送仪式

（1）献花。根据礼仪规格，对高级贵宾应安排送鲜花。为了表示对宾客的热烈欢迎，在参加迎送的主要领导人与宾客握手之后，一般都由儿童或女青年献上鲜花花束。若来宾不止一人，可向每位来宾逐一献花，也可以只向主宾或主宾夫妇献花。向主宾夫妇献花时，可只献花给女主宾，也可以同时向男女主宾献花。献花所用花束，必须是鲜花，并保持其整洁、鲜艳。有的国家习惯送花环，或送一两枝名贵的兰花、玫瑰花，不能选用菊花、石竹、杜鹃或黄色的花朵（黄色具有断交的意思）。

（2）介绍。宾主见面握手之后作互相介绍，一般由礼宾工作人员将前来迎接的人员介绍给来宾，也可由欢迎人员中身份最高者作介绍。来宾初到，一般较拘谨，主人应主动同来宾寒暄。比如，应对来宾逐一表示“欢迎，欢迎”，或是“路上辛苦了”。对于老相识，可以说“很高兴再次相见”。对于初次见面者，则可以说“您好，欢迎光临”。遇有外宾主动与主方拥抱时，主方可作相应表示，不可推却或勉强应付。

（3）欢迎仪式。先奏客方国歌，全体人员行肃穆礼，军人行军礼，鸣放礼炮。在我国，当外国国家元首来访时鸣放21响，此为最高规格。一般欢迎政府首脑鸣放19响，副总理一级鸣放17响。来访国宾在主人的陪同下检阅三军仪仗队，仪仗队有101人、127人、151人三种规格。检阅仪仗队的正规程序是：国歌与礼炮声止后，仪仗队队长向前一步，向左，并下达“向右看——举枪”的口令。随后，他以正步行至检阅台前，向主宾敬礼，并报告：“某某阁下，中国人民解放军仪仗队列队完毕，请您检阅。”接着，他将向左跨一步，待我国政府领导人陪同主宾走下检阅台后，在其右后侧1米左右处随行检阅。

检阅完毕之后，仪仗队队长下达“枪放下”的口令，我国政府领导人将陪同主宾重新登上检阅台，检阅我军仪仗队列队通过检阅台受阅的分列式。

在一般情况下，我军仪仗队只用以欢迎来访的外国元首、政府首脑或者外国军方的高级将领。

在欢迎仪式上一般安排主宾与主人作不太长的讲话，有时只在现场散发书面讲稿。

（4）群众欢迎。接待高规格的国宾时，有些国家会安排较大的群众欢迎场面。队伍多由青少年组成，载歌载舞，挥舞两国国旗，沿国宾行进路线夹道欢迎。

外国元首或政府首脑途经我国时，我国政府均会派遣中央政府或地方政府的高级官员前往贵宾过境的机场进行迎送，但不举行正式仪式。

（5）陪车。外宾抵达后，从机场（车站、码头）到住地，或访问途中，或访问结束后，主人都应陪车。主人在陪车时，应注意请外宾从右侧门上车，坐于后排座右侧；主人从左侧门上车，要避免从外宾座前穿过。如是两排座，译员应坐在司机旁边；如是三排座，译员则坐在主人前面的加座上。代表团9人以上乘大轿车时，原则上低位者先上车，下车顺序相反。大轿车以前排为尊位，自右而左按序排列。如果外宾先上车，坐到了主人坐的左侧座位上，则不要再请外宾移动位置，车门由服务人员关好。

对一般来宾的迎接，不用举行正式仪式，主要是做好各项安排。如果来宾是熟人，可直接上前握手，互致问候，此时不用介绍；如果来宾是首次来访，彼此又不认识，接待人员应主动做自我介绍；如果来宾是团体客人，可以事先准备特定的标志，如使用接站牌或欢迎横幅等，让客人从远处就能看见，以便客人主动前来接洽。

（6）送别。在送别较为重要的客人时，东道主一方还会专门安排送行仪式。送行人员要提前列队恭候于送行地点，来宾抵达后，主人与主宾相见，随后在主人的陪同下，主宾与主方送行的其他人员一一见面告别，然后主人在主宾的陪同下，与来宾一方其他人员一一见面告别。接着由主人陪同来宾与送行的群众见面，由少年儿童或女青年向来宾献花。最后来宾在主方人员的陪同下，正式登上自己乘坐的交通工具，宾主双方再次握手道别。为普通来宾送行时，一般不举行送行仪式。

4）迎送应注意事项

（1）迎送身份高的客人，事先应在机场（车站、码头）安排贵宾休息室，准备饮料。

（2）安排汽车，预订住房。尽量在宾客到来之前将住房和乘车号码通知对方。若做不到，也要在来宾刚到达时通知对方，使对方心里有数，积极配合。

（3）指派专人协助办理出入境手续、行李提取或托运手续等事宜。重要代表团大都人数众多，行李也很多，这时应将主要客人的行李先取出（最好请对方派人配合），及时送往住地，以便其更衣。

（4）宾客抵达住处后，一般不要马上安排活动，应让客人稍作休息，起码也要留出更衣的时间。

5）涉外人员服饰礼仪

与外宾打交道时，对每一名涉外人员着装的基本礼仪要求是得体。涉外人员应当懂得依照自己所处的具体场合，选择与其相适应的服装。

如在公务场合，涉外人员的着装应当既端庄大方，又严守传统，重点突出“庄重保守”的风格，不要太强调个性，太突出性别。男士最好身着藏蓝色、灰色的西装套装或中山装套装，内穿白色衬衫，脚穿深色袜子、黑色皮鞋。穿西装套装时，务必要打领带。女士的最佳衣着则是：身穿单一色彩的连衣裙，但是尽量不要选择以长裤为下装的套装。在公务场合，一般不要穿夹克衫、牛仔裤、运动装、健美裤、背心、短裤、旅游鞋和凉鞋等休闲装，尤其应避免穿着过于时髦、过于随便、过于短小、过于紧身的服装。

在诸如观看演出、出席宴会、参加舞会、登门拜访、参与聚会等最常见的社交场合，涉外人员的着装就可以突出“时尚个性”的风格。最为常见的，主要有时装、礼服、具有本民族特色的服装以及个人缝制的服装。

在社交场合，最好不要穿制服或便装。若非职业军人或公、检、法人员，则切勿身穿军服或专用的制服前去参加有外宾参加的社交活动。

观念应用10-1　　周总理送客

1957年国庆节后，周总理去机场送一位外国元首。当那位元首的专机腾空起飞后，外国使节、武官的队列依然整齐，并对元首座机行注目礼。而我国政府的几位部长和一位军队的将军却疾步离开了队列。他们有的想往车里钻，有的想去吸烟。周总理目睹这一情况后，当即派人把他们叫回来，一起昂首向在机场上空盘旋的飞机行告别礼。待送走外国的使节和武官后，总理特地把中国的送行官员全体留下来，严肃地给大家上了一课：外国元首的座机起飞后绕机场上空盘旋，是对东道国的感谢，因此东道国的主人必须等飞机从视线里消失后才能离开；否则，就是礼数不周。我们是政府的工作人员和军队的干部，我们的举止代表着人民和军队的形象，虽然这只是几分钟的事，但如果我们不加以注意，就很可能因小失大，让国家的形象受损。

观念应用10-1

分析提示

10.3.2　会见与会谈礼仪

1）会见、会谈的准备

（1）会见。国际上一般称会见为接见或拜会。凡身份高的人士会见身份低的人士，或是主人会见客人，称为接见或召见。凡身份低的人士会见身份高的人士，或是客人会见主人，一般称为拜会或拜见。拜见君主，又称谒见、觐见。我国国内不作上述区别，一律统称为会见。

会见就其内容来说，有礼节性的、政治性的和事务性的，或兼而有之。礼节性的会见时间较短，话题较为广泛；政治性会见一般涉及双边关系、国际局势等重大问题；事务性会见一般为外交交涉、业务商谈等。

接见或拜会后的回访，称回拜。一般来说，礼节性拜会由身份低者约见身份高者、来访者约见东道主。应邀作正式访问的外国领导人抵达邀请国家的当天或次日，即会见邀请国主要领导人。外交使节向出使国领导人作礼节性拜会。外交团间对等级别者之间的到任礼节性拜会，按惯例应回拜；身份高者对身份低者既可以回拜，也可以不回拜。外国政府领导人来我国访问，会见安排比较简单，无特殊仪式。会见地点一般安排在人民大会堂或中南海钓鱼台国宾馆。

（2）会谈。**会谈**是指双方或多方就某些重大的政治、经济、文化、军事问题以及其他共同关心的问题交换意见。会谈也可以指洽谈公务或就具体业务进行谈判。一般来说，会谈的内容较为正式，政治性或专业性较强。

如是正式访问或专业访问，应考虑安排相应的会谈，礼节性拜访则一般安排会见。

（3）会见、会谈前的准备。

第一，约见（拜会）的准备。我方因具体的事宜需约见外宾时，应根据双方关系、本人身份向外宾提出。其包括：约见的内容和目的，要求约见的具体人士以及会见时间（一般可提出一定的时间范围，以便对方安排）、地点、参加人员等。提议可采用电话、信函、传真等形式，也可派员登门提出，如外方允诺，我方则应着手做好各方面准备，以便按时赴约。

第二，会见（接见）外宾的准备。如果外宾提出会见，我方业已允诺，即应主动将会见的具体时间、地点、客人抵达方式、是否派车接送及我方出席人员等事项通知对方，以便对方及早安排。同时，着手进行场所、信息资料等各方面的准备工作，确保会见（会谈）成功。

第三，不管是作为主方还是客方，均应了解对方的背景资料及习俗、禁忌、礼仪文化等。参加会谈，应在文字资料方面做好准备。提供给外方参阅的，还要准备好外文资料。

第四，其他方面的准备。其包括参谈人员及有关人员的准备和场所、设备设施等方面的准备，均应从严、从细。

2）会见、会谈的座次安排

（1）会见的座次安排。会见通常安排在会客室、会客厅或办公室。各国的会见礼仪程序不尽相同，有时宾主各坐一边，有时穿插坐在一起。有些国家元首级的会见还有独特的礼仪程序，如双方简短的致辞、赠礼、合影等。我国习惯在会客厅会见，座位安排是来宾坐在主人的右边一侧，主宾席靠近主人席，译员、记录员坐在主人和主宾的后面。主方陪见人在主人左边一侧按身份高低依次就座。如果座位不够，可在后排加座（如图10-8、图10-9所示）。

（2）会谈的座次安排。双边会谈一般采用长方形、椭圆形或圆形桌子。座位安排是：宾主相对而坐，以正门为准，主人占背门一侧，来宾面对正门，双方主谈人居中。会谈时，有些国家安排译员坐在后面，我国习惯上将译员安排在主谈人右侧。其他人按礼宾顺序左右排列，记录员一般安排在后面；参加人数较少时，也可安排在前面就座（如图10-10所示）。

如果会谈长桌一端朝向正门，则以入门方向为准，右边为客方，左边为主方（如图10-11所示）。

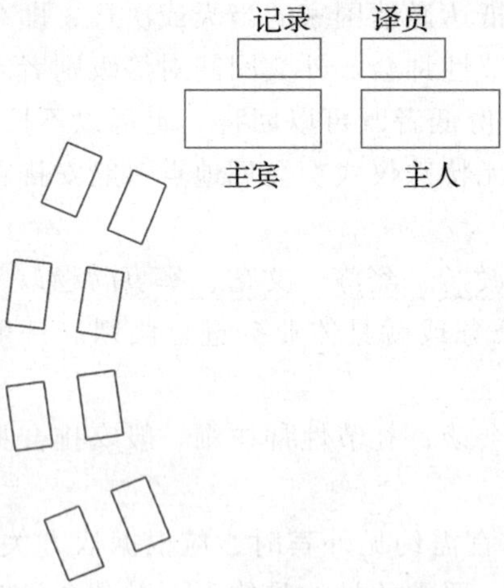

图10-8 会见的座次安排（一）

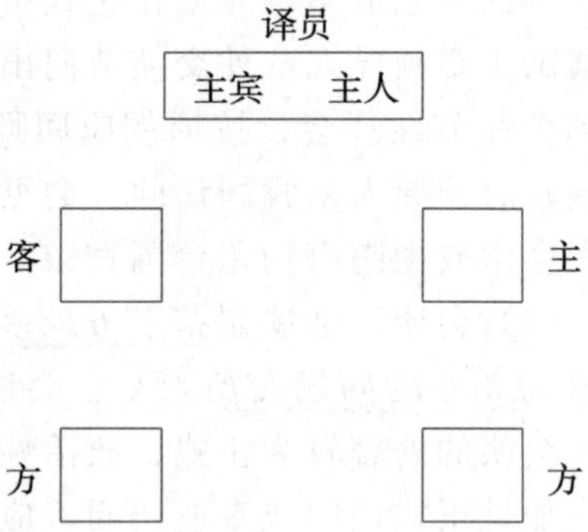

图10-9 会见的座次安排（二）

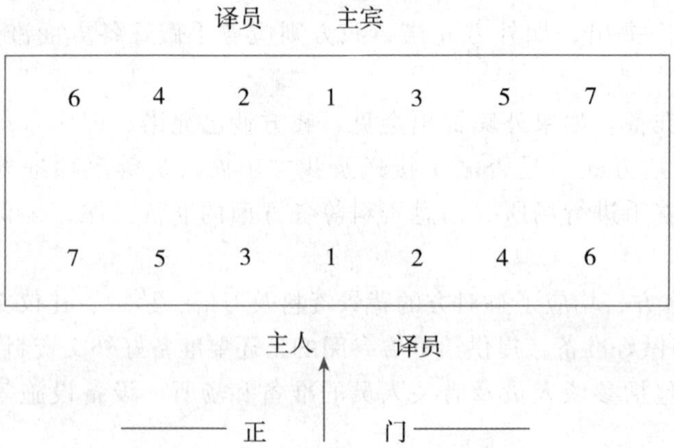

图10-10 会谈的座次安排（一）

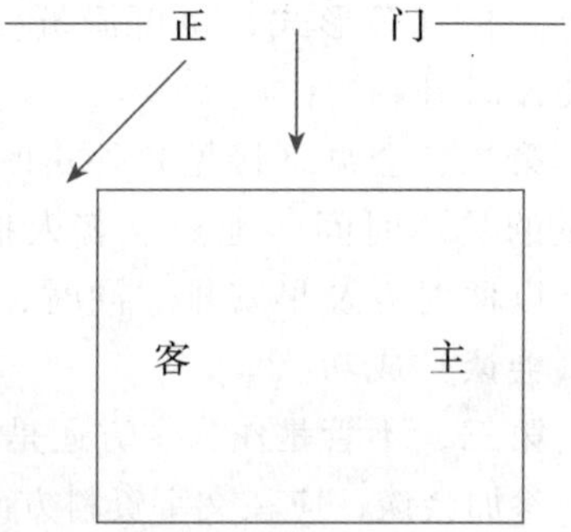

图10-11 会谈的座次安排（二）

多边会谈时座位可以摆为圆形、方形等（如图10-12所示）。当然，也可根据实际需要进行布局，如在北京举行的朝鲜问题六方会谈，座位就摆成了正六边形。

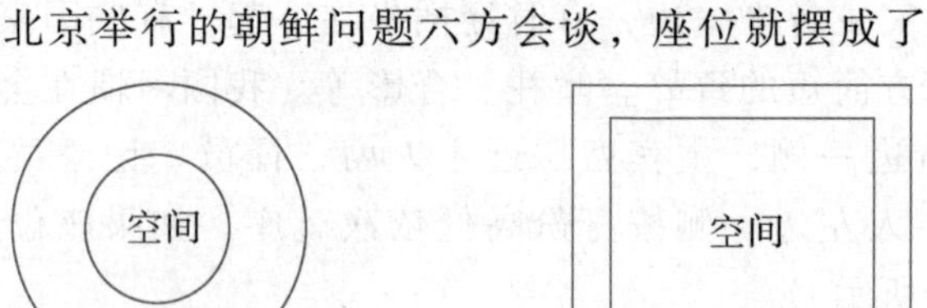

图10-12 会谈的座位安排（三）

3）会见、会谈的具体礼仪

（1）主人应提前到达会见或会谈场所，以迎候外宾的到来。为此，相关人员应准确掌握会见时间、出席人员等事项，并注意落实和核实，随时了解变化情况，与各方保持密切联系。

（2）外宾抵达时，应组织迎接。主人在正门口迎候，与来宾握手、致意，由迎宾员开门，主人在主宾左侧，陪伴客人步入会见厅。

（3）正式的会见和会谈，出席者进入相关场所后，不应再随意走动或进出，工作人员安排就绪后应主动退出，只留必要的服务员负责倒水、端送饮料等。记者也应在会谈前采访几分钟后离场，根据双方的协议，会谈后可共同或单独会见记者。

关于会见或会谈时备用的饮料，国际上没有统一的规定。我国一般备有茶水和软性饮料，会谈的时间过长，可适当上咖啡或红茶。

（4）会谈过程的掌握。为保证会谈顺利进行，会谈期间，场所附近应有相关人员驻足，以应付意外需要。更重要的是时间的掌握，较长时间的会谈，应安排中场休息，因为参加会谈的人员精力是有限的，并按一定的规律变化。英国人比尔·斯科特认为，在会谈中，随着时间的推移，人的精力的变化规律是：开始阶段精力充沛，中间阶段波动下滑，最后时刻再度集中。根据这一规律来掌握会谈时间，并安排适当休息，会取得事半功倍的效果。

（5）会见结束，主人应送外宾至车前或门口握别，目送客人离去。如会谈时间较长，结束后，可安排至休息厅稍作休息，并略备点心、小吃，然后送别。

（6）如需合影，应安排好合影座次。合影时，主人居中，按礼宾次序，以主人右手为上，主客双方间隔排列，主要身份者站在前排，其余顺序排后。一般来说，不宜让客人站在两端，而由主方人员站在两端（如图10-13所示）。

第三排

第二排

（主方人员）9　7　5　3　1　主人　2　4　6　8　10（主方人员）

摄影师位置

图10-13　合影的位置排列

10.3.3 赠答礼仪

小资料10-2

拜访外商的礼仪规范

“来而不往非礼也”，礼尚往来也是国际通行的礼仪惯例。在外事活动中，为表达主人的热情好客或客人对主人盛情款待的谢意，一般都会赠送礼物，这就要了解礼物赠答的礼仪。

1）送礼的“约定俗成”

国外送礼有其独特之处，一些基本的“约定俗成”的规则主要包括：

（1）外国人在送礼及收礼时，都很少有谦卑之词。

（2）礼品不必太贵重。

（3）十分讲究外包装精美。

（4）送礼一定要公开、大方。把礼品不声不响地丢在某个角落然后离开是不适当的。

（5）西方人大都喜欢在收到礼品时立即打开，并说感谢的话，以示对送礼人之尊重。

(6) 拒绝收礼一般是不允许的。若因故拒绝时，态度应委婉而坚决。

2) 礼品的选择标准

(1) 不宜贵重。赠送礼品，不是为了满足某人的奢望，也不是显示自己的富有，而只是为了表示自己的友好、慰问、祝贺、感谢等心意，因此，贵重的礼物并非就合适；相反，礼物过于贵重，会使对方觉得为难。

(2) 有民族特色。民族性越强的东西就越能招外宾喜欢。因为，每个国家都有自己的历史传统和特殊文化，这种国家和民族的差异性，对异国、异民族都有强大的吸引力，会促使各国、各民族进行文化交流，互相了解。中华民族的文化源远流长、千姿百态、绚丽多彩，许多有民族特色和地方特色的物品可以作为礼品选送给外宾，如具有一定纪念意义的工艺品、书籍、字画册、瓷器制品等。这类礼品会使外宾感到新奇，并有助于其了解中国的优秀文化。

(3) 携带方便。送礼要注意礼品的体积和坚固性。体积过大和易碎的物品，对来往于旅途的外宾是不方便的。尽管现在的礼品如瓷器都有较坚固的盒子包装，但送瓷器时还需提醒对方上面不要挤压重物。

(4) 针对喜好。送礼时要了解对方所属国家、民族、宗教等的传统消费、欣赏习惯，针对这些情况，考虑收礼人的爱好。有的物品很受这个国家的人欢迎，而另外一个国家的人可能并不稀罕，甚至厌恶和拒绝。因此要根据不同国家、地区的习惯与个人爱好做出必要选择。

观念应用 10-2

日本人的分赠文化

在日本，赠礼成为社会交际中一种非常烦琐、复杂的应酬艺术，礼品被称为“精神交流的润滑剂”，人们通过赠送礼品确认彼此交往关系的某种程度，而不单是为了加深个人间亲密的友谊。

日本颇富人情味的分赠文化（收到他人礼品后再分赠给他人），可以说是孕育送礼习俗的重要基础。在日本，送礼对一向喜欢与人分享物品的老百姓来说属于家常便饭。他们称这类经常分赠街坊邻居、亲朋好友的礼品为“消物”。“消物”一般以食品类居多，特别是柴鱼和海带两类。柴鱼由于有等级、粗精品之分，因而广受各阶层喜爱，消费量一直居各类礼品之首。此外，应季上市水果，如夏季的西瓜等，也是深受好评的礼品。非食品类的“消物”以观赏戏剧、温泉旅行等为代表。

观念应用 10-2

分析提示

3) 一些国家（地区）馈赠的习俗与禁忌

(1) 美国。给美国人送礼，可以送葡萄酒或烈性酒，高雅的名牌礼物他们也很喜欢，尤其是尽量送一些具有浓厚乡土气息或别致精巧的工艺品，以满足美国人的猎奇心。送礼可在应酬前或结束时，不要在应酬中将礼物拿出来。

在美国，最普遍的送礼形式是请客人吃顿饭、喝杯酒。如果你是男的，就不要给美国女士送香水、衣物、化妆品。业务交往礼物要在会谈结束后拿出，最适宜的场合是圣诞节那天和到达美国或离开美国的日子。美国人忌讳黑色，还特别忌讳赠礼带有公司标志的便宜礼物。

(2) 日本。送礼是日本人的一大喜好，他们比较注重品牌，喜欢名牌礼物，注重礼品的包装，忌用白色包装，也不能在礼品上扎蝴蝶结。送礼通常送对其本人用途不大的物品为宜。送礼者不要在礼物上刻字、作画以留纪念。给日本人送礼不在贵重，而在于有地方、民族特色，只要能给对方留下深刻印象就好。但需注意，不能送“九”字样礼品给日本人，否则他会误解你把他看作强盗。在交往中，第一次见面就送礼较为普遍，一般不当着客人的面打开礼品盒。

日本人忌讳4、9，还忌讳3人合影，颜色上爱好淡雅，讨厌绿色，忌用荷花、狐狸、獾等图案，不能选白色的花，也不能把玫瑰和盆栽植物送给病人。

(3) 欧洲。欧洲国家不盛行送礼，但如果是圣诞节、复活节、生日或者婚礼等场合，也会赠送礼品。并且，送礼多数在馈赠人与亲密的朋友和对自己有过帮助的人之间进行。

应邀到欧洲人家里去吃饭，通常送给女主人的礼物是一束鲜花，数目不能是13或双数；讲法语的地区不送菊花；在德、法、瑞士只有情人节才送红玫瑰。在欧洲送礼时，人们习惯用漂亮的礼品纸把礼品包起来，并在礼品上系一条彩带。给英国人送礼不要太贵重，可送些鲜花、小工艺品、巧克力或名酒，时间一般选在晚上。德国人喜欢价格适中、典雅别致的礼物，包装一定要尽善尽美。法国人最讨厌初次见面就送礼，一般在第二次见面时才送，礼品常是几枝不加捆扎的鲜花。对法国女士忌送香水之类的化妆品，因为这有“过分亲密”“图谋不轨”之嫌。

俄罗斯人忌讳他人送钱，认为这是一种对人格的侮辱；但很喜欢外国商品；如果送花要送单不能送双，双数被视为不吉利；颜色喜红、忌黑；对“7”这个数字情有独钟。

南斯拉夫人喜欢用花作礼品。送一朵花是常见的，如“三八”妇女节、探望病人等，以表示节日的祝贺和慰问。送什么鲜花要区分对象和事情，不能买花便送。红玫瑰只有情人间才送，色彩不太鲜艳的花适合送给病人，菊花不能用于喜事赠送。如果花束是用透明纸包装的可以直接送；如用礼品纸包装，赠送时必须拆去礼品纸。

(4) 阿拉伯国家。凡《古兰经》中明确规定不得食用的食物一律不得享用，有些阿拉伯地区还忌食脚上有蹼的禽类或无鳞鱼；抓饭为传统进食方式，但忌用左手。

阿拉伯地区沙漠广袤，人们特别钟爱骆驼和马，喜爱绿色和蓝色。如果挑选一两件造型生动逼真的木雕或石雕的骆驼或马，必受阿拉伯人的欢迎；一幅花卉或山水画也是极受珍视的礼品，但仕女画不受欢迎，因为阿拉伯人不愿意把女子的形象高悬在厅堂上。与阿拉伯人初次见面时不能送礼，否则会被视为行贿；不要把酒作为礼品送给阿拉伯人，因为绝大多数阿拉伯国家明令禁酒；不能直接向阿拉伯妇女送礼，需先通过其丈夫或父亲，而送饰品给她们更是大忌，但给孩子送礼特别受欢迎；除非私人朋友之间，送礼最好在有第三人在场的情况下进行，不要私下送礼。

阿拉伯地区富庶，因此送人的礼物也较为贵重，希望对方送的礼物也同样值钱。他们喜欢中国、美国、德国的产品，但禁用六角星图案。

(5) 拉美国家。下面几条可供与拉美人交往时参考：①到拉美人家里做客不要空手；②公务交往中，在彼此关系较熟前不要送礼；③女士给男人送礼一定要谨慎；④送礼忌“13”这个数字，颜色不能是黑色或紫色。

（6）非洲国家。非洲北部国家如埃及、利比亚、摩洛哥等国也信奉伊斯兰教。其中，埃及人喜欢绿色和白色，讨厌黑色和蓝色，喜欢金字塔形蓬花图案，“针”是其特有的忌讳物和忌讳语；利比亚禁酒法律极为严厉，且规定男子需戴面纱；摩洛哥人喜欢绿、红、黑色，忌白色、忌六角星和猫头鹰图案，认为3、5、7、40是积极的数字；苏丹人喜欢牛，一般忌讳杀牛。

非洲中南部国家主要有埃塞俄比亚、中非、加纳、肯尼亚等国，由于经济落后，许多原始部落痕迹犹存。其中，埃塞俄比亚最大的特点是时间的划分独具一格，以太阳为计时标准，日出时为白天零点，日落时为夜间零点，且一年为13个月，前12个月为30天，后一个月为5~6天；中非信奉拜物教和图腾，且男女不能围成一桌进食；加纳人视凳子为最神圣的财产并加以崇拜；肯尼亚人部落意识极强，任何以“7”结尾的数字均被视为不吉利。

（7）我国台湾。台湾人在礼仪交往、礼品馈赠方面有不少规矩和禁忌，这些风俗大多是从祖籍地闽南沿袭而来的。不过受台湾环境和历史背景的影响，也有其地方特色。

送礼禁忌：①扇子：送扇同“送散”，有“送扇，无相见”之说。②毛巾：闽南话“巾”与“根”同音，有“送巾现断根”之说。③雨伞：“伞”同“散”，“雨”与“给”也同音。④刀剪：含有一刀两断之意。⑤鸭子：民间有“鸭死嘴巴硬”“七月半的鸭子——不知死期”的俗谚。⑥粽子、甜果：居丧人家过年、过节都不吃粽子，不做甜果，如以此送人，会被误解视对方为丧家。⑦鲜花：玫瑰象征爱情，牡丹象征富贵，菊花代表高洁，但黄菊花或白菊花则给人低沉、哀愁、忧伤之感，不宜送人；郁金香是向女子表达爱情的普通用花；梅花能表达对长辈的崇敬、仰慕之情；莲花代表圣洁、美好，又有幸运、长寿的含义，常用作送给走马上任者。

其他还有如韩国人喜欢本民族、本地区的特色产品；朝鲜人喜欢送花；斯里兰卡人喜欢赠茶等。大部分外国人都比较喜欢中国的工艺品，如瓷器、景泰蓝、刺绣、漆器等。

思政园地

国旗的法定使用要求

《全国人民代表大会常务委员会关于修改〈中华人民共和国国旗法〉的决定》已由中华人民共和国第十三届全国人民代表大会常务委员会第二十二次会议于2020年10月17日通过，自2021年1月1日起施行。

第九条规定，国家倡导公民和组织在适宜的场合使用国旗及其图案，表达爱国情感。公民和组织在网络中使用国旗图案，应当遵守相关网络管理规定，不得损害国旗尊严。网络使用的国旗图案标准版本在中国人大网和中国政府网上发布。

第十九条规定，不得升挂或者使用破损、污损、褪色或者不合规格的国旗，不得倒挂、倒插或者以其他有损国旗尊严的方式升挂、使用国旗。

不得随意丢弃国旗。破损、污损、褪色或者不合规格的国旗应当按照国家有关规定收回、处置。大型群众性活动结束后，活动主办方应当收回或者妥善处置活动现场使用的国旗。

第二十条规定，国旗及其图案不得用作商标、授予专利权的外观设计和商业广告，不得用于私人丧事活动等不适宜的情形。

中华人民共和国国旗寓意深刻，它象征着红色革命，更象征着在中国共产党的领导下，各族人民团结一心。修订后的《中华人民共和国国旗法》倡导公民和组织在适宜的场合使用国旗及其图案表达爱国情感，对于国旗的适用场合、禁止性行为进行了细化规定。公民和组织在使用国旗及其图案时，应当严格注意规范使用，在使用过程中不得损害国旗尊严，对于使用后的国旗应当妥善处置，严禁将国旗及其图案用于私人丧事、营利活动等不适宜的场合。

主要概念和观念

本章小结

○ 主要概念

涉外礼仪　礼宾次序　官式礼节　会谈

○ 主要观念

外事官式礼节　外事迎送与座次礼节

基本训练

○ 知识题

▲ 简答题

1）涉外礼仪须知主要有哪些内容？

2）宾客迎送时应注意哪些事项？

▲ 选择题

1）从总体上讲，涉外礼仪具有规范性、（　　）和对等性的特征。

A.民族性　　B.平等性　　C.严肃性　　D.礼宾性

2）同行时，两人同行以前者、右者为尊；三人同行以（　　）为尊。

A.左者　　B.右者　　C.中者　　D.长者

3）一国最高元首来访，礼炮鸣响应为（　　）。

A.17响　　B.19响　　C.21响　　D.23响

4）日本人最讨厌的颜色是（　　）。

A.白色　　B.黑色　　C.红色　　D.绿色

▲ 阅读理解

国内某旅行社在一次接待来华的意大利游客时准备送给每人一件小礼品，于是在杭州订购了一批真丝手帕，每条手帕上都绣着菊花图案，美观又大方。手帕装在特制的纸盒内，盒子上有旅行社社徽，看上去是很不错的小礼品。旅游接待人员到机场接到来自意大利的游客，欢迎词热情、得体。在车上，他代表旅行社赠送给每位游客两盒手帕，没想到车上一片哗然，游客们议论纷纷，显得很不高兴，特别是一位夫人大声叫喊，表现得极为气愤，还有些伤感。旅游接待人员慌了，好心好意送人家礼物，不但未得到感谢，还出现了这般景象。

请上网查询意大利的风俗礼节，并分析礼品失当的原因。

○ 技能题

▲ 单项操作训练

1）小张医生作为我国援非医疗队的一员，被派往中非某国，在一次巡回医疗中，他来到一个土著部落。该部落酋长以最隆重的仪式欢迎他的到来，请他用鲜牛粪洗手，喝直接从牛身上取下来的鲜血，小张为难了，你说他该怎么办？

2）你所在企业与一外商谈妥了一项进出口协议，就在当晚你赶赴庆祝酒会的途中，发生了严重堵车，按时到达已不可能，此时你应该怎么办（假设你是此次谈判的主谈人）？

▲ 综合操作训练

年底将至，公司的外贸业务在这一年又有了长足进步，还新结识了许多贸易伙伴，老板打算给几位新客户送点礼品，请你提出建议。他们分别是泰国、伊朗和韩国的客人。

观念应用

○ 案例题

这几件国礼，意涵丰富，大有讲究！

国际交往，讲究礼尚往来。国礼既是人民友谊的使者，也是国家间友好关系的见证。此次访问哈萨克斯坦，习近平主席给托卡耶夫总统带来了几件国礼，每一件都意涵丰富，大有讲究。

一是名为《中哈友好》的景泰蓝内画尊。这件礼品以中国传统礼器“尊”为器型，融合了中国非物质文化遗产景泰蓝工艺和内画工艺。内画部分是四幅精挑细选的图案：古丝绸之路、中哈油气管道项目、中哈霍尔果斯国际边境合作中心、过境哈萨克斯坦的中欧班列。

习近平主席曾说：“哈萨克斯坦这片土地，是古丝绸之路经过的地方，曾经为沟通东西方文明，促进不同民族、不同文化相互交流和合作做出过重要贡献。”2013年，正是在哈萨克斯坦，习近平主席首次提出共建“丝绸之路经济带”倡议。这件景泰蓝内画尊融通古今，既展示了中哈交往的悠久历史，也呈现出中哈共建“一带一路”的丰硕成果，更寄托着中哈永久全面战略伙伴关系行稳致远的美好祈愿。

二是湘绣单面绣《长城》。湘绣是中国四大名绣之一，长城是中华文化的符号之一，象征意志和勇气、团结和力量。这幅湘绣，借长城的寓意，祝愿哈萨克斯坦人民团结一心建设“新哈萨克斯坦”取得成功。

三是一套文房用品，毛笔精工细作，徽墨色泽黑润，端砚坚实细腻，铜质文房用品温润敦厚。讲清楚这份国礼的“门道”，首先要介绍托卡耶夫总统的另一个“身份”：

"博学的汉学家"。

20世纪八九十年代，托卡耶夫在北京深造学习，后来担任驻华外交官。在哈萨克斯坦外交家博拉特·努尔加利耶夫看来，托卡耶夫总统熟知中国历史、文化和现实国情，这将帮助他同习近平主席展开"高度信任和内容丰富的对话"，在更广泛的意义上，还有助于"深化和扩大哈中互利合作"。

当然，习近平主席向托卡耶夫总统赠送文房用品不仅因为他熟知中国文化，更要借此表达中国人民对哈萨克斯坦人民书写国家发展新篇章的美好祝愿。

有墨韵，也有书香，《习近平谈治国理政》第三卷、第四卷中文精装版是习近平主席赠送给托卡耶夫总统的第四份国礼。

中国式现代化道路给世界上那些既希望加快发展又希望保持自身独立性的国家和民族提供了全新选择，治国理政的经验交流一直是中哈合作的重要方面。

"中国有礼仪之大，故称夏；有服章之美，谓之华。"一份份国礼承载着中华民族源远流长的礼仪文化，彰显出新时代中国亲和敦厚的气度风范。它们是中国同世界各国友谊合作的缩影，更是中国特色大国外交壮阔征程的见证。

资料来源 根据新华社新媒体客户端资料整理.

结合案例，请分析这几件国礼所代表的寓意。

○ 实训题

公司老板准备到加拿大考察，他要你准备一份有关加拿大民间习俗及禁忌的材料，请你就此写一份关于加拿大礼仪习俗情况的备忘录。

○ 讨论题

中国的国旗凭什么不能插在前面?

这是一个真实的故事。年轻的小陆是一位企业家，刚从部队转业不久，放弃了做公务员的机会，自己办起了企业，为一些外国品牌做代理。一次，德方邀请其在中国的一些代理商去德国总部参观，晚上，他们在德方总经理的陪同下来到举世闻名的慕尼黑啤酒馆。一长溜的长桌，上千人在那里喝啤酒、听音乐，啤酒馆里顺序插着许多国家的国旗，德国、美国、日本……小陆发现中国的国旗插在较不显眼处，他一下子冲上去将国旗拔起插到美国国旗旁，其他人都惊呆了。但不一会儿四周就响起了热烈的掌声，德方总经理上前紧紧拥抱住小陆，使劲竖起大拇指，嘴里还不停地念叨着什么……

综合案例

案例1
今天，你对客人微笑了没有？

综合案例

分析提示

被誉为“全球旅馆业之冠”的美国希尔顿饭店，其创始人唐纳·希尔顿绝对称得上是一个传奇人物。

1919年希尔顿离开家乡新墨西哥州来到得克萨斯州，以仅有的500美元作资本，买下蒙布勒饭店，开起了第一家希尔顿旅馆，开始创立希尔顿酒店王国，在近百年的时间里，从1家发展至5 000多家，遍布世界五大洲的众多城市（在美国本土有30余家），资产达数百亿美元，并成功兼并了号称“旅馆之王”的纽约华尔道夫的奥斯托利亚旅馆，还买下了号称“旅馆皇后”的纽约普拉萨旅馆，成为名副其实的全球旅馆业NO.1。

说起希尔顿的成功历史，母亲对他的影响是巨大的，就在他经历数年苦心经营使资本增值到5 000万美元时，有一天，他踌躇满志、颇为得意地向母亲谈起他如何赚钱有方。他母亲淡然一笑说：“你拥有5 000万美元又有什么了不起，知道还有比这更值钱的东西是什么吗？”希尔顿被问住了，母亲又说：“我看，做生意除了要对顾客诚实之外，你还得想出一个简单、可行、又不花钱、又行之久远的办法，去争取顾客的反复光临，只有这样，你的旅馆才会前途无量，资金才能不断增加。”母亲的话让希尔顿苦苦思索，寻求“简单”“可行”“不花本钱”“行之久远”四项合一的赚钱之道。终于，他悟到了，那就是“微笑”。

希尔顿视微笑为企业生存、发展的唯一途径，并以此为基本企业理念，在员工队伍中大力提倡微笑服务。近百年来，希尔顿饭店生意兴隆、财富增长飞快的成功秘诀就在于牢牢确立了自己的企业理念，并把这一理念贯彻到每一个员工的思想和行为之中。饭店营造“宾至如归”的文化氛围，注重员工礼仪的培养，通过“微笑服务”体现饭店的独有魅力。希尔顿自己则在其创立酒店之后的50多年中，不断从这一洲飞到那一洲，从这一国飞到那一国，专程去了解希尔顿的员工是否在贯彻着“希尔顿的礼仪”。他有一本专著《宾至如归》，而今已成为每个希尔顿员工的“圣经”，当得知希尔顿要亲自前来视察时，员工们就会立即想到希尔顿肯定会问：“今天，你对客人微笑了没有？”

1930年，世界性经济危机席卷美国，旅馆倒闭了80%，希尔顿的旅馆也深受其害，一度负债50万美元，但希尔顿并不灰心，他对员工说：“请各位记住，在经济恐慌的年代，万万不可把我们心里的愁云放到脸上，无论旅馆本身遇到多么大的困难，我们脸上的微笑应当永远成为旅客的阳光，一旦危机过去了，希尔顿就会出现云开日出的局面。”在经济危机严重的那段时间，只有他的员工始终坚持微笑待客，这给人们留下了深刻美好的印象。经济萧条过去后，希尔顿的旅馆率先进入繁荣期，跨入经营的黄金时代。

面对下属和员工，希尔顿经常这样谆谆教诲：“大家想过没有，如果旅馆里只有一流的设备而没有一流服务员的微笑，那些旅客会认为我们供应了他们全部最喜欢的东西吗？如果缺少服务员的美好微笑，就好比花园里失去了春天的太阳和春风。假如我是旅客，我宁愿住进虽然只有破旧地毯却处处见到微笑的旅馆，也不愿走进只有一流设备而不见微笑的旅馆……”

资料来源 申作兰，冷德伟. 商务礼仪［M］. 北京：中国轻工业出版社，2012.

案例2

小平同志智斗“铁娘子”

英国前首相撒切尔夫人在英国政界是一个铁腕人物，处理国际事务一向以强硬和变通著称，所以人称“铁娘子”。中英香港问题怎样谈，她早就打好了如意算盘。她知道中方收回香港的决心很大，但并不想改变香港自由港的地位。撒切尔夫人的如意算盘是：让中方把主权和治权分开，主权归还中国后，英国仍然保留对香港的实际管治权。

1982年9月24日，中英双方进入实质性会谈阶段。那天，“铁娘子”接到通知，小平同志在人民大会堂福建厅与她会谈。她走向福建厅，见大门紧闭，有些纳闷，正在疑惑时，大门打开，小平同志身着笔挺的灰蓝色中山装，脚蹬锃亮的黑色皮鞋，精神焕发地走出来，上前五六步与她握手。“铁娘子”锋芒毕露：“我作为现任首相访华，看到您很高兴。”小平同志绵里藏针：“是呀，英国的首相我认识好几个，但我认识的现在都下台了，欢迎你来呀！”

寒暄过后，双方转入正题。“铁娘子”先声夺人，理直气壮地把英国历史上强加给中国的三个不平等条约搬了出来，言称按国际法，三个条约仍然有效，还说1997年后英国要继续管治香港。会谈一开始，她就把香港主权的归属问题提出来了。

小平同志毫不客气，斩钉截铁地说：“主权问题是不能谈判的。中国在这个问题上没有丝毫回旋余地。”随即加重语气：“香港是中国的领土，我们一定要收回来。”他还特别提醒“铁娘子”：我们要收回的不仅是新界，而且包括香港岛、九龙。如果到1997年还不收回香港，那就意味着中国政府是晚清政府，中国领导人是李鸿章，任何一个中国领导人和政府都无法向中国人民交代，应该自动退出历史舞台，没有别的选择。小平同志开导“铁娘子”说：“中国收回香港主权，对英国也是有利的。这意味着届时英国将彻底结束殖民统治，在世界公论面前会得到好评。”

“铁娘子”没料到小平同志在香港主权问题上寸步不让，但她仍不甘心，说：“中国不是很关心繁荣吗？如果中国收回香港，给香港带来的将不是繁荣，而是灾难性的影响，这可对中国的四化建设不利啊。”“铁娘子”发出了威胁。

小平同志掷地有声地说：“不能说香港保持稳定必须在英国的管辖下才能实现。中国收回香港后有办法继续保持香港的繁荣。即使香港不能继续保持繁荣，对中国的四化建设又有多大影响？如果中国把四化建设能否实现放在香港是否繁荣上，那么这个决策本身就是不正确的。”小平同志索性把话说开：“如果中国宣布要收回香港，就像夫人所说的‘带来灾难性的影响’，那么我们要勇敢地面对这个灾难，做出决策。”小平同志向“铁娘子”交底说：“我们还考虑了我们不愿意考虑的问题，即如果有人不愿合作，在香港制造混乱，中国政府不得不对收回香港的时间和方式另作考虑。”小平同志的话表现了爱国者的坚定、革命者的胆略和政治家的高瞻远瞩。

小平同志与撒切尔夫人的会谈，大长了中国人的志气，使那位在全球有“铁娘子”之称的世界著名政治家在会谈一开始就处于下风，令她原来许多坚持的观点都被迫让步，说得她口服心服，最后终于在香港回归问题上达成共识。那天的会谈气氛表面上平和，实际上却刀光剑影、剑拔弩张。

“铁娘子”虽“铁”，但在香港回归中国的问题上，不得不按小平同志的主张办，尽管如此，撒切尔夫人对小平同志仍很敬佩，她再次访华时曾这样评价：我认为，从历史的观点看，“一国两制”是最富于天才的创造。这种构想看起来是简单的想法，但却是充满想象力的，是解决香港问题的关键，是我们达成协议的关键。

资料来源　傅志文. 邓小平的外交家风采［J］. 党史天地，2001（9）.

主要参考书目

[1] 南怀瑾. 南怀瑾著作珍藏本 [M]. 上海：复旦大学出版社，2002.

[2] 林友华. 社交礼仪 [M]. 北京：高等教育出版社，2003.

[3] 杨亦. 商务礼仪 [M]. 北京：蓝天出版社，2003.

[4] 金正昆. 商务礼仪教程 [M]. 北京：中国人民大学出版社，2003.

[5] 何伶俐. 高级商务礼仪指南 [M]. 北京：企业管理出版社，2003.

[6] 金正昆. 社交礼仪教程 [M]. 北京：中国人民大学出版社，2003.

[7] 关彤. 商务礼仪手册 [M]. 北京：中国社会出版社，2000.

[8] 陈军，李晓，陈有真，等. 公共关系学 [M]. 北京：清华大学出版社，2018.

[9] 赵晓明，杨晓梅. 公共关系与公关礼仪 [M]. 北京：科学出版社，2018.

[10] 麻美英. 现代实用礼仪 [M]. 杭州：浙江大学出版社，2002.

[11] 胡锐. 现代礼仪教程 [M]. 杭州：浙江大学出版社，2003.

[12] 李莉. 实用礼仪教程 [M]. 北京：中国人民大学出版社，2004.

[13] 罗薇. 商务礼仪 [M]. 长春，吉林教育出版社，2019.

[14] 饶雪玲. 商务礼仪实务 [M]. 北京：北京交通大学出版社，2018.

[15] 刘立明. 时尚公关礼仪 [M]. 广州：羊城晚报出版社，2002.

[16] 罗薇. 公关礼仪 [M]. 长春，吉林教育出版社，2019.

[17] 常建坤. 现代礼仪教程 [M]. 天津：天津科学技术出版社，2000.

[18] 金正昆. 公关礼仪 [M]. 北京：北京联合出版公司，2019.

[19] 罗烈杰. 公务礼仪 [M]. 深圳：海天出版社，2003.

[20] 张佳平. 出国人员实用礼仪手册 [M]. 北京：新时代出版社，2003.

[21] 杨友苏，石达平. 品礼：中外礼仪故事选评 [M]. 北京：学林出版社，2008.

[22] 黑贝尔斯，威沃尔. 有效沟通 [M]. 李业昆，译. 7版. 北京：华夏出版社，2005.

[23] 古谷治子. 日常交际礼仪·职场篇 [M]. 刘霞，译. 北京：电子工业出版社，2006.

[24] 波斯特. 礼仪圣经 [M]. 李明媚，译. 17版. 北京：群言出版社，2008.

[25] 金正昆. 公关礼仪 [M]. 西安：陕西师范大学出版社，2011.

[26] 熊卫平. 现代公关礼仪 [M]. 北京：高等教育出版社，2011.

[27] 斯静亚，黄亚清，朱莉萍，等. 公关礼仪与口才 [M]. 北京：清华大学出版社，2013.

[28] 成松柳. 现代公关礼仪写作 [M]. 武汉：武汉大学出版社，2014.

[29] 张岩松. 公关与礼仪 [M]. 大连：东北财经大学出版社，2018.
[30] 杨雅蓉. 高端商务礼仪：快速成为职场沟通达人 [M]. 北京：化学工业出版社，2021.